高等学校公共管理类系列教材

中国行政制度史

The History of Chinese Administrative System

蔡放波 主编

The History of Chinese Administrative System

WUHAN UNIVERSITY PRESS
武汉大学出版社

图书在版编目(CIP)数据

中国行政制度史/蔡放波主编.—武汉：武汉大学出版社，2009.6
(2025.1 重印)
高等学校公共管理类系列教材
ISBN 978-7-307-07041-7

Ⅰ.中…　Ⅱ.蔡…　Ⅲ.行政管理—政治制度—历史—中国—高等学校—教材　Ⅳ.D69

中国版本图书馆 CIP 数据核字(2009)第 078250 号

责任编辑:唐　伟　　责任校对:黄添生　　版式设计:詹锦玲

出版发行：**武汉大学出版社**　(430072　武昌　珞珈山)
(电子邮箱：cbs22@whu.edu.cn　网址：www.wdp.com.cn)
印刷:武汉邮科印务有限公司
开本:720×1000　1/16　印张:21.5　字数:382 千字　插页:2
版次:2009 年 6 月第 1 版　2025 年 1 月第 7 次印刷
ISBN 978-7-307-07041-7/D・902　定价:53.00 元

The History of Chinese Administrative System

作者简介

蔡放波，江西九江人，1949年出生。教授，长期从事政治学、公共管理学教学与研究。著有《中国行政制度史》（中国科学文化出版社2003年），主编《西方国家政治制度比较》《当代世界经济与政治》；合著、参编《中国开放史》《公共管理学》《公共事业管理概论》等多部著作与教材，在《中国行政管理》等刊物上发表学术论文数十篇，并有多篇获优秀论文奖。

目　录

第 1 章 绪 论

中国行政制度史是以中国历代行政制度为研究对象的一门学科，它以现代政治理论和行政管理理论为指导，以行政制度的历史发展变化为主线，分专题研究中国历史上的君主、中央行政、地方行政、行政监察、官吏选拔、官吏管理、胥吏、公文以及教科文卫等各方面的制度。中国行政制度史着重分析历代行政制度对行政管理和社会发展的正负两个方面的影响，从中国行政制度的产生、发展和变革中总结历史的经验教训。

1.1 中国行政制度史的研究对象

每一门独立存在的学科，都有其研究对象，或者说矛盾的特殊性。从广义来说，举凡中国历史上与行政制度相关的政治、经济、法律、军事、思想、文化、社会等部分，都必然要纳入中国行政制度史的研究内容。只有将行政制度的研究置放于各个时期社会经济政治总体之内进行，才可能动态地、全面地理解行政制度，这是深入理解中国行政制度史的必由之路。

上述内容覆盖的时间，为夏、商、周三代奴隶制社会时期与秦汉至明清整个封建社会历史时期。封建制国家的行政制度，有些虽然渊源于奴隶制国家，但由于奴隶制及其以前的社会，年代久远，文献也不足为征，所以本书便把重点放在秦汉至明清这段封建制时代。至于秦以前的奴隶制时期行政制度，只做简要介绍。

众所周知，中国的文明史与巴比伦、埃及、印度等文明古国不同，这些国家曾多次被异族征服，都遭受过外来文明的侵略，因此古巴比伦、古埃及、古印度的古老文化都未能完整、独立地保存下来。只有在华夏大地上孕育生长的中华文化，一直连绵未断，持续发展。从传说时代的黄帝开始，直到现在，中华文化传统一直保持着发展的连续性和主体的纯洁性，成为东方文化的主流。

这就决定了中国行政制度史的时间跨度大，地域辽阔，对象广博，内容丰富完整，对它的研究概括起来应有以下几个方面：

第一，中国历史上的行政管理及其效果，包括行政体制、行政机构设置、行政权力运行、行政环境、行政文化、行政思想，以及因此产生的各种形式的制度。这里面既有国家正式制定的典章制度，也有在社会发展过程中起到规范和调节作用的传统习惯，以及调节家族、宗族、乡里内部关系的“家法族规”、“乡规民约”等特殊形式的社会规条，还有各民族在国家允许范围内的特定民族规范。这些规范是研究中国行政制度史的基本依据。通过对这些规范的研究，可以了解历史某一时期、某一政权、某一民族的最基本的行政制度情况，也可以看到它的因循和发展。

第二，中国历史上的国家行政管理状况，包括国家机关的组织结构、形式，职、权、责、利的划分和运用，以及互相配合、密切相关的职官选拔、职官管理、监察、财政、文教、卫生、礼仪、民族、文书等制度。国家行政体制是对全社会进行管理的体系，它包括行政监察、考试、吏治、人事、财政、文教、卫生、礼仪、民族、文书、职官管理等制度，这些制度既相辅相成，又相互影响和制约，并构成行政制度的主体，通过国家的强制力来保证运行。

第三，中国历史上产生过的行政思想和有关行政的各种学说，也是中国行政制度史的主要内容。行政思想是属于政治思想史的范畴，但我们在研究中国行政制度史时，不能脱离思想的指导因素，尤其是中国古代行政制度，是严格遵照“天人合一”和“三纲五常”的钦定儒家学说作为精神支柱的，晚清以后，又受到西方君主立宪和共和思想的影响。脱离这些思想理论，就难以对具体制度的形成、发展和变化做出合理的说明。可见对行政制度史的研究是离不开思想史内容的，否则，就会变成孤立无据的偶然政治现象，成为无本之木、无源之水。

第四，中国历史上经济制度是研究中国行政制度史不可忽略的内容。经济制度的根本问题是优化资源配置，以便产生良好的经济效益。国家通过政策、法令、规章等手段，对经济进行干预，如早期国家在制度上实行重农抑商政策，渐渐变为亦农亦商，政府“凡征粮责之首户，每岁夏初丝出一完；秋初，烟叶上市一完；至冬收获，扫数全完”。① 制度如能顺应经济的发展，便能够保证国家税源的充足。相反，如果采取违背经济发展的措施，不尊重农时，或者采取苛捐暴敛、竭泽而渔的手段，就必然会招致民怨，破坏生产，行政制度

① 《乾隆·郫县志·赋役》。

也不可能正常地运行。

第五，中国古代官吏制度是中国古代行政制度的一个重要组成部分。关于官吏，列宁在《论国家》的讲演中曾有过十分精辟的论述。他说："国家一直是从社会中分化出来的一种机构，一直是由一批专门从事管理、几乎专门从事管理或主要从事管理的人组成的。人分为被管理者和专门的管理者，后者居于社会之上，称为统治者，称为国家代表。"① 显然，这批"居于社会之上"的"统治者"和"国家代表"，就是官吏。官吏是行政制度的具体实施者，没有官吏，行政权力无法行使，行政制度无法实施，行政目标也就不可能实现。中国古代官吏制度则不仅包括中国古代各朝官吏的设置与沿革情况，还包括中国古代官吏的选举、任用、考核、奖惩、监察、待遇、致仕等管理方面的内容。在行政制度运用过程中，有关官员的人品、才能和作风，必然直接关系着制度执行的公正和效率，并且影响着行政制度的贯彻执行和社会效果，决定着这一制度的成败。因此，不了解古代的官吏制度就不可能真正理解中国古代的行政制度。

上述几个方面，既相辅相成，又相互影响和制约，构成研究中国行政制度史的主体。中国行政制度史作为社会科学领域中的一个分支，其特点就在于处在行政学与历史学双重交叉之中，既有行政学的特点，又有史学的性质。也就是说，中国行政制度史既是历史学的一个分支、一种专门史，同时又是行政学领域中的一个重要的基础学科。

中国行政制度史的研究对象从狭义上说，是中国历代中央行政制度和地方行政制度的沿革演变历史，以及有关国家行政管理的各种典章制度。中央行政制度包括历代君主制度、宰相制度、中央行政管理体制、监察制度四个方面的内容。地方行政制度包括历代地方各级行政管理制度、少数民族地区行政机构的设置与管理。此外，历代的官吏管理制度、胥吏制度、公文制度也是中国行政制度史研究的对象。这是本书介绍的主要内容。在编写体例上，目前国内大多有关中国行政制度史的著作和教材之中，都以不同王朝为主体，作为一个独立的论述阶段和研究主体，分述本王朝的君主制度、职官制度、地方制度、监察制度等。这样的体例当然有其必要性，因为便于对不同朝代做全面、综合性的观察和分析，但由于中国历史上存在漫长的君主专制统治，后起的王朝往往在国家体制和各方面的规章上沿袭前代，大同而小异，所谓"中国自数千年

① 《列宁选集》第4卷，人民出版社1972年版，第47页。

以来，皆停顿时代也”。① 分朝代叙述它们的行政制度，往往难以避免重复冗赘。为避免这样的缺点，本书将古代各种专门制度分别作为专题叙述，精简其重复之处，突出其已发生嬗变，重点叙述它的发展变动，有异于前代之处。当然，又不能割断其嬗变的渊源和影响，使两种论述中国行政制度史的著作体例互资参考，互为补充。为此，本书即按照历代的皇帝制度、中央行政制度、地方行政制度、行政监察制度、官吏选拔制度、官吏管理制度、胥吏制度、公文制度、教科文卫管理制度的专题编写。

1.2 中国古代行政制度的特点和发展阶段

研究中国行政制度史，除了必须认识它与世界各国行政制度史的发展历史具有相同或相近的规律外，还应该特别注意到中国特殊的国情和中国行政制度史本身所具有的特殊性。中国有确凿史料记载的行政制度已存在了近 4 000 年，在这漫长的发展过程中，中国行政制度沿革大体清晰，内容特点也很突出。在数千年的历史发展中，中国古代行政管理在自己独有的环境中逐步形成了自己的特点。

1.2.1 中国古代行政制度的特点

1. 行政管理权高度集中于君主一人，形成了大统一王朝的中央集权体制

中国古代的国家，经历了奴隶主专政和封建主专政两个阶段。这两个时期的行政管理虽有许多不同之处，但是其共同特点是行政管理权集中于君主之手，是一种个人集权的管理体制：在奴隶制国家里，行政活动以王权为中心，以王权为最高权威，王与国家两位一体。夏、商、周虽然以天子为天下共主，但由于实行的分封制实际上是一种小国寡民的社会，各级封君的专制权力在空间范围上受到限制，仅对统治区内的直接统治部分享有完整权力。同样，天子的权力也相应受到一定制约。从战国到清代，除个别时期外，大部分时间内都保持了统一的王朝形式，郡县制逐渐取代分封制，如秦、汉、西晋、隋唐、北宋、元、明、清等，即使在分裂时期，各分裂小朝廷也在其统治区域内维持中央集权的体制，在这种体制下，地方官员不同于封君，所掌握的主要是行政执行权，且其由职务所派生出的权力不像分封制下的封君那样具有永恒性，非但

① 梁启超：《过渡时代论》，《清议报》，1901 年 6 月 26 日。

职务不能世袭，而且可以被专制君主随时撤换，而专制君主则通过地方各级行政机构将其意志贯彻到最基层的行政组织——乡里。秦汉以后诸中央王朝的专制皇权较夏、商、周三代的专制王权强大得多。在封建制国家里，皇帝总揽全部立法、行政、司法、经济、军事等一切大权，“天下之事无小大皆决于上”,① 所有的行政管理都是以皇帝为轴心进行的，这一原则自秦始皇确立，一直贯彻到清朝末年。

2. 在高度君主集权制度下，行政权力包揽一切，使中国行政制度史出现人治的特点

在古希腊和古罗马的国家形成以后，很快地就形成了立法、司法、行政三权分立的政治体系，而且还出现系统的神权政治。中国自国家形成之日起，首先确立的是独尊的专制王权，始终没有形成自成系统的神权，神不过是统治者用来维护统治的工具，并不存在独立于专制王权以外至高无上的神权，从来没有神权的绝对统治。至于立法、司法、行政诸权，也都掌握在王权的手中。在专制王权的统一控制下，各级政府机构分别主管各方面的政务。这种在专制君主统一控制下由行政权力包揽一切的做法，贯穿于中国行政制度史的始终。

在行政权力包揽一切的情况下，各部门的职权和活动都在行政权力控制之下。虽然在社会的发展进程中，逐渐形成司法、监察、军事、财政、文教礼仪、经济等工作系统，但在一般情况下，行政长官既是行政的负责人，又是同级的最高司法审判官，同时还掌管军事、财政、经济、文教礼仪等方面的权力，并且负有督管辖区内所有官吏的权责。因此，行政官员的地位非常重要。也因为这样，历代统治者为确保自己的最高权威，总是竭力抬高行政权力，并对之实行特别严格的控制。

在行政权力包揽一切的状况下，长期实行的是人治而非法治，缺乏健全的法制。各机构因人而设，也因人而废，机构本身往往缺乏法律上的地位，它的功能可以随意予夺，官无常制、职无常守的现象普遍存在。这是君主专制政体下必然的孳生物，也是政治体制难以长期稳定的重要原因之一。

3. 神权和行政权的结合

行政权和神权，互为表里，中国自古即有“君权神授”、“受命于天”②

---

① 《史记·秦始皇本纪》。

② 《孟子·梁惠王下》。

的观念，专制皇帝称“天子”，说明其权力直接来自上帝，无须神职人员充当中介，倒是神职人员反而将皇帝奉为精神领袖。在古代中国，宗教虽在巩固社会秩序过程中起过一些作用，但在整个思想意识的控制上仅是配角，在封建社会的中国起主导作用的意识形态是儒家思想。汉武帝时，董仲舒从理论上宣扬了“君权神授”、“天人合一”的思想，认为皇帝是“天意之所予也”,① “上承天之所为，而下以正其所为”。② 汉武帝“独尊儒术”以后，进一步使行政手段与道德教化密切配合，以伦理道德和礼仪规范来加强行政管理的权威性。这种“君权神授”的神权思想与国家的行政管理有机地结合在一起，一方面强化了君主专制统治，另一方面也起到稳定社会秩序的作用，支配着人们的精神世界和行为方式。这种经两千多年积淀形成的历史文化因素在行政管理上产生了正、负两个方面的效应。

4. 宗法制度与行政管理相结合

中国古代社会中，以血缘关系为基础的宗法制度，与行政管理相结合形成了行政制度史的又一个特点。宗法制度是在父权家长制的基础上不断扩大发展起来的，在夏商时期基本形成。宗法制度下的各级贵族之间，以姓氏区别和建立各自的宗法关系，按其班辈高低、宗族的亲疏确立各级贵族的等级地位。这样组成了“君君臣臣”、“父父子子”的统治网络，“国”和“家”结合起来，“父”和“子”结合起来，既是政治关系，又是宗族关系。春秋战国时期，随着生产力的发展，奴隶制瓦解，新的生产关系确立，宗法制度也随奴隶制的瓦解而发生了新的变化。各诸侯国内，卿大夫突起，贵族的统治摇摇欲坠。到战国时期，郡县制进一步推行，一部分诸侯卿大夫转化为地主官僚阶层，另一部分诸侯卿大夫则失去了原来的“宗主”地位。至此，贵族系统的宗法制也就分化瓦解了，但宗法制对中国国家管理和社会管理有着深远的影响。

其表现是：首先，一朝一姓，每个朝代都实行了世袭制，周朝以姬姓为主，秦朝以嬴氏为主，汉朝以刘氏为主，晋朝以司马氏为主，隋朝以杨氏为主，唐朝以李氏为主，宋朝以赵氏为主，元朝以孛儿只斤氏为主，明朝以朱氏为主，清朝以爱新觉罗氏为主。汉代的刘邦提出“非刘氏而王者，天下共击

---

① （汉）董仲舒：《春秋繁露》卷 10。
② 《汉书·董仲舒传》。

之”。① 各朝以同姓为主的管理和统治办法，使皇帝既是一姓之“大家长”，又是天下共主。《诗经》中“溥天之下，莫非王土；率土之滨，莫非王臣”②的诗句，形象地说明了这一特征。其次，实行分封制。周朝封王 71 个，其中姬姓 53 个，汉朝封刘氏子弟为王的 61 个，唐代封李氏子弟为王的 105 个。最后，地方行政管理是郡县和封国双轨制。藩王所封之地曰“国”，相当于州或郡级组织。封国虽与州郡同级，但比州郡地位高，有更大的自主权，它们往往形成中央号令不行，尾大不掉的地方割据势力。

5. 有一套以文官为主的专业化的职业官僚队伍

中国古代以君主集权为特征的中央集权的金字塔式的政权结构，要求有一个与之相适应的官僚系统及其后备队伍。这个官僚系统的运转，以及后备队伍的选拔，对于和平时期国家职能中的社会管理十分重要，由于统治者“守成”必须有一整套严密的制度和贯彻这套制度的官吏，因而，从根本上讲，从长远来看，不能依靠以军功起家的武夫，只能利用精于统治术，通过考核选拔出来的文士。因此，文官制度的产生，以及与之相应的仕进制度的嬗变，就成了历史的必然。起用文士为官，正是发挥其治国所长的办法。马上征杀、攻城掠地非文士们所长，但为新兴国家制定各种规章制度，为管理国家提供理论依据却得心应手。治理中国这样一个幅员辽阔的国家必须以政治经济为核心。因此，一套自上而下、控制全国的官僚网络就显得十分有效和重要。而大一统政治所要求的统一的思想观念和文化心理结构也需要文官去构建和宣扬。

中国古代文官制度是在以君主为轴心，以中央集权为主线的行政体制中形成和发展起来的。秦始皇统一中国后，建立了以皇帝为国家元首的行政管理体制。皇帝拥有至高无上的权力。皇帝之下设立丞相，作为百官之长，“掌丞天子，助理万机”。③ 朝内朝外，各类职官均以品序为基础形成层阶隶属关系，共同效忠皇帝。这种以皇帝为轴心的宝塔式的文官组织结构，具有很强的管理效能。中国封建社会自其一开始就逐渐形成一整套对官吏的选拔、任用、俸禄、考评、退休等严密而完善的官僚制度，这样一套以文官为主的专业化的职业官僚体系是中国封建社会行政管理体制上的一大特色，它保证了封建国家机

① 《史记·吕后本纪》。

② 《诗经·小雅·北山》。

③ 《汉书·百官公卿表》。

器的正常运转。

6. 对少数民族实行“因俗而治”的政策

所谓“因俗而治”是指先秦以来产生和形成的，“在尊重中央王朝主权、服从中央政策的前提下，在民族地区沿用各族传统的习俗制度，由各族上层分子来治理自己的人民的政策”,① 亦即在因袭其旧俗的前提下，进行有效行政管辖的政策。早在先秦时期，“因俗而治”思想就已经产生。《礼记·王制》中“修其教不易其俗，齐其政不易其宜”之说，当是这一思想的最早出典。以后的历代封建王朝继承了这一思想。汉代对归附较大的少数民族部落，设立属国进行管辖。颜师古注《汉书·霍去病传》说：“不改其本国之俗而属于汉，故号属国。”汉代在治理南方少数民族时，也采取了这一政策。隋唐时期，继承了汉代的属国制度，在民族地区设置了羁縻府州。唐代设置羁縻府州，始于贞观四年，当时东突厥首领率众归附，唐朝采取“全其部落，得为捍蔽，又不离其土俗”② 的方针，给予妥善安置，也就是说，在羁縻州内，不强迫改变少数民族的生产和生活方式，在传统习俗上仍保持原来的方式。宋朝上承汉唐，吸取了前代经略边疆的经验教训，在少数民族地区实行了“因俗而治”的统治政策，设置羁縻州县，任用“蛮夷”首领为长。元代在西南诸省之路府州县亦多用土官，即以当地少数民族首领为地方官，土官仍实际掌管原有的部属和辖地，内部政权形式也不改变。元廷还给予土官世守其土、世袭其官等优待，实行“土官有罪，罚而不废”的政策。土官设置虽然保留了酋长旧有的权力、地位及内部统治方式，但朝廷又从名称、编制上将其纳入正规官制之列，强化了中央对这些地区的管理效能。明朝在边疆地区，也设置土府、土州、土县，强化了土司系统的控制功能，在这套系统机构内除有本地头人充任的土官外，往往设有汉官，一般土官为正职者，汉官为佐贰，汉官为正职者则土官副之，以互相牵制。清朝作为元亡后又一个由少数民族建立的大一统中央王朝，清政府使统一多民族封建国家发展达到极致，在推进国家整合过程中，除承继前代“因俗而治”政策对一些民族地区进行管辖外，还创立了一些新的制度来管理民族政区，清王朝空前推动了统一多民族国家社会政治整合的进程。

“因俗而治”政策尊重少数民族风俗习惯，密切了中央政府与少数民族的

① 钱宗范：《论先秦时期中国民族政策的基本特征》,《学术月刊》,1990年第11期。
② 《旧唐书·突厥传上》。

关系，促进了少数民族地区的社会发展，巩固了中央政府对少数民族的管辖。总之，各王朝在少数民族地区实行“因俗而治”政策，使少数民族地区得到一个平稳、缓慢的发展机会，使得少数民族地区的人民免遭社会动荡之苦，因此是值得充分肯定的。

1.2.2 中国行政制度史的分期

1. 奴隶制下的行政管理体制

从公元前21世纪至公元前476年，即夏、商、西周、春秋时代，实行的是奴隶制的行政制度。这一时期，还保留了一些原始民主制的遗存，但其主导形式则是奴隶制的行政制度。从政体形式上看，它与古希腊的城邦民主制不同，是一种与宗法制度互为表里的等级君主制。这种等级君主制萌芽于夏朝，形成于商朝，确立于西周。西周政体，是君统与宗统的统一，正如《诗·大雅·公刘》中所揭示的，“食之饮之，君之宗之”。传曰：“为之君，为之大宗也。”其政体结构，是严格地按等级划分的，即所谓“天子建国，诸侯立家，卿置侧室，大夫有贰宗，士有隶子弟，庶人工商各有分亲，皆有等衰”。① 周天子以宗法家长的面目“作民父母，以为天下王”，② 对国人进行专制统治。“君父之命不校”，③ 便是当时行政体制运行机制的基本原则。

作为公共权力重要职能的古代行政管理，是与国家同时产生的。早在夏朝国家诞生之际，就出现了六卿：稷（掌管农业）、牧正（掌管畜牧业）、车正（掌管车服）、水官（掌管水利）、遒人（掌管宣令）、大理（掌管刑狱）、啬夫（掌管监察）等官。④《尚书·禹贡》说：“禹别九州，随山浚川，任土作贡。”夏王朝不仅有了行使农业、畜牧业、水利、刑狱、监察等管理职能的专职官员，而且部落联盟基础上的居民按地方行政区划和依照各地自然资源向君主缴纳的贡赋也问世了。

商周时期，国家政权组织和各种行政职能进一步发展完善。例如，商周诸多职官开始划为内服官（中央王朝职官）、外服官（诸侯方国职官）两大部分，而西周的内服官中又有了卿事寮和政务官常任、民事官常伯、司法官准

① 《左传·桓公二年》。
② 《尚书·洪范》。
③ 《左传·僖公五年》。
④ 《史记·周本纪》，《国语·周语》。

人，以及太史寮、宰等名目众多的设置。其分工也更为明确和专门化了。与商比较，西周负责祭祀等神职事务的官吏地位有所降低，而掌管行政事务的职官日趋重要。外服官中，诸侯、卿大夫、士的等级秩序和因逐级分封而规定的各项权利义务，愈加严密、详明了。

然而，战国以前的行政管理处于封建领主制阶段，还不属于君主官僚制的范畴。那时的行政管理有四个特征：第一，以宗法制的“亲贵合一”、“尊尊亲亲”作为各级政权的组织原则。血缘亲族是任官的先天条件，唯有王、诸侯等贵族家族成员才有资格担任各级政权的官职。而官职的高低上下，也往往依血缘关系的亲疏远近来确定。《墨子·尚贤下》所云，“今王公大人，其所富，其所贵，皆王公大人骨肉之亲，无故富贵，面目美好者也”，就是这种情况的写实。同族任官，还带来家国同构。任官的目的，既为国，又为家，“守其官职，保族宜家”。① 第二，世卿世禄，无论诸侯、卿大夫都世袭罔替，代代相承，尚无受君主雇佣的非族人的职业官僚。第三，以分封为基础，诸侯、卿大夫在其封国采邑内的土地占有权、民户领属权和行政管理权合一而行。第四，由于层层分封，诸侯方国之类的地方分权倾向严重，王或天子虽属专制性质，但仅仅是天下诸侯邦伯的“共主”，并非实行中央集权的专制君主。

2. 封建官僚行政管理的发展阶段

封建官僚行政管理确立以后，大约经历了战国秦汉、魏晋南北朝隋唐五代宋元、明清等三个发展阶段。随着社会的不断进步，这三个阶段的行政管理也相应地逐渐演化，表现出略有不同的内容和特色。

（1）从战国至秦汉时期是封建制行政管理的初创和确立时期

战国时期，中国进入封建社会，其重要标志之一是春秋中晚期各国强卿通过变法使其领地内所出现的中央集权君主专制政体制度化和系统化，即战国时期的变法运动。通过变法运动，中央集权君主专制行政管理体制在各国得以形成。秦统一后，将这种体制在全国范围内形成划一的制度。两汉时期，专制主义中央集权体制进一步强化，封建行政管理体制得以全面确立，奠定了隋唐时期行政管理制度发展与兴盛的基础。

秦统一之后，刚刚问世的封建官僚行政管理的基本框架，结合中央集权统一国家建立后的新情况、新问题，进行了充实和扩展。秦朝创设了皇帝制，强化了行政管理的专制主宰力量。而两汉官僚中枢组织经历了从丞相开府，到名

① 《左传·襄公三十一年》。

位较低，人数稍多，与皇帝更亲近的尚书台（省）及中书省、门下省的演变。朝廷政务管理，先是九卿负责制，而后又是尚书省部曹与九卿复合施政。还全面推行了以郡县为中心的地方行政体制。考绩等官吏管理规则开始纳入法律化轨道。中央和地方的行政监察也粗具规模。但行政管理从体制到实施，还存在不少漏洞或弊端。封国食邑制仍占一定比重，郡县州官府后来也有尾大不掉之势。官吏选用，则局限于荐举、察举等，容易给世家大族垄断中高级官职带来方便和机会。这说明秦汉魏晋南北朝的封建官僚行政管理虽得到较全面的推行，但某些环节或方面仍有待于进一步完善和调整。

（2）隋唐五代宋元是封建官僚行政管理的发展时期

魏晋南北朝时期的行政体制具有过渡性质，是隋唐宋元行政体制的先声，是秦汉三公列卿制向隋唐三省六部制演化的一种过渡行政体制。隋集汉晋以来制度之大成，确立了隋唐两代三省六部制行政体制的基本框架，唐承隋制而有所损益。三省六部制的确立标志着国家行政体制的成熟和定型。

隋唐到宋元，中央行政中枢和政务管理，完成了向三省或一省群体宰相辅政和六部施政的过渡。宰相变为群体后，相权分散，且频繁变换名称。皇帝在整个行政管理中的权力中心地位更为突出。地方州县行政管理体系不断调整，逐步排除了封国成分（蒙元王朝例外）。地方官的军民分职、定期迁转、奏报请示、朝廷派遣的督责地方机构等，均由不成熟向比较成熟演变。中央与地方的监察机制不断健全。封建行政法规《唐六典》等的问世，标志着官僚体系内部的管理机制逐渐制度化和法律化。科举制的产生和完善，改进了择优取才的官吏选拔机制，扩大并充实了古代行政管理的社会基础。

唐末农民大起义后，门阀地主完全衰落，农民对地主的人身依附关系大大削弱，地主阶级需要建立一个强有力的中央政权以实现对农民的控制。继唐而立的五代两宋政府在行政体制上将唐制略加损益，在中央形成二府三司制这种分类进行行政管理的新格局，在地方上采取分权等多种措施加强各级地方政权和各级地方官员的相互制约作用，强化了中央集权，为明清时期专制主义中央集权高度发展奠定了基础。和五代两宋同时存在的辽、金、夏以及以后建立大一统全国性政权的元朝等以北方少数民族为主体的政权在积极汉化的同时，也针对其境内各民族处于不同经济发展水平和社会发展阶段的现实，实行了各种“因俗而治”的方针，这些也为明清时期对统一多民族国家的有效管理提供了经验和借鉴。

（3）明清封建官僚行政管理的高度发展与完善

明、清两朝是我国封建社会晚期的两个大一统的封建王朝，封建行政管理到此时已趋于完备。由于吸收了前世丰富的统治经验，同时由于两个王朝开创者个人或民族等特殊情况，明清时期的封建官僚行政管理不仅较前朝有了高度的发展与完善，而且皇帝极端专制的特征十分突出。整个封建社会中都一直存在的皇权与相权，中央集权与地方分权之间的矛盾到此时趋于极端尖锐化，明清两代统治者对行政管理体制按照加强专制主义中央集权的要求进行了重大的调整。明代废除了宰相制度，皇帝改而以宫廷御用秘书班子为辖政工具，躬领朝廷庶政。六部等中央施政机构，直接对皇帝负责，地位明显提高。明代中央机构的组织制度、管理制度、活动原则等各方面都表现出与以前中枢机构不同的特殊性，体现了中国封建社会末期专制主义极端强化的行政管理的特点。在元行省制的基础上，明清又以督抚、布、按等司作为中央督责地方的机构，分割省级地方官权力，妥善地调整了中央与地方的关系，使之更有利于皇帝专制和中央集权。清代军机处的设立，更是专制主义中央集权发展到极致的产物。明清对少数民族和边疆地区的行政管理，也趋于深入和制度化。以《明会典》、《清会典》为代表的封建行政法规及选官、考课、监察等官吏管理制度，也达到了相当完备的程度。另一方面，胥吏幕僚把持政柄，官府臃肿庞杂，官吏贪赃枉法等官场病，又周而复始，愈演愈烈。

1.3 研究中国行政制度史的意义

中国行政制度史不仅是中国历史文化的宝贵财富，而且由于它是东方政制的渊源和代表之一，因而具有世界的意义。认真学习中国行政制度史，不但可以把握具有中国特色行政制度的特点，而且可以对中国现代行政制度所面临的问题症结及出路进行历史的理论性探讨。因此，学习中国行政制度史不但具有深远的历史意义，而且具有深刻的现实意义。

1.3.1 有利于继承和发扬中国优秀的行政文化

4000 年来，中国历经了许多朝代，随着社会的发展和统治经验的日益丰富，统治阶级曾经创造出一整套与当时社会和统治相适应的行政制度，这套行政制度自成体系，曾经有效地维护了国家的安全和统一，有效地维持了社会秩序和安定；曾经推动过中国历史社会的发展，促进了国家的统一，但也曾经严重阻碍过社会的进步和秩序的稳定，给中国带来灾难。因此，我们必须掌握的知识很多。仅从近年研究来看，西欧、美国、日本研究中国问题的学者们，已经把中国行政制度看做世界文化的一部分，出版了许多研究和介绍性的论著，举办过各种世界性的学术研讨会。将中国行政制度与罗马、英国、阿拉伯国家等的行政制度加以比较，了解世界各国行政制度发展的共性和特性，有助于理解中国特色的行政制度，确立中国行政制度在世界政治中的地位。

1.3.2 有利于了解行政制度与国家政权、社会之间的关系

纵观历史，任何一个朝代的行政制度虽然与前朝有其共性，但是又都有其独特性，政治、文化、社会与经济存在内涵十分丰富，其外延与影响深远。理解一个时代行政制度的形成、演变及发展过程，既可以了解该时代诸多政治、人文、自然环境、社会经济、社会心理、科学技术等互动的结果，又可以发现当时的特点和演变规律。可以说，不了解历史的行政制度，就很难理解现行的行政制度，更不能洞察现行行政制度的利弊，就谈不上理性地投身于行政管理工作。学习和掌握行政制度史方面的知识，不但可以用前人的经验丰富自己，而且可以结合当代的实践，舍弊而取利，温故而知新；既可以提高工作效率和水平，又可以启迪智慧、开阔视野，增强民族自尊和自信心。

1.3.3 有利于充实专业知识和完善知识结构

行政制度是在人们的社会生活、政治生活、物质生活、精神文化生活中形成和完善的，既有人们对历史相沿积久而成的行政文化的传承，又有因时代变迁而导致新的行政制度的形成和衍变，因此行政制度有着传承性、变革性、创新性等多元社会文化的特征。中国几千年的文明传统在一代又一代地传承、变革和创新，现代是历史的延续，新文明只有在旧文明基础上进行开拓才能有所发展。溯本求源，了解历史上的行政制度情况，实际上是为理解今天的行政制度打下比较坚实和丰厚的知识基础，为积极参加建设具有中国特色的社会主义做出贡献。

1.3.4 有利于推进我国行政体制改革

我国的改革事业取得了巨大的成就，但还须继续前进和全面深化。行政体制改革的一个根本性变革，就是从传统的管制型行政向服务型行政转变，逐步建立社会主义服务型行政体制。为适应这一根本性转变，原有的公共行政体制和管理方式必须进行相应的变革，否则，就会阻碍经济体制改革的进程。按照计划经济模式设置的政府行政管理机构，部门林立、条块分割、层次过多、分工过细，难以适应市场经济运行中横向、多层次、全方位的需要，这种旧的政府行政管理机构的设置以及管理方式，已远远不能适应市场经济的发展，必须

加快改革。而进行行政体制的改革可以从古代行政制度中吸取有用的精华。古人云："以铜为镜，可正衣冠；以古为镜，可知兴替；以人为镜，可明得失。"① 中国古代行政制度作为我国行政管理制度的一面明镜，在行政管理方面所留下的成功的经验和一些失败的教训，一定能为我国的行政制度改革提供宝贵的经验。

1.4 研究中国行政制度史的方法

从整体来看，前人对行政制度的研究，基本上是局限于对行政制度的解释、注释和制度应用方面，这不但是为了吸取前代的统治经验，也与古代选官和考课制度有密切的关系。随着社会的发展，行政制度在实际应用过程中更引起人们的重视，尤其是一些从事行政工作和负有行政责任的地方官员，总结政务心得，更加重视管理之道和妥善领悟和执行上级与中央政策法令，并且加以总结著述，使行政制度史向专门学科转变，逐渐成为专门学问。随着西方行政管理学理论的不断传入，新的科学知识开拓了人们的眼界。西方行政学的思想理论方法和中国对行政学理论认识的不断深化，给中国行政制度史的研究注入新的活力，使其逐渐发展成为一门新的学科。

中国行政制度史是一门覆盖面广、综合性强的课程，如何学习和掌握这门课程，充分理解和认识本课程知识的重要性，需要有一定的学习方法。

1.4.1 以马克思主义为指导的方法

马克思主义作为一种科学的世界观和方法论，也是指导我们进行社会科学研究的重要原则之一。在社会科学领域内，如果不以马克思主义为指导，就会迷失方向，造成混乱。马克思主义关于国家学说的观点，关于政府管理的观点和方法，"要管理就要内行"的观点，关于"要注重历史经验"的观点等，仍然是指导我们进行古代行政管理研究的根本方法。

对于中国古代的行政管理，既不能肯定一切，甚至抱残守缺，照抄照搬，也不能妄自菲薄，数典忘祖，把丰富的文化遗产说得一钱不值，一无是处，而是要以马克思主义的观点和方法，对我国的文化遗产进行分析比较，剔除其封建性的糟粕，吸收其民主性、科学性的精华，只有这种态度和方法，才能找到有益于社会主义行政管理学的东西。

① 《贞观政要·任贤第三》。

1.4.2 历史的研究方法

列宁说："为了用科学的眼光观察这个问题，最可靠、最必需、最重要的就是不要忘记基本的历史联系，考察每个问题都要看某种现象在历史上怎样产生，在发展中经过了哪些主要阶段，并根据它的这种发展去考察这一事物现在是怎样的。"① 列宁教导我们的这种方法，是历史的方法。研究我国古代的行政管理，就要考察它在漫长的封建社会中如何发生、发展和形成，从中找出带有规律性的东西，以促进我国现代行政管理学的建设和发展。

1.4.3 比较研究的方法

古今中外，在行政管理方面，既有许多成功的经验，也有不少失败的教训，需要我们采取比较学的研究方法进行探索。不仅要进行纵向比较，即不同时期的比较，从而看到发展；而且也要进行横向比较，即同一时期，不同地区和不同国家之间的比较，从而找到差距，找到有益的东西。如我国封建时代的用人制度，同西方封建时代的用人制度进行比较，不论在选人、用人和致仕方面都处于世界领先地位。近代西方资产阶级还吸收我国的科举制度，改进其用人制度。

1.4.4 学以致用，体用结合的方法

所谓的"体"，是有关行政制度的条文、规定、沿革等；所谓的"用"，就是包括当时社会管理者是如何运用"体"进行管理及其对社会所起的作用，两者不能偏废。前者有行政制度的明文规定，还有一些辅助的典章制度加以突出，一目了然，是少有变化而较为固定的；后者则是指实际的运用，包括应用技巧、施用心态、人际关系等多方面的内容，是因时、因人、因事而异的。前者是"表"，后者是"里"，只有表里结合，才能理解行政制度的实质。如果只了解其"表"，而不了解其"里"，则很难看到行政制度与当时社会生活的内在联系。如果光空论其"作用"、"运用"，而不了解行政制度本身的各种规定条文的源流、内容、变化和发展，那就不但不能得到其"神"，而且还会失去其"形"。

---

① 《列宁选集》第4卷，人民出版社1972年版，第43页。

1.4.5 注意从发展的角度来学习中国行政制度史

在正确理解和认识具有中国特色的行政制度基础上，理解中国行政制度史多元化的特点。中国行政制度代代相承，总体上看沿革清晰，但就某个发展阶段来说，还是有过迂回反复的。从没有制度到制度的自我完善，从没有单一的行政管理思想到行政管理思想统一于儒家化的演变历程，既可以看到行政制度对社会发展的促进，也可以看到行政制度受社会发展的制约。我们只有对历史的实际保持正确理解的态度，才能够正确分析某些制度从兴建、顺畅运行，逐渐发展为停滞衰败，必然要被新的制度所代替的道理；也才能够理解有些完全违反民意和社会需求的制度，能够在一定时期被硬性推行，发挥过负面作用，甚至罪恶作用的原因。只有从发展的角度来理解中国行政制度史，才能不断加深对中国行政制度史的认识。

☞本章小结

本章是对中国行政制度史的综述，旨在使学习者通过本章的学习，了解中国行政制度产生的背景，中国行政制度史的研究对象和主要内容，中国行政制度史的特点和分期，掌握中国行政制度史发展的基本线索，以及学习中国行政制度史的意义和主要方法，通过本章的学习为学习本课程做一个铺垫。

☞关键术语

行政制度　行政制度史　中央集权　行政体制　官僚政治　宗法制度

☞思 考 题

1. 中国行政制度史的研究对象是什么？
2. 中国行政制度史的主要特点有哪些？
3. 中国行政制度史可以作怎样的分期？
4. 什么叫“因俗而治”？其在历史上的作用如何？
5. 简述古代文官制度产生的背景及作用。
6. 研究中国行政制度史的意义是什么？

第2章

夏商周行政制度概述

行政制度是国家的产物，随着氏族制度的解体，奴隶制产生了。夏禹死后，其子启继承了王位，正式废除了禅让制度，我国历史上第一个奴隶制国家——夏王朝诞生了。夏的建立，标志着中国社会已发生了—系列的深刻变化：第一，王位世袭制度代替了原来的民主选举制；第二，政治上的统治与被统治的关系代替了氏族成员间的平等关系；第三，国家统治机器出现了；第四，官吏开始出现，并成为社会的主人。夏朝按地区划分居民，修建了城池、宫殿，建立了一支为其服务的军队，设立了监狱，制定了法律，设立了管理机构并配置了各级官吏以维护其利益。自此，一个国家所应具备的主要特征基本形成，中国历史由原始社会进入阶级社会阶段。最初的国家行政制度也开始出现。

2.1 夏朝政权组织的出现

夏朝是中国奴隶制社会的开端，也是我国历史上第一个建立国家政权组织的朝代。夏朝建立后，统治者为维护自身统治和适应社会发展的需要，逐步改造旧的氏族组织，建立新的国家机构。夏朝距今已有4000多年，时间久远，关于当时政权组织的文书典籍颇为稀少，正如班固所云，“夏殷亡闻焉，周官则备矣”,① 至今仍未见有夏朝典籍的系统记载。我们只能依据后世的各种古籍和研究，推测夏朝政权组织的大致雏形。

2.1.1 夏朝的中央政权组织

1. 辅弼顾问机构——“四辅”

《史记·夏本纪》有“敬四辅臣”之言。“四辅”也称“四邻”，是夏后

① 《汉书·百官公卿表》。

的重要谋臣和顾问官，相当于后世的“公”、“师”。凡夏王遇有重大国事，都要咨询他们的意见，共同议定解决方案。东汉经学大师郑玄、孔颖达转引《尚书大传》中对“四邻”及其职责做过论述，“古者天子必有四邻：前曰疑，后曰丞，左曰辅，右曰弼。天子有问，无以对，责之疑；有志而不志，责之丞；可正而不正，责之辅；可扬而不扬，责之弼”①。由此可以得知，“四辅”，即前疑、后丞、左辅、右弼。除“四辅”外，夏中央还设有“三老五更”、“四岳”等辅弼顾问官属，辅佐国君，参与决策。

2. 六卿及其他政务机构

《尚书·甘誓》云：“（启）大战于甘，乃召六卿。”“六卿”的地位较高，能对夏后的决策提出建议，而夏王的决策形成后，也往往先向他们宣布并由他们贯彻执行。尽管有少数学者将“六卿”理解为统率六军的军事将领，② 但更多的古今学者均认为“六卿”是夏后的左右大臣，既管政事，又管军事，职能较多，权力很大。至于“六卿”的名称和具体职掌，郑玄注云：“所谓六卿者，后稷、司徒、秩宗、司马、作士、共工也。”《通典》和《文献通考》曰：“夏后氏之制亦置六卿，其官名次犹承虞制。”舜之“六卿”为：司空、后稷、司徒、士、共工、虞。综上所述，夏朝中央政务机关的“六卿”及其职掌分别是：司空，掌土地，总百揆，为“六卿”之首；后稷，掌管农业；司徒，掌民政与教化；大理（士）掌司法刑狱；司马掌征伐；共工，掌百工营建。

夏朝的中央政务官除六卿外，还包括牧正、水正、啬夫、遒人等。牧正，掌管全国的农业和畜牧业。史载夏王少康在流亡时，曾担任过有仍的牧正。水正，掌管水利工程。据《今本竹书纪年》记载，少康即位后，任命商侯冥为水正，冥身先士卒，勤勤恳恳治水，后淹死于水中。《国语·周语上》云，“冥勤其官而水死”。韦昭注说：“冥，契后六世孙根圉之子也，为夏水官，勤于其职而死于水也。”啬夫，掌监察。尹知章注《管子》，则以吏啬夫为检束群吏之官；人啬夫为检束百姓之官。遒人，掌传宣政命。《左传·襄公十四年》引《夏书》说，“遒人以木铎徇于路”，木铎即木舌铜铃，徇于路，谓沿

---

① （东汉）郑玄、孔颖达：《礼记正义》卷20，《文王世子第八》。

② 邓德龙和李孔怀认为六卿乃六军将领。参见邓德龙：《中国历代官制》，武汉大学出版社1990年版，第3页；李孔怀：《中国古代行政制度史》，复旦大学出版社2006年版，第8页。

路摇铃宣示政令，同时也搜集人们对政事的意见和呼声。

3. 宗教历法机构

夏朝的宗教历法职官主要有官占、太史令和羲和。官占，掌卜筮。《左传·哀公十八年》引《夏书》曰："官占，唯能蔽志，昆命于元龟。"占卜在奴隶制社会中扮演着极其重要的角色，"自古圣王将建国受命，兴动事业，何尝不宝卜筮以助善"，"王者决定诸疑，参以卜筮，断以蓍龟，不易之道也"。① 太史，兼管天象历法，也是夏朝的谏臣。据《吕氏春秋·先识》中记载，夏朝末年有一位名叫终古的太史，见桀暴虐无道，贪乐纵欲，终日不理朝政，于是哭着苦苦劝谏，却遭桀责骂，后投奔商汤。羲和，掌天地四时。夏朝仲康时的羲和因贪杯而擅离职守，未能及时观测出日食，引起混乱局面，事后被仲康按罪正法。

4. 宫廷事务机构

车正，掌管全国的车辆制造行业。《左传·定公元年》云："薛之皇祖奚仲居薛，以为夏车正。"相传奚仲乃黄帝之后，姓任，担任夏朝车正时被封于薛。庖正，掌夏王饮食。《左传·哀公元年》载，少康为逃避追捕，曾"逃奔有虞，为之庖正"。既然方国设有此职，夏中央内廷当设有此职官。

2.1.2 夏朝的地方政权机构——方国

在夏王朝中心统治区以外，有许多臣服于夏后的氏族部落和方国。夏朝建立时，方国的数目很多，方国的首领既有姒姓，也有他姓。《史记·夏本纪》载："禹为姒姓，其后分封，用国为姓，故有夏后氏、有扈氏、有男氏、斟寻氏、彤城氏、褒氏、费氏、杞氏、缯氏、辛氏、冥氏、斟戈氏。"夏后氏异姓的有，己姓之昆吾、苏、顾、温、董，彭姓之大彭、豕氏，以及其他各姓的一些族邦。此外，还有一些来自高辛氏之族邦，如高祖契和有虞氏等；来自伯益之族邦，如嬴姓之葛国等；来自戎人的一些族邦，如有缗氏、有仍氏、有鬲氏。这些方国与夏王族的关系并不一致，有的虽与夏王同姓却与夏后氏为敌（如有扈氏），有的与夏联姻（如有仍氏、有虞氏），但总体而言，夏王朝的同姓侯伯，是夏王朝控制全国的重要支柱和核心力量，他们为巩固夏王朝的统治，并在与异姓篡权者的斗争中，发挥了重大作用。

① 《史记·龟策列传》。

每一个方国部落，就是夏王朝的地方政权机构。夏王族同姓或异姓的奴隶主贵族作为夏王朝的侯伯，也是本方国部落的最高首领。方国部落的政权机关也设置官吏，但文献记载语焉不详，但从有仍氏设有“牧正”和有虞氏设有“庖正”，大体可以推测方国部落的职官设置有些类似。

夏代中央王朝对方国部落的控制，远不如后世的西周王朝那样牢固和严密。夏朝与它们只是“同盟”关系，中央对这些方国部落的管理，并不是直接的，而是由各部族首领实行自我管理。可以说，“夏代奴隶制国家，实际是夏后氏控制的中央王朝与同姓和异姓侯伯所控制的方国部落结成的松散的联盟”。① 这是夏王朝进入阶级社会不久的初期国家形态所决定的。但是，夏王朝统治者力图通过“爵命”或“命”的方式，加强对方国部落的控制。《后汉书·西羌传》云：“昔夏后氏太康失国，诸夷始叛……至于后泄，始加爵命，由是服从。”《通鉴外传》卷二注引《竹书纪年》云：“后泄二十一年，加畎夷等爵命。”被“爵命”的方国部落首领，皆承认夏王的天下共主地位。另外，夏王朝还通过封邦或赐姓的制度，建立一批方国，即承认一些先圣王之后，或培植一批新的家族奴隶制贵族。《史记三家注·陈杞世家》索隐按：“商均所封虞，即今之梁国虞城是也。夏代犹封虞思虞遂是也。”夏朝有一位名叫刘累的人，曾“学扰龙于豢龙氏，以事孔甲”，“夏后嘉之，赐氏曰御龙”，② 成为方国首领。

与此对应，这些方国部落，对中央王朝必须尽一定的义务。他们必须应夏王之召，随时参加盟会，并贯彻执行夏王的重大决策。地方侯伯还必须定期觐见夏王，表示对夏中央王朝的服从，承认自己的臣属关系。此外，一些方国首领还到夏都城“来宾”或“来御”见夏王。一些方国的首领，还必须受夏后之命，到中央王朝供职。薛方国的首领奚仲在中央王朝任“车正”，商方国的首领冥在中央王朝任“水正”，周方国的首领不窋在中央王朝任“稷”，这种做法加强了中央与各方国部落的联系，有利于巩固夏王朝的统治。此外，各方国还要承担为中央王朝提供军队、缴纳贡品和保卫王族等义务。

2.1.3 简评

作为我国历史上第一个奴隶制国家，夏朝的中央和地方政权机构已较原始

① 王宇信、杨升南：《中国政治制度通史》第 2 卷，人民出版社 1996 年版，第 141 页。

② 《左传·昭公二十九年》。

氏族社会和禹时的早期国家形态完备和扩大了许多。夏朝各种政权组织的出现，都是为夏王维护其专制统治而服务的，已出现职能上的分工，各机构内的官员也脱离生产成为专职。然而，夏朝毕竟只是我国奴隶制国家初建和发展的早期阶段，从原始社会脱胎不久，因而其机构设置尚处于初置、起步和草创阶段，还极不完备和成熟，主要体现在：其一，机构设置简单，既无分支机构，亦不成系统；其二，职能虽有区分，但尚不十分明确；其三，机构设置上还存在着浓厚的氏族制管理组织的残余；其四，在地方则根本谈不上已置建了隶属于中央的管理机构，仅仅是一些原先同夏部落有联盟关系的方国，不受夏王朝的直接领导，与夏朝只是同盟关系。

同时，我们也应看到，夏朝政权组织的设置具有开创意义，它对以后的商周的机构设置产生了重大影响。商周时代有不少国家机构是对夏朝机构的沿用和改造。从这个意义上讲，夏朝设置的政权组织开了奴隶制国家机构设置的先河。

2.2 商朝内服与外服的职官

商朝是我国历史上第二个奴隶制国家。成汤灭夏桀后，总结夏朝中央机构设置的经验，进一步完备中央政权组织及其职能以强化奴隶制统治，并且在地方分封诸侯，广建诸侯国，以为中央之“藩屏”。商王按照“亲贵合一”的组织原则，设置机构和官吏。只有王室和贵族才有资格担任国家官职，并以与王室的血缘亲疏来决定官职的高下和地位的尊卑。尽管也有下层人士如伊挚、傅说等人曾高居相位，但这仅是极少数特例而已。更为普遍的是贵族世袭官位，由此实现族权和政权的紧密结合，形成一个以王族为主体，以同姓或异姓贵族为枝干的统治网。

商朝职官制度的最显著的特点是内外服制。《尚书·酒诰》云：“越在外服，侯、甸、男、卫邦伯……越在内服，百僚庶尹、惟亚、惟服、宗工……越百姓、里居，于百官族姓及卿大夫致仕居田里者。罔敢湎于酒。”西周康王时代制作的青铜器《大盂鼎》铭文中也说：“惟殷边侯甸，雩殷正百辟，率肄于酒。”由此可知，商朝的国家组织体制，大致按地区划分为两部分：一是商王直接统治地区，即王畿以内，史称“内服”；二是臣服于商王的王畿以外的地方诸侯国地区，史称“外服”。所谓“内”与“外”，则是以王畿为限。畿内的区划大体为大邑商——郊——牧——野——林。其中，“大邑商”又称“天邑商”、“中商”，是商朝的都城区。大邑商是商朝的政治、经济、文化和军事中心，有王宫、宗庙、朝市、百官府和居民住宅地。大邑商之外五十里的地域为“郊”，也称“近郊”，有田有邑，为农田和居民区。郊外划出一定地域为“牧”，也称“远郊”，为公共牧场。“牧”外为“野”。“野”外谓之“林”，为边界的防护林。

2.2.1 商朝内服的职官——“百僚庶尹”、“殷正百辟”

商朝内服职官称为“百僚庶尹”，或称为“殷正百辟”。“百僚”、“百辟”表示其设官之多，“尹”是官名。“庶尹”之“庶”，即众多之义。“殷”为盘庚迁都以后的商朝国号，“正”是指商王朝直接统治的中心地区，“百辟”本义是指诸侯，这里是指商朝内服地区设置的职官。内服地区是商朝的中央政府所在地，这里既有中央官吏，也有管理区域内基层事务的机构和官吏（即地方官吏），如百姓、里君（里居）。

1. “尹”（相）、“三公”、“太师”、“少师”

“尹”（相）、“三公”、“太师”、“少师”都是商王朝的辅佐政务官，协助商王执政，发布政令，处理国家大事。“尹”也称为“相”，是中央政府的最高政务官，是商王最亲近的大臣，辅佐商王处理国家大政。伊尹、伊陟、臣扈、巫咸、巫贤、甘盘、傅说等人都是商朝有名的“尹”。“尹”在百官中地位最高，“尹”的职责，总地来说是辅佐商王，率领百官，治理天下。《墨子·尚贤中》云：“伊挚……汤得之举以为己相。”伊挚，即伊尹。《史记·殷本纪》云（武丁得傅说）：“举以为相，殷国大治。”而伊尹和傅说都是商朝的“尹”，由此可以得知，“尹”和“相”在商朝是通用的。

“三公”是商朝非常设的中央中枢机构，因人而设。《汉书·百官公卿表》记述商朝的“三公”时说，“三公无官，言有其人然后充之”，“不必备员，有德者乃处之”。任“三公”之职者，有时亦以“相”兼之。《墨子·尚贤下》中提到伊尹和傅说都曾任“三公”之职。商末，纣王以西伯昌、九侯、鄂侯为“三公”。“太师”和“少师”是商朝的高级顾问官。《史记·宋微子世家》载：“微子度纣终不可谏，欲死之，及去，未能自决，乃问于太师、少师。”《集解》引孔安国注曰：“太师，三公，箕子也。少师，孤卿，比干也。”他们都是辅佐纣王的大臣。微子启是商纣王的兄长，在商朝行将灭亡之际，向太师和少师询问救乱之策，足可见太师和少师的重要地位。

2. 经济事务性职官

一是掌管农业生产的职官，如藉臣、小藉臣、小众人臣、小刈臣。藉臣和小藉臣主要负责管理王室藉田，指挥田间生产。小众人臣直接督责众人劳动。小刈臣掌农作物收割。

二是掌管畜牧业的职官。“牧”为总管畜牧业的职官，也被称做“亚牧”、“牧正”、“牧师”。各类家畜有专官管理，管理马的官有多马亚、马亚、多马、马小臣，管理牛的官有牛正、牛臣，主管羊、猪、犬的官称为“司”。

三是掌管建筑工程及手工业的职官。如司工、多工、百工。

3. 宗教文史官

宗教文史官是掌管记录王事、典礼、占卜、祭祀等事的官。“宗教官”和“文史官”本是两种性质的官，但在商朝他们之间没有严格的职责界限。“古时祝宗卜史常相连”，卜官主占卜事，用龟骨与神交流。史作词，向神祈求的内容即是由史拟就的。祝则念史所作的祝词。有时官员也身兼二职。

商人尊神，占卜、祭祀活动频繁，商王行动，每事必卜。商王决策国家大事，朝廷举行重大活动，如战争、祭祀、庆典、农事，或遇到无法解释的事情和事物时都要进行占卜祷告，向天地鬼神问吉凶。《礼记・曲礼》载：“殷人尊神，率民以事神，先鬼而后礼。”相传商人始祖契即是其母简狄吞食玄鸟蛋后所生。商王通过神权的形式实现政治统治，这也是商朝王权的一个显著特点，体现在商王朝机构设置上就是巫卜祭祀部门在商朝政务活动中地位十分重要。具体而言，负责祭祀、占卜事务的官员主要有“多卜”、“卜”、“祝”、“巫”。卜人，又称“多卜”，甲骨文称为“贞人”，是掌祭祀占卜的官。祝是负责念祝词的官。巫主要充当人与神之间的媒介，听其主断吉凶。卜巫在商廷中是一种小官，但因掌握占卜，既能替商王言事，又能传达所谓上帝和鬼神的意志；既能在王与臣之间上下传达，又能托鬼神以陈政事，在人与神之间上下传达，因而权力很大。

商朝的文史官主要有内史和作册（卜辞中称“乍册”）。内史又称“守藏史”，是一种专门管理典册的官。作册是商朝的中央秘书官，主要负责记录王言，刻写卜辞，制作策命；记录王事活动，编写典章史册；保管典章文书，还可按照王朝的典章制度力谏劝阻祭祀、典礼、册命等重大活动中的越规事宜。

4. 军事武官

商朝的军事武官主要有“师长”、“马”、“亚”、“服”、“射”、“戍”、“史”。“师”为商朝军队组织的编制单位，其首领为“师长”，地位与“邦伯”同列。“马”和“多马”是武官，常受王令率兵征伐或射猎。“亚”是军队最高副长官的职称，“亚”的职责为奉命驻防某地，战时率部征伐，征收军赋。“服”（甲骨文作“箙”）是管理车马的官长，主要为商王和军队服务。“射”是弓箭手部队的官长。“戍”主要负责管理、督率奴隶们从事守边和征伐。“史”（使）原为驻守外地的武官，后职能才有所变化。

5. 宫廷事务官

“宰”，又称“冢宰”。“冢”，大也，古籍上也称“大宰”或“太宰”。郑玄为《仪礼·公食大夫礼》注云：“谓太宰，宰夫之长也。”冢宰是商朝的奴隶总管，王室最高事务官，地位与“尹”相当。宰虽然是商王的家奴总管，但因其常侍于商王左右，也能参与政事，甚至在商王没有委任主管政事的辅佐时执掌国政。据《史记·殷本纪》记载，武丁时“政事决定于冢宰”。除宰以外，宫廷事务官还有“小臣”、“臣正”，他们主要负责侍卫、杂务等。臣本是奴隶，但他们中部分人因受商王宠信，上升为奴隶头目，受到重用，常奉王命执行或管理国务。小臣的职能较杂，据卜辞记载，主要有随王征伐、为王备具车马；受王之命替王征伐；管理王室车马或养马的奴隶；参与祭祀，替王占卜；奉王命从事田猎或监督奴隶耕作。

6. 百姓里君

“百姓”、“里居”是畿内的地方事务管理者。“百姓”是管理中央政府所在区域和贵族居住区地方事务的官。“里居”即“里君”，是管理市民居住区内事务的官，相当于后世的街道里弄负责人和地方基层官吏里正。

2.2.2 商朝外服的职官——“殷边侯甸”

外服是指商王直接统治区以外臣服于商朝的众多诸侯国分布地区。商朝王畿以外的四边分布着大大小小的诸侯国。这些诸侯或是商王裂土分封的子弟、诸侯及功臣，或是臣服于商的方国首领和一些古老的氏族部落首领。他们对商王朝负有戍边、随商王征讨敌国、向王室纳贡、为王室服各种杂役的义务。这些诸侯国是一个个具有一定独立性的政治实体，他们拥有自己的领土，可以仿照商朝中央政府设置地方性的政权机构和官吏，建立军队，设立监狱，征收贡赋，直接统治它所属的臣民。他们与商王朝的关系与其产生的途径密切相关。一般而言，像诸子、诸妇、功臣这些由商王裂土分封的诸侯，同商朝的关系紧密而不可分割，而由臣服于商的方国和古老氏族部落首领构成的诸侯，与商王朝的关系随着王朝的力量和施政得失而定。若王朝力量强大，施政得人心，他们就服从商王室领导，拥戴王室，履行各项义务；若王室衰微，施政不当，则“不至”，不向中央纳贡，甚至起兵攻伐。

关于外服的官制，《尚书·酒诰》云：“越在外服，侯、甸、男、卫、邦伯。”周初《大盂鼎》称“殷边侯甸”。侯，即“为王斥侯”，“侯，伺望也”，是商王的臣属，和邦伯一样为一地之长。二者所不同的是，称“侯”的方国领地较小，势力较弱，而称“方伯”的方国国势强盛，雄视一方。侯与邦伯，虽官无大小之分，但他们的地位、势力和作用是不同的。充任侯、伯的一般为商王直接派驻地方的封君，他们多是商王的妻、子、功臣，是商王直接统治的代理人，或是臣服于商王的方国首领，如周侯、杞侯、羊伯、易伯，等等。甸，亦作“田”，是农业区“治田入谷”的地方农业官。甸，初为向商王贡献猎物，兼营粗耕农业的边境地区，后成为这些地区长官的职称。男，亦作“任”，为方国的官吏、殷商的属臣，主要负责防边和管理农牧生产。卫，与侯的分工不同，大多数是被派到外地从事武装守卫，并且常驻一地的军事武官。

从其承担的义务看，商朝外服官的主要职责是从事武装守卫和农田畜牧的经济垦殖事业。其中，侯、卫主要负责戍边，随王出征作战，甸和男主要负责田间耕作。他们之间只有职务上的分工，并无严格的等级区别。

2.2.3 简评

商朝是奴隶制国家的发展阶段，其行政管理体制和职官设置主要有以下特点：一是王权与神权紧密结合。商王假借神权统治形式来实现其世俗政治统治，使神权与世俗政务融为一体，主要表现为宗教卜巫职官在商朝占有重要地位，渗透于社会生活各个方面，权力很大。二是王权与族权相结合。商朝按照“亲贵合一”的组织原则任命职官，通过世袭制实现一官由一个家族担任，进而形成以王族为主体，以同姓或异姓贵族为枝干的统治网，维护商王的专制统治。三是实行内外有别、设官分职的官制模式，具备了早期的奴隶制官制形态。

商朝较夏代的国家机构和职官设置有了进一步的发展和完善，主要表现在：一是职官的数量和国家机构的设置有了明显增加，据《通典·职官一》载，“夏百二十员，殷二百四十员”，虽然职官的具体数目难以考证，但是从中可以看到商较之夏职官数量的剧增。二是商朝中央执行机构出现纵向二层分级制，尹为中央政府的最高政务官，其下有小藉臣、多马亚、牛正、司工、师长等职官。三是适应社会经济发展的中央执行机构迅速膨胀，这主要体现在主管农业的官员和机构的设置上。夏朝设“后稷”管理农业，商朝不但有“相”直接从事农业管理，还有具体从事农业管理的小藉臣，督责众人劳动的小众人臣，管理收割的小刈臣。

然而，商朝职官设置与后世相比，仍显得不够完善，很粗糙、芜杂，结构也不严谨，体系亦不够完善，缺乏系统性。商代的职官名称与机构名称多相互混杂，官名即机构名，或官有“名”而机构无“名”；一些部门间缺乏明确的分职，或职任官员不足，或一官多职；多数官随事而设，职务不固定；文职和武事不分，军政合一。这些都反映了早期国家机构设置和职官设置尚处于混沌无序的状态，有待后世王朝不断加以修补和完善。

2.3 西周的中央行政管理体制与地方管理

西周是我国奴隶社会的鼎盛时期，也是奴隶制发展的成熟时期，其国家机构设置达到奴隶制国家的顶峰，突出表现为：王权的巩固与发展；以嫡长子继承制为核心的王位更替制的确立；在中央建立了以“三公”为中枢决策机构、以“两寮”为核心的官制模式；在地方则形成了宗法分封制和王畿内乡遂制并行的二元管理体制。

周武王灭商立国之初，便着手建立一套适应新的专制统治的奴隶制国家行政管理体制。他不断巩固和发展王权，在继承商王天命思想的同时，宣称周王为“元子”，是上天选定的治理天下的人，王权是神授予的。周王与夏王、商王相比，权力更大，集政权、神权、族权于一身，许多军政大事都由周王最后决断。周王是军队的最高统帅，有权调动中央王畿地区和各诸侯国的军队；周王通过册命诸侯和卿大夫，确立严格的等级制度和君臣间的隶属关系，设置“三监”对各诸侯进行监视，进一步强化了中央集权，加强了中央对地方的控制。此外，周王在中央设置诸公卿寮府，在地方广置诸侯国，以藩屏周，巩固周王的政权。

2.3.1 西周的中央行政管理体制

1.“三公”制

西周的中枢决策机构是太师府、太傅府和太保府，号称“三公”府。“三公”府的职能是协助周王发布政令，出纳策命。太师府主官为太师，太傅府主官为太傅，太保府主官为太保，此三人合称为“三公”，为西周的政府首脑，地位极高，权力极大。《文献通考》云：“周成王作周官曰：立太师、太傅、太保，兹惟三公，论道经邦，燮理阴阳。”周朝的“三公”为实职，既侍奉周天子，备顾问，谋划决策王朝大事，又作为百官之长，执掌国政，可谓“一人之下，万人之上”。他们的话周王一般都得听从，甚至与周王的命令具有几乎同等的效力。在周王年幼或王位暂缺的特殊情况下，还可代行王权。周公旦就曾“代成王摄行政当国”。① 其中，太师为中央政府最高军政长官，是周王朝的根本重臣，平时职掌国家政务，在特殊情况下还负有以非常措施直接维系王朝命运的重责。太傅地位仅次于太师，为教导、辅佐周王或王子修德行义之官。太保位居太傅之下，主要职责有三：辅弼君王、管理百官、参与重要战争的决策指挥。

正因为“三公”权力如此之大，所以一般由经验丰富的大贵族、元老或极有威望者担任，如吕尚（姜太公）曾经是周文王的主要谋臣，继而辅佐周武王。在伐纣灭商，建立和巩固西周王朝中发挥了重大作用，被尊为“师尚父”。至周成王时，周公为太师，毕公为太傅，召公为太保。“三公”并不是固定的建制，往往因人而置，并不常设。由于“三公”的权力太大，直接危及周王的权力和统治，不免引起周王的疑惧。就连功勋卓著的周公旦也不得不“走而奔楚”。故自成王后，太师、太保的长老监护作用越来越强，至西周中期后，其执政大权逐渐被“两寮”代替。

2.“两寮”制

西周中央行政管理体制的最大特色在于增设了卿事寮和太史寮两大专管官吏的官署。

卿事寮是最高的行政机关，负责处理王朝日常政务，主要职掌“三事”和“四方”诸事，管理“三事”大夫和“四方”诸侯，统辖朝廷百官。据周

① 《史记·鲁周公世家》。

初铜器《令彝》铭文载："王令周公子明保，尹三事四方，授卿事寮。""三事"，即三种政务，分别为行政、司法和民事。"三事"大夫即分管"三事"的官吏，分别为任人（或常任）、准夫（或准人）、牧作（或常伯）。"四方"，即周王分封的诸侯国。卿事寮通过"舍四方令"，发布诰命，把周王的意志贯彻给天下诸侯，并把各国诸侯的军政大事集中统一在卿事寮的控制之下。如《大诰》、《微子之命》、《归禾》、《嘉禾》、《康诰》、《酒诰》、《梓材》等都是卿事寮首脑向诸侯"舍四方令"发布的诰命。

"三事"之一——政务官。其主要负责处理西周的军政大事，主要职官有司徒、司马、司空。司徒，即"司土"，主管藉田之事，正如铭文中所说的"命女（汝）司土，官司藉田"，还负责管理山林、川泽和畜牧之事。此外，司徒还兼管成周八师的军队，带兵出征。司马是军事长官，管辖军队的事务，统军并指挥仆、射等武官。司空，即"司工"，主管工事民居等事。《扬簋》铭文中曾提到贵族出身的扬担任司空一职后，兼管田甸、司居、司刍等官，并负责刑官司寇，主刑罚等事。司徒、司马、司空又称"三有司"，是卿事寮中的重要官员。政务官除了"三有司"外，还有师氏和虎臣。师氏，乃领兵将领。《史记·周本纪》记周武王牧野誓师时有"师氏"，《集解》引孔安国注曰："师氏，大夫官，以兵守门。"虎臣不仅是周王的近卫队，而且还可从征方国。

"三事"之二——司法官。司法官主刑罚，主要职官有司寇、司士。司寇主刑，周初即设有司寇。"昔周克商，使诸侯抚封。苏忿生以温为司寇。"①杜预注："苏忿生，周武王司寇苏公也。"成王时，康叔为司寇。"成王长，用事，举康叔为周司寇"。② 司士主掌对百官的禁戒刑罚之事，协助司寇主狱讼。

"三事"之三——民事官。民事官主要职官有大都、小伯。大都，管理诸侯和王子、王弟们的采邑。小伯，负责管理卿大夫采邑的各种事务，其地位低于大都，但对采邑的管理职权较重。

太史寮是西周设置的和卿事寮并列的两大官署之一，主要负责宗教事务。它的长官为太史，负责册命、制禄、图籍、记录历史、祭祀、占卜、礼制、时令、天文历法、耕作等方面的事宜，有人把它比喻为周王的秘书处和文化部。其主要职官有太史、史、省史、大祝、祝、司卜。太史是太史寮的首脑，是周王的"秘书长"，既是文职官员的领袖，又是神职官员的领袖，其地位仅次于

① 《左传·成公十一年》。

② 《史记·卫康叔世家》。

主管卿事寮的太师或太保。史，不仅在周王祭社和郊天时负责宣读策书祝文，而且在祭祀先王时也负责读策书祝词，并负责记录历史。省史掌管百官过史，可能是视察、执法之官。大祝是祝官之长。祝，祭祀时主赞词。小祝掌小祭祀之祝事，并辅佐大祝。司卜，负责卜龟问筮之官。

3. 宫廷事务机构

西周宫廷事务更加繁杂，机构设置也更加完善，其职官除太宰以外，还有虎贲、缀衣、趣马、小尹、左右携仆、庶府、百司，等等。太宰，又称“大宰”、“冢宰”，地位较高。成王时，周公以太师兼太宰，掌邦治，统管宫中事务。太宰下还设有副职小宰，辅佐太宰处理宫中事务。宰官因与周王关系密切且深得信任，可以代传王命，参与外廷政务。据《艺文类聚》卷 12 引《帝王世纪》载：“武王元年，周公为宰，摄政。”《周书·立政》云：“……虎贲、缀衣、趣马、小尹、左右携仆、百司、庶府。”其中，虎贲为侍卫武官，保卫周王的安全；缀衣，掌管国王的服饰；趣马，掌管马匹，是宫廷的马官；小尹，既是宫中工官的首领，又对所有宫廷官的活动负有监督权；左右携仆，管理王室器物，负责周王的车舆；百司，管理内廷的零星事务，属内臣；庶府，管理王室的库藏、器物、金银、粮草等。

2.3.2 西周的地方行政管理体制

西周王朝对所辖地域实行两种统治方式：王畿之外，实行宗法分封制，广置诸侯封国机构；王畿之内，行乡遂制，置乡遂机构。

1. 宗法分封制

为了加强对王畿外广袤土地的有效控制，使政令畅达于四面八方，西周统治者依据血缘关系，在原有（文王、武王）的分封基础上，扩大分封，广建诸侯封国机构，将统治势力扩大到全国。西周统治者将自己的亲姻兄弟、异姓贵族勋戚以及臣服的异族首领，分封到指定的地方进行统治管理，将那里的土地和奴隶赐给他们使用，建立起西周王朝的属国——诸侯封国机构，继续统治该地的部落和人民。《荀子·儒效》载，周公“兼制天下，立七十一国，姬姓独居五十三人”，重要的封国有：周公长子伯禽封鲁侯，都曲阜；太公吕尚封于齐，都营丘；封召公之子于燕；封成王之弟叔虞于唐（今太原，后称晋）；封康叔于卫。通过分封，西周的疆域比商朝大大拓展。齐、鲁两国雄镇东方，周人势力越过殷而抵于海。通过封建邦国，分土列爵，广建诸侯，使血缘纽带与政治权力牢固结合，以拱卫王室，藩卫宗周，维护其长久统治。

诸侯国是隶属于周王的地方行政机构，其机构设置比较简单，内部结构类似于西周中央政府，即于诸侯王之下，亦设置众官，辅佐诸侯王执掌该诸侯国的政权，屏卫周王的国土。外廷官司徒、司马、司空等政务官执掌诸侯国的军政大权，而史官等宗教官负责祭祀、占卜、礼制和图籍等，诸侯的日常生活事务也由宫内官负责。可以说，“各诸侯国行政机构的设置，是中央王朝政权机构的具体而微而已”。① 诸侯对周天子保持着臣属关系，承担各种义务：镇守疆土，随王出征，捍卫王室；交纳贡税；朝觐述职；为王室兴建宫室或其他重大工程提供劳役；为周王的死丧、嫁娶和出巡承担特定的义务。一些大国诸侯还兼任王室官吏，如周初的卫康叔任周廷司寇，周末郑桓公任王室司徒。各诸侯国的上卿一般由周王亲自任命。周王为控制管理各诸侯，也派遣官员去各国行使监察权力，防止分裂割据，调节中央和地方的矛盾。

诸侯王在封国内也实行分封制，将大部分土地分封给自己的卿大夫，作为采邑，卿大夫又把受封的采邑分封给士。自周天子至于士，层层分封，形成了一个“天子——诸侯——卿大夫——士”的四层统治金字塔，以加强对臣民的统治，巩固王权。

不仅如此，周王还通过宗法制度来确立贵族的亲疏、等级、分封和世袭的关系。宗法制度即处理同一宗族内部成员间的亲疏、等级和世袭权力的制度，就是用“大宗”和“小宗”的等级区别把奴隶主贵族联系起来。周天子是天下诸侯的共主，是为“大宗”，其王位实行嫡长子继承制，国家权力、财富和奴隶都是世袭继承的范围，对其他各宗具有绝对的支配权和剥夺权。诸侯是周王的诸子，对周王而言，他们处于“小宗”的地位，但在其封国内，却为“大宗”。其侯位和财产的继承，也实行嫡长子继承制。诸侯的其余诸子封为卿大夫，对诸侯而言，卿大夫是第三层次的“小宗”。通过这种严格的宗法等级区分，将奴隶主阶级连接成了一个层次有序的政治实体，从而确定了各级奴隶主贵族的权力地位。伴随着宗法制度的是对权力、官职和财富的分割，由此也形成了世卿世禄制度。

宗法分封制使族权与政权更加紧密地结合在一起，比之商朝更加严密和制度化，形成了真正的“家天下”。宗法分封制以宗法关系为基础，分封的诸侯因宗法血缘关系的亲疏而确立其地位；分封制则使宗法制度得以贯彻。它一方

① 王宇信、杨升南：《中国政治制度通史》第2卷，人民出版社1996年版，第349页。

面确立了奴隶主贵族内部的统治秩序，维护了奴隶主贵族的专政地位，另一方面也加强了周王对国土的控制力量，有利于王畿外领土的开发。

2. 乡遂制

西周政府在王畿之内，实行乡遂制，划定区域，置建乡遂机构进行有效统治。西周的王畿包括京城及城郊地区。在王畿之内，以京城王宫为中心，半径一百里以内为“乡”，乡之外再划百里以内的地区为“遂”。乡遂的交界称“郊”，即郊内为乡，郊外为遂，或曰“野”。西周王室有“六乡六遂”。西周的乡遂机构组织对春秋战国时期的地方郡县制的形成有直接影响。

乡内的组织系统为乡——州——党——族——闾——比六级。具体而言，五家为“比”；五比为“闾”；四闾为“族”；五族为“党”；五党为“州”；五州为“乡”。每乡共计一万二千五百家。乡内各地方机构组织建置很简单，分置乡大夫、州长、党正、族师、闾胥、比长，各掌其政令。

遂内的组织系统为遂——县——鄙——酂——里——邻六级。五家为“邻”，设邻长，下士为之；五邻为“里”，设里宰，中士为之；四里为“酂”，设酂长，上士为之；五酂为“鄙”，设鄙师，下大夫为之；五鄙为“县”，设县正，中大夫为之；五县为“遂”，设遂大夫，卿为之。邻长、里宰、酂长、鄙师、县正、遂大夫各掌其政令刑禁。遂大夫又称“遂师”或“遂人”，执掌各遂的政务，管理各遂的土地和人民，受中央司徒府的直接领导。

2.3.3 简评

西周的行政管理体制有其特色，一是嫡长子继承制的确立，其余诸子分封。这一制度解决了因王位更替而引起的权力之争，使王位继承制度发展到了一个新的高度，对封建社会太子继承制的确立、皇位的顺利更替和权力的顺利过渡影响深远。二是宗法分封制。通过以血缘为纽带的层层分封，把宗统和君统结合起来，确立了周天子天下共主的不可动摇的地位和各国诸侯对周王的依附臣属关系，族权和政权结合更加紧密，形成了“天子——诸侯——卿大夫——士”的金字塔统治结构。三是王权不断得到强化，与之对应的就是师保辅弼机构和宗教神职官员的权力下降，而政务机构和宫廷事务机构的地位上升，有时宫廷机构因受王信任，权力甚至超过政务机构。前面提到，自成王后，太师、太保的长老监护作用越来越强，至西周中期后，其执政大权逐渐被“两寮”代替。随着生产力的发展和人们认识自然能力的不断增强，以及周王王权集权的需要，宗教官的地位逐渐下降，机构也随之缩小。与此形成对比的是，“三有司”和司法官司寇的地位逐渐重要起来。然而，随着专制程度的提高，要求权力高度集中，宫廷事务机构地位大大提升。内廷的宰官可以代王命并参与外廷政务，膳夫、内史、作册也都有出纳王命的职责。

西周时期国家机构的设置是奴隶制国家机构设置比较完备的时期，较夏商时代更为健全、完备，已形成了一套职能比较齐全，分工比较细致的奴隶制中央和地方行政管理机构网络。主要表现在：其一，在中央，机构官属编制比夏商多了很多，《周礼》上说西周中央有官“三百六十员”，这还只是“六卿”各机构的官员编制人数，若再加上“三公”、太史寮及其他机构，官员编制总额还会大大增加。其二，随着统治地域和人口的扩张，西周的中央机构已出现纵向的三层制，即卿事寮——三事大夫（常任准夫常伯）——具体执事官（司徒、司寇、大都等）。其三，西周中央政府政务系统卿事寮内部有了职司的划分，有三事、三有司等二级机构，初步有了职事分工，这是政府机构进一步健全的表现。在地方，王畿外宗法分封制和王畿内乡遂制的推行，大大强化了中央对地方的控制，加强了周天子对地方的统辖，为后来大一统的中央集权制国家政体的形成奠定了良好的基础。

与此同时，西周的国家机构建制也还存在着一些缺陷：一是文职武事机构仍未分开，混在一起，有些机构既理国政，又掌军权，对王权构成了较大的威胁；二是宫廷事务机构的权力过大，出现了内臣参政或内臣统驭外臣的现象，到西周后期冢宰甚至位列“六官”① 之首，这虽然有利于王权集中于周王之手，但也为后世的外戚、宦官专权留下了祸根；三是职事划分仍不够明确，仍存在“官事可摄”现象；四是地方行政机构尚处于初创阶段，机构设置比较简单，职能分工不甚明确，还未形成正规的各级衙署。

2.4 春秋战国时期的行政制度

公元前770年，周平王在诸侯的保护下，迁都洛邑，重建周朝奴隶制政权，史称“东周”。史学界一般将东周分为春秋和战国两个时期。春秋时期是国家由统一走向分裂，奴隶制日渐衰败瓦解的时期。在此时期，形成了分别以中原诸国和楚国为代表的两套官制，宗法等级分封制开始动摇，亲贵合一的政

① 六官，是《周官》对西周官制的概括，包括天官、地官、春官、夏官、秋官、冬官。

治格局和世卿世禄制遭受冲击，军政大权仍未分开，宗教神职官地位下降，而“三有司”、司寇的地位日趋重要，宫廷事务官特别是太宰的地位明显下降，已成为尊称，在地方则出现了县级行政组织。战国时期是封建制建立和封建国家机构的初创萌芽时期。各国经过改革变法运动，普遍建立起了中央集权的政治体制，实行将相分职制，军权与政权、文职与武事正式分开。各国为壮大自己的实力，在兼并战争中赢得胜利，逐渐淡化了官制的宗法血缘色彩，世卿世禄制度正式瓦解，官员的世袭制和终身制被抛弃，“客卿制”的普遍推行使官僚政治制度得以产生。正是基于此，不少学者将战国时期看做“官僚政治制度真正的产生时期”。① 此外，为适应强化中央集权的需要，各国广置郡、县机构，加强对地方的管理。由于春秋和战国两个时期是社会性质不同的两个时期，故将两个时期的行政制度分开阐述。

2.4.1　春秋时期的行政制度

平王东迁后，周王室直接治理的王畿土地大片丧失，只拥有今河南西部及北部的一隅之地，后又陆续赐给诸侯国部分土地，王室的土地变得更加狭小，随之而来的是收入锐减，入不敷出，而王室的内乱更加加速了周王室的衰微和王权的衰落。与此形成鲜明对比的是，各诸侯国经过200多年的发展，其经济和军事实力不断增长。春秋初年时共有诸侯国140多个，其中的齐、晋、楚、鲁、宋、卫、陈、蔡、郑、曹、燕、吴、越、秦等十几个国家，国力日增。一些大的诸侯国凭借自身的经济实力和军事实力，弱肉强食，吞并小国，扩张自己的疆域和势力。经过多年的兼并战争后，诸侯国数量逐渐减少。一些实力强大的诸侯国先后摆脱周王室的控制，建立起一套各自为政的独立官制。其中，中原各国虽依本国统治需要有所创新，但大体仍承袭西周旧制，而以“蛮夷”自谓的楚国则自成一系，形成了别具特色的行政制度。

1. 春秋诸国的中央行政管理体制

春秋时期，各国在国君之下，百官之上都设有一个总领国政的官员，相当于后世的“相”，当时虽各国名称不同，但泛称为“执政”，即执掌全国大政之意。执政总揽军政大权，辅佐国君治国，在平时是全国最高政务官，战时则为三军统帅。在郑国称为“当国”；晋国称为“中军元帅”；齐国初以“二守”、“上卿”执政，后以“相”执政，成为最早称“相”的国家；楚国初以

① 吴宗国：《中国古代官僚政治制度研究》，北京大学出版社2004年版，第19页。

"莫敖"执政，后被"令尹"替代。"执政"的设置大体有两种类型：一是专设一人为之，如东周王室的太宰、楚国的令尹、郑国的当国、齐国的相；二是兼设，如鲁国由三桓轮流当政，而三家又分别担任司徒、司马、司空之职，各有具体所掌。宋国的六卿中，谁的权重，就由谁充当此任。华元以右师居相位，子罕以司城①居相位，都是兼职。执政的产生，春秋前期多由国君任命，中晚期因贵族势力强大而出现父子相传或由固定的几家贵族轮流担任的现象。执政以下，分设各部门职官，具体主管各种事务。

一是政务性职官，主要有司徒、司马、司空、司寇。

司徒，负责管理民间事务，掌握户口和人民，征发徒役。司徒在中原各国都是要职，常以卿爵担任。因晋国僖侯名"司徒"，故晋讳之而改称为"中军府"。公元前548年，陈国向郑国投降时，派司徒"致民"，献出其民众的户口册，可见司徒是掌管民众的。司徒之下，还有管理田地的甸人，管理山林川泽的虞人。

司马，掌管军队、军事设备，负责作战。司马为最高军事长官。古时重车战，兵车靠马拉动，一车两马或四马，故此以"马"名武官，称"司马"。宋国的司马又称"司武"。晋国设上、中、下三军，以"将中军"为最高军事长官，将下各有佐，将佐之下才是司马，晋司马只掌军中法纪，不负责统军，地位比其他国家低，职权小。与司马地位相当的还有军大夫、军尉、军司空、侯庵等，分别掌管军中政事、军纪、修路和侦察等事。秦则以"庶长"掌握军政大权。

司空，掌管土地和建筑工程。春秋时期，除楚国不设司空，其职务由司马、司徒分理外，别的国家都设。其中，宋国因避讳武公之名而改成司城。司空的职能范围包括：掌管农田水利、土地税收，丈量土地的远近，辨别土质的好坏，授民耕种，还掌修城邑之事。

司寇，主管刑罚、狱讼和治安。南方的陈、楚称"司败"；齐称"士"或"士师"，晋国称"理"，东周则称"尉氏"。孔子曾做过鲁国司寇。此外，司寇还负责监军或直接领兵打仗。《左传·宣公二年》载，鲁宣公二年春，郑攻打宋国，宋华元、乐吕御之。乐吕当时官任宋国司寇，在这次战争中与大夫华元一起奉命领兵抵抗，可见司寇有监军之责，也证明了当时仍然是"兵刑合一"的。

春秋时期，随着政务的增多，还出现了一些新的政务官。如因诸侯国交往

---

① 司城，即司空，主管土木建筑之事。宋国因避讳武公之名而改成司城。

频繁而设置的主外交、迎宾客的“行人”，其属官有负责与少数民族交往的“舌人”。还有镇守边界的“疆吏”和“关吏”，治理国中重要地区的“封人”等。

二是专为国君私人服务的近侍官。像在西周执掌国政的“三公”——太师、太傅、太保，到春秋时中原各国都未见太保一职。中原各国的太师、太傅除晋国外，也多是一种美称，无多大实际行政权力。西周时的膳夫，可以出纳王命，到春秋时期也不见有执行重大政治使命的记载。西周时为王朝要职的宗伯，到春秋时只有鲁国设有，且职司只是祭祀时掌管神主位置的排列，其他国只设宗人，主管祭祀，并向神灵祷告，地位不是很高。这些国君近侍官地位的下降，是治政官与宫廷内官分职的结果，反映了随着时代的发展，统治机构日渐完善，设官分职更加细密。

国君的近侍官逐渐与行政权分离，逐步转向了史册、文秘、祭祀卜祝。春秋时期，近侍官主要有三类：史官，掌管文籍典册，记录历史和国君的言行，以及国家的礼仪、官吏的任免册命。春秋时的史官非常重要，他们不畏权臣，敢于秉笔直书。乐官，称为“师”、“大师”或“舞师”，楚国称“乐尹”、“泠人”。春秋时，音乐对社会生活有相当的影响。祭祀、宴饮、朝会都有音乐舞蹈。后宫官，有府人、廪人、司宫等。府人和廪人，负责宫廷内的金玉玩器、粮米柴盐，以及日常的侍卫、守夜保护等。司宫也称“巷伯”、“寺人”、“竖”，主后宫妻妾之事。

2. 春秋早期的“国野制”与中后期的郡县制

春秋早期，地方组织基本上是“国野制”或“国鄙制”。“国”，是指国都及其附近的地区。“野”或“鄙”，是指农村。各国均按一定体制设置政权机构和居民组织，并置官以管理。春秋初年，管仲在齐国推行“参国伍鄙制”。所谓“参国”，就是把齐国的国都及其附近分为21个乡，其中工商乡6个，士乡15个，而乡以下的组织为：5家为“轨”，设轨长；10轨为“里”，设有司；4里为“连”，设连长；10里为“乡”，设良人。这就形成了轨长、有司、连长、良人的“国”之组织系统。所谓“伍鄙”，即是制鄙“三十家为邑，邑有司；十邑为卒，卒有卒帅；十卒为乡，乡有乡帅；三乡为县，县有县帅；十县为属，属有大夫；五属，故立五大夫，各使治一属焉；立五正，各使听一属焉”。① 这就形成了邑、卒、乡、县、属的“鄙”之行政建制，所设之

① 《国语·齐语》。

长分别为邑有司、卒帅、乡帅、县帅、属正等长官。这种体制层次过多，不适宜新兴地主阶级的行政管理。

值得注意的是，春秋前期各诸侯国对地方的统治仍沿袭西周的宗法分封制。到了中期，由于土地私有制的发展，宗法分封制已成为社会发展的障碍，不利于国君统一调动人力、物力投入兼并战争。于是，自春秋中叶起，郡县制便逐渐取代“国野制”和宗法分封制，成为春秋时期的地方行政体制。

所谓郡县制，就是各诸侯国在中央一级政权组织下设置郡、县两级政权组织，以统治地方。它较之采邑制度，是历史的一大进步。它打破了奴隶主贵族世袭采邑的特权传统，是地方管理体制的重大发展。它既是封建制取代奴隶制的产物，又是由地方割据走向中央集权的重要标志。郡县在春秋时期还处于萌芽、初创阶段，具有从采邑制向郡县制过渡的性质。这个时期各国所置之县，大小不等，机构设置简单，职能不清，而且性质也不尽相同。春秋时郡级机构亦很原始，数目少，地位低，军事色彩浓厚，设官少，机构简单，职能单一。此时的县、郡机构还远不能同后世的郡县机构相比，但是县、郡机构的出现，无疑开创了古代直属中央的地方行政机构设置之先河，对后世乃至现代，均产生了重大影响。

县的设置，以楚国为最早。据《左传》记载，公元前690年前后，楚武王、文王灭掉了权、申、息等边远小国后开始置县。秦国约在秦武公十年（公元前688年）灭邽、冀戎后，也开始置县。其后，晋、齐、吴等国也陆续置县。由此大体可以看出，县级机构多设置于靠近边境的新占领区。这些占领区不再作为采邑分封给大夫，而是直接由国君委派县吏主持一县之政，官位不再世袭，这在很大程度上替代了西周的世卿世禄制。当然，县级机构的形成不止这一种形式，还有分私家田地以为县（如晋国六卿分祈氏、羊舌氏之田改为县）和集乡聚邑以为县（如齐国以三乡为县）两种形式。县吏负责执行国君的一切政令，掌管一县之军政大权。其官制，在楚国称“县公”或“县尹”；鲁国称“县公”或“县宰”；齐国称“县大夫”。由于地方县级机构的置建有助于增强国君的权力，因而得到迅速发展，各国置县逐渐由边地推行至本国的内地。

郡比县出现时间稍晚一些，最早设郡的是秦国。据《国语·晋语》记载，大概在前659—前620年，即秦穆公当政时期秦已置郡。春秋末期，晋、吴也开始设郡。郡最初是作为一种带有军事色彩的地方机构而出现于少数国家的北部边疆地区的。郡之长官称“郡大夫”或“郡守”。郡的面积较县大，但因地广人稀，经济落后，其地位仍在县之下，故赵简子战前宣誓说：“克敌者上大夫受县，下大夫受郡。”① 然而，郡、县间尚无隶属关系。

2.4.2 战国时期的行政制度

公元前476年左右，春秋列国中的大多数因兼并战争而消失，仅剩下了秦、楚、燕、齐、赵、魏、韩七个大国，史称“战国七雄”。从此，中国进入战国时期。这个时期，各国纷纷推行变法改革（如楚国的吴起变法、韩国的申不害改革、齐国的邹忌改革、秦国的商鞅变法），巩固地主阶级政权，在政治上确立了封建集权制的统治。战国是奴隶制解体、封建制萌芽的时期。伴随着经济基础的变革，上层建筑也产生了明显的变化。在中央，出于政治集权和战事的需要，各国确立了将相分治的统治格局，传统的世卿世禄制逐渐被官僚政治替代；在地方，郡、县机构广泛置建，郡县制不断完善，形成隶属关系。

1. 将相分职制

春秋时期，军政大权统于“执政”一人之手，战时统军，平时治政。这种“执政制”在战乱纷争的年代，固然有利于提高政府行政效率和军事行政效率，但却不利于王权的加强，相反由于“执政”处于一人之下，百官之上，容易使王权架空。从权力制衡的角度看，王权分为文武，分别由二人掌管，便于相互制约和制衡。

不仅如此，随着奴隶制度逐渐崩溃，地主阶级的阶级力量逐渐强大，各诸侯国的国力都不同程度加强，单靠平时治政、战时打仗的执政体制已经不能适应新形势的需要。各列强国为了应付频繁的战争，加强国家的统治，不仅需要一支可以直接调遣的庞大军队，而且需要一套精悍的政府官制。因此，官分文武，实行将相分职制，成为必然趋势。这种体制既是军事战争的需要，更是封建专制主义中央集权制萌芽的必然结果。

相，文官系统最高长官。除楚称“令尹”外，其余六国都称“相”、“相邦”、“相国”或“丞相”。春秋时期，仅齐、晋、宋等少数国家置之，而到了战国，各国普遍实行相职制，相成为协助国君统领百官、处理全国政务的最高行政长官，位列国君之下，众官之上。相执掌行政事务，而军事则由将负责。《吕氏春秋·举难》云，“相也者，百官之长也”，《荀子·王霸》也说，“相者，论列百官之长，要百事之听，以饰臣下百吏之分，度其功劳，论其庆赏”。战国时期，楚国仍以“令尹”为最高执政官。如《战国策·齐策二》载

① 《左传·哀公二年》。

楚昭阳答陈轸问："异贵于此（指上柱国）者何也?"曰："惟令尹耳"。意思是说，令尹比上柱国（即将军）的地位还要高。

相是百官之长。战国时期，在相以下，还设有其他一些重要官职，主要有：

御史，由"史官"发展而来，因亲近国君，地位重要。赵、魏、韩、齐、秦均有设置。御史的主要职责有三：一是充任国君秘书，掌管文书，而且还能代表国君接受外来使臣的"献书"，如张仪为秦连横说韩王，"秦王使使臣献书大王御史"。① 二是掌记事，充当国君左右的记录官，如"赵王鼓瑟。秦御史前书曰：'某年月日，秦王与赵王会饮，令赵王鼓瑟。'"② 三是行使监察职能。《史记·滑稽列传》载：国君临朝，御史常立身旁，齐威王宴请大夫淳于髡，淳于髡说，"赐酒大王之前，执法在旁，御史在后"，不敢放量多饮。秦统一后，升御史为御史大夫，仍掌秘书、监察之职。

郎中，国君的侍从武官，也因常在国君身旁，地位重要。赵、韩、齐、楚、秦等国均设，秦统一后改为郎中令。

卫尉，负责宫廷警卫的官员，战国时秦设。

廷尉，掌诉讼刑狱的中央官员，秦设。齐称"大理"，楚称"廷理"。

内史，负责财政、经济的官员。战国时秦、赵设，秦统一后称"治粟内史"。

主客，掌礼仪，接待宾客的官员。由春秋时的"行人"演变而来，秦称"典客"。

少府，掌管官营手工业和军需生产的官员。韩、秦等国均设。

将是"将军"的省称，也有称"大将军"、"上将军"的，负责统领军队，指挥作战，是武官系统的最高长官。楚国称为"柱国"或"上柱国"。"柱国"本是国都的意思，后将之作为保卫国都的官名。刚开始柱国是国君的近卫军首领，常受王命统率军队，后成为最高军事长官，地位仅次于令尹。秦国在战国初期以"大良造"为最高军政首脑，昭王时设"将军"，地位仅次于相邦。后将军又由固定性专职变为出征时由国君临时委任的最高统帅官，仍以大良造为中央政府的最高军事长官。随后，秦又以"相国"统摄军政大权，不再设置大良造，或只用做爵位，这样原大良造的下属武官"国尉"成为实际的最高军事长官。秦国尉之下有左庶长、左更等官职。

---

① 《战国策·魏策一》。

② 《史记·廉颇蔺相如传》。

2. 郡县制

产生于春秋时期的郡县，至战国时，其组织结构与行政职能进一步完备，且有了新的发展和变化。除齐国不设郡而设都外，各国普遍设置了郡县，不仅在边地设置，而且逐渐推广到了内地。各国的郡县性质也渐渐统一，原含的“采邑”性质，已经淡化殆尽，完全变成了正式的地方行政机构。机构和规模也逐渐一致，原来的大县分小，小县并大。郡、县之间的行政隶属关系也渐趋确立。战国初期，郡、县尚属平级，但随着各国封建经济的发展，增设县的数量愈来愈多，而且各国长期处于战争状态，内地也需要置郡主掌军事，进行防御，兼主民事。不仅如此，在边地，人口不断增加，生产发展，边地经济日益繁荣，也需要在郡内划分若干县来治理辖区内的事务。这样，郡辖县的制度正式确立。然而，此时的郡、县两级制仍不很严格，如秦国只在新占领区设郡，郡下再设县，而在原有区域内仍只设县。

郡，是中央直接统辖的最高一级地方机关，其性质是军政合一的，掌本郡的所有军政事务，以军事为主，兼及民事。郡的长官称“郡守”，也称“太守”，大多由武官担任，并由中央直接任命，对国君负责。凡治民、进贡、劝功、讼狱以及上计等事务都由郡守负责。郡守之下设郡丞，协助郡守处理郡内各项事务，郡尉为郡之军事长官。秦国在郡内还设御史及其他属官。

县是郡的下一级地方行政单位，县的行政首长，韩、赵、魏及秦均称“县令”，而齐称为“县大夫”，楚仍称“县公”或“县尹”，有时也称“县令”，掌一县之政令。县令之下，有县丞、县尉。县丞协助县令处理县内事务，县尉负责军务，并有权征发兵丁和役卒。《秦律》规定，秦在战国时，县还设县司马，负责县内马匹管理；县司空，主管县工程建筑。此外，还有御史、令史等属官，已初步建立起行政管理机构。

县以下还设有乡、里等基层组织。乡有乡官“三老”、“廷掾”，里有里正。乡里所属个体农户，则按什伍组织编制，五家为“伍”，十家为“什”。在什伍编制下，居民不许随便迁徙，一家有罪，互相株连。这些基层组织尤其在秦国出现得更多、更普遍。

战国时期各国郡、县机构的置建，不仅加速了各国封建化的进程，荡涤着奴隶制残余的采邑制，而且有助于形成地主阶级中央集权政治体制，为全国统一奠定了基础。战国时期各国郡、县机构既是中央集权的产物，也是确立全国性中央集权政治体制必不可少的步骤。各国的统治机构，从中央到郡，从郡到县，从县到乡里，已形成一个庞大而有系统的地方统治网络。中央集权制下的地方官制已粗具规模，为秦汉封建专制主义集权制的地方管理体制奠定了基础。

2.4.3 简评

春秋战国时期是奴隶制衰落、封建制初建的时期。这一时期既演示了奴隶制与封建制两种社会制度的交替更迭，同时也映现了奴隶制国家机构解体或变迁与封建制国家机构的初创和萌芽。西周的宗法分封制和世卿世禄制惨遭破坏和瓦解，取而代之的是更利于中央集权和强化王权的郡县制和官僚政治，官员的世袭制和终身制被废除。军政合一、文武不分也走向文职与武事分开，将相分管军队和政务。与之相适应的中央政府执行机构也发生了如下的变化：管理祭祀和占卜的宗教官在国家机构中退居次要地位，而主管行政、军事、司法等具体政务的官员地位和作用有了明显提高。总体而言，春秋战国时期职官制度日趋发展，职官机构也渐趋完善，臣仆式的宫廷事务官与政务官分工日益明确，“臣仆用事”的现象有所减少。无论是中央行政管理体制的变化，还是地方郡县制的完善，都体现了中央集权的总体趋势，都向着有利于中央集权的方向发展。春秋战国时期是由奴隶制社会向封建制社会过渡的时期，也是中国历史上一个承上启下的时期，其历史地位及意义均非常重要。

☞本章小结

夏商周是我国奴隶制国家从初创到发展，到鼎盛直至衰落，以及封建社会初步形成的历史阶段。在此阶段，王权逐渐巩固并得到发展，王位继承制从夏朝的传子制到商朝的父死子继与兄终弟及制并存，再发展到西周的嫡长子继承制。中央政府的机构由少至多，由单一的横向分工发展为横向分工和纵向分层的双向结构，各机构的职能亦日益明确。宗教神职类机构自西周后地位趋于下降，宫廷事务类机构伴随着西周王室的衰落地位也呈下降趋势，而“三司”、司法机关、经济事务类机构却因利于强化政府统治而日显重要。文职与武事从合一走向分立，直至战国时期分置“相府”与“将军府”，这也是加强王权，维护君王统治的需要。地方政府的管理机制也主要经历了方国制——诸侯制——郡县制的历史演变，而朝着有利于中央集权的方向发展。与此同时，奴隶制时期的世卿世禄制在春秋战国时期遭到破坏并逐步瓦解，郡县制的推广以及战国列国普遍推行的客卿制，催生了早期的官僚政治制度。总体而言，夏商周的行政制度与封建社会完整的行政制度体系相比，尚显粗糙，有诸多不完善之处。然而，正是先秦时期行政制度的发展与流变，为后世的行政制度建立了大体的框架，后世的行政制度体系也多是从王权与皇权、中央行政制度、地方行政制度、官吏的铨选与管理等几个维度加以变革和完善，以适应不断强化中央集权的统治需要。后世的行政制度多可以在先秦的行政制度中找到原初模型，我们由此即可窥见行政制度的整个历史发展脉络，为建立健全合理的行政制度觅得历史的借鉴与启迪。

☞关键术语

内服与外服　　“两寮”制　　宗法分封制　　乡遂制　　将相分职制　　郡县制

☞思考题

1. 简述夏朝的政权组织及其特点。
2. 商朝内外服的职官体制及简要评价。
3. 什么是宗法分封制，它在春秋战国时期有何变化？
4. 西周的中央行政管理体制较夏、商而言，有何不同？
5. 简述郡县制的产生及其发展历程。
6. 试述战国时期推行将相分职制的原因及其主要内容。

第3章

皇帝制度

皇帝是社会历史的产物。春秋战国时期，国家元首制度变化的主线是由君主制元首制向专制君主制元首制转变。这一转变是通过秦国的统一运动来完成的。秦王嬴政“续六世之余烈，振长策而御宇内，吞二周而亡诸侯，履至尊而制六合，执棰拊以鞭笞天下，威振四海”,① 为秦汉王朝建立皇帝制度奠定了历史基础。所以，公元前221年，秦王嬴政灭六国完成统一之后，其议定皇帝称号，确立至高无上的皇权，是符合历史发展的逻辑的。从此，中国元首制度进入了一个新的历史时期——以皇权为代表的君主专制时期。

3.1 皇帝制度的建立与皇权的行使

皇帝是一国之君、一国之主。在世界历史上，各国几乎都有过“皇帝”这个角色。但是，就中国而言，皇帝制度历史之悠久、之完备，却是世界上少有的。

3.1.1 皇帝制度的建立

1. 皇帝名号的确定

古代的君主称“天子”，以彰显君权为神所授。《史记·五帝本纪》中记载，“於是帝尧老，命舜摄行天子之政，以观天命”，说明最高统治者自称天子由来已久，但是君主也称“后”、称“君”、称“王”，所以一般将秦代以前的君主制度称为“国王制度”。

自西周平王开始，政出诸侯、列国并存、战乱蜂起的情况，使王朝统治的秩序濒于崩溃的边缘。平王东迁，夏商周的国王制度由鼎盛走向衰微，国王的

① 《史记·秦始皇本纪》。

统治地位正逐渐失去。西周国王制度规定，周天子是国家的最高统治者，掌握着国家所有重大权力，包括决策权、主持祭祀权和统领军事权。国王制度是以宗法制为基础，宗法制度又以国王制度为荫护，二者合一。

春秋战国时期的兼并战争，使国王制度走向衰微。虽然战国时期各国均有“国王”，但是此时的“国王”已不同于夏商周时期的“国王”，二者所代表的阶级不同。战国时期的“国王”不再是宗法贵族的总代表，而是新兴地主阶级的总代表，因此用非同于夏商周时期的以宗法制度为工具手段来进行的统治，而是在全国实行郡县制；这时的国王主宰着全国的政治、军事、经济权力，同时也依靠以丞相和将军为首的文武官僚集团来管理全国的事务。皇帝制度的产生在这个时期获得一定基础。

秦朝时，中国历史向前有了更大的发展。西周时期典型封建制度已不存在，建立在小农社会层面上的官僚集团逐渐形成。皇帝制度在秦始皇吞灭六国的基础上产生，自此拉开了从秦朝开始，一直到辛亥革命为止的皇帝制度的序幕。

“皇帝”这一名号，创始于秦始皇。公元前 221 年，秦王嬴政在消灭六国后，建立了大一统的国家。他自认为“功过五帝，地广三王”,① 仅仅称王并不能代表自己的功业和伟绩，因此，下令群臣给自己更改王的名号。在议论过程中，丞相王绾、御史大夫冯劫、廷尉李斯等认为：“昔者五帝地方千里，其外侯服夷服，诸侯或朝或否，天子不能制。今陛下兴义兵，诛残贼，平定天下，海内为郡县，法令由一统，自上古以来未尝有，五帝所不及。臣等谨与博士议曰：古有天皇，有地皇，有泰皇，泰皇最贵。臣等昧死上尊号，王为泰皇，命为制，令为诏，天子自称曰朕。王曰：‘去泰，著皇，采上古帝位号，号曰皇帝。它如议。’”② 群臣谏采用“泰皇”，秦始皇自定为“皇帝”，自此以后，“皇帝”一词就被确定下来。汉代蔡邕在《独断》一书中说：“皇帝，至尊之称。皇者，煌也。盛德煌煌，无所不照。帝者，谛也。能行天道，事天审谛，故称皇帝。”

皇帝称号的产生是秦始皇完成统一大业的产物，也是皇帝制度建立的标志。

---

① 《史记·秦始皇本纪》。

② 《史记·秦始皇本纪》。

2. 皇帝的专用名号

为了维护皇权，皇帝的命曰“制”，令曰“诏”。此外，“旨”、“谕”、“敕”等也代表皇帝的命令。皇帝自称为“朕”，谦称“寡人”、“孤”。臣下对皇帝称“陛下”、“万岁”、“皇上”等。史官记事称皇帝为“上”。皇帝的居处称“行在所”，所居称“禁中”，后称“省中”。服食之物皆称“御”，所用车马称“乘舆”。皇帝有病称“不豫”，皇帝去世称“崩”或“驾崩”，入葬的坟墓称“陵”等。皇帝之印称为“玺”。秦始皇有六玺，“曰皇帝行玺，皇帝之玺，皇帝信玺，天子行玺，天子之玺，天子信玺”，六玺之外，还有一种蓝田玉玺，书鸟篆文“受命于天，既寿永昌”，后世称为“传国玺”。皇帝的父母称“太上皇”、“皇太后”，妻子称“皇后”，儿女称“皇子”、“公主”，继承皇位的儿子称“皇太子”或“太子”。所有这些专称，都是为了严格区分名号，“以别君臣上下之义”。

3. 谥号、庙号、尊号、国号、年号

（1）谥号。皇帝除了上述专用名号之外，生前死后还要加其他一些名号，即生前加尊号，死后加谥号。《逸周书·谥法解》中说，“谥者，行之迹也；号者，加之表也”，即帝王死后根据其生前事迹、功过等给予的一种称号。谥法相传为周公所创，春秋战国时期诸侯皆用之。秦始皇称帝后认为谥法是使子议父、臣议君，不成体统，于是废除。但谥法至汉代又恢复，以后历代沿用不废。根据谥法，谥号可分为褒扬、批评与同情三类。如表扬其功劳的有：经纬天地曰文，布义行刚曰景，柔质慈民曰惠。批评其怠政的有：乱而不损曰灵，好内远礼曰炀，杀戮无辜曰厉等。同情其政的有：恭仁短折曰哀，慈仁短折曰怀，在国遭忧曰愍等。谥号一般用一个字，也有用两三个字的。

（2）庙号。帝王在谥号前面还有庙号，是帝王死后在宗庙里祭祀时追尊的称号。此制始于殷代，如太甲为太宗，武丁为高宗。秦始皇无庙号，汉代承前制立庙号。按规定，每个朝代的第一代皇帝的庙号称“祖”，有太祖、高祖、世祖等，以后的嗣君一般称“宗”，如太宗、世宗、穆宗等。这样，一个皇帝死后既有庙号，又有谥号。例如刘邦的全号是“汉太祖高皇帝”，刘彻的全号是“汉世宗孝武皇帝”。但是按规定，不是每个皇帝都加庙号，只有有功有德者，才被追称为“祖”、“宗”。

（3）尊号。从唐代起，皇帝还有尊号，这是皇帝或者皇后在位时奉给他的美称，又称“徽号”。每逢庆典，可以屡次加上，每次通常加两个字，尽是

歌功颂德之词。如唐太宗李世民尊号为“文武大圣大广孝皇帝”，谥号为“文皇帝”，庙号为“太宗”。武则天垂拱四年（688 年），得瑞石於洛水，上有文字曰：“圣母临人，永昌帝业。”因称其石为宝图，于是群臣上尊号，请称“圣母神皇帝”。清朝叶赫那拉氏的徽号是“孝清慈禧端佑康颐昭豫庄诚寿恭钦献崇熙佩天兴圣显皇后”,① 计 22 字。

（4）国号。国号是一个王朝立国后的标志，是由氏族社会发展到国家制度后才产生的。夏为最早有国号的王朝，自夏以后，历商周，经秦汉，入隋唐，至明清，一直沿袭了 4 000 余年。国号，或出于姓氏的起源，如战国时期的韩、赵、魏等；或出于地理方域的位置，如春秋战国时期的吴、越、燕、秦等；或出于建国前帝王的封爵称号，如汉、隋、唐等。总之，国号的确立，均有一定的政治、历史、文化及地理作为背景和依据。

（5）年号。年号是指历代帝王纪元所立的名号。大约起于汉武帝时，据说公元前 122 年汉武帝率文武百官到雍县祭祀五帝，途中猎获一只“白麟”，群臣认为是天降祥瑞。为表示庆祝，这一年就定为元狩元年，帝王年号就此产生，并以该年为准，以六年为段，向上推延，分别以建元、元光、元朔作为年号加以追记。其后每因祥瑞或重大事故而立号改元，有一帝改立年号十数次，如唐高宗李治在位 34 年，改元 14 次；也有一年之中改立年号数次者，如西晋惠帝在公元 304 年一年中就改元三次；也有一生只用一个年号者，如清圣祖玄烨在位 61 年，只用“康熙”一个年号，清高宗弘历在位 60 年也始终用“乾隆”这个年号。年号一般用两个字表意，也有三字或四字，甚至六字的，如南朝梁武帝年号“中大通”三字，武则天在公元 695 年至 696 年两年中改元三次，分别为“天册万岁”、“万岁登封”和“万岁通天”，都是四字，西夏开国君主李元昊年号“天授礼法延祚”为六字。

3.1.2 皇帝制度的发展变化

在确立“皇帝”之称的同时，秦始皇还规定了许多尊君、维护皇帝最高权力的制度和办法，创立了皇帝制度。皇帝制度的基本内涵主要由三点组成，即皇帝独尊、皇权至上、皇位世袭。皇帝制度是中国政治制度的主要标志，也是中国历史上的重要政治制度。纵观中国历史，皇帝制度发挥了极其重要的政治功能。

① 《清史稿·后妃传》。

1. 汉代皇帝制度的加强

中国皇帝制度产生于秦朝，在汉代得到进一步加强。到了汉代，除了承袭秦朝的皇帝制度，在内容上也进行了补充与拓展。两汉时期，皇帝在立法、司法和行政方面享有最高的权力，独揽各方面大权；西汉时，又将君权与神权相结合，更加强化了皇权的不可侵犯性。

汉代封建君主专制制度进一步发展。东汉大儒蔡邕在《独断》中说："汉天子正号曰皇帝，自称曰朕。臣民称之曰陛下。其言曰制诏，史官记事曰上，车马衣服器械百物曰乘舆，所在曰行在，所居曰禁中，后曰省中，印曰玺。所至曰幸，所进曰御。其命令一曰策书，二曰制书，三曰诏书，四曰戒书。"此外，对于谥号、庙号、陵寝也都做了一系列详细的规定，构成了比较完整的皇帝名号制度。

为了保证皇帝无所不统、天下独尊的地位，汉代还建立了一整套礼仪制度。在刘邦刚做皇帝时，群臣饮酒争功，"醉或妄呼，拔剑击柱"，① 不成体统。于是刘邦令叔孙通制立朝仪。汉高祖七年（公元前200年）十月，群臣贺长乐宫建成，就按新礼行事，先由谒者引导，依次入殿，武官列于殿西，文官列于殿东，班成而后皇帝乘辇御殿，侍从执戟唱警，诸臣依次朝贺。不知礼者则被谒者引去，所以莫不震恐肃静。刘邦高兴地说道："吾乃今日知为皇帝之贵也。"② 礼乐制度可以更好地维护皇帝至高无上的尊严与地位，达到尊君抑臣的目的，使皇帝有别于一般的大臣，更有别于普通的众人。"用之于国，则君有序而政治成焉；用之于天下，则诸侯顺服而纲纪正焉。"③

汉武帝时，董仲舒提出了"天人感应"的神学思想体系，认为皇帝是代表天意来统治人间的，人民服从皇帝，就是服从天道，这就给皇帝戴上了神的光环。汉武帝在政治、经济、军事、思想等领域内采取了一系列集权于皇帝的措施，使得君主专制制度空前强化。

在君主专制制度下，国家是皇帝的私有财产。但是，皇帝凭一人之力，难以处理政事，必须借助于庞大的官僚机构以及上下有序的工作制度。各级官员通过向皇帝进呈章、奏、表、驳议等文书反映各种军政信息，皇帝通过谕、旨、策、制、诏、戒等下达命令，汉武帝还赋予身边的亲近小吏尚书以处理各

① 《史记·刘敬叔孙通列传》。
② 《史记·刘敬叔孙通列传》。
③ 《资治通鉴·汉纪三》。

类文书的权力，并广泛使用监察官员监督行政。

汉代还有朝议、廷议等决议国事的活动。朝议是皇帝在朝见百官时，主持臣下集体商讨政务；廷议是皇帝不在场的情况下，由具有一定职位的大臣与相关的官员集议，并报送皇帝。不论是朝议还是廷议，都能使皇帝在集思广益的基础上，对政务做出较为正确的判断和决策。这一制度为以后历代封建王朝所承用。

同时，在两汉时期还确立了秦朝未确定的皇位继承制度。秦始皇生前虽然明确宣布“朕为始皇帝，后世以计数，二世三世至于万世，传之无穷”。① 但是他没有确立皇储即太子制度，以至他死后有胡亥等的“诈立”之事的发生。刘邦称帝不久，就立长子刘盈为太子。此后，虽然有因皇帝无子而迎立兄弟或兄弟之子的例子，但父子相传、立嫡立长的基本趋势已经确定下来。随着预立太子制度的确立，一整套培养太子并为其服务的东宫官属也应运而生。

2. 魏晋南北朝皇权的弱化

魏晋南北朝的“魏”指的是三国里的曹魏，“晋”主要指的是司马氏所建立的西晋与东晋（此时北方是“五胡十六国”时代），“南北朝”则指当时南北对峙的几个朝代，南方包括宋、齐、梁、陈四朝，北方则有北魏、东魏、西魏、北齐、北周及最后统一全国的隋朝。魏晋南北朝是中国历史上政权更迭最频繁的时期。由于长期的封建割据和连绵不断的战争，这一时期中国行政制度的发展受到特别的影响。

至魏晋南北朝时期，皇帝制度的发展跌入了低谷，由于门阀制度的盛行以及士族势力的崛起，皇帝的地位和权力受到二者的严重威胁，一落千丈，经历了空前的危机。

魏文帝曹丕承其父曹操基业，称帝建国，军政一统，国力强大。曹丕称帝后，虽然也封诸弟为王公，但又时时防范宗亲诸王夺权，对各王公的行为严加控制，致使曹丕死后其继任者“内无深根不拔之固，外无盘石宗亲之助”，② 军国大权最终为司马氏所篡夺。晋武帝司马炎即位后，有鉴于曹魏皇室孤立，终丧国柄的教训，采取了两项巩固政权的措施：一是分封宗室二十七王，二是任用诸亲王为重要诸州的都督。这些掌控诸州的亲王既理民事，又握重兵，终致尾大不掉，酿成“八王之乱”的大悲剧。

---

① 《史记·秦始皇本纪》。

② 《三国志·魏志》。

“八王之乱”后，东晋朝廷皇权不振，军国大事为门阀士族所掌握。延至南朝，皇室贵族争夺皇位的斗争更为残酷，尤以宋、齐两朝最为突出。王朝大伤元气，社会分崩离析。

3. 唐朝皇权的进一步发展

在唐代，进一步补充了皇帝制度的内容。突出表现在皇帝除了有名号之外，还确立了其生前具有的尊号以及死后的谥号。建立尊号、谥号的目的是为了使皇帝更加神圣化。尊号除了为最高统治者皇帝歌功颂德，使得皇帝变得更具有神秘性以外，并无其他实际意义。

在皇权的行使上，唐朝的皇权较之秦汉时更宽泛、更有深度，也具有显著的特征：皇权采用居高临下的渗透方式，并把一部分事权分配给宰相，而非采用事无巨细都亲自过问的方式，同时，唐朝时期建立并发展的科举制度，既保证了广纳贤士，也能够使皇帝亲自参与挑选官僚，保证以后自己能够随心所欲地支配这些官僚集团。

4. 宋元明清皇权的鼎盛与衰落

皇帝制度经过了五代十国的动荡时期之后，在宋、元、明、清达到了鼎盛时期。但由于皇帝制度本身的不断强盛，随之产生的皇帝独裁、宦官之祸和外戚专权等弊端也愈演愈烈，反而使得皇帝制度最终由鼎盛走向了衰落。

对名号制度，宋元明清的皇帝们更加重视尊号和谥号，为了提高自己的威望，皇帝们不断地加长自己的名号，宋神宗的名号就达到了二十字。

在皇权制度方面，经宋代以后，元明清时期的皇权变得更加专制。“帝王御天下，在总揽威柄。”① 皇帝在司法、行政和军事方面发号施令，无所不统。宋开国皇帝赵匡胤，靠发动政变夺取了皇位，即位以后，为加强皇权，他通过“杯酒释兵权”，将军权收统于自己手中，直接掌握了军队的选拔和调动权力。不仅如此，为分散将相的事权，在明清时期设立了特务机构，加强了对官吏的监督和控制。

宋元明清时期，皇帝还通过限制宰相的权力来强化皇权。在唐代通过设立宰相来对事务进行管理，而这一时期，皇帝为避免相权对皇权形成威胁，将宰相的权力进行分化，集中皇权，将行政事务、选官任官方面的权力统统把握在手。明朱元璋时期罢废宰相一职，并且下令，“臣下敢有奏请设立者……处以

① 《宋史·宋绶传》。

重罚”①，将权力都集中于皇帝本人。到清朝时，皇帝设军机处，全由皇帝本人的意志来处理政务，直接通过军机处来发布诏令，而不是通过中央机构正常渠道来实现。

3.1.3 皇权的内容与特点

1. 皇权的内容

皇帝的权力无所不包，有以下几个方面：

（1）行政权力。要求绝对统率和指挥从中央朝廷到地方的各级行政系统和一切官吏，所有的官吏都必须按照皇帝的意志来行事。皇帝所发出的诏令具有神圣不可侵犯的权威，必须得到无条件的执行。行政权力还有一个重要方面，就是对一切文武官员的任免、惩罚，甚至生杀予夺的权力。

（2）司法权力。司法权力即制定和执行法律的权力。法律是统治阶级意志的表现，其实质无非是极力维护专制统治和封建纲常伦理。特别是在明清两代，皇帝都有亲自审理案件和掌握最终判决的权力。皇帝的指示高于一切现行的法典法令，如有抵触，则以皇帝的指示为准。皇帝实际上拥有的是创立、执行和废止法律的权力。

（3）财政权力。皇帝拥有整个国家财政收支的全部支配决定权。皇帝可以亲自裁定一切涉及财政的事务，如征调赋役、厘定钱粮、开采矿藏、收税，等等。

（4）军事权力。军队是一个王朝得以建立并进行长期统治的重要支柱，也是最重要的政权统治力量。因此，皇帝对军队的绝对控制权和最高统治权是丝毫也不放松的。从历史上来看，皇帝会利用军队一方面镇压人民和防御外敌的入侵，另一方面，极力防止统治集团内除皇帝以外的任何人掌握军权，以免构成对皇权的威胁。

皇帝的权限虽然无所不包，但是在行使这些权力的时候，必须要通过一定的人员和机构，按照一定的程序和方式来运行，如皇帝要掌握军政的情况，并根据这些情况做出具体的决定，下达政令，为了使这些政令上传下达、通畅有效，皇帝必须掌握且有效地驾驭一整套的国家机器，并建立切实可行的承传制度。

① 《明太祖实录》卷 239。

2. 皇权的特点

（1）皇权的绝对性。皇权是一种无法否定的绝对权力，就权力本身来说，是大于一切，高于一切的。皇帝是“一言堂”，他所做的决定或者所说的话都是权力的象征，不容置疑和反抗，只有绝对的服从，从这点来看，皇权具有绝对性。

（2）皇权的广泛性和深入性。皇帝的权力涉及范围无所不包，渗透到了社会方方面面的领域。皇帝本身也集行政、立法、司法和军事权于一身。《史记·秦始皇本纪》中记载：“天下之事无小大皆决于上。上至以衡石量书，日夜有呈，不中呈，不得休息。”

（3）皇权的不可转让性。皇帝产生之初就规定了皇权的不可转让性，秦王嬴政定称号为“皇帝”时就说：“朕为始皇帝。后世以计数，二世三世至于万世，传之无穷。”① 皇权具有终身性，而对于皇帝本身而言，他们更是严格地执行世袭制，父死子继，不可更改。皇权世代相承，虽然也有个别朝代的特殊情况出现，但是，皇权不可转让性是其中的一条主线。

（4）皇权的最高性。皇帝享有的皇权具有最高性，皇权高于一切。因为皇帝本身就是凌驾于一切臣民之上的，皇帝可以自己制定法律，掌握每个人的生杀予夺的权力。“普天之下，莫非王土。率土之滨，莫非王臣。”皇帝是整个国家的化身，本身具有不可超越性，自身是最高权力的主掌者。全国官僚都是皇帝的仆臣，庞大的官僚机构都是执行皇帝旨意的机构，是皇帝统治的重要工具。

皇帝是国家的代表和象征。皇帝拥有最高决策权，政务的最高决定权，财政的最高支配权，立法和司法权，官吏任免权，军事指挥权，等等。在封建社会，国家权力是以金字塔的形态存在的，皇帝正是处于这个三角形的塔尖，拥有最高的地位和最宽泛、最有深度的管理权力。皇帝的这些权力如何实现，即皇帝权力的使用方式，也影响到皇权的有效行使，即皇帝意志实现的有效性。

3.1.4 皇权的行使方式

皇帝掌握全国的社会、军政信息的途径和手段主要有三种：奏事和批复、朝议和决断，以及刺察，这也是运用皇权的主要方式。历史上也有少数皇帝将亲访舆情作为一种了解信息的手段。

① 《史记·秦始皇本纪》。

1. 奏事和批复

奏事有面奏和书奏之分。

面奏，是指具有较高等级的大臣、贵族当着皇帝的面反映一定的情况。一般是在皇帝临朝时，入朝的官员采取这种直接的方式。

书奏是指通过写好的文书来向皇帝汇报情况。这种书奏形成于各级政府和官员之手，但要通过一定的渠道传递到皇帝手中。皇帝通过这些文书了解各方面的情况，并根据这些做出批示，由相关部门来执行。这些奏事的文书包括章、表、书、启、议、疏、封和奏状等。各种文书具有自己的适用范围和作用，是不能混淆使用的。

皇帝做出的答复，也以口头或文书的形式下达，谕和旨是皇帝口头下达的命令，策书、制书、诏书和戒书则是文书形式。

皇帝做出的决定是通过两个途径下达至基层的执行机构的。形成于汉武帝时期的这两个渠道，一个是外朝的百官，一个是中朝的尚书。因为皇帝日常所要管理的事务涉及范围很广，凡事都要亲自处理，因此这些肩负着上传下达使命的部门的重要性日益突出，在这些部门的人员也肩负着辅助皇帝处理各种国家事务的职责；但与此同时，它也为这些人提供了窃取实权的机会，对于权力的无限欲求，使他们往往会参与到皇权的争夺中来。对于这种情况，皇帝往往会运用权力，适时调整官位设置和范围，以使自己更好地控制整个政治系统。

2. 朝议和决断

朝议又分为集议和廷议。

按照规定，皇帝会在一个月内好几次在殿堂听政，百官应按例朝见。有政事的话，皇帝会口传旨意，有争议的地方当朝讨论，皇帝会在众多争论中选择其中一种意见做出决断。因为百官争论的地方在殿堂，即朝廷，因此，这种当朝的争论也称为“廷议”。还有的时候，皇帝不在朝会时提出，而“下其议”于百官，议论时皇帝不必要在场，即称为“集议”。百官在集议结束后，由参加集议的最高长官领衔，将集议的情况报奏给皇帝，再由皇帝做出最后的裁决。

朝议的事情都是军国大事，皇帝既可以根据多方面的意见进行决策，又可以从中了解百官的才能，使得制度可以长期因循。

在魏晋南北朝时期，皇帝也常常专门指定一些人来以“参议”的名义，组成特定的班子，对国家政务进行经常性的讨论，使其起到为皇帝参谋的作用。但这只涉及平常性的政务，只是在有特别重大意义的事件时，才会举行具有一定规模的朝议。

3. 刺察

刺察，即皇帝通过自己控制的监察系统来实行对百官的审查和监督；同时了解社会的政治、生活情况，强化对百官的了解和控制。皇帝一般会使用自己的亲信作为耳目，为了获取更真实有效的信息，皇帝本人也会亲自到全国各地去巡行，观察社会生活，特别是有关国家政务的政治和经济情况，并可以随时了解官吏的动态和社会局势。皇帝生活在深宫之中，长于宫人之手，与社会是远远隔绝的。协助他处理全国的事务、政务活动的官僚大臣也都是仅限的寥寥数人。因此，皇帝本身没有充分的信息来源，特别是在上下有隔，政令不通的情况下，这也为觊觎皇权之人留下机会。魏征就此情况说过："君之所以明者，兼听也；其所以暗者，偏信也。"① 所以，对于皇帝而言，冲破层层官僚组织，直接了解实情，掌握第一手的资料是做出有效政策决断的必需，而且在一定程度上可以防止权臣擅权现象的发生。

皇帝亲访舆情的方法有：延访、微服私访、诏求言与诏求贤。这种周期性的巡视也是一种重要的政治统治补充手段。

皇帝是借助于宰相以及其他官员的渠道来得知情况，再通过自己的贴身侍从和机要的秘书机构来贯彻落实自己的政治意图。有时，皇帝也会越过宰相直接处理具体的政务，辅以监察作为必要的补充。

3.1.5 简评

皇帝制度是中国政治制度的首要标志和重要部分，在中国的政治制度史上，有着特殊的地位。从皇帝制度的起源来看，其源于古代传说中的三皇五帝、大禹治水的统治时期，到西周时期确立的以宗法制为基础的分封制，为皇帝制度中皇帝"上为上天之子，下为天下之父"的基本精神奠定了基础。春秋战国时期天下大乱，"国王"与宗族同归于尽。皇帝制度在宗法封建制解体以及家族社会基本没有动摇的情况下，逐渐形成。西周宗法贵族封建制，不是亡于血缘关系的衰亡和财产关系的建立，而是亡于大宗自身的衰亡与诸多小宗自身的强盛。

皇帝制度的内容涵盖了一个帝王生活、执政的方方面面。伴随着中国封建制度的产生、发展、鼎盛到衰落，皇帝制度也有其自身的发展过程。在皇帝制

① 《贞观政要·君道》。

度的影响下，中国的封建专制政体也逐渐成熟并发展起来。

皇权是皇帝制度中重要的方面，可以说也是皇帝制度的核心。皇权的产生需要一定的政治经济基础、理论基础和个人基础，它是在各方面条件都成熟的情况下建立的。皇帝的权限无所不包，渗透到社会的每个角落，细化来看，皇帝的权限包括了行政、司法、军事和财政权，这些权力共同支撑着皇帝的统治地位。当然，拥有至高权力的皇帝，需要采取一定的方式来执行自己的决定，这就是皇权的行使方式。基本的行使方式有四种，通过这几种方式皇帝可以掌握最充分的信息，做出最能体现自己意志的决断。

3.2 皇位继承制度

皇位世袭制（不可转让性）是君主的一种特权，是以血缘为纽带来维系君主专制万世一系统治的政治制度，同时，它也是君主制度的核心内容。皇位继承是历代统治者最为关心的问题，是以“奉宗庙之重，统无穷之祚”,① 也是关系到政权能否持续，国家能否稳定的关键问题。皇位继承，遵循的是太子继承制度，其中体现了两个最基本原则：“父死子继”、“立嫡以长”。

3.2.1 皇位继承的原则

1. “父死子继”原则

早在西周奴隶时代就确定了“父死子继”的原则。虽然也曾出现过“兄终弟及”的王位继承现象，但“父死子继”仍是一条主线。春秋时期，宋宣公死，将其王位传给了其弟而非其子，其弟在继位死后，才又把王位传给了宋宣公的儿子；不料，这个时候，弟弟的儿子就跑出来争王位，并刺杀了宋宣公的儿子，从此以后，宋国大乱，五世而不绝。孔子曾严厉地批评此事，在《春秋》中说：“宋之祸，宣公为之。”所以，“父死子继”被认为是一条重要的皇位继承原则。

2. “立嫡以长”原则

立嫡以长，即“立嫡以长不以贤，立子以贵不以长”,② 这就是所谓的嫡

① 《魏书·废太子恂传》。

② 《公羊传·隐公元年》。

长子继承制。“立嫡以长不以贤”的意思是：王位的继承人必须是皇帝的正妻（皇后）长子，不管他是否贤能。“立子以贵不以长”的意思是：王位的继承人都是皇帝嫡亲的儿子，但不是同一个母亲所生，并且可能王后的儿子不是长子。这时就依“立子以贵不以长”这一条来确定继承人：王位的继承人必须是正妻（皇后）所生的长子。如果哥哥的母亲为妾（妃嫔），但弟弟的母亲为妻（皇后），只要有妻（皇后）的儿子在，就不能立妾（妃嫔）的儿子为太子。如妻（皇后）没有儿子，就只能立妾的儿子（在这中间仍然以妾中较为贵的一人的儿子为太子），不管其年龄如何。历史上的商纣王就是依据此规定，当上国君的。商纣王有两个同母的哥哥，长兄叫微子启。纣王的父母都想让微子启为太子，但有大臣据法力争，说：生微子启时商纣王的母亲为妾，生纣王时其母为妻，有妻的儿子在，就不能立妾的儿子为太子，虽然母亲是同一人。

这两条原则是皇位继承制度中的一般原则，但是，以整个封建社会的历史来看，其所遵循的是太子继承制。

3. 太子继承制

太子是皇帝的储君。它是由奴隶社会国家君主嫡长子继承制转化而来的，基本上遵循了上述两条原则，但同时也增添了新的内容：

嫡长子继承制是“立嫡以长不以贤，立子以贵不以长”，太子继承制中，虽然立为太子的多是皇后的长子，但也有许多情况是在皇后有长子的情况下立皇后次子或贵妾之子为太子。

嫡长子制度中“嫡”是不变的，但是，太子继承制中的“嫡”是可以变的。东汉光武帝，因不喜欢原皇后郭氏，因此废郭氏另立阴丽华为后，郭氏之子刘强则让位于阴后长子刘庄。母亲因为失宠，儿子也失去了继承权。

嫡长子继承制中的“嫡长子”是不变的，但是太子继承制中的太子则可以变化。当皇权牢牢地把握在皇帝手中的时候，若储君的权力过大，威胁到了皇权，那么皇帝必然会另立他人为太子；若皇帝手中的皇权十分弱小时，诸皇子会为争权发生纷争，因此，太子的位置也随时会易主。

两汉时期确立的皇位继承制度是对皇帝制度内容的重要补充，皇位立嗣时都会考虑到这两条原则。两汉时期，预立皇太子以及皇太子继承皇位时都要举行隆重、庄严的仪式。但若皇太子在预立之后，如果发现与皇帝的政见不一，或者德才不能胜任，甚至有忤逆倾向，会遭到废黜。汉武帝时，戾太子刘据终因发动政变而丢掉了性命。

隋唐时期，皇位继承制度获得了很大的丰富与发展。其一是进行了东宫建置。在宫城东边模仿宫殿营建缩小化的宫城。东宫正门是嘉德门，中路设嘉德殿，是举行太子加冠和接受群臣朝贺的地方；后是崇教殿，接见官僚宾客之地；再往后是作为日常办公的丽正殿，太子则居住在其后的光天殿和承恩殿。其实，东宫就是仿照朝廷建造的一个小规模朝廷。至宋朝时，因为害怕太子的势力过强，威胁皇权的统治，因此，皇帝逐渐取消了东宫，皇太子就居住在宫城以内。宋朝孝宗时，有“今后东宫不须创建，朕宫中宫殿，多所不御，可移修之”之说，① 实际上是避免太子的“第二朝廷”擅权。

其二是创立了东宫官属。隋唐时，东宫官属有一定的规模，与东宫一样，仿照朝廷设官。太子有“三师三少”，“三师”是指太子太师、太傅和太保；“三少”是指少师、少傅和少保。“三师三少”负责教育太子，辅佐太子熟悉政情，掌握为君之道，在登基前做好当皇帝的准备。东宫官属的设置可以保证在太子即位之后，马上拥有一班重要的辅助亲信。隋唐时，太子的势力较大，有些太子依托东宫的臣僚来巩固自己的地位。如果太子插手政事过多，势力膨胀，往往会出现与皇帝争权，甚至篡位的情况。唐太宗李世民发动“玄武门之变”，杀兄诛弟，逼其父李渊让位于他。这些危机引起了在位皇帝的警惕，他们不再轻易将实权交给太子，于是大力削减东宫的建置，到宋代时，东宫的官属基本上已经徒具虚名了，多用朝廷贬职革降的人作为东宫官属。

3.2.2 皇位继承制度的弊端

皇帝是一个国家的最高主宰，皇帝制度又将进一步地加强和巩固皇帝权限的深入性、广泛性和永久性。集各种大权于一身的最高统治者，没有外在的监督和管理机制，是一个能够随心所欲做事的角色，具有强烈的吸引力；再加上皇帝往往子嗣众多，因此自古以来，争夺皇位权力的斗争就异常激烈。在某种程度上，册立太子已经不仅仅是皇帝之事，而是牵扯了朝廷内外各种势力的斗争。一般情况下，皇帝是通过以上两个原则来确立继承人的，但是，仅靠原则并不能解决所有的问题，表面上的平静掩盖了许多不为人知的残酷事实和变化，太子继承制解决不了实际上存在的问题。皇帝继承制度存在的弊端是不可避免的。

---

① 《宋史·舆服志六》。

1. 不能够保证皇位继承人的素质

皇帝的贤能与智慧、英明与昏庸，直接关系到国家的安定与否、人民幸福与否。因为，皇帝是专制独裁总代表，一切重大决策往往由他做出决定。但是，按照皇位继承制度来挑选的继承人往往并不能保证具有较高的素质，他们是因为服从家族血统的关系，并非是因为适合做皇帝而做皇帝。在这种依据血缘关系来完成的皇位世袭制下，继承人选择范围狭窄，偶然性也十分大，皇帝所拥有的权力与其所具备的行使这种权力的能力之间，便存在着巨大的差距和矛盾。有些昏庸之辈仅因为血统而登上皇帝的宝座，结果使得政局紊乱，民不聊生，国家衰败。

2. 立储所带来的流血和冲突

皇帝的子嗣众多，而皇位只有一个，所以，皇族之间为了争夺皇位，上演一幕幕勾心斗角、明争暗斗的事件，甚至父子相戕，手足相残。这些流血斗争都会给社会稳定带来负面的影响。特别是在老皇帝已死，新皇帝尚未登基之时，是最为混乱的时期。诸皇子、权臣、后妃都垂涎帝位，这些围绕着皇位而展开的斗争往往也将朝臣卷入进去，再加上具有各自利益的外戚和宦官集团的加入，使得局面变得更为复杂，强烈地冲击着国家的秩序和社会的稳定。西汉初期的吕后专权，就是利用这个时机来实现的。从秦朝的“胡亥诈立”，经汉时的王莽改制，西晋的“八王之乱”，南朝政权的屡次更迭，北朝的分割直到隋朝的建立，这段时期的各种政治势力，围绕着皇位继承，进行着激烈的斗争。

3. 太子与皇帝之间会发生冲突

如前面所述，太子的权力过大，过早地拥有实权，会对在位的皇帝构成威胁。

3.2.3 统治者所采取的相关防范措施

围绕着皇权形成了各种政治势力，这些政治势力的目的就是借助皇权来获得一定的地位和权力。这些政治势力为了扩大自己的利益，往往会选择支持一个代表，并且动用最大的资源来把这个代表推上最高的权力位置，保证将来本集团利益的实现。皇位继承在某种角度上也可以说成是各种政治势力斗争的中心。透过这些激烈的斗争，其背后往往显示的是复杂的政治背景和权力竞逐。

正如清代赵翼所说：“立嫡建储，古今令典，乃时会迁流，有不可以常理论者。”①

这些激烈的斗争皇帝并非视而不见，为了防范和消除在皇位继承上引起的祸乱，历代统治者也曾尝试过采取一定的措施。

1. 预立太子制度

秦始皇时未有预立太子，因此，为赵高和李斯篡夺皇位创造了机会，对此，汉初一些大臣认为：“秦以不早定扶苏，胡亥诈立，自使灭祀。”②

因此，汉朝时，皇帝在位时就已经指定好自己的继承人。同时，还进一步完善了皇位继承制度，补充了太子制度中的太子教育与培养。汉初，崇尚黄老之学，实行无为而治，所以，在汉景帝做太子时，读《老子》；汉武帝之后，独尊儒术，儒家经典成为太子的必读之书；在对太子的培养方面，为太子选择太子师傅，设立东宫官属等，以期对太子进行文化知识和“治道”理论的培养，提高太子的素质；东宫官署的设立，既能辅佐太子熟悉政情，也使太子在即位之后马上就会拥有一班得力助手。

2. 皇帝铲除可能威胁皇位继承的政治势力

新主即位初期，是不稳定的时期，与其共朝的都是一些老一辈的文武大臣和皇族长辈，这些人从资历和经验上来说都比新皇帝要有优势，甚至很难驾驭，对皇位构成威胁。因此，有些帝王为了保证权力交接的稳定，往往采取极端的做法，诛戮一些大臣、外戚，消灭这些可能的颠覆力量。汉武帝晚年，欲立幼子刘弗陵为太子，但又担心主少母壮，“女主独居骄蹇，淫乱自恣，莫能禁”。③ 于是就将其母赐死，再立太子。这种用极端行为防止日后外戚干政的方法在历史上是少见的，一般采用的方法是颁布诏令禁止外戚干政。明初，朱元璋当皇帝后，大肆杀戮功臣元老，尽管原因很复杂，但也有担心太子懦弱，在他死后强臣压主，所以采取事先消除隐患的用意。

3. 采取适当的宣布方法

最为著名的是清朝时期，秘密立储成为一项根本性的变革。此方法在康熙

① （清）赵翼：《廿二史劄记》卷32。

② 《汉书·叔孙通传》。

③ 《资治通鉴·汉武帝后元元年》。

晚年就已经酝酿，但并未实施，雍正时起才正式实行。它是由皇帝当着总理事务大臣的面，将秘密写好的储君的名字，固封在锦匣里，藏于乾清宫高悬的“正大光明”匾额的后面，同时，又另书一封，随身携带。待皇帝驾崩以后，大臣将匣子取出宣布继任新皇帝的名字。这种方法突破了传统的嫡长继承的制度，把储王子的贤能放在选择的第一位，因此，就个人素质来说，清朝的皇帝素质是历代中最高的。

4. 分散太子的权力，避免冲突

注意不让太子过早地参与朝政，避免与皇帝发生冲突。另外，也将皇帝的诸子通过分封挡在京城之外，远离朝廷，消除诸子与太子之间的冲突。

3.2.4 简评

封建社会的皇帝、皇位和皇权是一体的。皇位是其中的核心问题。皇位的继承已经不再是皇族内部的事情，而是关乎国家安危的大事，是封建统治集团权益再分配的关键。皇帝产生的方式合理，则国家政权交接就少有纷争；反之，则会带来剧烈的社会动荡，甚至是国破家亡。“太子，天下之本，本一摇，天下振动。”①

皇帝继承制度是皇太子继承制，源于古时的嫡长子继承制，根据“父死子继，立嫡以长”的原则，并不断丰富发展。但即使有了这项制度，历朝争夺皇权的激烈斗争仍不能避免，为了防范和消除在皇位继承上引起的祸乱，历代统治者也曾尝试过采取一定的措施。

皇位继承制度仍然不能摆脱其自身所具有的弊端，这种弊端源于皇位的唯一性以及皇子数量的众多，它遵从的根本是血缘制度，而忽略了继承者的素质，因此，这样选出来的继承人在能力上是值得怀疑的。

3.3 宫殿、陵寝、宗庙制度

3.3.1 宫殿制度

古代皇帝居住的地方称“都”、称“京”。因为都城是皇帝的居住之地，所以，都城的行政级别比其他城市的行政级别都要高。宫殿是皇帝所居之所，

① 《后汉书·皇后纪》。

皇帝建造宫殿是为了威震四海，这也是与当时的政治制度息息相关的。

1. 宫殿的含义

秦始皇统一六国之后，比照六国的宫殿图样，于渭水南岸建造信宫，后又称“极庙”，以象征天上的北极星。其殿屋，复道，周阁相属。后来仍嫌宫殿太小，为了显示皇帝所居的宏伟气势，于是又在渭南上林苑中用了70万刑徒建造朝宫。

阿房宫是朝宫的前殿，其规模相当宏伟：“东西五百步，南北五十丈，上可以坐万人，下可以建五丈旗，周驰为阁道，自殿下直抵南山，表南山之巅以为阙。为复道，自阿房度渭，属之咸阳，以象天极阁道，绝汉抵营室也。”① 阿房宫修建阁道（天桥）直抵南山（终南山），又建复道跨渭水直通咸阳。设计的意义就是象征着天帝所居，从北极星经阁道，横渡天河，直达营室星。

到了汉朝，西汉建了长乐宫，后又修建未央宫。汉主刘邦曾认为国家尚处于初建时期，营建过度会不利于国家的发展。“天下匈匈苦战数岁，成败未可知也，是何治宫室过度也?”但是，丞相萧何认为：“且夫天子以四海为家，非壮丽无以重威。”② 他的此番话表明，雄伟的宫殿是为了体现皇帝的威严，宏伟的样子具有强有力的震慑作用，修建它们的最终着眼点在于加强皇帝的统治，这也是宫殿所具有的重要意义。

2. 宫殿的设计

从秦汉的设计来看，前一部分是“前廷”，设有殿堂，称为“前殿”，或者“正殿”，这里也是百官朝拜君主和议政的地方。后一部分是“寝”，就是后宫，是皇帝和后妃生活的地方。

皇宫就是以正衙为主体，包括皇帝生活的许多宫殿、苑囿所组成的建筑群落。皇宫的建筑都坐北朝南，每朝会时，皇帝都“左右玉几而南面以听”。③ 历代礼制规定，无论王公贵族、官僚、勋戚，其府衙邸第的建筑必须低于宫殿的高度。若违反规定，就会有“僭越制度”的罪名。白居易诗“傍闻大内笙歌近，下视诸司屋舍低”，④ 即形容宫廷与普通官僚建筑之间的上下等级。

---

① 《资治通鉴·秦始皇三十五年》。

② 《史记·高祖本纪》。

③ （汉）张衡：《东京赋》，《文选》卷3。

④ （唐）白居易：《和刘郎中学士题集贤阁》，《全唐诗》卷449。

3. 宫殿建筑的规划

秦建阿房宫，但已遭焚毁，后人难以考其形制。从两汉时期，宫殿布局由坐西向东改为坐北朝南。这也是为了突出帝王拥有南面之尊的礼制需要。西汉时，未央、长乐两宫殿位于长安城的南部，城北部则是中央官署和诸侯王、列侯等贵族邸第。

隋唐时，宫殿富丽堂皇，布局严整，帝王所居形成了南北向的宫城，以中轴线分东西相对称的齐整布局。宫城中部是太极宫，正殿名太极殿，殿前有东西两廊，分别设中书、门下两省，帮助皇帝处理日常事务。值得一提的是，唐朝形成了“三朝”制度，太极殿是皇帝定期举行常朝的地方，即“中朝”；旁边的两仪殿是处理日常事务、召见大臣和举行内宴的地方，称“内朝”；外朝则指承天门外的横街，是举行颁布大赦和迎接朝贡的地方。商议国家大事在内朝，由于宫阙防卫森严，可以保证机密不外泄。

唐末至北宋，宫城布局发生了很大变化，形成了宫城、里城和外城的三重城圈格局。后来南宋至清朝，结构与风格基本上沿袭此制。

明清两代的皇宫紫禁城保持着明代的布局，宫殿按前朝后寝的制度分外朝、内廷两部分。外朝为皇帝和大臣们举行大典、朝贺、筵宴和行使权力的地方，建筑高大堂皇，以太和、中和、保和三大殿为中心，文华、武英两殿为两翼。内廷是皇帝处理日常朝政和后妃、皇子们居住、游玩和奉神的地方，以乾清宫、交泰殿、坤宁宫为中心，东西六宫为两翼，布局严谨有序。紫禁城中有御花园、慈宁宫花园，另有宁寿宫花园（也称“乾隆花园”）。四个城角都有角楼，建造精巧美观。

4. 宫殿制度的其他规定

有关宫廷内外界限的规定和出入宫省的制度可以称为“宫殿制度”，也叫“宫省制度”。

古代对帝王所居地通常称为“宫”或者“宫殿”，俗称“大内”。皇宫所在地阻隔内外，警卫森严，臣民无故不得随意进出。凡百官有事奉召出入诸门，则有专人负责门籍，记其姓名、官爵、年貌，以防有人伪冒；百官奉召入宫，身上必带牌符，以作为身份的凭证标志。

宫殿制度是十分严格的，一般官吏非奉特许不得进入宫中。“汉兴以来，深考古义，惟万变之备。于是制宫室出入之仪，正轻重之冠。故司马、殿省、门阀至五六重，周卫击刁斗。近臣侍侧，尚不得着钩带入房。”①

汉代朝会之时，王南向上坐，三公及州长北面，群臣西面，群吏南面。后代基本上遵从了此制度，只是名称上有所不同。并且，宫殿的设计和各个地方的用途也有明确的规定。按照《周礼》的规制，天子有四朝。一曰“外朝”，在皋门内，是决罪听讼之朝；二曰“中朝”，在路门外，夏官司士正其位，辨其贵贱之等。三曰“内朝”，亦谓“路寝之朝”。人君既从正朝视事毕，退路寝听政。四曰“询事之朝”，国有大事，则集群臣于此以询之。②

由于宫殿制度构成的内外区别，也使得臣僚们与皇帝之间的关系有着亲疏远近之分。公卿大夫地位高，也只能到“廷中”或者“伏省户下”，省、廷、宫的内外关系之间更有着十分严格的界限。由于皇帝对内外官信赖的程度不一样，因此，有时会导致内外官权力的交替转换。就如尚书、中书和门下三省制度的形成，是皇权由内向外延伸的结果，与宫殿制度有着很大的关系。

最后，由于宫殿制度是围绕皇帝建立的，不管皇帝是暂住、巡狩、征战，甚至是避难，只要是皇帝的所在之处，宫殿制度也必随之存在。秦始皇时，为了巡视全国，不仅修筑了宫殿，而且在关中建宫 300 处，关外建宫 400 多处，共 700 多处行宫。为了突出皇权的至高无上性，必须恪守宫殿制度。

宫省是全国政治的中心，是诏令的发源地，更是最高统治权的象征，是维护皇权至高无上，使皇权物化的一种制度。

3.3.2 陵寝制度

天子之死称为“崩”，皇帝的坟墓称为“陵”或“陵寝”。它也是与皇帝制度伴随始终的。秦始皇在当初创立皇帝制度的时候，最为突出的就是陵寝制度。

帝王陵墓古已有之，但商代之前的未有发现，现存最早的帝王陵墓应属河南安阳殷墟所发现的商王墓。在其中发现了大量用活人和实物殉葬的事实，其残酷和奢侈的程度令人吃惊。殷周时期帝王的陵墓不起坟丘，不隆高，古书称之为“不树不封”，大约到春秋战国时期，随着帝王和诸侯国地位以及权势的增高，其死后的墓葬亦有相应的改变，具体表现就是坟墓的外部都有隆出地面的高大封土，墓葬之地称为“墓”，后改称为“陵”。

秦始皇陵，在今陕西临潼县城东，距县城十五里。南依靠骊山，北临渭

---

① 《太平御览》卷 354 引《汉名臣奏》。

② 《文献通考·朝仪》。

水。巍巍矗立，雄伟壮观。秦始皇陵园范围分为内城、外城，《史记·秦始皇本纪》记载了陵墓内的情况：“穿三泉，下铜而至椁。宫观百官奇器珍怪徙藏满之。”除此之外，秦始皇还修建了兵马俑作为自己宏大陵墓的一部分。

汉朝因秦制，坟土为陵，置园令，“掌守陵园，案行扫除”，① 重视为帝陵守护的风俗。秦始皇时起寝于墓侧，以象征人主生前有朝。汉朝的皇帝，从即位起就开始修建陵墓，因为陵园中修建有寝殿，故俗称“陵寝”。但自汉武帝时开始，陵墓的布局发生了很大的变化，即帝王陵墓远离祖陵，并不再按照左昭右穆的传统礼制排列。这也标志着由重视宗族关系的族墓制转向了以皇帝为中心的墓制。它也是政治制度变革，中央集权加强和皇权扩大在墓葬制中的表现。

曹操儆盗陵之事实，又以通达视生死，故提倡薄葬。死后葬于高陵，不起高丘，不建寝殿。西晋诸帝皆“不封不树，敛以时服，不设名器”，采取的是依山建陵，埋葬从简的方式，正如惠帝时尚书裴頠所说：“大晋垂制，深惟经远，山陵不封，园邑不饰，墓而不坟，同乎山壤，是以丘坂存其陈草，使齐乎中原矣！”② 所以，在魏晋南北朝时期，陵寝制度实际上是没有得到充分重视的。

至唐朝时，陵寝制度又在很大程度上回复到汉制。“凡诸帝声遐，宫人无子者悉遣诣山陵，供奉朝夕，具盥栉，治衾枕，事死如事生。”③ 陵墓规模宏大，有时还有许多皇室贵族以及文武大臣的陪葬陵墓。

宋代帝陵取消了汉唐以来皇帝生前预筑寿陵的方法，规定皇帝死后的陵墓必须在七个月之内建成。而且，其帝陵营建也没有继承唐代“依山为陵”的传统方法，而是在平地营建。因此，与唐朝相比较，宋代的陵墓规格远不及其宏伟。

元朝的陵寝制度完全保存蒙古旧俗，帝墓采取浅埋的方式。皇帝们的葬地称为“大禁地”，不许有人接近。如果敢有任何人走进这些地方，被捉住后就会被鞭打或者受到严厉的惩罚。据南宋史臣记载：“其墓无冢，以马践蹂，使如平地。若忒没真（铁木真，即成吉思汗）之墓，则插矢以为垣，阔逾三十里，逻骑以为卫。”④ 帝墓采取浅埋的方式，葬后次年杂草丛生，所埋的地方

① 《后汉书·百官志》。
② 《通典·刑法四》。
③ 《资治通鉴》卷249。
④ （南宋）彭大雅：《黑鞑事略》。

已经不可辨识。今内蒙古内伊金霍洛旗的成吉思汗陵，并非其确切葬地，而是后人为纪念他的丰功伟业设的纪念性陵园。

到了明朝，有一个值得注意的问题，即人殉。人殉在汉朝时曾绝迹，但在明朝时又出现，具体由哪个帝王开始却不得而知。只是在《明史·礼志十二》中写道："英宗崩，遗命不得以宫妃殉葬。"① 证明了明初是有人殉制度的。值得一提的是，殉葬妃嫔的遗体并不入陵，而是在陵区另行安葬的。

总之，历代帝王陵墓以宏伟壮丽，规模宏大，体现了皇帝至高无上的地位。

3.3.3 宗庙制度

宗庙制度也是皇帝制度的一项重要内容。宗庙历史悠久，有其自身的产生、发展和成熟的过程。

1. 宗庙的由来与意义

宗庙是祖先崇拜的高级阶段。祖先崇拜的起源，可以追溯到原始时代。早在远古时期，人们认为，人死后灵魂不灭，会在另一个幽冥的世界中生活。因此，人们在自己的前辈死后，就不断地对死去的先人进行祭奠，以求死去的亲人保佑自己在人世间的一切利益。

随着原始社会的解体，"家天下"形成，作为统治者的君王要建立都城。他们认为，自己统治民众的权力是至高无上的，是上天授予的，他们死后将成为神，并保佑其后代子孙继续进行统治。所以，他们的后代子孙将其祖先的神主牌按照君王的生活模式陈放在宫殿式的神庙内，并举行隆重、频繁的祭祀，以祈求保佑，这就是宗庙的由来。《礼记·祭法》郑玄注曰："庙之言貌也；宗庙者先祖之尊貌也。"《说文》云："庙，尊先祖貌也。"最早的"先祖之尊貌"可能就是标志生殖崇拜的灵石，《说文》云："祏，宗庙主也。《周礼》有郊宗石室。一曰大夫以石为主。"约在汉代又演为木主，也就是后代的祖宗牌位。应祭祀功能的需求，祠祀的建筑也就产生了，并随居住、宫殿等营造技术的发展，祠祀建筑由野外的坟、坛、石进入了有顶的庙宇。

殷商时代，对祖先的崇拜和祭祀是空前的，后代任何时期都无法与之相比，但殷商时并未形成完备的宗庙制度，西周至春秋时期，宗庙制度才最终得以形成。

---

① 《明史·礼志十二》。

宗庙的意义，汉代班固在《白虎通·宗庙》篇中已经做过说明，他说："王者所以立宗庙何？曰：生死殊路，敬鬼神而远之。缘生以事死，敬亡若事存。故欲立宗庙而祭之，此孝子之心，所以追孝继养也。宗者，尊也；庙者，貌也；象祖先之尊也。所以有室何？所以象生局也。"

可见，建立宗庙是为了表示人主对祖先的尊崇、敬仰和孝思，也是祈求死去了的列祖列宗能降福佑于国家，保社稷安宁。对宗庙的主祭权，实质上是表现为神权形式的"家天下"式的君王统治权。

2. 宗庙制度与皇权的关系

在秦统一全国之前，已有宗庙的建筑及其完整的系统。秦朝以后，随着专制主义皇权的发展，宗庙的性质已与周制有所不同，逐渐成为以国庙为主的活动。汉初承周制，在京师各自立庙。宗庙仿周天子的七庙之制（帝王的宗庙，供奉太祖及三昭三穆共七代祖先），此七庙制自汉代始基本上相承不替，直到魏晋至唐初仍主要实行七庙制。及至唐玄宗开元时期，大崇礼法文治，歌颂祖宗功德，乃增宗庙为九庙制，其追尊奉祠祭享的典制超过了前代。

自唐实行九庙制之后，历代多沿袭遵循。明嘉靖年间，规定宗庙除常年祭祀以外，按古礼仍三年一祫，以孟冬；五年一禘，以孟夏，唯亲郊封祀。清代的宗庙制度，太庙与太社（稷）分置在皇宫两侧。

宗庙成为君权的象征。宗庙也称为"宗"，宗是《说文》中的"祖庙也"，就是人们供奉祖先神主，进行祖先祭拜的神庙。国家许多重大的政治、经济、军事活动多要告请祖先，或在宗庙举行仪式，借以获得祖先的认同或赞许。

宗庙体现了君王的威信，是宗统与君统的合一，因此，也就成了君主的象征。

宗统是君王作为天下宗主的宗法统治，君统则表示为君王作为天下之君的政治统治。宗法制的根本在于维护嫡长子继承制，表现在宗庙关系上，则是以维护嫡长子对宗庙的主祭权，这实质上是表现为神权形式的"家天下"式的君王统治权。

3.3.4 简评

宫殿、陵寝和宗庙制度是皇帝制度的重要内容。宫殿是皇帝居住、处理政务的场所；陵寝是皇帝死后的墓葬之处；宗庙是皇帝死后，后代子孙对其的祭祀与供奉之所。这些制度将皇帝的一生，从生到死后都做了相应的规定，围绕着这些制度规定的核心是它们所体现的皇权的特殊性与至高无上性，享有高于他人的待遇，也是专制皇权的物化表现。

3.4 皇权的异化——外戚与宦官专权

皇帝高高在上，难免会有“高处不胜寒”的感觉，只身居于最高统治的地位，皇帝在一定程度上可以说是孤单的。在皇帝的身边，宦官和外戚是两个最主要的集团，由于皇权的至高无上性，宦官和外戚为了获得更多的权益，皇权就成了他们方便攫取的最好工具。对皇权的无限渴望使得他们投入到争夺皇权的斗争中，利用自身的地位来拉拢各方势力。由于各种政治势力各有所亲，各有所属，从而使“听哲妇之言，惑邪臣之说，溺宠废嫡，托付失所”① 的情况时有发生，出现皇权异化的两种情况——宦官和外戚专权。在皇帝制度中，已经包含宦官制度和外戚制度，这只不过是这两种主体权力的泛化形成的特有情况。

3.4.1 宦官制度

1. 宦官的定义

古代将阉割后失去男性功能，在宫中侍奉皇帝及其家族之人，称为“宦官”。史书上也称“阉（奄）人”、“奄寺”、“阉宦”、“宦者”、“中官”、“内官”、“内臣”、“内侍”、“内监”等。“天文有宦者四星，在帝座之西。”② 宦者被认为是在帝王周围最亲近之人。这些宦官有比他人更好的接近皇上的机会，因此，投皇帝之所好，皇帝则会更信任他们。在古代的众多帝王中，不乏有些帝王专制的程度很深，从生活上的极端自私，发展到了在政治上任人唯亲、唯近、唯佞。在宫廷政治中，不少宦官就凭借自己接近皇帝和后妃的特殊身份，乘隙左右政治，篡夺权柄，以致演变成“宦官之祸”。

宦官主要是为后宫生活服务的。作为帝王的奴仆，宦官跻身宫廷，而后俨然成制，相传起源于西周，也有认为在父系氏族社会就已经产生了阉人，但其年代已不可确考。范晔在《后汉书·宦官列传》中说：“宦人之在王朝者，其来旧矣。”并没有告知确切的时间。

① 《隋书·高祖纪》。

② 《通典·职官·内侍省》。

2. 宦官制度的产生

宦官制度其实是秦以来专制皇权制度派生的产物。帝王为了保证自己的权力，使文武百官不敢有非分之想，必须找到一些比文武百官更能信任的忠实奴仆生活在周围，作为自己的传声筒。而在后宫中，必须考虑到性别局限，使这些家奴既能在宫中朝夕相伴，又不会影响皇帝自身的利益。要达到这个目的，只有通过使用宦官这种方式。历史上封建中央集权制度越完善，宦官制度也就越健全。秦朝的赵高，东汉时期党锢之祸，唐朝的高力士，明朝的魏忠贤，这些例子足以说明。

从政治角度来看，皇帝高高在上，一个人统治着辽阔的大国，在最高层的位置上，他首先没有与基层沟通的畅通渠道，往往采取独断专制的方法来进行统治。他唯一可以依赖的就是侍奉在自己周围，与外界有一定联系的宦者。在中国的历史进程中，女主专政的现象并非少见，她们同样需要宦者，例如东汉安帝刘祜即位时才 13 岁，邓后以女主临政，“而万机殷远，朝臣国议，无由参断帷幄，称制下令，不出房闱之间，不得不委用刑人，寄之国命。手握王爵，口含天宪，非复掖廷永巷之职，闺牖房闼之任也”。① 宦官在此时，俨然成为一支不可忽略的可靠力量。

从生活的角度来看，内宫的职役也离不开宦官。皇帝制度本身也为宦官制度的产生和存在提供了土壤，两者相互需要，一并发展。

3. 历代宦官的建置与发展

西周以前的宦官，文献缺略，难以探求。秦统一之初，置中常侍官，除宦者外，参用士人，“皆银珰左貂，给事殿省”。② 在少府下设车府令，由宦官赵高担任，称中车府令。西汉初，刘邦接受秦朝赵高专权的教训，对宦官有所限制，宦官属于少府统辖，吕后时，重用宦官，“高后称制，乃以张卿（张释卿）为大谒者，出入卧内，受宣诏命”。③ 汉武帝时，因常在后廷宴筵，大臣奏报请示机务都是通过宦官来传达。此时，内廷迅速膨胀，皇权得到进一步强化，宦官由少府、大长秋等卿管辖。

汉时，宦官从制度上获得了一定的军权、政权、司法权和财政权。所以，

---

① 《后汉书·宦者列传》。

② 《文献通考·职官考十一》。

③ 《文献通考·职官考十一》。

宦官很容易利用这点来控制君主与朝臣。

东汉宦官仍属少府，东汉是宦官专权干政极为严重的一个朝代，自章帝之后的皇帝们均是年幼即位，女主专政大多靠的是外戚集团。这时，为了夺取更多的利益，宦官也组成集团，围绕皇权与外戚、官僚进行斗争，导致国无宁日，民不聊生。此时，宦官这种特殊的势力，已经被社会承认，更受到一些官僚和士大夫的勾结与奉承，进而联合成一股恶浊的政治势力。

秦汉时的宦官甚至掌有监狱的管理权力。其中比较有名的是掖庭诏狱。宦官发展到可以奉皇帝之命诏捕朝廷大臣，并且不受宰辅和司法部门的干预。还插足于皇家的部分经济和财政部门，如中黄藏府、上林苑、织室和尚方等部门①。

鉴于汉朝时的宦官之祸，曹魏时对宦官戒备森严，不设中常侍，并规定，“其宦人为官者，不得过诸署令”,② 以压低他们的品级。蜀则沿袭东汉旧制，设中常侍，刘禅时中常侍黄皓专权，朝政败坏，终至灭亡。

北齐则设置中侍中两人，中常侍四人，掌出入阁门。又有长秋寺，置卿、中君各一人，掌诸宫阁门，掖庭等令，并用宦者。

隋朝建立后，宦官制度未有明显变化，但将北齐中侍中省改设内侍省，置“内侍、内常侍各二人，内给事四人，内谒者监六人，内寺伯二人，内谒者十二人，寺人六人，伺非八人。并用宦者”。③

到唐朝时，宦官制度得到了较大的发展。唐太宗时，不许宦官干政，内侍省不置三品官，但在阁门守御；至中宗时，宦官制度有了发展，人数增多，已达千人，超授七品以上员外官者千余人。唐玄宗执政后，重用宦官，此时这些宦官已经组成了强大的集团，以高力士为代表，贵宠无比。安史之乱以后，宦官利用皇帝与藩镇之间的矛盾，不断扩大势力，甚至达到“威权日炽，兰锜将臣，率皆子蓄，藩方戎帅，必以贿成；万机之与夺任情，九重之废立由己”④ 的地步。唐宪宗、唐敬宗都是遭宦官毒害而死，唐穆宗、武宗、宣宗、懿宗、僖宗和昭宗均由宦官拥立。

宋代时，宦官属于内侍省和入内内侍省，号称“前后省”。入内内侍省尤

① 中黄藏府为秦汉府库名；上林苑为宫苑名；织室为汉代掌管丝帛礼服等织造之机构；尚方为制造帝王所用器物的官署，秦置，属少府，汉末分中、左、右三尚方。

② 《三国志·魏书·文帝纪》。

③ 《隋书·百官下》。

④ 《旧唐书·宦官》。

为亲近皇帝，通侍禁中，役服亵近者，隶入内内侍省。供侍殿中，备洒扫之职，役使杂品者，隶内侍省。入内内侍省官员有“都都知、都知、副都知，押班、内东头供奉官、内西头供奉官，内侍殿头、内侍品高、内侍高班、内侍黄门”。① 宋代太祖建国后，“待宦者甚严。太祖初定天下，掖庭给事不过五十人，宦寺中年方许养子为后，又诏臣僚家毋私蓄阉人”。② 宋初期，宦官尚不敢为患，至宋徽宗时，才有所抬头。

元朝时蒙古族入主中原，宦官属侍正府，掌内廷近侍之人。领舒尔库齐400人，侍正14人，同知参府，侍判各2人，奉御24人。初期，太祖不同宦官“选贵臣子弟给事内廷……而宦官之擅权窃政者不得有为于其间”。③

明代，太祖鼎定天下，鉴于前代之失，置宦官不及百人，并在宫门立铁牌，上书，“内臣不得干预政事，预者斩”，④ 以示儆戒。但自明成祖即位后，宠幸宦官，并授予出使、专征、监军、分镇、刺臣民隐事等大权，“皆自永乐间始”。⑤ 明代的宫廷事务全用宦官，宦官衙门有十二监、四司、八局，即所谓二十四衙门。这些衙门均设有提督太监、掌印太监等作为领导，各地还有镇守太监、守备太监、听讼太监和会审太监等，最多的时候曾率领过十多万宦官。宦官已经侵夺了正规国家机关绝大部分的事权。而司礼监太监的实权常在宰辅之上，有代皇帝批阅奏章之权。东厂、西厂、锦衣卫等特务组织全由宦官掌握。

清朝时，宦官由内务府管辖，其机构叫做“敬事房”，又名“宫殿监办事处”。康熙六十一年（1722年），设五品总管一人，五品太监三人，六品太监两人。清朝改革明朝时期的宦官干政之弊，立铁牌于内十三衙门，禁宦官干政。但是，清朝中后期，宦官专权时有发生。如李莲英、安德海都是慈禧的心腹。

纵观我国宦官制度的发展，先秦时期的宦官，大多是个人单独行动，利用君王的宠信来达到个人目的；秦汉以后，才逐渐形成集团，并在周围聚集了一群官员，成了政治斗争中的强大势力，使黑暗的专制主义统治更加黑暗。

---

① 《宋史·职官六》。

② 《宋史·宦者列传》。

③ 《元史·宦官列传》。

④ 《明史·宦官一》。

⑤ 《明史·宦官一》。

3.4.2 宦官专权

宦官制度的存在并不等于“宦官专权”。宦官专权，指的是在一定的历史条件下，宦官作为一种势力集团，参与宫廷政治斗争，得到了皇帝的宠信，进而成为中枢权柄的实际操纵者。

1. 宦官专权的原因

一是加强中央集权，即强化、延伸皇权的需要。汉、唐、明三代宦官专权，都发生在当朝的中晚期。汉末，地方州郡刺史权力膨胀，将地方军政、司法和财务大权收归于自己手中，中央集权日益受到削弱。有鉴于此，各代都不得不采取加强中央集权的措施。在封建社会里，皇帝即国家，加强中央集权就是强化皇权，特别是在皇权旁落之后，为了加强延伸皇权，宦官之力是最好借用的。因此，在依靠宦官的力量消灭了外戚和朝臣的威胁之后，宦官专制的局面更易出现。造成宦官权力过大的原因是很复杂的，主要是因为皇帝专政，但又害怕朝臣、将领争夺权力，无法严密控制正规国家机关和职官的活动，只能依靠在自己身边的宦官，因为宦官比较听话，可以用来监视国家机关的活动，保护自己的统治权益不受侵害。所以，统治集团内部的尖锐矛盾，皇帝的孤独力量，是造成宦官掌权的主因。

二是因为宦官与皇帝的利益是一致的。宦官是皇帝的奴仆，主危而仆险，特别是在朝臣或者外戚专权的时候，皇帝孤身一人，力量薄弱，需要宦官在身边作为重要的支持力量。同时，宦官集团往往在辅助皇帝之后乘机以功邀赏，这也为宦官专权造成了机会。

2. 宦官专权的条件

任何朝代宦官专权的实现都必须有一定的时机与条件，客观和主观上都必须同时满足这些条件。

首先，中央集权的加强。在春秋时期，权力分散于卿大夫之手，国君本身的权力都很有限，宦官的权力就更加微弱了。魏晋南北朝时，世家大族专权，也大大地削弱了皇权，因此，宦官也没有过多的权力。

秦时，秦始皇创建了专制主义的中央集权制度，皇权得到加强，同时，秦朝也是最早出现宦官专权的朝代。秦朝之后，东汉、唐、明等朝，中央集权的强化有增无减，与此相呼应，宦官制度也得到了较大的发展。东汉时期，宦官

“手握王爵，口含天宪”；① 至唐代时宦官权柄之重，实属罕见，清朝史学家赵翼论之曰：“……至唐则宦官之权反在人主之上，立君、弑君、废君如同儿戏，实古来未有之变也。”② 中唐以后，宦官在中央“四贵”（两枢密两中尉）和地方的监军，上下配合，为所欲为，真可谓“万机之与夺任情，九重之废立由己”。③ 唐宪宗、唐昭宗是由宦官毒害而死；唐穆宗、文宗、武宗、宣宗、懿宗、僖宗全是宦官拥立的。“有唐一代，宦官之祸，莫之为甚。古今宦者之祸，无如汉唐之季年……唐中叶之后，倚兵戎，定祸乱，而观军容，监军属之貂裆，是宦者得以窃将之权也。”④

由此可以看出，因为中央集权的加强，皇权具有至高无上的地位，因此，宦官在皇上身边的近侍，同时也拥有了权力，为宦官专权提供了土壤。

其次，宦官拥有邀宠的机会。宦官帮助皇帝夺取皇权或巩固皇权，拥有了以功邀宠、以宠夺权的机会。宦官多在皇帝身边侍奉，历史上的宦官专权多是因功得权。

从玄宗开始，唐代宦官之祸日益严重，出现了宦官在中枢用事的局面。唐代皇位争夺的斗争很激烈。皇帝反而与那些朝夕相处的宦官比较亲近，后者被视为基本的力量参与策划和行动。一旦政变成功，功勋卓著的宦官必然会受到新皇帝的宠信而获得更大的权力。因此，变乱频繁的朝代，给予了宦官恃宠的机会。

最后，从时间上看，王朝的中后期是宦官专权的重要时期。当皇帝感到权臣或地方势力日渐膨胀，自身权力受到威胁时，也会利用宦官来与其他势力集团作斗争。东汉时期，由于豪强地主经济的日渐膨胀，自身权力得到很大的发展，同时，专制主义皇权也高度发展，导致了外戚、宦官交替专权的局面。

东汉从第四帝和帝开始，宦官郑众“专谋禁中”；唐代自第七帝玄宗起，宦官高力士居中用事；明代宦官专擅国政，始于第六帝英帝时的王振。诸朝开国之初，宦官都不被重用，其原因是开国初期中枢机构多由久经考验的元勋组成，不需要宦官作为心腹执掌大权。但到了王朝中后期，将相大臣未经过重大事变的考验，而日趋权重，使皇帝有了危机感，只得信任身边的宦官，这样宦官就有了专权的机会，皇帝用宦官来监视、控制朝臣，分割、削夺其权力；而

① 《后汉书·宦官传》。

② （清）赵翼：《廿二史劄记》。

③ 《旧唐书·宦官》。

④ 《文献通考·职官考十一》。

宦官则借机掌握军政大权，形成专权的局面。

3. 宦官专权的影响

首先，宦官专权虽然是皇权的延伸，但毕竟不同于皇权，因为宦官多结党营私，排斥异己，陷害贤良。对王权的巩固，国基的加强，往往起着销蚀与破坏的作用。宦官揽权之大之多，既然可以掌握皇帝的命运，将相任免自然也不在话下。例如汉末在外戚与宦官的反复角逐中，皇帝多为傀儡。唐朝的几位皇帝也皆死于宦官之手，而宦官掌握政权之后，往往为实现自己的利益，打击忠良，导致政局不稳，国家混乱。

其次，宦官专权不仅危害皇室内部，而且巧取豪夺，欺压百姓，严重破坏了农工商业的发展。唐代宦官借为皇帝采办物品的名义，“率用值百钱物买入值千钱物”，称为“宫市”。大诗人白居易即在《卖炭翁》一诗中描述了宦官巧取豪夺的现象。明朝时派太监充当税使矿监，到处横征暴敛，使得“天下萧然，生灵涂炭”，农工商业受到严重摧残。由于宦官肆意为虐，最终弄得黑白颠倒，民不聊生。

最后，还应该看到，宦官专权也是一定的历史条件造成的。在特定的历史环境中，宦官专权对维护中央集权，巩固皇帝的统治地位也起到了积极作用。皇帝借助宦官来监视、控制臣下，宦官对皇权又有一定的寄生性和侵蚀性。皇帝重用宦官，既不是疏忽，也不是误用，而是出于当时皇帝与朝臣、中央与地方矛盾斗争的需要。东汉中后期，皇权争夺激烈。外戚、宦官交替、反复专权。唐朝中后期，藩镇割据严重，为了对付地方藩镇势力，皇帝将禁军权交给宦官统领，又让宦官出任监军，因为军权在手，确实对割据藩镇构成了一定的抵制和威胁力量，使其一直未能深入中央。所以，这是在特殊历史环境条件下的相应措施。宦官与皇帝利益的一致性，客观上，有益于政稳民安，对维护中央集权也有一定作用。因此，也有人指出“国家不能不用阉寺”。①

宦官专权是封建专制制度在一定历史条件下的必然产物。宦官制度延续千年的根源就在于其是专制皇权的变形和延伸。

3.4.3 外戚制度

外戚制度是宫廷后妃制度的派生物。所谓外戚，是指通过婚姻与皇室结成的外姓亲属，包括了后妃系统、皇家公主贵族，实际上是一种直接依附于太

① （清）谷应泰：《明史纪事本末》。

后、皇后、皇帝宠妃、公主裙带关系的政治集团，史称“戚党”或“后党”。由于外戚的权势恶性膨胀，便会有许多文臣武将前来附庸，结成一种特殊的政治力量。

1. 历朝对外戚的控制

秦至西汉初期，血缘和家族的贵贱高低已经成为皇族联姻的重要条件；东汉至魏晋南北朝时，婚姻已经成为政治上的重要条件。

自汉武帝开始，外戚已经可以封侯，外戚拥有了一定的权力，数量不断地增加，打破了前代外戚无功不封的戒律；外戚封侯天经地义，李贤云：“西汉故事，帝舅皆封侯。”① 东汉承袭了外戚封侯制度，不仅如此，光武帝还恢复了一些西汉时已被废黜的外戚侯位。

汉代之后，外戚虽然有时受到皇权的限制，但椒房贵戚仍然凭借皇帝的恩宠，显爵厚禄。曹魏时，政权建立之初规定外戚不得受封。但至明帝时该规定被破坏。晋朝武帝司马炎尊宠后族，“阶缘外戚以致显荣者”比比皆是。北魏时，外戚也常受君主的宠信。隋唐以后，外戚受封的层次越来越高，杨坚给皇后独孤氏家族封公、封爵，前后赏赐不计其数。宋代吸取唐朝的武韦之祸的教训，抑制外戚势力，但也只是对外戚封王控制较严，外戚一般都能封公侯。明时，为防止外戚干政，对外戚控制较严格。

2. 外戚专权的影响

与宦官专权一样，外戚专权所带来的基本上是消极的影响。历史上汉朝时的外戚专权是最为著名的。其专权历经了早中晚三个时期。但是，西汉时期的外戚专权在一定程度上和当时的历史环境下还是有一定的积极作用的。

吕氏专权。吕雉专权起于刘邦欲更换太子刘盈——吕雉之子，另立太子刘如意，后来因为遭到与其一起打天下的元老功臣派和吕氏势力的极力反对才作罢。刘邦死后，软弱的刘盈即位，臣相与大臣们操纵政权。待刘盈死后，吕后就选择了他的一个养子来继承皇位，是为少帝，并且亲自出面辅佐。为了保证皇位不被异姓夺走，她认为唯一可靠的力量就是自己的吕氏侄子。于是吕后给自己的子侄都封王封侯，掌握了国家的大权；同时，她还注意协调好与各种势力集团的关系，与诸大臣订立了盟约。“申以丹书之信，重以白马之盟。”②

---

① 《后汉书·窦宪传》注引。

② 《汉书·高惠高后文功臣表第四》。

这些措施，虽然是从维护吕氏后裔的立场出发，但在客观上，也起着维护中央皇权，加强中央集权的作用，有利于国家的稳定和统一。由于吕后曾经帮助刘邦杀韩信、诛彭越、留守京师，被众大臣视为“刚毅”的铁腕式人物，在众大臣中也有一定的威慑力，这为维护汉初社会的稳定起到了重要作用。

霍光专权。霍光专权是西汉外戚专权的第二个发展时期。霍光是霍去病的异父弟弟，卫皇后姐姐的儿子。霍光执掌国政二十年，大权独揽，玩弄皇帝于股掌之间；废立皇帝，毒杀皇后，斩杀异己；将自己的亲信布满朝廷，废掉皇帝刘贺，重立刘病已为皇帝，并伺机掌握了政权，虽然未有皇帝的名号，但是已实际行使着皇帝的权限。汉武帝后期，由于长期战争带来的社会危机已经出现，国内虚耗，户口减半，人民起义不断，社会矛盾及阶级矛盾都异常激烈，霍光正是受命于危难之时，执政于西汉王朝由危转安之际。他正确地执行了汉武帝后期的“停战息兵”的政策，推行“与民休息，发展生产”的策略，最终迎来了“昭宣中兴”，对西汉王朝的社会进步、国家复兴和民族发展都做出了一定的贡献。

王莽代汉。王莽代汉起于其姑母王政君，元帝之后。王政君之子成帝登基之后，其成为太后，国家大事都是由其哥哥王凤掌握，至此开始，王氏一家前后共执政三十余年。

成帝去世后，由外藩进入的刘欣称帝。刘欣有意逐渐免去王氏外戚集团的权力，于是他将王莽等王氏侯全部迁往封地，然而，哀帝刘欣在位六年就去世了，王政君和王莽又将权力重新掌握在手里，两人选择了一个九岁的由外藩而入的平帝，王政君临朝称制。平帝十四岁时被毒死，王莽摄取皇位，取代了刘氏天下，建立了新朝。王莽代汉后，实行了一系列的改革，史称“王莽改制”。但由于他的主观愿望与社会实际相脱离，反倒激化了社会矛盾，引起了农民大起义，最后导致了王朝覆灭。

3.4.4 简评

宦官和外戚是历史上两种特殊的势力集团，因为他们与皇帝最亲近，借用亲近皇帝的特殊机会，以达到篡权、打击和迫害官僚集团、夺得最大权益的目的。值得一提的是，历朝对于这两种势力集团是有一定的制度规定的，宦官、外戚制度并不意味着宦官、外戚专权，后者的产生是有一定的原因和特定条件的。皇帝制度是最根本的原因，它们与皇帝制度伴随始终。

宦官、外戚专权作为皇权的异化表现，具有一定的影响，对当时整个社会多起着消极作用，但同时，我们应该看到，这种现象是特定历史条件的产物，在一定程度上，对中央集权起到巩固的作用，具有积极意义。汉朝是外戚专权最为严重的朝代，前、中、后期都有外戚专权的史实，这种在当时特殊历史条件下形成的现象，顺应了时代的发展，也有积极作用。

3.5 皇帝制度的特点与本质

皇帝制度是中国行政制度中一项重要的内容，它同时也具有深刻的内涵，是古代皇帝政治生活的重要内容。皇帝制度所具有的特点和本质，是我们应当认识的。

3.5.1 皇帝制度的特点

在中国政治制度的诸多内容中，皇帝制度是一项居于首要地位的重要制度，在中国古代制度史中起着重要的奠基作用，也是指导中国古代政治发展的风向标。皇帝制度围绕着皇权、皇位以及皇族展开，所以其本身的特点也是围绕这三方面内容体现出来的。

1. 皇权的专制性和独裁性

"天下之事无小大皆决于上。"皇帝一人独统天下，总揽一切大权。"奉旨行事"是一切标准，对于那些历经血雨腥风才登上帝位的皇帝们来说，把所有的事权都把握在自己手中才是最安全的。皇帝总揽一切军事、行政、司法、立法、人事、财政大权，并利用这些权力来实现自己的独裁专制。

中国的皇帝就是国家，国家就是皇帝。这种强有力的专制制度是与皇帝制度相伴随而生的。专制性在皇帝制度确立之后得到进一步强化。专制主义中央集权这一政治制度从秦朝建立以来，明确地显示了君主是整个制度的核心，皇帝的决定具有不可逆性，君王作为国家的权力主体，其专制性是中国封建政治学说的最基本原则。

2. 皇帝制度的神秘性

神化皇权并突出皇帝的至高至尊地位，君权与神权相结合，加强了皇权不可侵犯的神圣性。尤其在汉朝，汉武帝时，董仲舒发展了儒家的君权神授学说，给君权披上了一层神圣而又神秘的外衣，并利用这一切的说教来证明皇帝权力的独一无二性。除了皇帝这个"至尊"之外，只有一个虚无缥缈而又人格化的"天"，再也没有超越皇权的事物存在了，而且皇帝正是受"天命"之托进行对人间的统治。

3. 皇族待遇的特殊性

皇亲贵族享有绝对的特权。他们拥有优越的政治、经济、生活等方面的权力和待遇。皇帝制度中的宫殿、陵寝、宗庙制度、后宫和内侍省制度，保证了皇族成员享有这些特殊的权力和待遇。

3.5.2 皇帝制度的积极意义

皇帝制度中的一切规定和程序都是为了保证皇帝行使皇权的畅行无阻。皇帝本人的意志就是国家的法律，围绕着皇权、皇位和皇族，皇帝制度都有明确、详实的规定，并随时代不断发展而得到充实。当然，皇帝制度本身也具有一定的积极意义。

1. 在经济上，通过赋税、劳役的征集，把全国的人、财、物力集中起来，进行各种经济建设，有利于国家的稳定繁荣。

2. 在政治上，实行中央集权和各级官僚分层管理的制度，保证中央的政令由上而下达到基层。政令的统一执行使君主专制的中央集权大大加强。

3. 在文化上，统一文字，整齐风俗，实行德化教育，将儒家学说的纲常名教进行推广，使全国臣民在一种思想文化的指导下，取得共同认识，达到儒家“王道”的极致。

3.5.3 皇帝制度的本质

皇帝独尊，皇权至上，皇位世袭是皇帝制度的内容。皇帝制度的本质是君主专制，即皇帝是封建国家政权的主宰和权力中心。

1. 民无二主、天无二日是专制精神所在

皇帝是国家唯一的统治者和主宰者；皇帝所拥有的皇权，是推行和完善这种统治的政治手段，“皇帝”名号的实质，就是神权与皇权的统一；皇帝“上为皇天子，下为黎庶父母”,① 是唯一的代表上天的统治者。正是在强调皇帝以及皇权个人专制统治的合理性与合法性下，皇帝高居于权力金字塔的塔尖，皇帝制度中的皇权专制得到最充分的表现。

---

① 《汉书·鲍宣传》。

2. 家与国的统一

皇帝制度宣扬和强调“化家为国”的理念，以国为家的“家天下”精神，反映皇帝制度的统治方式，皇帝与皇族将整个国家视为一个“家”，使国家受制于一“人”一“家”之下。“天子作民父母，以为天下王。”① 由于手中掌握着“天人合一”的权力，所以，历朝的皇帝也正是运用这个理念，不断完善皇帝制度，使皇权专制达到顶峰。

3. 集权于上、分权于下的方式

自秦汉以来，中国封建社会的政治制度就采取了“集权于上、分权于下”的方式，以重用皇帝亲信担负实际责任的方式来掣肘正式的国家机关。由于皇帝力量的单独性，往往培养使用近侍、贵戚来辅佐皇帝，削减原来国家机关的实权，架空国家机构。实际上，皇帝一再地将权力尽可能地集中在自己手中，是专制统治的一种表现。

3.5.4 简评

皇帝制度历经上千年的发展，有着自身的特点，这些特点是围绕着皇帝制度中皇权、皇位和皇族内容表现出来的，这些内容是皇帝制度的核心；皇帝制度的本质是君主专制，即皇帝是封建国家政权的主宰和权力中心。

作为一项沿袭了上千年的政治制度，皇帝制度对中国历史的进程产生过重要的影响，因此，我们应客观地看待皇帝制度，它在整个历史长河中是适应了当时历史条件和环境的，一直延续到宋元明清之时，盛极而衰，最终完成了它的历史使命。

☞本章小结

本章主要叙述了皇帝制度的重要内容，皇帝制度是中国行政制度中最重要的制度，它是贯穿中国历史的一条主脉络。在中国几千年的封建社会中，皇帝是整个国家的代表，因此，以皇权、皇位和皇族为主要内容的皇帝制度有着重要的作用。本章首先总体介绍了皇帝制度从产生、发展到衰落，最终消亡的整个过程，与皇帝制度联系紧密的皇权的产生、特点以及皇帝行使皇权的特定方

---

① 《尚书·洪范》。

式。皇帝制度包含了皇权、皇位以及皇族的相关内容，因此，分节论述了有关皇位的继承制度，宫殿、宗庙和陵寝制度等。这些制度反映了皇权的特殊性以及至高无上性，是为维护皇帝的最高地位服务的。皇帝制度的主要特点是皇权的专制性和独裁性、皇帝的神秘性以及皇族待遇的特殊性。由于皇帝身处高位，以及皇帝的唯一性，他对于社会情况的了解是匮乏的，想要知道官员的情况，就不得不依靠他人，并且这些人必须是值得信任的。在皇帝周围，有两个最主要势力集团，一个是宦官，一个是外戚。这就形成了皇帝制度中理应包含的宦官制度和外戚制度。宦官和外戚这两个势力集团借助于皇权不断扩大势力，甚至代皇帝行使权力，是皇权异化的一种表现。宦官和外戚专权都是在一定的主客观条件下实现的，对当时社会发展也产生过重要的影响。皇帝制度在中国行政制度史中具有重要的意义，皇帝制度的本质是君主专制，即皇帝是封建国家政权的主宰和权力中心，这个本质正是千余年来中国封建社会及行政制度的核心。

☞关键术语

皇帝　皇帝制度　皇权　谥号　庙号　尊号　宫殿制度
陵寝制度　宗庙制度　宦官　外戚

☞思考题

1. 皇帝制度的发展过程是怎样的？
2. 皇帝制度的主要内容包含有哪些？
3. 皇权的特征和主要内容是什么？
4. 皇帝行使皇权的方式主要有哪些？
5. 皇帝立储的原则是什么？
6. 皇位继承制度的弊端都有哪些？
7. 统治者建立宗庙的作用是什么？
8. 宦官专权的原因是什么？产生了哪些影响？
9. 外戚专权对皇帝制度产生的影响是什么？
10. 皇帝制度的特点和本质是什么？
11. 你对皇帝制度作如何评价？

第 4 章

中央行政制度

伴随着人类社会和公共事务的出现，管理机构与管理制度也应运而生。特别是在国家产生以后，需要管理的国家事务和社会公共事务日趋复杂，设官分职，建立一定的行政组织体制及其运行机制也就势在必行，这是行政制度出现的根本原因。根据行政制度所适应范围的不同，有中央行政制度和地方行政制度之分。全国范围的最高行政组织体制就是中央行政制度。中国古代，以皇帝为主组成的中央政府组织即国家最高行政机关。从秦到清的2000余年间，经历了“三公九卿制”、“三省六部制”、“二府三司制”、“一省制”、“内阁制”和内阁军机处并存等不同的形式和阶段，使中央行政制度日渐成熟和完备。

4.1 秦汉时期的三公九卿制

秦王朝的建立，标志着中国统一封建国家正式确立。秦代国家机构的设置和封建制度的安排，均为历代封建王朝所继承。秦代制度中影响最大的，即“三公九卿制”。所谓“三公”，即丞相、太尉和御史大夫，班固所著《汉书·百官公卿表》称其皆为“秦置”，该书中所称“三公”为太师、太傅、太保，直到胡三省注《资治通鉴》才正式提出：“秦以丞相、太尉、御史大夫为三公。”所谓“九卿”，据《通典》是为奉常、郎中令、卫尉、太仆、廷尉、典客、宗正、治粟大夫、少府，杜佑称之为“汉九卿”，而据《汉书·百官公卿表》，九官皆为“秦置”，故上述官职亦称为秦代“九卿”。

4.1.1 秦代大一统封建国家的三公九卿制

1. “三公”制度

“三公”中，丞相的职责是“掌丞天子，助理万机”,① 辅助皇帝处理全

① 《汉书·百官公卿表》。

国政务；太尉的职责是协助皇帝总领全国军事；而御史大夫的职责是监察并帮助丞相处理政务。“三公”各府是秦代国家的中央中枢决策机构。

丞相府，是秦代中央最高的中枢决策机构。在秦始皇执政时，丞相府设左、右两丞相。至秦二世二年（公元前208年），又见有中丞相执政。秦代丞相府内主官为丞相，其下设众多属僚佐政，如有侍中、为丞相史，还有尚书、舍人等属官。

御史大夫府，是秦代中央最高监察机构。其职能是主管监察，检举非法和纠劾百官违失，并转发诏令。秦代以御史大夫监临丞相府，开中国官制机构史上“以卑临尊”之先河。

太尉府，是秦代中央最高军事机构。

秦代中央“三公”各府机构的设置，体现了封建制度皇帝的专制集权统治的特色。秦始皇为使军政大权独揽一手，不至旁落，便使丞相府、太尉府和御史大夫府分掌政治、军事及监察大权。丞相府统领百僚，协助皇帝处理日常政务，但无统兵权，避免了以前“相府”兼掌军、政两权的现象。太尉府统兵，但无调兵权，调兵权在皇帝手中。御史大夫府虽无太大的实权，但其掌管监察百官，御史大夫“掌副丞相”，参与机要，对其他两府机构尤其是丞相府有明显的监督掣肘作用。这三个机构互不统属，最终决策集于皇帝一人。

2.“九卿”制度

战国时期，各诸侯国设置有郎中、卫尉、太仆、廷尉、典客、内史、少府等官职。秦统一六国后，“九卿”制度大体上从战国时的官制发展而来。“九卿”是秦代中央行政执行管理机构，它们分管着秦代中央政府各主要行政部门的事务性工作。这些机构中有一部分是在秦统一之前就有的，其余的为统一后所新置。在“三公”之下，秦代中央政府的“九卿”是：

奉常，宗教礼仪事务管理机构；

郎中令，统一后继置，宫廷警卫机构；

卫尉，统一后继置，戍卫皇宫的军事机构；

太仆，统一后继置，管理宫廷车马事务的机构；

廷尉，统一后继置，中央的司法机构；

典客，民族与外交事务管理机构；

宗正，管理皇室宗族内部事务的机构；

治粟内史，财政事务管理机构；

少府，统一后继置，宫廷财务管理机构。

由上可以看出，“九卿”机构中，真正名符其实地属于国家行政管理机构或与之关系密切的仅有“廷尉”、“治粟内史”和“典客”三个机构，其余的均为皇帝私人或为皇室服务的机构。而它们统统都被列入了国家机构之列。负责皇帝私人事务的内廷机构与掌理国家行政事务的外廷机构还未能区分开来，这也是封建社会早期机构设置的一种特色。

秦代的国家机构是中国历史上大一统的封建社会中第一套比较完备、比较系统的国家管理机构。以三公九卿制为核心的中央行政制度，为以后几千年的封建君主专制政体机构的不断完备、成熟、发展打下了基础。尤其是对两汉国家机构的设置，影响更为直接，可谓“汉承秦制”。但基于秦代仅延续十五年，作为统一的封建国家中央政府的三公九卿制度，尚属刚刚确立。三公九卿制度经过汉代四百年的发展，才得以健全起来，并为后世历代封建政府所沿袭。

4.1.2 西汉时期的三公九卿制

秦时中央政府已经初步形成三公九卿制度。汉承秦制，三公九卿制度得到进一步的发展。秦时“九卿”之名尚无可考，仅见于汉代史籍。至汉，“九卿”名称和官制已屡见不鲜。西汉立国之初，中央行政机构的设置基本上是承袭秦制，只是略有变化，仍以“三公”、“九卿”各府寺机构为主体。由于社会的发展，汉初中央各行政事务部门的分工也进一步明细，因此各府寺机构设置以及职能也有了一定的调整和变化。

1. 西汉三公的变革

西汉之初，汉承秦制，恢复置建了“三公”各府，作为中央的中枢决策机构。西汉时的“三公”府与秦时相差不大，只是在名称上各有差别。

丞相。汉承秦制，初设丞相，后改置为相国或左、右丞相，不久又复旧。成帝改御史大夫为司空，与大司马、丞相是为“三公”，哀帝改丞相为大司徒，亦为宰相。① 丞相办公处理政务的地方称“黄阁”。丞相府的属官众多，在汉武帝时期多至360余人，主要属官有丞相司直、丞相长史、丞相征事、丞相史、议曹、辞曹、奏曹、决曹、集曹、户曹、法曹、尉曹、兵曹、金曹、仓曹、计相、主簿等。作为中央最高决策机构，丞相府的职能一是率众官奏事；二是主管朝议，裁决国政；三是驳诏谏君，选考官吏；四是行迁除赏罚，领郡

① 《通典·职官》。

国上计。西汉初，为相者多为开国功臣，位尊职重。到武帝时，擢用公孙弘为相，开以后布衣登相位的先例。随着君主集权加强，武帝重用内廷近臣，对丞相不甚信任。武帝末年，霍光为大司马、大将军，从此到西汉末，大司马权势在丞相之上，而大司马多由外戚充任。到汉哀帝时，改丞相为大司徒，丞相职权为内朝所取代，已无所作为。

御史大夫。御史大夫掌副丞相，故丞相、御史并称，丞相府和御史大夫府合称“二府”。凡军国大计，皇帝常和丞相、御史共同议决。丞相位缺，也可由御史大夫升任。御史大夫之秩为中二千石。西汉时，御史大夫虽居副丞相之位以协助丞相总理大政，但仍偏重于执法或纠察，不仅可劾奏不法的大臣，而且还可奉诏收缚或审讯有罪的官吏。汉成帝绥和元年（前 8 年），更名御史大夫为大司空，并将其禄秩提高到丞相的标准，与丞相、大司马合称“三公”。汉哀帝建平二年（前 5 年），复为御史大夫。元寿二年（前 1 年），又改名大司空。从此到东汉，遂沿续不变。御史大夫属官有御史中丞、侍御史、御史丞、部州刺史等。

太尉。按《汉书·百官公卿表》：“太尉，秦官，金印紫绶，掌武事。”其是汉朝的最高武职，不常置。不设置太尉时，则以太尉职归丞相。太尉作为最高武职，除了评定全国武官的功绩高下，以为升降的依据外，就是作为皇帝的最高军事顾问。按《史记·将相名臣年表》：高帝二年（前 205 年），始以长安侯卢绾为太尉，五年（前 202 年）罢，十一年（前 196 年）以周勃为太尉，旋再废太尉官。惠帝六年（前 189 年）复太尉官，仍以周勃为之。文帝三年（前 177 年）再废，权归丞相。后逐渐成为虚衔或加官。西汉武帝建元二年（前 139 年）后不再设置。汉武帝在元狩四年（前 119 年）始置大司马，以代替太尉。《汉书·百官公卿表》云：“太尉……武帝建元二年省。元狩四年初置大司马，以冠将骠骑、车骑之上，以代太尉之职。”

西汉晚期，从原来的丞相、御史大夫、太尉变为大司马、大司空、大司徒“三公”并立，是汉代官制中一大变革。从西汉初期的丞相主政到西汉末的大司马位高权重，也反映了“三公”中各职位职权的变化。

2. 西汉“九卿”的进一步发展

汉初承秦制，仍置“九卿”诸机构，主管中央各部门的行政事务。但各机构的名称有的已与秦代不同，不少机构的内部结构亦有所调整、充实。职能亦有所增加，分工更加细致。

太常，即秦时的奉常，是西汉初中央最高宗教、礼仪事务管理机构。主官为太常卿，属官有太常丞、太史、太祝、太乐、太宰、太卜、太医等。

光禄勋，即秦时的郎中令，是西汉时的皇宫警卫机构。属官有大夫（光禄大夫、太中大夫等）、郎、谒者、期门（虎贲）、羽林等。

卫尉，汉承秦制而设，西汉时的宫廷卫戍机构。属官有卫尉丞、南宫卫士令、北宫卫士令等。

太仆，汉承秦制而设，西汉时的宫廷事务管理机构，掌车马。太仆也兼主马政，这是西汉太仆机构较秦时增加的一项职能。

廷尉，汉承秦制而设，是国家中央最高法律机构，掌司法平狱，审断郡国议定报请的疑罪，曾一度更名为大理。

大鸿胪，即秦时的典客，是西汉初期中央最高民族事务及外交事务管理机构。汉初因秦之制仍称“典客”，景帝中元六年（前 144 年）更名为大行令，汉武帝太初元年（前 104 年）更名为大鸿胪，一直沿袭至清代。与秦代相比，除管理四方蛮夷的归降事宜外，大鸿胪还要负责帝王郊庙行礼及王侯朝见、宴飨礼仪事务，管理列侯和郡国贵族在京都的官邸。

宗正，汉承秦制而设，为皇族事务管理机构，地位比较重要。凡皇族宗亲与外戚姻亲，均归宗正管理。

大司农，即秦代的治粟内史，西汉初更名为大农令，汉武帝时改为大司农，是西汉时中央最高财政事务管理机构。大凡国家财政收入，诸如田赋、租税、盐铁、漕运、平准等事，以及军国所需之支出，均属其所管辖。

少府，汉承秦制而设，是西汉时皇室私人财产管理及皇帝私人秘书机构。西汉之初的少府机构已比秦代更加庞大繁杂，分支机构及人员编制大大增加。

总之，西汉时的九卿制度虽承秦制，但已较秦代有新的发展，机构组织更为健全，职能更为完善，分工亦更为细致。

4.1.3 东汉三公九卿制的变化

公元 25 年，刘秀称帝，定都洛阳，建立政权，是为东汉。东汉时期的国家机构，仍大体承袭西汉原制，但做了相应调整。东汉初，复置了“三公”、“九卿”诸机构，但有些府寺机构的名称已经改变，内部结构已经重新调整，分支机构被裁减，官吏编制大大压缩，职能作用也发生了很大转变，政治地位和权势大大下降。

1. 三公机构权力的蜕变

东汉以太尉、司徒、司空为“三公”。光武帝初即位，置大司马，至建武二十七年（51 年）才改大司马为太尉。太尉职掌为“四方兵事功课，岁尽即奏其殿最（最，表示政绩优异；殿，表示政绩下等）而行赏罚”。① 凡国家有大事，即与司徒、司空共同商议。太尉除主兵政外，也兼管民政。太尉分领太常、卫尉、光禄勋三卿。其属吏有长史一人，秩千石，总管各曹事务。诸曹掾、史、属 24 人。在诸曹中，西曹主府中官吏的任用；东曹主二千石的迁转和任用；户曹主管民户、祠祀、农桑；奏曹主管奏议；辞曹主管辞讼；法曹主管邮驿日程期限；尉曹主管卒徒转运事；贼曹主管盗贼；决曹主管刑法；兵曹主管兵事；金曹主管货币、盐铁；仓曹主管仓谷。此外，还有黄阁，主簿录省众事，为阁下诸吏之长。

光武即位，初置大司徒，《汉官仪》说：“王莽时，议以汉无司徒官，故定三公之号曰大司马、大司徒、大司空。世祖即位，因而不改。”建武二十七年（51 年），去“大”，称“司徒”。其职掌为“凡教民孝悌、逊顺、谦俭、养生送死之事，则议其制，建其度。凡四方民事功课，岁尽则奏其殿最而行赏罚”。② 若国家有大事，即与太尉、司空共同商议。司徒主人，掌教化，分领太仆、鸿胪、廷尉三卿。属吏有长史一人，秩千石。掾属 31 人，令史及御属 31 人。

光武即位，置大司空，建武二十七年去“大”，为“司空”。其职掌为“掌水土事。凡营城起邑，浚沟洫、修坟防之事，则议其利，建其功。凡四方水土功课，岁尽则奏其殿最而行赏罚”。③ 国有大事，则与太尉、司徒共商议。司空主地，分领宗正、少府、司农三卿。献帝建安十三年（208 年），改司空为御史大夫，职如司空，不领侍御史。其属吏有长史 1 人、掾属 29 人、令史及御属 42 人。

汉光武帝刘秀推行极端的帝王集权，不使权归大臣，名义上仍设名位显贵的“三公”官，但实权渐归尚书台。和帝、安帝开始，外戚、宦官更迭专权。外戚窦宪、梁冀等，都拜为大将军，大将军开府置官属，位在“三公”上。“三公”不仅受制于尚书，而且还要俯首听命于外戚、宦官，有的甚至是他们的党羽和亲信。因此，东汉“三公”各机构与西汉“三公”机构的职权已大不相同。司徒府（西汉时的丞相府）由统领百官的中枢决策机构蜕化为纯粹的中央民事事务管理机构，司空府（西汉时的御史大夫府）也失去了监察职

① 《后汉书·百官一》。
② 《后汉书·百官一》。
③ 《后汉书·百官一》。

能，变成了水土工程行政管理机构，而看似机构庞大、职权丰富的太尉府实际上也没有实权。东汉任命“三公”多以知名经师为之，以宣扬经术治国的理念，其实不过是政治“花瓶”而已。皇帝以尚书参决政务，并不以实权付“三公”。

2. 九卿机构和职权的弱化

东汉沿西汉制度，中央政府中设有“九卿”的官职。《续汉书》将太常、光禄勋、卫尉、太仆、廷尉、大鸿胪、宗正、大司农、少府定为“九卿”。“九卿”固定为九官后，和“九卿”相近的其他重要官员被排斥在“九卿”之外。与西汉不同的是，东汉“九卿”分别隶属“三公”。太常、光禄勋、卫尉三卿属太尉；太仆、廷尉、大鸿胪三卿属司徒；宗正、大司农、少府三卿属司空。

东汉“事归台阁”，尚书台成为重要的中枢决策机构。尚书台机构中的主官为尚书令，主持尚书台的日常政务，其下有六曹尚书，分别是吏部曹、二千石曹、民曹、客曹、三公曹、中都官曹，分管六个分支行政管理机构。尚书台的“六曹”已成为中央实际的主要行政事务机构，它将“三公”和“九卿”诸机构中的不少行政管理职能都划归其内。而与此相对应的是“三公”和“九卿”机构的“虚化”，职权遭到侵蚀。

总地来说，在东汉时期，尚书台侵夺了“三公”府和“九卿”机构的大部分权力，成为实际上的中枢决策机构，但其名义上仍属于少府寺的“分支机构”，尚未完全独立出来，并且仍是“预闻国政”，还没有完全替代“三公”府和“九卿”机构的职能。在整个东汉，三公九卿制的机构特性虽是大体一致的格局，但是机构的职能发生了相当大的变化。

4.1.4 简评

三公九卿制是中国古代社会官僚政治制度的核心内容。可以说，它是对中国古代中央政府的行政体制和组织形式的概括。这个行政体制的基本特点是：君主之下有若干最高级官吏参与军国大政的决策，还作为中央政府的首领出纳王命，主持行政、军事和监察等事务，组成权力中枢机构，统领分掌全国各部政务的众卿。众卿之下有人数不等的僚属，负责处理具体政务，组成权力执行机构，两级权力机构组成了以君权为核心的金字塔式中央行政体制。秦汉时期中央行政体制虽然有所发展变化，但以君权为核心的两级权力机构却始终保持着动态平衡，并一直围绕着强化皇权这个核心而运作。“两府并设，三公鼎立，九卿分工”的制度对往后的封建国家影响深远，诸朝莫不奉为推行准则。

4.2 魏晋南北朝隋唐时期的三省六部制

所谓三省六部制，三省指中书省、门下省、尚书省，六部指吏部、户部、礼部、兵部、刑部、工部。三省六部制是西汉以后长期发展形成的制度，至隋朝正式确立，唐朝进一步完善。此后至清代六部制基本沿袭未改。对于三省制，不同时期的统治者做过一些不同的调整和补充。三省六部制的特点在于分散了丞相及中央机构的权力，把相权“一分为三”，互相牵制；同时，又将尚书省权分六部，既限制了地方割据势力的产生和发展，又推动部门互相牵制与机构运转，加强了皇权。

4.2.1 魏晋南北朝三省六部制的萌芽

魏晋南北朝的400年间，是一个分裂动荡的时期，战争频繁，政权更迭，皇权衰落。另一方面，从东汉后期起，一些豪强大族的势力迅速发展，到这一时期形成了一批高门望族。魏晋南北朝选官大多行“九品中正制”，中正官品评人物的标准单凭门第出身，因此出现了“上品无寒门，下品无世族”① 的现象，一些家族甚至可以累世为高官。世家大族在皇权衰落时，世袭垄断各种特权，影响甚至制约了皇帝对重大军政的最后决策。门阀势力最盛的东晋时期有“王与马，共天下”② 之说。

而在动荡的岁月里，为了提高官僚组织的行政效率，同时也为了与世家大族的势力抗衡，皇帝愈来愈依赖本来作为秘书性质的尚书、中书、侍中等官员，他们中有很多出身寒门，导致大多出身于世家大族的“三公”权力不断被侵蚀和分割，而尚书等官员所在的机构“尚书省”、“中书省”、“门下省”，慢慢地就变成了真正的宰相机构，形成了隋唐“三省制”的雏形。所以，魏晋南北朝的官制是秦汉“三公九卿制”向“三省六部制”发展的过渡时期。

“三省制”是指三省长官，即尚书令、中书令和侍中并为宰相的一种制度，在魏晋南北朝时期已经有了雏形。尚书原先是在宫中为皇帝收发文书的小官，皇帝有时也请他们帮助审阅文书。因为他们比宫外（或称“外廷”）的

① 《晋书·刘毅传》。

② 《晋书·王敦传》，注：马，指晋元帝司马睿；王，指王敦、王导兄弟，王氏为东晋豪门大族。

丞相等官员更接近皇帝，皇帝有什么事让他们去办，比找宫外官员来得方便。久而久之，皇帝委托他们办的事便愈来愈多，机构也愈来愈庞大，到西晋时成了真正的宰相机构"尚书省"。侍中则本来是宫中负责内勤的侍从官员，在尚书被重用的过程中，由于事务繁冗，为了提高效率，皇帝就让侍中帮助"尚书省"审阅上奏文书，逐渐形成了专门的机构"门下省"。曹魏时，为了分担"尚书省"事务，又设立了"中书省"，主要负责撰写诏令。

渐渐地，三省的长官都成了真正的宰相，不过魏晋南北朝时期，各朝对"三省"的依赖程度不一，魏晋重尚书，南朝重中书，北朝重门下。

1. 三国曹魏时期

三国之中，只有魏国是和东汉一脉相承的国家，而且两个朝代很难找出一个划时代的严格标志，所以在官制上魏汉非常相似。东汉末年设置丞相，以曹操充任，总领百官，主持朝政。这时丞相府内分曹治事，这是内廷尚书台列曹治事移至外朝的开始。曹操又设秘书令掌管政令的颁发。曹丕称帝后，以太尉、司徒、司空为三公，虽然地位高，但都是空衔。为了加强君主专制，曹丕把尚书台移至外朝，分为五曹治事，使它成为外围的执行机构，由尚书令主持其日常政务。同时又成立中书省，设中书监、中书令二官，并掌机密，以代替过去的秘书令。侍中在汉代本为加官，可出入禁中。东汉灵帝时设侍中寺，以侍中为其长官，下有给事黄门侍郎等，掌随驾规谏，以备顾问。侍中常在皇帝左右，地位愈加尊贵，但也要侍候皇帝的起居生活。上述中书省、尚书台、侍中寺格局的确立，已具备了"三省制"的雏形。而在曹魏时期，尚书台的分支机构有吏部、左民、客曹、五兵、度支五曹。尚书台的主官为尚书令，《三国职官表》云："尚书令总典纲纪，无所不统。"属官有尚书仆射、列曹尚书、尚书左右丞和尚书郎等。

2. 两晋南北朝时期

自西晋至南朝，或设丞相，或设司徒，废置不一，但若要总揽朝政大权，必须加有"录尚书事"的头衔才行，否则只是加官，并无实权。这一时期，中书省的中书监、令仍掌管草拟诏令、策划国政，位尊权重。由于中书省权势日重，对皇权专制的威胁渐大，于是晋时将侍中寺改为门下省，并且扩大其长官侍中的权力，使他参与朝政，"备切问近对，拾遗补阙"，① 以此来限制中

① 《晋书·职官志》。

书省的权力，互相箝制。此时尚书台作为执行机构，其组织愈加完备，分工也更为细密了。在朝廷不设“录尚书事”时，则以尚书令为尚书台长官，与中书令、侍中共同参与朝政。其下有左右仆射等官。西晋时，尚书台曾设置吏部、三公、客曹、驾部、屯田、度支等六大曹，以后又有一些增减，至东晋时成为吏部、祠部、五兵、左民、度支五大曹，每曹各设尚书为其长官。西晋时又置小曹三十余，设尚书郎二十余人，分曹主事；东晋以后逐渐合并，以三、四个小曹为一部，或五部、或六部不定。南朝时，改尚书台为尚书省。总之，这一时期是三省开始形成和进一步发展完善的时代。在这一过程中，它们之间的权限、分工也是逐渐趋于严密的。

至于北朝，包括北魏、东魏、西魏、北齐、北周五朝，经过长达两百年的统治，其官制基本上沿袭了魏晋以来的旧制。北魏政权是由鲜卑族拓跋部贵族建立的，最初他们依照本族传统设置八部大夫，分管政事；又设三十六曹尚书分理各种政务。太和中（477—499 年），魏孝文帝依照南朝职官体制对北魏官制作了较大的调整。魏孝文帝的政治改革，促进了南北文化的交流和融合。改革后，北魏中央主要职官设置如下：三师（太师、太傅、太保）、二大（大司马、大将军）、三公（太尉、司徒、司空）、三省（中书省、门下省、尚书省）。而在这个体制中最有实权的莫过于“三省”了。北魏以后的东魏、西魏、北齐官制大体相因袭。

由于“三省”权力的扩大，原秦汉以来的“九卿”职权多被侵夺，到了魏晋南北朝时期，“九卿”的职权已有很大变化，有的只徒具虚名，有的则从中央执行机构一落而成为某一方面的具体服务机构。例如，光禄勋原是皇帝的侍从武官长，握有兵权，西晋时称光禄卿，只有空名了，北齐时光禄卿成了安排筵席的官员。

4.2.2 隋代三省六部制的确立

魏晋南北朝时期，三省六部制的雏形已初步形成。开皇元年（581 年），杨坚登位不久，立即采纳了大臣崔仲方的建议，废除北周模仿《周礼》在中央设立的“六官”制度，“依汉魏之旧”建立中央机构。《隋书·百官志》说：“高祖践极，百度伊始，复废周官，还依汉魏。唯以中书为内史、侍中为纳言、自余庶僚，颇有损益。”皇帝是最高的主宰，握有军政的绝对大权。辅佐皇帝处理全国军政机要的主要有“三省”，即尚书省、内史省、门下省。在汉魏旧制的基础上，杂采南北朝时期其他各朝机构设置的体制，正式设置并完善了“三省六部制”的机构格局。

1. 隋代尚书、门下、内史三省

尚书省。隋代的尚书省地位很高，管理全国政务。《隋书·百官志》云："尚书省，事无不总。"这句话说明了尚书省在中央最高行政机构中权力之大，地位之尊。尚书省的总官署名叫尚书都省，置尚书令、左右仆射各一人，总领吏部、礼部、兵部、都官（开皇三年改刑部）、度支（开皇三年改民部）、工部等六部。六部长官是尚书，与尚书令、左右仆射合称"八座"。尚书省的长官为尚书令，实际上一般不授人，隋代只有炀帝时的杨素因为有翊戴之功，又平定了汉王杨谅，方进位尚书令。但是炀帝对他"外示殊礼，内情甚薄"。他有病，炀帝虽然频频遣名医赐药，"然密问医人，恒恐不死"。① 所以隋代尚书省长官实际上是左右仆射。其中左仆射判吏部、礼部、兵部，兼掌纠弹；右仆射判都官、度支、工部，兼知财政用度。仆射的属官有左右丞各一人，都事八人。炀帝时把都事拨到六部去了，另增设左右司郎各一人来代替，他们就是唐代左右司郎中的前身。隋代尚书是一个机构完整的中枢政务部门，与前代大不相同。

门下省。门下省在隋初是侍奉谏议机关，掌审查政令及封驳诸事。其长官有纳言二人，它本是侍奉内廷，以备皇帝之顾问。次官有给事黄门侍郎四人，负责纠正奏章得失。炀帝时去"给事"二字，为黄门侍郎。另加置给事郎四人，这就是唐代给事中的前身。此外，还有录事、通事、令史各六人。隋初还有散骑常侍、通直散骑常侍各四人，谏议大夫七人，都是谏官。炀帝生性不喜人谏，所以把谏官全部罢废了。隋初，门下省还掌皇帝衣食供奉等日常生活事务，统城门、尚食、尚药、符玺、御府、殿内等六局。

内史省。后改为内书省，为中枢的制令机关，专司起草皇帝诏令。隋初置监令各一人，后来废监，置中史令一人。内书令，本称"中书令"，为避隋文帝父亲杨忠讳改称"内书令"。炀帝时，内书令已不常置，往往以其次官内书侍郎行其职。内书省的属官还有舍人八人，掌起草制令；通事舍人 16 人，掌宣奏。

2. 隋代尚书省下辖的六部

隋代中央各种专门的行政事务管理机构为尚书省所辖的"六部"。魏晋南北朝时期，尚书诸曹之增减移隶没有定制。至隋，文帝于尚书省置吏部、礼

---

① 《隋书·杨素传》。

部、兵部、都官、度支、工部六曹。开皇三年（583年），改度支为民部，改都官为刑部，于是“六部”之名确定，其下二十四司分支机构隶属六部，每部辖四司。至此，尚书省六部机构遂成定制，直到清末亦无大的变革。

尚书都省。尚书都省是尚书省的总官署名，其职责是总领六部。主官为尚书令，属官有左右仆射，左右丞的都事。在隋代尚书令是不授人的，所以实际上的主官是左右仆射。其中，左仆射判吏部、礼部、兵部，兼掌纠弹；右仆射判都官、度支、工部，兼知财政用度。在隋代，左右仆射成为国家的宰辅。

吏部。吏部为六部之首，掌管全国中下级官吏事务的专门机构，职责是文官的选授、考课、封爵、褒崇等事务，领吏部、主爵、司勋、考功四司，分别掌管选官、班爵、封勋、考核等具体事务。在吏部，主官为吏部尚书，主要属官有吏部侍郎、主爵侍郎、司勋侍郎、考功侍郎（后改称“郎”）等。炀帝时各部又增设侍郎一名，佐部尚书主政，并改各部诸司“侍郎”为“郎”，以异于六部“侍郎”之名。

礼部。礼部是隋朝中央的礼仪事务管理机构，掌天下礼仪、祠祭、燕飨、朝聘之事，领礼部、祠部、主客、膳部四司。主官为礼部尚书，主要属官有礼部侍郎、祠部侍郎、主客侍郎、膳部侍郎。

兵部。兵部是隋朝中央军事事务管理机构，职能是掌管全国武官的选任和兵籍、军械、军需等事务，领兵部、职方、驾部、库部四司。主官为兵部尚书，主要属官有兵部侍郎、职方侍郎、驾部侍郎、库部侍郎。

刑部。隋初名“都官”，开皇三年（583年）改称“刑部”，是隋朝中央的司法机构，掌管天下刑法、徒隶管理及关禁制度，领刑部、都官、比部、司门四司。主官为刑部尚书，主要属官有刑部侍郎、都官侍郎、比部侍郎、司门侍郎。

民部。隋初名“度支”，开皇三年（583年）改称“民部”，是隋朝的中央财政事务管理机构，掌管国家编户、徭役、职贡、国家支度及货藏之储，领户部、度支、金部、仓部四司。主官为民部尚书，主要属官有户部侍郎、度支侍郎、金部侍郎、仓部侍郎。

工部。工部是隋朝的土木及水利工程事务管理机构，掌管全国各类土木工程、工匠、屯田、水利、交通等事务，领工部、虞部、屯田、水部四司。主官为工部尚书，主要属官有工部侍郎、虞部侍郎、屯田侍郎、水部侍郎。

总之，隋代是我国机构设置史上的大变革时代，它部分地承袭了魏晋南北朝之制，并进行了一系列的重大变革，使各级机构的设置发生了重要的变化。中央机构的“三省六部制”已正式确立，这在组织上构建了一整套全新的决策执行机制，它是自秦汉以后我国古代封建国家机构设置史上的又一个新时期的开端。隋中央把“三省”作为新的核心决策机构，“三省”分工明确，内史省掌决策、门下省掌审议、尚书省掌执行。“三省”职权各有不同，彼此相互制约，相互补充，使相权得到成功的分化，而加强了皇权。“六部”机构的确立，则进一步健全了行政管理机构，使行政分工更趋于明细化、条理化，并形成了定制，亦为后世所沿用。

4.2.3 唐代三省六部制的完善

唐朝建立以后，李渊、李世民父子便着手恢复置建国家机构，以巩固新建立的统治政权。唐初的国家机构，大体上沿袭了隋代，在中央官制上以“三省六部制”为核心。唐朝的三省六部体制已经十分完备，各个部门职责明确，部门之间相互配合，又相互牵制；各种职官分工细密，职守分明。又恢复了“三省”的传统名称：内史省仍称“中书省”，内史令仍称“中书令”；门下省的纳言仍称“侍中”。三省之间的分工是：中书省制定政策，草拟诏敕；门下省审核复奏；尚书省颁发执行。如果中书省所拟诏敕有失当之处，门下省有权予以封驳，要求重拟。对于各部门呈上的重要奏章，必须通过尚书省交门下省审议，门下省认可后，方准送中书省呈交皇帝批阅；如认为有不妥之处，可驳回修改。由于中书、门下二省官署位于尚书省之北，所以二省合称“北省”，而尚书省被称为“南省”、“南宫”。

1. 唐代的尚书、门下、中书三省

中书省。隋代为避隋文帝父亲杨忠讳改称“内史（书）省”，到唐代时又改称“中书省”。职责是参议表章、草拟诏敕及玺书册命等。以中书令二人为长官，又以中书侍郎二人为副长官。主要的属官有中书舍人六人、右散骑常侍二人、右谏议大夫四人、右补阙二人、右拾遗二人、起居舍人二人和通事舍人16人。此外还有主书处、集贤殿书院和史馆三个下属机构。中书舍人的职责是“掌侍进奏，参议表章”，中书舍人因职掌的特点，可以接触机务要政，并可以对军国大政提出自己的初步处理意见，签署自己的姓名，称为“五花判事”。右散骑常侍的职责是“掌规讽过失，侍从顾问”，而右谏议大夫的职责是“掌谏谕得失，侍从赞相”。右补阙、右拾遗的职责都是“掌供奉讽谏，大事廷议，小事上封事”（上呈书面报告）。起居舍人的职责是“掌修记言之史，录制诰德音，如记事之制，季终以授国史”。通事舍人和其他僚属的职责在于“朝见引纳，殿廷通奏”。在中书省下辖的机构中，主书处的职责是“掌簿书、典籍之任"，有主书、主事、令史、书令史、传制、翻译等官员。集贤殿书院的职责是"掌刊辑经籍，凡承旨撰集典章，校理经籍，月终则进课于内，岁终则考最于外"，① 有学士、直学士、侍讲学士、修撰、校理、待制、校书、正字等官员。史馆的职责就是掌修国史，有修撰、令史、典书、楷书等官员。

门下省。东汉时即设侍中，秩比二千石，属于少府，职掌为侍从皇帝左右、赞导众事、顾问应对，皇帝外出，则侍从参乘，晋称"门下省"。唐曾改为东台、鸾台、黄门省等，旋复旧称。门下省原为皇帝的侍从机构，南北朝时权力逐渐扩大，北朝政出门下，成为中央政权机构的重心。到隋唐时，门下省与中书省同掌机要，共议国政，职责是审查诏令，签署章奏，有封驳之权。以侍中二人为长官，又以黄门侍郎二人为副长官。主要的属官有给事中四人、左散骑常侍二人、左谏议大夫四人、左补阙二人、左拾遗二人、门下录事四人。此外，还有起居郎、城门郎、宝符郎、弘文馆四个下属机构。其中，黄门侍郎亦称"门下侍郎"，掌贰侍中之职。给事中的职责是"掌侍左右，分判省事。凡百司奏抄，侍中既审，则驳正违失。大事覆奏，小事署而颁之。与御史、中书舍人听天下冤滞而申理之"。左散骑常侍和左谏议大夫的职责都是"掌规讽过失，侍从顾问"，而左补阙和左拾遗的职责是"掌供奉讽谏，大事廷议，小事上封事"，四者都是谏讽之官，唯品级不同，门下录事的职责是"掌文簿、传制、诏敕装函保管"。在门下省下辖的机构中，起居郎的职责是掌天子起居法度，有起居郎、令史、典仪、赞者等官职。城门郎的职责是"掌京城、皇城、宫殿诸门开阖之节"，奉管钥而出纳之，有城门郎、令史、书令史等官职。宝符郎的职责是"掌天子八宝及国之符节，凡命将遣使，皆请旌节"，有宝符郎、令史、书令史、主宝、主符、主节等官职。弘文馆的职责是"掌详正图籍，教授生徒；朝廷制度沿革，礼仪轻重，皆参议焉"，② 有学士、校书郎、令史、典书等官职。

尚书省。尚书省曾改称"文昌台"、"都台"、"中台"，不久复旧称。尚书省事无不总，是全国行政的总汇机构。尚书省内长官为尚书令，副长官为左右仆射。主要属官有尚书左右丞各一人，左右司郎中各一人，左右司员外郎各一人。尚书省内的下属机构有尚书都省（亦称"都堂"），以及吏部、户部、礼部、兵部、刑部、工部六部。左右仆射掌统理六官，为令之贰，令阙则总省事，劾御史纠不当者。尚书令位高权大，自隋以来，基本不设（炀帝曾封杨

① 以上引文均出自《唐六典·中书省》。
② 以上引文均出自《唐六典·门下省》。

素为尚书令），唐太宗曾任此职，此后，唐朝不再授人以尚书令。所以尚书省实际上的长官是左右仆射。左右仆射之下，尚书左右丞的职责是“掌管辖省事，纠举宪章，以辨六官之仪，而正百僚之文法，分而视焉”。① 左丞负责吏、户、礼三部十二司，右丞负责兵、刑、工三部十二司。尚书六部采取合署办公制度，而尚书都省是尚书省的秘书机构，左右仆射、尚书左右丞、左右司郎中、左右司员外郎以及属僚都事皆是尚书都省的官员。尚书省内“都堂居中，左右分司，都堂之东有吏部、户部、礼部三行，每行四司，以左司统之；都堂之西有兵部、刑部、工部三行，每行四司，以右司统之。凡二十四司，分曹共理，而天下事尽矣”。②

2. 唐代六部二十四司

唐代尚书省下辖吏、户、礼、兵、刑、工六部。唐代六部分为三等：吏、兵为前行；刑、户为中行；礼、工为后行。各部官员的升迁即按后、中、前的次序递进。各部的长官为尚书，副长官为侍郎。每部下辖四司，各司长官为郎中，副长官为员外郎。

吏部，隋唐列为六部之首。吏部掌管全国文官的选授、勋封、考核等事务。长官为吏部尚书，吏部侍郎二人为副长官。下设四司：吏部司、司封司、司勋司和考功司。吏部司掌文官阶品、朝集、禄赐、给告身、假使等事务，有吏部郎中二人，员外郎二人。司封司掌封命、世职、恩荫、朝会、赐予等事务，有司封郎中一人，员外郎一人。司勋司掌文职官员勋级、守制、终养、办理官员之出继等事务，有司勋郎中一人，员外郎一人。考功司掌文武百官考课、处分及议叙，办理京察、大计，有考功郎中一人，员外郎一人。

户部，唐初为民部，后避太宗讳改称“户部”。户部掌全国田地、户籍、赋税、俸饷及一切财政事宜。长官为户部尚书，户部侍郎二人为副长官。下设四司：户部司、度支司、金部司、仓部司。户部司掌户口、田土、赋役、贡献、婚姻、继嗣等事务，有户部郎中一人，员外郎一人。度支司掌租赋、物产、岁计及水陆转动等事务，有度支郎中一人，员外郎一人。金部司掌库藏、出纳、度量衡、市易、给赐等事务，有金部郎中一人，员外郎一人。仓部司掌仓廪、粮赐、平准、物价等事务，有仓部郎中一人，员外郎一人。

礼部，掌国家礼仪、祭祀、科举、学校、贡举之政令。长官为礼部尚书，

---

① 《新唐书·百官志·尚书省》。

② 《通志·职官略·尚书省》。

礼部侍郎一人为副长官。下设四司：礼部司、祠部司、膳部司、主客司。礼部司掌礼乐、学校、仪式、赠赙等事务，有礼部郎中一人，员外郎一人。祠部司掌祀祠、天文、医药、僧尼等事务，有祠部郎中一人，员外郎一人。膳部司掌牲牢、酒醴等事务，有膳部郎中一人，员外郎一人。主客司掌前代帝王后代及藩属外国朝贡等事务，有主客郎中一人，员外郎一人。

兵部，掌管全国武官选用和兵籍、军器、军令之政，长官为兵部尚书，兵部侍郎二人为副长官。下设四司：兵部司、职方司、驾部司、库部司。兵部司掌兵卫、武选、车辇、甲械等事务，有兵部郎中一人，员外郎二人。职方司掌地图、城防、镇戍、道里等事务，有职方郎中一人，员外郎一人。驾部司掌乘舆、车马、驿传、厩牧等事务，有驾部郎中一人，员外郎一人。库部司掌卤簿、仪仗、戎器、供张等事。有库部郎中一人，员外郎一人。

刑部，掌管律令、刑法、徒隶、按覆、谳禁之政。凡鞫大狱，以尚书侍郎与御史大夫、大理寺卿为“三司会审”。国有大赦，则集囚徒于阙下以听。长官为刑部尚书，刑部侍郎一人为副长官。下设四司：刑部司、都官司、比部司、司门司。刑部司掌律法、按覆、大理寺及州、县奏谳等事务，有刑部郎中二人，员外郎二人。都官司掌流徙、俘虏配籍，给囚衣粮、医药及诉免等事务，有都官郎中一人，员外郎一人。比部司掌内外诸司公廨及公私债负等事务，有比部郎中一人，员外郎一人。司门司掌门关、桥梁、渡口、辇道，及桥梁废置、道路改易与修复等事务，有司门郎中一人，员外郎一人。

工部，掌管全国屯田、水利、工程营建及工匠管理之政令。长官为工部尚书，工部侍郎一人为副长官。下设四司：工部司、屯田司、虞部司、水部司。工部司掌城池营缮、采伐材物、土木工程等工役程式等事务。凡京都营缮，皆下少府、将作供其用，役千工者先奏闻，有工部郎中一人，员外郎一人。屯田司掌屯田、职田、公廨田、营田等事务，有屯田郎中一人，员外郎一人。虞部司掌山泽、苑囿、场冶、狩猎等事务，有虞部郎中一人，员外郎一人。水部司掌舟津、渠堰、渔业、漕运、碾硙等事务，有水部郎中一人，员外郎一人。

从上述六部二十四的职掌，可知唐朝尚书六部实为中央行政管理的中枢。而且，与隋的六部相比，其机构更为完善，职能分工更为明确，故其制度的完善性和功能发挥也更好。

4.2.4 中晚唐、五代时期三省六部制的变革

随着时代的发展，以三省六部制为核心的中央行政制度遭到了较大的挑战和变更。从中晚唐到五代时期，主要有以下一些重要的变化：

1. 中唐时期：新的中枢决策机构——中书门下的出现

唐初行“三省”分权，以中书、门下、尚书三省互相制衡，彼此牵制，以强化君权。但到了唐代中前期，分权制度出现了一系列弊端，互相牵制变成了互相掣肘，造成了办事拖拉，互相扯皮，政令难行等恶果。于是，唐高宗便在太宗时合中书、门下于政事堂议事的基础上，又另置“同中书门下平章事”一职，统领中书、门下二省，行使宰相的权力。唐中宗即位后，把政事堂从门下省迁至中书省办公。唐玄宗开元十一年（723 年），正式改政事堂名为“中书门下”，使之从议事机关变成了一个新的、握有实权的中枢决策机构（宰相机构）。中书门下下设“五房”分支机构，分别处理有关政务。这“五房”是：吏房，掌选官与官吏管理；枢机房，掌中枢大政决策诏令；兵房，掌军事及边戍事务；户房，掌民事财政事务；刑礼房，掌国家礼仪刑法。这样，由中书门下及其各分支机构分理众事，代替了尚书省的中枢地位，中书门下成为了真正的中枢决策机构。

2. 晚唐时期：中枢决策机构及军事管理机构——枢密院的设置

枢密院是唐代后期的中枢决策及军事管理机构，也是唐代中后期皇帝宠用宦官，宦官专权擅政的必然产物。唐自玄宗时起，即开始大量任用宦官。天宝以后，宦官既盛而又得宠，遂窃专权。一则典领禁军，掌握兵权，致使朝廷安危、君位废立、帝王生死，全系其手；二则参掌机密、预闻朝政、出纳王命。由此以来，至唐代宗永泰年间，便出现了以宦官为之的枢密使，掌接受朝臣以及四方表奏并宣达帝命。而枢密使“出纳诏旨”之办公场所就是枢密院。唐代后期，由于府兵制早已瓦解，成立了禁军，即由枢密院统领之。枢密院不仅仅制命诏策，而且还统领军队，职权异常显祟，逐渐掌握了国家的一切军政大权，甚至达到任意废君、弑君的地步。到朱全忠篡位建立后梁，立志改宦官之弊，枢密院更用文人，并且使枢密使由全面掌权改变为专管军事。同时，机构也稍有增大，人数稍多，改枢密院为崇政院，设崇政使、副使、崇政院直学士。尽管后梁崇政使权力较大，但仍然是“其备顾问参谋议于中则有之，未始专行事于其外也”。① 枢密使的权力是受到一定限制的，还不可能超越宰相。总地来说，晚唐和五代十国时期的枢密院是国家十分重要的军事以及行政管理机构，其权力和地位是非常高的。五代数任枢密使，都是皇帝的亲信，佐命功

---

① 《新五代史·唐臣传》。

臣，“其势倾动天下”，职权重于宰相，几乎总揽内外一切大政。

3. 唐末五代时期：专门管理国家财赋的中央机构——三司的出现

唐末至宋称盐铁、户部、度支为“三司”。“三司”之名始于唐末，史载：天祐三年（906年）“（三月）戊寅，以朱全忠为盐铁、度支、户部三司都制置使。三司之名始于此”。① 唐后期分置盐铁使与判户部、判度支，分掌三司权力。五代后唐长兴元年（930年），合三司长官为一职，称“三司使”，掌管统筹国家财政。宋沿置，号称“计相”，为最高财政长官。按《续通志·职官四》表：“三司起于唐末，五代特重其职，至宋而专掌财赋，皆以重臣领之。”“三司”在这个时期显得特别重要，究其原因，在于连年的战争使国家的经济和财政收入受到严重影响，有必要设置统一的、专门的财政管理机构。

4.2.5　简评

三省六部是自西汉以后长期发展形成的制度。其中尚书省形成于东汉（当时称“尚书台”），中书省和门下省形成于三国。至隋朝，隋文帝综合汉魏官制创立了三省六部制。唐朝基本上沿用了隋朝的制度，并有所补充和发展，使中央集权体制更加完善。三省六部制的特点在于分散了丞相及中央机构的权力，把相权“一分为三”，互相牵制；同时，又将尚书省权分六部，既限制了地方割据势力的产生和发展，又推动了部门相互牵制与机构运转，加强了皇权。它的创立不但将部门的职责划分得更为细致，同时由于每个部门的职责更加明确，也就大大提高了各个部门的办事效率，而且各个部门之间又是相辅相成、不可分割的，从而形成一个更加有效的有机整体。从历史的角度审视，三省六部制最成功的地方，就是将权力也同样细化。三省六部制，将原本丞相的庞大的权力非常巧妙地一分为三，三个部门可以说是各自为政，却又相互牵制、相互制约，从而不但有效地解决了皇权与相权的权力斗争，而且使得皇权更加集中，是中国古代政治制度的重大创造。

4.3　宋代的二府三司制和元代的一省制

所谓二府三司制，是指由掌管军事的枢密院（西府）和掌管政务的中书门下（政事堂、东府）共同行使行政领导权，并称为“二府”，为当时最高国

① 《资治通鉴·唐昭宣帝天祐三年》。

务机关；盐铁、户部、度支为三司，其长官称“三司使”，掌管统筹国家财政之事。而元代的一省制，指中央行政管理机构中只设置一个中书省作为中枢管理机构。宋代的二府三司制和元代的一省制都是对隋唐时期三省六部制的继承改进，并针对当时的政治环境而进行调整。

4.3.1 宋代的二府三司制

宋朝中枢机构为中书门下和枢密院两个机构，“对持文武二柄，号为二府”，① 其特点就是文武分权。而“三司”是专门管理国家财政税赋事务的部门，是承继五代之制而来。二府三司制构成了宋代初期中央行政管理机构的核心。

1. 枢密院

宋代枢密院是总理全国军务的最高机构，简称“枢府”。宋代枢密院与中书门下共掌文、武大权，合称为东、西二府。枢密使为枢密院之长官，或称“知枢密院事”，副长官称“枢密副使”或“同知枢密院事”，“签书枢密院事”或“同签书枢密院事”。其下设都承旨和副都承旨，负责“承宣旨命，通领院务”，由武官担任。还设编修官，不定员。枢密院“掌兵籍、虎符”，若得皇帝的批准，有调动兵马之权。枢密使的地位略低于宰相，与参知政事、门下侍郎、中书侍郎、尚书左丞等统称为“执政官”。宋代枢密院统领军事，却并不直接统帅军队，有军政权，却无握兵之重。与晚唐、五代之时的枢密院相比，宋时的枢密院虽也是国家行政体制中十分重要的中枢机构，但其职能仅限于军事事务，而且不能直接统帅军队，故不会对君权产生威胁。

枢密院的职能是掌管军事事务，具体职责为“掌军国机务、兵防、边备、戎马之政令，出纳密命，以佐邦治。凡侍卫诸班直、内外禁兵招募、阅试、迁补、屯戍、赏罚之事，皆掌之。以升拣、废置揭帖兵籍。有调发更戍，则遣使给降兵符”。② 宋初，枢密院分四房：兵房、吏房、户房、礼房。神宗元丰五年（1082 年），新官制颁行，改为十房，后又增加二房，共十二房，依次为：北面房、河西房、支差房、在京房、教阅房、广西房、兵籍房、民兵房、吏房、知杂房、支马房、小吏房。长官为枢密使或知枢密院事（资深望重者则称“枢密使”，枢密使与知枢密院事同时只能有一人），掌枢密院事，军国大

---

① 《宋史·职官志二》。

② 《宋史·职官志二》。

事，列席政事堂会议。副长官为同知院事（其资深者称“枢密副使”，其资浅者称“签书院事”、“同签书院事”），掌副枢密院事。主要属官有：都承旨一人，掌承宣旨命，通领院务，用士人，文武参用；副都承旨一至二人；各司、各房知事一人，掌各房事务；各司、各房同知事若干（随各房事务要繁而定）；检详官二人，为慎政官员；计议官四人，亦为慎政官员。

2. 中书门下

北宋前期沿唐制，设置中书门下，作为中枢部门的首脑官署和正副宰相集体处理政事的最高权力机构，亦称“政事堂”、“都堂”。在朝堂西面，题榜只曰“中书”，印文行敕曰“中书门下”，平时简称“中书”，与枢密院并举，称为“二府”。中书门下囊括门下省、中书省和尚书省的大部或主要职权，是最高行政机构，并以他官判省事，称“同中书门下平章事”，是中书门下的长官，为宰相。同时为分散宰相的事权，乾德二年（964 年）设“参知政事”为宰相副职。

宋朝的中书门下是中央的宰辅机构，其职权是“佐天子，总百官，平庶政，事无不统”。① 但实际上宰相所握有的实际权力已较过去大为削弱，事无巨细均要奏请皇上，然后再起草诏旨，予以施行。中书门下设五房：孔目房、吏房、户房、兵礼房、刑房，后又有生事房、勾销房，总称“制敕院”。各房长官为知事，职官有提点中书制敕院五房公事、堂后官、主事、录事、主书、守当官等，熙宁三年（1070 年）增设中书逐房检正公事与中书五房检正公事，共同协助宰相处理日常政务，统称“宰属”。五房各设堂后官三员，俗称“堂吏”，是中书门下主要职员。太宗淳化四年（993 年），压缩堂后官编制，每堂各设一员，另设“都提点五房公事”。其他编制为：孔目房、吏房、兵礼房，三房各设录事、主书、守当官各一员；户房设录事一员，主书三员，守当官四员；刑房设录事一员，主书三员，守当官五员；生事房设主书一员，勾销房设守当官一员；又设守当官二员掌管堂印。此外，隶属中书门下的主要机构有舍人院、起居院、差遣院、考课院、审官院、审刑院、礼仪院、官告院、通进司、银台司，等等，替代原来的尚书省六部二十四司行使各种职能。

3. 三司

“三司”，指盐铁、度支、户部三个管理国家财政的专门职能部门。“三

① 《宋史·职官志一》。

司”是北宋前期最高财政机构，号称“计省”，在宋朝的中央机构里享有较高的地位。唐末税法混乱，田赋、丁税的收入无法维持王朝的庞大费用，国家的财政收入主要依靠盐铁和度支。五代后唐明宗始设盐铁、度支和户部“三司”，宋初沿之。“三司”的职权是总管全国各地之贡赋和国家的财政。长官是三司使，其权位之重，与执政无殊，号称“计相”。《宋史·职官志二》云：“国初沿五代之制，置使以总国计，应四方贡赋之入，朝廷不预，一归三司，通管盐铁、度支、户部，号曰计省，位亚执政，目为计相。”开国之初，宋太祖曾问计于赵普：“自唐季以来，数十年之间，帝王凡易十姓，兵革不息，生灵涂地，其故何哉？吾欲息兵定长久之计，其道如何？”赵普对曰：“无他，节镇太重，君弱臣强而已。惟稍夺其权，制其钱谷，收其精兵，则天下安矣。”① 北宋开国后，两朝皇帝所要努力做到的就是收取地方兵权、财权，强化中央集权。在财政管理方面，“制其钱谷”是朝廷的宗旨。正是这一宗旨，加上宋朝连年的征战，使得财政事务在国家事务中的重要性突显，从而“三司”成为国家和皇帝特别倚重的机构。

“三司”的长官是三司使或权三司使、判三司事，为最高财政长官，掌全国钱谷出纳，均衡财政收支，号称“计相”，位次执政官，而恩数廪禄相当于参知政事与枢密使。其职责是“掌邦国财用之大计，总盐铁、度支、户部之事，以经天下财赋而均其出入焉”。三司之副长官为三司副使。宋太宗时，罢三司使，另设盐铁、度支、户都三使。真宗时，又罢三使，重设三司使一员，另设盐铁副使、度支副使和户部副使，主要属官有判官、三部副使、三部判官、孔目官、都勾押官、勾覆官等。

盐铁司的职责是“掌天下山泽之货，关市、河渠、军器之事，以资邦国之用”，下设七案，即兵案、胄案、商税案、都盐案、茶案、铁案、设案，掌管全国矿冶、茶盐、商税、河渠和军器等。度支司的职责是“掌天下财赋之数，每岁均其有无，制其出入，以计邦国之用”，下设八案：赏给案、钱帛案、粮料案、常平案、发运案、骑案、斛斗案、百官案，掌管全国财赋之数。户部司的职责是“掌天下户口、税赋之籍，榷酒、工作、衣储之事，以供邦国之用”，② 下设五案：户税案、上供案、修造案、曲案、衣粮案，掌管全国户口、两税、酒税等事。三司的附属机构，有磨勘司、都主辖收支司、拘收司、都理欠司、都凭由司、开折司、发放司、勾凿司、催驱司、受事司等。由

① （宋）邵伯温：《邵氏闻见录》卷1。

② 以上引文均出自《宋史·职官志二》。

此可见三司职权之广泛，事务之殷繁。北宋前期，全国财政支出大部分依靠“三司”，“三司”实际上取代了尚书省的许多职务。

北宋前期，中书门下主管民政，枢密院主管军政，三司主管财政，三者鼎足而立，彼此不相知，而大权集中于皇帝一身。这是宋朝加强皇权、削弱和分化相权的表现，也是宋朝进一步地加强中央集权的表现。

4.3.2 元代的一省制与宣政院

元朝建立以前，蒙古大汗任用各族的文士为必阇赤，起草文书，并协助大汗和蒙古官员处理各地政务。管理中原事务的必阇赤耶律楚材等人，依照汉地的习惯，便以中书省的官衔称之。忽必烈建国后，沿袭宋、金之制，正式建立中书省总理政务。元朝的中书省组织形式基本上袭用唐、宋的旧制，为元朝中央最高政务机构。鉴于唐朝中后期以来“三省六部制”所存在的机构重叠、官吏冗滥、政事壅塞、办事效率不高等弊端，自元世祖忽必烈起，正式废除尚书、门下二省，确立以中书省为核心的“一省制”政体组织形式。同时沿用宋、金以来政、军、监察分立的做法，由中书省总理全国政务，枢密院统领军事，御史台主管监察，形成中书省、枢密院、御史台的行政、军事、监察三权鼎立的政体格局。在是采取“三省制”还是“一省制”的问题上，元初的统治集团内部是存在很大分歧的，在至元二年（1265 年）和至元七年（1270 年）进行了两次讨论。忽必烈在进行政体形式改革时，曾设想参照唐朝三省旧制，但汉族官僚高鸣详陈“三省制”弊端，力谏设立“一省制”。他从三省推委扯皮，一省易于决断的观点出发，指出：“方今天下大于古，而事益繁，取决一省，犹恐壅滞，况三省乎？且多置官者，求免失政也，但使贤俊萃于一堂，连署参决，自不至于旷废，岂必别官异坐，而后无失政乎。故曰政贵得人，不贵多官。不如一省便。”① 这种“一省制”的政体形式与元代统治者的高度集权宗旨是相吻合的，故元世祖采纳了高鸣的建议，决定承袭金制，实行“一省制”，即废除唐宋以来的门下、中书、尚书三省并立制，只设一个中书省。

中书省的最高长官为中书令，必以皇太子任之。但皇太子兼职仅虚领其衔而已，实权则归之右、左两丞相，《元史·百官志一》载：“右丞相、左丞相各一员……统六官，率百司，居令之次，令缺，则总省事，佐天子，理万机。”蒙古人尚右，故丞相中以右丞相为尊。右左丞相之下，有平章政事四

① 《元史·高鸣传》。

人，从一品，掌机务，为丞相之副，凡军国重事，无不由其决之。其下又有右左丞各一员，正二品，辅佐宰相裁决庶务，号称“左右辖”；参知政事两员，从二品，佐宰相以参大政，其职位次于右左丞。这些设置与金之尚书省制略同。此外，还有参议中书省事，秩正四品，典左右司文牍，凡军国重事可参预裁决。左右司郎中的设置则与汉制同，左居上，右居下。

元代中书省的中书令，一般由皇太子兼任，否则空额不授，所以此职多为虚崇之位，不常设置。通常以左右丞相、平章政事（相当于副丞相），与左右丞、参知政事等组成的宰相班子，处理日常政务，其下设吏、户、礼、兵、刑、工六部。各部有尚书、侍郎、郎中、员外郎等官，负责本部事务；同时设置寺、监等事务机构，此系沿用唐宋旧制。元世祖至元七年（1270 年）定制，在中书省之下设吏、户、礼、兵、刑、工六部，并于各部设尚书三员，正三品；侍郎两员，正四品；郎中两员，从五品；员外郎两员，从六品，分理政务。其中吏部掌天下官吏选授之政令；户部掌天下户口、钱粮、田土之政令；礼部掌天下礼乐、祭祀、朝会、燕享、贡举之政令；兵部掌天下郡邑、邮驿、屯牧之政令；刑部掌天下刑名、法律之政令；工部掌天下营造、百工之政令。

元代中书省的职能与前朝相比，发生了明显的变化。虽然在世祖和武宗时期曾三次设立过尚书省，与中书省分理朝政，但时间长者仅四年多，短者只有数月，又合并入中书省，故终元之世基本上实行的是“一省制”。在“一省制”下，中书省已由唐宋时期的草拟诏书机构，演变成执行机构。《元史》记载：“中书省纲维百司，总裁庶政，凡钱谷、铨选、刑罚、兴造，罔不司之。”① 可见，元之中书省是一个权力日重，“外取信于行省，内责成于六部”的中枢机构。中书省由草拟诏书，到执行政务，这是机构职能的一次重大转变。它标志着集权政治的高度强化，适应了元朝统治的长期不稳固局面。

宣政院为元朝掌管全国佛教事务并统辖吐蕃地区的中央机构。初名总制院，于至元元年（1264 年）设立，以国师八思巴领之。至元二十五年（1288 年），尚书右丞相兼总制院使桑哥，以总制院统领吐蕃各宣慰司军民财谷，责任甚重，宜加崇异，奏请用唐朝皇帝在宣政殿接见吐蕃使臣的故典，改名为宣政院，秩从一品，用三台银印。以帝师领院事。置院使两员（后增至 10 员），其为长者常以朝廷大臣担任，位居第二者由帝师推荐僧人担任。宣政院官属得自选用，与中书省、枢密院、御史台并为元朝四个独立的任官系统。

① 《元史·文宗本纪一》。

4.3.3 简评

赵匡胤是通过“陈桥兵变”，黄袍加身而当上皇帝、建立宋朝的。为了防止类似兵变的重演，并改变唐朝以来藩镇割据、国家分裂动乱的局面，必须加强中央集权。宋代加强中央集权的措施，对解决藩镇割据，维护国家统一，起了重要作用，也有利于当时社会经济的发展。在中央层面，有效地分化了丞相的权力，将行政权、军事指挥权、财政权统一于皇帝一人手中；在地方层面，分割地方权力，高度集权于中央，防止了地方分裂，但也导致了地方办事效率低下，而中央机构臃肿，人浮于事。而元代是依靠强大的军事暴力建立起来的庞大帝国，为维持国家的秩序，必须有一套高效的中央行政管理体系，由“三省制”变为“一省制”，能有效地提高中央的办事效率，达到控制政权的目的。元朝的宣政院是我国历史上最早设立的掌管全国佛教事务并统辖吐蕃地区的中央机构，对后世影响深远。

4.4 明清的内阁制与军机处

明清时期的封建国家中央行政制度有了重大改革，就是取消了在中国存在了1500多年的宰相制度，加强了皇帝的权力。但皇权的加强，宰相制度的取消，实际上并不能真正地消灭宰辅制度。由于宰相的取消，六部直接对皇帝负责，所有国家事务都需要皇帝来处理，而以皇帝一人之力并不能单独处理繁杂的国家事务。于是在明清两代就产生了不同于宰相府的专门辅政机构，并且规定这个机构在名义上不具有决策权，只有咨询建议权。这就是明代的内阁和清代的军机处。

4.4.1 明代的内阁制

1368年正月，朱元璋在应天（今南京）称帝，是为明太祖。开国之初，明代沿袭元制，设置中书省为中央的中枢机关。它既是辅佐皇帝的中枢机构，又是最高中央行政机关。中书省在朱元璋称吴王时设，但内属机构仅有四部，职能也只限于礼仪、刑名、营造等事。明朝建立之后，朱元璋开始扩大中书省的内属机构，把原来的四部扩大为吏、户、礼、兵、刑、工六部，并以“六尚书为曹官”。

明初设中书省与丞相之职，赋予丞相极大的权力，不仅拥有参与国家政务决策、发号施令的大权，而且可以直接控制与指挥六部及其他机构，对此朱元璋深为疑忌。为加强皇权，明太祖遂于洪武十三年（1380年）以左丞相胡惟庸谋反为借口，罢中书省，废丞相制，提高吏、户、礼、兵、刑、工六部的地位，分任朝政，直接由皇帝指挥，以期“权不专于一司，事不留于壅蔽”。①然而，由于皇权高度集中，却使皇帝所管政务大大增加。在洪武十七年（1384年）给事中张文辅在一封奏折中提到：“自九月十四日至二十一日，八日之间，内外诸司奏札凡一千六百六十，计三千二百九十一事。”② 事务的庞杂，使朱元璋感到“密勿论思，不可无人”。于是，同年九月，朱元璋依仿古制，设置了四辅官，称春、夏、秋、冬官，用以佐理皇帝政务。春官、夏官各选耆儒三人，每月三旬轮流任事，秋官、冬官不专设，由春官、夏官兼理。但任四辅官的王本等人“皆老儒，起田家，敦朴无他长”，③ 不能胜此重任，而相继致仕。此制实行仅一年余，无疾而终。洪武十五年（1382年），朱元璋又依仿宋制，设立殿阁大学士，置华盖殿大学士（后改中极殿）、谨身殿大学士（后改建极殿）、文渊阁大学士、文华殿大学士、武英殿大学士、东阁大学士，而大学士皆以殿阁之名入衔，通称“殿阁学士”。大学士之职无定员，少至几人，多至十余人，大学士的品位也是不定的，因个人的资历和威望而有差别。殿阁学士为皇帝的侍从文臣，兼备咨询，由文官兼任。这是明代内阁制的起源，为后来内阁制的建立奠定了初步基础，但终洪武朝所设殿阁之职，对国家事务的影响并不大，只是皇帝身边的顾问机关。《明史》云：“殿阁大学士只备顾问，帝方自操威柄，学士鲜所参决”，④ 明初殿阁学士的作用由此可见一斑。

明成祖即位后，参据此制，简选侍讲、侍读学士等翰林院文臣入文渊阁参预机务。此时的殿阁学士在皇帝左右，参议朝廷政务，成为皇帝的参谋，实际职权有了明显的变化。此后，阁臣的设置成为常例。但这时的阁臣由于职位低下，秩皆五品，秉处政务虽有皇帝的支持，而且明成祖也肯定他们“裨益不在尚书下”，然而其权力却远远不及六部尚书。按规定阁臣不置官属，不得直接管理六部诸司事务，诸司奏事也不奏至内阁。

仁宗、宣宗时，阁臣地位不断提高。仁宗刚即位，就把阁臣的品秩从五品晋升为三品。同时，在文渊阁之外，另建弘文阁由杨溥负责，仁宗亲自授给阁

① 《明太祖实录》卷129。
② （清）孙承泽：《春明梦余录》卷25《六科》。
③ 《明史·列传第二十五》。
④ 《明史·职官志一》。

印。宣宗即位，罢弘文阁。杨溥与杨士奇、杨荣、黄淮、金幼孜等同值文渊阁。文渊阁建于皇宫之内，又称“内阁”，以别于外廷。宣德元年（1426年）三月，晋礼部左侍郎张瑛为华盖殿大学士。次年二月，再晋户部侍郎陈山为本部尚书兼谨身殿大学士入阁。阁臣人数与成祖时相当。此时阁臣的职责，虽无明确规定，但在侍论经史、草拟制诰之外，事实上已从多方面通过不同的形式，参与朝廷行政、监察、司法、军务以至对外事务等军国重事，具有相当大的权力。

宣德时期，随着阁臣参政权力的不断增大，内阁权力渐趋隆崇的突出表现是，阁臣掌握了票拟权。票拟又称为“条旨”，它是阁臣根据皇帝所示旨意草拟敕旨，或对各部门各地方所上奏章提出批答意见，供皇帝裁决参考，经批红后颁示，因而具有相当的决策权力。虽然此时票拟只是内阁条旨的开端，但这毕竟可以使阁臣取得处理国家政事的大权，并且利用详审奏章加以票拟的机会压制六部。明景泰中期，诰敕房、制敕房俱设中书舍人等官职，六部承奉意旨，靡所不领，这时阁权已经非常显著了，可以控制以六部为核心的中央机构。世宗时，三殿成，改华盖殿为中极殿，谨身殿为建极殿，阁衔随之改变。嘉靖以后，阁臣的朝位班次，都列在六部之上，权力和地位不管是形式还是实质都有了很大的改变。

在当时内阁诸臣中，虽然尚未有“首辅”的名义，但由于皇帝信任程度的不同，阁臣资历的深浅，阁臣间的主次等差已渐露端倪。“首辅”之名见诸史文是在天顺时。《明史》载：“终天顺之世，（李）贤为首辅，吕原、彭时佐之，然贤委任最专。”① 这时明代内阁阁臣员额不固定，少则几人，多则十余人，同称“辅臣”或“辅相”，但实际上有主要柄政者，习惯上称之为“首辅”。一般说来，首辅以入阁先后，资历深浅，以及皇帝信任程度来确定。资深才高，深受皇帝信任的阁臣被称为“首辅”。其余的阁臣则称“次辅”“群辅”。弘治、正德以后，首辅秉笔票拟，与次辅、群辅差别更大。嘉靖时，由于政归内阁，所以阁臣不仅“朝位班次，俱列六部之上”，② 而且首辅地位日趋显赫。阁臣间为争夺首辅地位，相互倾轧，愈演愈烈。嘉靖十六年（1537年）增修内阁房舍，使内阁成为阁臣经常的办公之所，阁臣原备顾问咨议，此时也得以更多地干预朝政，“于是阁制，视前称完美矣”。故至嘉靖年间，内阁制度才真正地确立和成熟：有官方名称、固定的办公地点、下属机构和人

① 《明史·列传第六十四》。

② （明）沈德符：《万历野获编》卷6。

员，内阁的所有大学士级别从原来的五品或六品提升到了二品，甚至一品。至万历初年，张居正任首辅，“威柄之操，几于震主”，内阁首辅的权势达到了登峰造极的地步，这也标志着内阁制度至此发展到高峰。内阁不仅与闻大政，而且凌驾于六部之上，“部权尽归内阁，逡巡请事如属吏”。① 但自张居正以后，明代内阁即日趋衰落，权力地位下滑，已难以发挥作用。

综上，明代的内阁制开创于明代初期，即明成祖朱棣时期，经过长时间的发展演变，到明中后期，即嘉靖时期才最终得以形成和确认。内阁制的创立，使封建国家的皇权与相权之争宣告结束，相权彻底分化，皇权最终集中了国家所有的行政权、军事指挥权和财权。

4.4.2 清代的军机处

公元1664年，满族贵族与汉族地主阶级相互勾结，以武力打败了明末农民军，镇压了各地的抗清斗争，从而建立了清王朝。清代初期的中央官制基本上承袭了明代的机构和体制，中央机构主要有内阁和吏、户、礼、兵、刑、工六部，还有满族贵族组成的议政王大臣会议。在这个满汉融合的体制中，“章疏票拟，主之内阁；军国机要，主之议政处”。② 由于内阁掌有票拟权，故仍然是权力的中枢，对国家事务有很大的影响力。内阁大学士官秩一品，位尊权重。而议政王大臣都是由满族位高权重的贵族来担任，在一定程度上会限制朝廷的权力。有时与皇帝意见发生矛盾，皇帝也不得不收回成命。但清代皇室并不甘心权力受到限制，在多尔衮任摄政王时期就曾试图取消内阁的票拟权。康熙帝亲政后，加强皇权，议政王大臣会议权限逐渐削弱。康熙十六年（1677年），康熙帝设南书房，由汉人翰林参与撰拟诏旨。南书房的设立和地位的提高，是康熙帝削弱议政王大臣会议权力，同时将内阁的某些职能移归内廷，实施高度集权的重要步骤。它同时削弱了议政王大臣会议和内阁的权力，强化了皇权。雍正七年（1729年），因用兵西北，以内阁在太和门外，恐漏泻机密，始于隆宗门内设置军机房，选内阁中谨密者入值缮写，以为处理紧急军务之用，辅佐皇帝处理政务。雍正十年（1732年），改称“办理军机事务处”，简称“军机处”。军机处的设立是清代中枢机构的重大变革，标志着清代君主集权发展到了顶点。军机处本为办理军机事务而设，但因它便于实施君主专制独裁，所以出现之后，便被皇帝抓往不放，不但常设不废，而且其职权愈来愈扩

---

① 《明史·列传一百十三》。

② 《清史稿》卷114。

大，最终成为清代大政所出的宰辅之枢。

军机处的职官有军机大臣，俗称“大军机”；有军机章京，俗称“小军机”。军机大臣分设满、汉员，由满、汉大学士、各部尚书、侍郎、总督等奉特旨应召入值，为兼差，人员无定额；由亲王或大学士满、汉各一员为首领，当时称为“揆首”、“领袖”。军机大臣之任命，其名目为“军机处行走”，或“军机大臣上行走”。初入值军机处者，若因其资历或能力尚浅，则命在“军机大臣上学习行走”，即是见习之意，其地位稍低，排班时列于后。各军机大臣之间，也有资格、品位高低之分，权力各不相同。军机大臣没有定额，军机处初设时为三人，以后增加到四五人至八九人，最多至十一人。军机章京，早期也称为“司员”。军机章京之任命，称为“军机司员上行走”，或“军机章京上行走”。最初，章京无一定额数，在内阁中书等官员中选调。乾隆初，改由内阁、各部、理藩院等衙门调派。自嘉庆四年（1799 年）始，定军机章京分满、汉各两班，每班 8 人，共 32 人。各班设领班、帮领班、章京各 1 员，由军机大臣于章京中选资深望重者任之。

军机处的体制特殊，职官简练，有官而无吏。它的全部工作，由军机大臣主持，军机章京办理。军机处的职掌主要有：（1）负责下达谕旨的撰拟和参预官员上报之奏折文书的处理。官员所报的文书，凡折奏“请旨”者归军机处，照例的题本归内阁处理。（2）提供咨询，参预政事。凡遇重要政事，皇帝不能裁决的，或交军机处议奏，或密议，或交军机处会同关系衙门议奏。（3）某些重大案件，皇帝特交军机大臣审理拟定，或由军机大臣会同三法司审拟。（4）重要文武官员之任免及各部尚书、侍郎、各省总督、巡抚，以至道、府、学政、关差、盐政以及驻防将军、都统、驻各边疆地区之领队大臣、办事大臣等官员的补放，均由军机大臣负责开列应补人员名单，交皇帝选择任用。（5）考查行军之山川、道里与兵马钱粮等诸多军务。

军机处的设立，是清王朝对中央行政机构的一次重大变革，表现出清代前期政治制度高度集权的趋向。军机处成立后，议政王大臣会议于乾隆五十六年（1791 年）废止了，内阁变成只是办理例行事务的机构，一切机密大政均归于军机处办理。军机处总揽军政大权，实质上成为执政的最高国家机关。但终清之世，在法律制度上正名定义，军机处一直不是正式的国家机构，也没有独立的衙门。军机大臣除承旨办事外，无任何独立的职权，只供传述缮撰，不过是皇帝的私人秘书而已。对于内阁而言，军机处的建立，不仅侵夺了内阁对重大政务票拟批签的职权，而且远远凌驾于内阁之上，有权修改内阁的票拟。故军机处成立以后，逐渐代替了清建国以来所依靠的满洲亲王、贝勒参预议政的制度，废除了议政处；同时也削弱了内阁参预国政的权力。军机处以“君权附庸”的地位，成为凌驾于内阁及各部、院之上的全国政务的总汇机关，军国大计，无不总揽。

4.4.3 简评

明清时的内阁和军机处都是在取消丞相制度之后，作为丞相宰辅制度的替代产物而产生和发展起来的，实际上是行使原本由丞相府行使的职能。而由成定制的丞相制变成不规范的随意性强的内阁和军机处，带来的是皇权的强化，相权的削弱甚至消亡。我们可以看到，不论是明代的内阁还是清代的军机处，它们的机构设置和人员配置都不符合常规的中央机关的设置原则。内阁是由分散于各部及其他机构的重臣组成的，没有固定的官衔，诸多阁臣之间也没有法定的领袖，所谓的“首辅”是由皇帝的信任和重用来达成的。军机处亦是由军国重臣兼职组成的，有官无吏，且这些军机大臣是由皇帝选任的，没有品位，名义上不能算是国家机关的职位，而军机处从来也没有成为合法的中央机构。这些不规范之处实际上都是皇帝故意为之，是为了便于控制国家重臣的权力，避免大臣权力独大，最终由皇帝集中所有权力，达到集权于一身的目的。

4.5 中央行政体制的演变规律及其特点

中国几千年的历史进程中，从奴隶社会的夏代开始，一直到最后的封建王朝清代，每个朝代、每个时期都会有不同的中央行政体制，伴随而生的是不同的中央机构和不同的职权分配。中国古代国家官制十分复杂，在设官分职上，有的官名相同，而实际职掌已经变化；有的名称相异，而职掌却大略相同；有的有官名却没有职掌；有的没有正式官名却有实际职任。世代相袭而又演变，旧的官制未除，新的官制又出现。然而，在如此繁复杂乱的中央行政体制变化当中，还是可以从中找出一定历史规律的。

首先，在生产力发展水平较低、人们的社会关系比较简单时，设官分职一般采用军政合一，文武不分的方式，机构比较简单。随着社会分工逐渐明细和事务增多，军政便逐渐分途，文武各成一系，机构日益增多，同时也加强了职官自身的管理，官有所职，职有所责。这种由简及繁、由粗渐细的发展过程，反映了古代中央行政体制从低级向高级的发展过程。在先秦时代，中央行政管理机构设置简单，且没有明确的分工。虽有夏朝的“六卿”，商末的“三公”，但是基本上没有分工，官职的设置没有定制。到了秦代以后，有了“三公九卿制”，丞相、太尉和御史大夫分别行使行政权、军事指挥权和监察权，“九卿”分别有了各自明确的分工，但秦代的“三公九卿制”并没有真正地实行过，因为秦代的“太尉”一职没有授予过他人。汉代与秦代相比，“三公九卿制”发展得更为健全和完善，分工更细致合理。在秦汉时期，“九卿”和“三公”之间是没有统属关系的，两者都对皇帝负责。而到了隋唐时期，中书省、门下省、尚书省之间的分工更为明确，分别负责国家大政的制定、审核和执行，并且六部机构是归于尚书省统领的。可以说“三省六部制”是对“三公九卿制”的一次重大改进和突破，它完美的组织结构使得自唐以后的朝代都基本沿袭了“三省六部制”的机构设置。不管是宋代、元代、明代还是清代，都只是对三省六部机构的调整和权力配置的改变。而军政分途、文武各成一系的进程在秦汉时的“三公九卿制”下就有了体现，但在秦汉时期“太尉”不是缺职不授，就是仅有虚衔，丞相仍然对军事有较大的影响力。这种状况一直到宋代才有了大的变化。宋代设置“二府”的本意就在于使枢密院和中书门下“对持文武二柄”，使军政和民政得以明确、彻底地分开。

其次，中国封建中央行政体制发展变化的核心线索是中央集权和皇帝集权，其中又以君权和相权之争为主线。我国古代宰相之职权，以秦汉时为最大，可谓“一人之下，万人之上”。那时天子之于宰相，一般还很是信任和重用，即所谓“丞相奏事，靡有不听”。史家认为这种“屈君伸臣”的风气，是“君道无为”的一种表现，对秦汉时期的政治产生了良好的影响。到了隋唐时期，出现了“三省制”，把一个统一的无所不包的相权分为造命、审复及执行三个部分，起到相互制衡的作用，而相权经此一分化，则削弱不小。相权一分为三，“三省”之间相互牵制和监督，保证了君权的独尊；高高在上的天子，则可以更加集权，避免大权旁落，君权得以进一步伸张。“三省六部制”可谓是中国古代行政制度的重大创造。但这种人为的划分导致了中央行政效率的降低，故在唐中后期产生了中书门下机构，这个权力较大的机构在五代时期已经威胁到了皇帝的权力。于是在宋代，宋太祖鉴于唐末及五代时期政局紊乱，内则权奸肆威，外则藩镇跋扈的教训，乃进而尽收地方之权于中央，复收中央之权于君主，由此君主绝对专制之局面形成。在相权问题上，就出现了枢密院和三司这样的机构，把相权又划为军权、民权、财权。枢密院、中书门下和三司各执一端，又设置地位略低于宰相的枢密使、三司使和副宰相参政知事，以分宰相之权，而君王集三权于一身，在上从中制衡驾驭。明代更是直接取消了宰相的宰辅制度，相权直接由皇帝行使，从而宣告延续了几千年的君权相权之争以君权的胜出而告终。故自明清以后，皇帝真正地集行政权、军事指挥权、财权于一身，可以说，直至明代，皇帝才成为一个真正的独裁者。

再次，中国封建中央行政体制发展变化的一条基本路线是对前代中央官制的基本承袭和改进。儒家的德治、礼治、伦理纲常等基本思想都使统治者碍于“祖宗成法”，往往在保留旧制的同时设置新官制，或抽换旧机构、旧职官的实际职权而保留其衔名编制，造成中央行政机构逐渐繁复冗杂，以至名不符实。从先秦直至清代的中央行政体制的发展脉络，大体都是承袭前代的制度而来的。秦代是沿袭战国时期中央官制而来，汉代是对秦代“三公九卿制”的承袭并发展，史称“汉承秦制”。而具有开创意义的三省六部制也并不是凭空产生的。在汉代末期，就出现了尚书台，尚书台下面分六曹分管机构事务，这应该说是三省六部制的雏形。随着魏晋南北朝时期的发展，到了隋代正式确立了三省六部制。唐代与汉代类似，都是对前代尚不完善的中央行政体制的承袭、发展和完善。宋代的二府三司制也不是独创的，早在唐中期就出现了中书门下，唐末则出现了枢密院和三司机构，只是在宋代得以系统化地分配职权和设置机构、配备人员。元代的统治者是外族，“一省制”很明显是对“三省制”的改良，也是来源于金代的中央行政体制。明初是仿“唐宋之制”，以三省六部制为核心组建政权。而后才变为内阁制。在宋代就有了崇政殿、观文阁、龙图阁等顾问秘书机构，明代的内阁也只是对原有机构职能的扩大而形成的，而清初也是承袭明制建立内阁制，后来为了防止内阁权力过大，才增设军机处这样一个秘书机构。但军机处并不能算是一个真正意义上的中央机构。自从汉代以后，不管是隋唐时期，还是宋元明清时期，“三公九卿”这些机构仍然零散地存在于国家的中央机构体系里面，只是机构职权有了很大的变化，不再处于国家权力的中枢位置。“六部”亦是如此，直至清代中后期仍然有吏、户、礼、兵、刑、工六部，但已经沦为纯粹的执行机构。这样就造成后来中央机构设置繁复冗杂，机构和官员编制膨胀，政府行政效率低下、办事拖沓，政府财政压力增大等问题，严重危及封建国家政权的存在。这也是唐宋之后封建社会走向衰落的表现之一。

最后，中国是一个多民族的国家，在历史上有鲜卑、匈奴、氐、羌、契丹、党项、女真、蒙古、满等少数民族先后统治过中国部分或全部地区。这些民族原来的官制与汉族的传统官制有许多相异之处，在进入中原地区以后，为了有效地进行统治，多着力于对原有的政治制度进行调整和改革，在坚持本民族统治为主体、保留本民族原有传统文化和制度特点的同时，又大力吸收了其他民族，尤其是汉族的传统文化制度。这种以少数民族为主体政权的官制，既有本民族特点，又有融合的特色。而历史上各民族以及各国之间的交往也促成某些官制的变化。这在辽、金、元、清的中央行政体制中表现较为明显，如辽代的斡鲁朵制，元代的怯薛制和清代的议政王大臣会议。

☞本章小结

三公九卿制发轫于商朝，形成于周代，秦汉时期确立了三公九卿制的基本模式。三公九卿制是中国古代中央行政制度的重要内容。可以说，它是对古代中央行政体制和组织形式的概括。三省六部制是西汉以后长期发展形成的制度，至隋朝正式确立，唐朝进一步完善。三省六部制的特点在于分散了丞相及中央机构的权力，把相权一分为三，互相牵制；同时，又将尚书省权分六部，既限制了地方割据势力的产生和发展，又推动部门相互牵制与机构运转，加强了皇权，是中国古代行政制度的重大创造。宋代的二府三司制，将相权进一步分为了军权、民权和财权，最终强化了皇帝的权力。而元代的一省制，指中央行政管理机构中只设置一个中书省作为中枢管理机构。宋代的二府三司制和元代的一省制都是对隋唐时期三省六部制的继承、改进，并针对当时的政治环境而进行调整。明清时的内阁和军机处是在取消丞相制度之后，作为丞相宰辅制度的替代产物而产生和发展起来的，实际上是行使原本由丞相府行使的职能，它所带来的是皇权的强化，相权的削弱甚至消亡。总结中国古代的中央行政体制的发展变化规律，一是军政分离、文武对掌，机构设置的优化配置和职能的明确分工；二是中央集权和皇帝集权，特别是君权和相权之争，对中央行政体制产生重大影响；三是对前代中央官制的基本承袭和改进；四是与少数民族官制的融合，中原王朝的中央行政制度吸取了周边少数民族政权的有益养份。

☞关键术语

三公九卿制　　三省六部制　　二府三司制　　一省制　　内阁制

宣政院　　军机处

☞思 考 题

1. 简述三公九卿制的萌芽、产生、发展的完善历程。
2. 简述三省六部制的机构设置和职能分工。
3. 简述宋代的二府三司制和元代的一省制，并思考它们产生的特定历史环境。

4. 明代的内阁制与近代英国资本主义的内阁制有什么异同？

5. 军机处产生的原因是什么？它的产生反映了什么趋势？

6. 从秦汉时期的三公九卿制，一直到清代的军机处，封建社会的中央行政制度有什么样的发展变化趋势？

第 5 章

地方行政制度

我国上古时期就开始按地理形势把全国划分为若干区域，并由中央派出机构进行管理，这是地方行政区划和地方行政制度的起源。此后，随着历史形势的不断变化，地方行政制度也日益发展完善，并与中央行政制度相辅相成，共同构成中国行政制度的内容，对国家的治乱安危起着重要作用。秦王朝统一全国之前，古代各朝代的地方行政制度基本上是分封制，但在战国也出现了郡县制，这是秦在全国实行郡县制的基础。所以，秦始皇统一全国后，废分封，行郡县，第一次在全国范围内实行了自上而下的统一的郡县制度，奠定了我国封建时代地方行政制度的基本模式。行政区划决定了行政管理层级，有多少不同层级的行政区划就有多少行政管理层级。从秦至清的 2 000 余年间，在郡县制的基础上形成了省、府（州）、县的行政管理体制。本章将分别论述我国古代地方行政制度的沿革和内容。

5.1　秦汉地方行政制度

5.1.1　秦代郡县二级制地方政府

秦统一全国后，在地方实行郡县两级制的行政管理体制。《汉书 · 地理志》说，“秦遂并兼四海，以为周制微弱，终为诸侯所丧，故不立尺土之封，分天下为郡县”,① 于是大多人以为废立郡县都是始皇所为，实为大谬。郡县制度始于春秋战国时期，并非始皇所创立，却是自始皇开始全面实施。

秦郡县制的形成经历了相当长的时间，是早期邦国向帝国发展过程中的产物。古代中国的县，出现在春秋时期。秦国在武公（前 697—前 678 年）时，已经置县。秦武公出兵驱逐陇西天水一带的邦族和冀族，灭虢，在此地设县。

① 《汉书 · 地理志上》。

不过，此时的秦还是一个僻居西部的小国。至战国时期，秦对外扩张活动不断加剧，县的数目也越来越多。此外，变法置县、招民垦荒也是秦县制发展的重要原因。郡大概到春秋末期才出现。而秦国置郡，仅见于战国时期的史料记载。郡最初并不辖县，而且地位比县低。秦国郡辖县制度的形成，大概要到战国末期。

秦代郡的建置，据《史记·秦始皇本纪》记载，在秦并天下的当年，分天下为36郡。以后，又随着边境的开发和郡治的调整，增至46郡。秦代地方郡级机构是效仿中央机构的模式，行政、军事、监察三权分立。“秦变封建为郡县，恐其权重，故每郡但置一监一守一尉，此上别无统治之者”。① 即秦在郡设郡守掌管全部事务，是一郡的最高行政长官；置郡尉掌管军事，是辅佐郡守的；设郡监掌监督，是中央设在地方的耳目。他们都直接受中央的节制，由皇帝来直接控制。这样，便于中央直接统辖，防止出现割据分裂局面。

秦代郡以下的地方机构为县。县以人口多少分大小，万户以上为大县置令，以下则为小县置长。令长掌治一县，其职责是全面主管县中各项事务，如财政、农业、户口、治安等都要过问。“（令长）皆掌治其民，显善劝义，禁奸罚恶，理讼平贼，恤民时务，秋冬集课，上计于所属郡国”。② 令长的职俸和级别视县的大小而定，高的不过千石或五品，低的约有三百石或八品。县的主要属官有县丞、县尉，统称“长吏”，与令长同为中央所任命，又号称“命卿”。他们是县令长的主要助手，虽同为属官却各有所司。县丞主要协助令长办事，县尉则统兵卒，维持治安。

秦代实行郡县制，朝廷命官至郡县而止。实际上，县以下的乡、亭、里等，乃是当时最基层的政权组织。“大率十里一亭，亭有长；十亭一乡”。③ 乡为县以下的基层政权。乡设有秩、啬夫、游徼等乡官，这些乡官为一乡之首，掌管基层民政和税收等事。具体来说，三老掌教化，啬夫听讼、收赋税，游徼捕盗贼。除了这些主要乡官之外，还有一些乡佐，他们分职承办县廷所布置的各项政务。亭与乡是同一级的基层政权机构，只不过亭设在城区与交通要道，而乡大多设在农村，因而亭与乡具有同样的作用。此外，亭也有一些乡所没有的作用，例如乡亭除了管理周围的居民外，还发挥着客舍和邮传的功能。亭的官吏主要是亭长，它直隶于县，由县廷任命。秦代除乡、亭外，还有里、

① 《汉书·百官公卿表》王鸣盛《补注》。
② 《续汉书·百官志五》。
③ 《汉书·百官公卿表》。

什、伍等居民的基层组织，它们的主要职责是协助乡、亭对居民进行教化以及维持社会治安。里、什、伍的主要官吏均由乡任命。

5.1.2 汉代郡县与封国并行的地方行政制度

1. 汉代的封国制

秦代的地方行政制度实行的是比较单纯的郡县制，而汉代则是以郡县制为主的郡国并行制。早在楚汉战争期间，刘邦为了瓦解项羽集团，权宜之计先后分封了八个异姓诸侯王。在其建国后，为了“惩戒亡秦孤立之败”，开始消灭异姓诸侯王，在此过程中，分疆裂土，又陆续分封了9个同姓诸侯王：荆王刘贾、代王刘仲、楚王刘交、齐王刘肥、淮阳王刘友、梁王刘恢、燕王刘健、淮南王刘长、吴王刘濞。这些诸侯王国有相对的独立性，下统郡县，一如中央之制，从而形成郡国两制。各诸侯王国内君国子民，自置官属，机构组织“同制京师”，自成体系。王是一国之长，在其之下，有太傅辅政，内史治民，中尉掌武职，丞相统众官，其他的官职设置均效仿中央。诸侯王国治理地方的职能与郡大体相同，但其比郡有更大的自主权。建立诸侯王国的本意是加强中央集权，然而实际上却适得其反。这些诸侯王占据了长江黄河中下游的广大地区，而汉朝中央政府所直辖的土地不过是关中、汉中、巴蜀和河东等15郡。它们倚恃政治、经济以及军事势力与中央对抗，形成对中央的严重威胁。因此，在文、景、武三代，汉中央就不断采取措施削弱诸侯们的力量。经过几十年的努力，封地和权力大大削弱的诸侯王们变成了衣食租税的贵族地主。此时，封国与郡已没有多大区别，直接受中央政府领导，两制变为郡县一制，加强了中央集权。

2. 汉代的郡县制

（1）汉代的郡县制度承秦之旧，但随着疆域的扩大，郡的建置有很大的发展。秦统一后，把全国划分为36郡，后又扩展到40余郡。“汉兴，以其郡太大，稍复开置，又立诸侯王国。武帝广开三边。故自高祖增二十六，文景各六，武帝二十八，昭帝一，讫于孝平，凡郡国一百三”，① 其中郡83个，封国20个。汉代置郡虽多，但郡的大小却有不同。较大的郡相当于现在的两个或一个省，较小的郡则等同于现在的几个县相加。郡的划分依据主要是以户口的

① 《汉书·地理志序》。

多寡为标准的，民稀则幅员大，民稠则幅员小。

汉代的郡，若以地域分布划分，则有三类：一为三辅郡，即京师附近的郡——京兆尹、左冯翊、右扶风。本为秦内史一分为三，掌治京师。由于京师是帝王所居，并且是中央政府的所在地，所以其地位特别重要，与一般郡不同。它们不以郡为名，而是以长官的官名作为郡名。三辅长官皆秩中二千石，与九卿同一级别，明显高于其他郡守。二为普通郡。汉代郡级机构内，设主官两人，即太守（郡守）、都尉（郡尉）。太守掌治其郡，都尉守典武事。属官则分为两类：一是由中央任命的，秩二百石以上，如郡丞、长史等；二是由郡守自己辟除的，秩百石以下，如五官、主簿等；三为边疆少数民族设立的边郡。

郡作为一级地方行政机构，其作用是多方面的。郡守作为地方上的高级行政长官，对郡中的各项事务负有全面责任。具体来说主要有以下几个方面：第一是辟除权。郡守以及郡中主要长官由朝廷任命，但是一般的幕僚属吏皆可由郡守自行任免。第二是选举权。依汉法规定，郡守任职满一年即有选举权：按照皇帝特诏选举人才，依科目员额岁贡人才如孝廉、贤良方正、茂才异等、文学明经以及有道之士等。由于选举人才为郡守的重要职责，不能选举人才或选而不当都要受到国家法律的制裁。第三，劝课农桑、整齐风俗、举办各种文化教育事业。第四，郡守还有赏罚、司法和对属吏的监察权。第五，兵权。一般认为都尉守典武事，但实际上只是协助郡守掌兵，真正的兵权在郡守手里。第六，郡守有对本郡财政的支配权。在规定的财政范围内，郡守可以支配用于本郡官吏俸禄、军费以及各项文化教育等的费用。但规定之外的开支，则须报中央批准。

（2）郡以下的地方行政机构有县、邑、道、国四种类型。《汉官旧仪》说："内郡为县，三边为道，皇后太子公主所食曰邑。"《百官公卿表》说："列侯所食曰国。"西汉所置之县级机构，至平帝时，县、邑共计1314个，道32个，侯国241个。县是汉代中央政府落实一切政令的基本单位。赋税须从县里征集，军队须从县里招募，天下安定也要看老百姓是否安居乐业，这三点对封建国家的治乱兴亡有着不可估量的作用。万户以上为大县，设县令，秩千石至六百石；不足万户的为小县，设县长，秩五百石至三百石。王莽篡汉，改县令长为县宰，东汉时复旧。根据治理的难易程度，汉代的县分为剧县、平县两种类型。县令长是一县的主管长官，其职责是"皆掌治其民，显善劝义，禁奸罚恶，理讼平贼，恤民时务，秋冬集课，上计于所属郡国”，① 全面主管县中各项事务。县令长的直接上司是郡守，其要对郡守负责，并随时接受郡守的指导。县令号称“亲民”之官，其品格、素质和能力等对基层政治有着直接的影响。因此，汉代非常重视县令长，对其的选任也极为严格，多从郡县属吏中选任成绩优异、办事认真、明法知礼的委任为县令长。此外，汉代郎吏也成为选拔官吏的后备队，他们侍从天子，学习法令，了解国家施政的系统。县令长主持一县政事，需要一批属官来协助其工作。县的属官有丞尉，秩四百石至二百石。一般情况下，一县只有一个丞，但都城所在就不止一个。例如，三辅属县杜陵亦有二丞。县尉依县的大小而定，大县两人，小县一人。丞管文书、仓库与监狱；尉专管治安。尉丞皆由中央任命，其他属吏如列曹、掾属之设置与郡府列曹之制大致相同，皆由县令长自行辟除。

县以下的地方组织，基本是沿袭秦制，设置乡、亭。乡下设里，一里百户。里下还有什、伍组织。亭邮是治安和交通系统组织，大概是每隔五里设一邮，十里设一亭。

3. 州的演变

州在东汉末年以前并非一级政区，而是监察区。汉武帝时，共有郡国 108 个，这样多的政区由中央政府直接管理自然不便，于是在元封五年（前 106 年），设置 13 部刺史，将各郡国分置于各部之下，由刺史来监察部内秩比六百石以上的郡国官员。刺史常在八月巡行所部郡国，年终到京师奏事。至东汉后期，刺史的辖境不再称为“部”，专名为“州”。并且，州刺史开始有固定治所，不必年终晋京述职，只需派属员赴京即可，但此间其职能仍以监察为主。黄巾起义后，东汉政府为了镇压不得不加重地方权力，于是改刺史为州牧。重要的州均由中央九卿官员充任州牧，直接掌管一州的行政、军事、民事大权。这样，十三州就完全变成了地方郡以上的一级行政机构。自此而始的不仅是“州任之重”而已，而且是州郡县三级地方行政体制时代的开始。

随着州演变成为一级地方行政机构，其内部组织结构、人员编制等也发生了较大变化。同西汉相比，东汉后期州的属官大大增加，如部郡国事、别驾从事、主簿等。州的主要职权也前后迥异，既掌监察，又管行政，还兼领军事。州由地方监察机构转变成管辖郡的地方最高一级的行政机构，其打破了自秦代以来沿袭了三百多年的郡县二级制，地方州、郡、县的三级行政体制基本

① 《续汉书·百官志五》。

形成。

5.1.3 汉代民族地区行政管理体制

秦汉时期，我国已成为统一的多民族的国家。边远少数民族聚集地区与内地相比，不论是发展程度，还是在风俗习惯等方面，都存在很大的差异。因此，历代王朝在确保自己的尊荣和主权的情况下，对少数民族聚集地区往往实行比较特殊的管辖制度。

从汉武帝开始，设属国对降附或内属的少数民族加以管理。属国的最高长官是都尉，秩比两千石。其既典武职，又理民事。对于比属国更远的边境地区“叛服无常”的少数民族，汉代政府一般是派遣临时性的加官，进行联络性的管理。这些加官主要有西域都尉使、匈奴中郎将、护羌校尉、护乌桓校尉等。

西域主要指玉门关以西、葱岭以东的地方，原为匈奴控制。到宣帝时，随着对匈奴斗争的胜利，西汉政府基本上控制了西域，于是设置了西域都护来管理西域各少数民族。郑吉是首任西域都护，其为了便于管理西域，便在西域适中的地方乌垒城（今新疆轮台县东）设立“幕府”，西域都护府机构正式建立，这标志着我国西域开始直接由中央政府管理。西汉末，西域都护府被废止。东汉初，西域各国纷纷遣使到洛阳，要求再派都护到西域。汉明帝时，复设西域都护府。此后，由于东汉政府对西域的政策摇摆不定，以致“自建武至于延光，西域三绝三通”。① 西域都护府的职能具体来说就是维护西域的安全，使之不受匈奴贵族的武力侵犯，调解各族内部以及各族之间的纠纷。西域都护的官职大体相当于内地的郡守，但是其治下的少数民族却不像内地那样以县、乡、里编制。西域都护的属官有副校尉、丞、司马、侯等。副校尉秩级较高，由中央直接任命。总地来说，西域都护府在维护西域的安定和国家统一、民族团结等方面，起到了很大的作用。

汉武帝时设使匈奴中郎将，开始是执行临时性的出使任务。西汉后期，其成为一个固定的官职，它的职责就是出使匈奴。使匈奴中郎的设立，对于加强汉族与匈奴的联系以及促进双方经济文化的交流起了很大的作用。与此同时，它也为预防匈奴的侵扰，保卫边塞安全，发挥了积极作用。

护乌桓校尉府是汉武帝时为管理内附的乌桓人而设置的管理机构。乌桓原为东胡的一支，后被匈奴冒顿单于灭掉，待大将军霍去病“袭破匈奴左地”，匈奴人败退漠北，西汉政府便将原居于乌桓山一带的乌桓人徙至五郡塞外，始

---

① 《后汉书·西域传》。

置护乌桓校尉进行管理。府内设主吏校尉官，主掌乌桓以及鲜卑人向朝廷纳贡以及朝廷向其赏赐等事务。此外，府内还设属官长史、司马等，佐校尉理政。在该府的下属机构内，均以当地的乌桓、鲜卑族头人为“侯王君长”。因此可以说，护乌桓校尉府的设置，开始了西汉政府对乌桓以及鲜卑民族的羁縻管理。

两汉政府还在羌人聚居的地区设立护羌校尉。汉武帝时开始设立护羌校尉，其主要职责就是镇抚归降的羌人。护羌校尉府内主吏为校尉、主政，其下设有属官长史、司马等人佐政。

5.1.4 简评

秦汉王朝建立在国家统一的基础之上。秦王朝在形成过程中，就表现出统一的趋势。秦汉王朝建立后，在政治、经济和思想文化方面采取了一系列强有力的措施来巩固国家的统一。只有建立在统一基础之上的国家，才能设置管理机构复杂、管理层次分明、管辖范围广泛的地方行政制度。秦汉时期所确立的地方行政制度的核心是郡县制。郡县制对中国地方行政体制有着广泛而深远的影响：

首先，秦帝国建立后，废除分封制，确立郡县制为帝国的地方行政制度。汉随秦制。汉代虽然还存在分封制，但至少从汉武帝开始，诸侯“唯得衣食租税”，在政治上的影响甚微。

其次，秦汉郡县制的出现反映了历史的巨大进步。中国春秋战国时期的邦国作为从原始社会共同体发展而来的国家，它们的社会政治经济制度都长期存在着氏族制的血缘关系残余。这是早期国家共有的一个极为重要的特点。西周的“国人”与“野人”之分就是这一残余的表现。郡县制的发展促使了“国人”与“野人”区别的消失，动摇了建立在血缘关系基础之上的宗法制和分封制。

再次，秦汉郡县制为君主专制政体的建立提供了重要条件。君主专制政体是与郡县制和行省制的发展密切相关的。西汉初年，又恢复了分封制。只要分封制存在，并对国家政治生活产生重大的影响，就很难说是真正确立了君主专制制度。汉代的异姓与同姓诸侯王对皇权的威胁是显而易见的。西汉同姓王占据汉之半壁江山。诸侯王“掌治其国”，拥兵自重，专制一方。至汉武帝时代，诸侯王割据势力被铲除，君主专制制度才真正得以巩固。秦汉皇朝控制地方的措施，主要为掌握郡县主要官员的任免权，分离郡县的行政权与军权，建立严格的监督制度。皇权神化，君主集立法、司法、行政和军事权力于一身是君主专制政体所共有的特征。秦汉郡县的机构庞大，管理范围涉及民政、财政、司法、教育、选举、监督等诸多方面。中央政府对郡县实行严格的控制。秦汉的官僚机构犹如一座层次分明的金字塔，塔顶是至高无上、独揽国家大权的皇帝。

5.2 魏晋南北朝地方行政制度

从公元 220 年曹丕代汉，到公元 589 年隋灭陈，重新统一中国，共 369 年，是魏晋南北朝时期。这一历史时期，由于封建割据和民族大融合，使得魏晋南北朝成为我国历史上的动荡时期。在中国古代的地方行政制度中，没有比魏晋南北朝时期更紊乱、更复杂的了。这个时期的地方行政体制基本上是州、郡、县三级，但也有的地方混杂王国于其间。此外，还有军民两政浑然不分的军民双轨制。永嘉之乱后，北方混战，流民大多南迁，又出现了侨州郡县制度。地方行政制度的紊乱，既是魏晋南北朝时期国家不能统一的主要原因之一，也是它的必然结果。

5.2.1 州、郡、县三级地方行政体制

魏晋以降，承东汉末年州牧刺史职权发展的趋势，遂以州、郡、县三级制度作为基本的地方政权体制。州置刺史，郡置太守，县置令长。东汉时，州的行政组织已粗具规模，设有别驾、治中、都官等从事史以及主簿、门亭长等书佐。魏晋南北朝时期变化不大，只是分工更加细密，逐渐形成三个支系。一是别驾，其地位最为重要，是刺史的重要助手。它的职责是“分掌诸曹，兵、贼仓、户、水、铠之属”；① 二是治中，其与别驾构成相互制衡之势。它的职责是统领州府机关诸曹的文书；三是主簿，其主管刺史府的节杖文书，统领门亭长、录事、记室等文秘承送机构。这三个支系既有一定分工，又相互制约，共同管理州府的行政事务。东汉末年，州的刺史拥兵自重，相继成为割据一方的势力。为了限制地方势力的膨胀，防止内轻外重，魏晋南北朝时不断分州析郡，州的数目逐渐增多。西晋时有 19 个州，南陈有 42 个州，北周共有 211 个州，几乎是东汉末年 13 州的 20 倍。

三国郡县之组织略同两汉，但魏晋以后官员级别实行九品中正制，以官品表示地位之高低，与秦汉用秩的标准不同。魏之郡太守列为五品，郡丞为八

① 《宋书·百官志》。

品，郡都尉亦五品，大郡设两人。王国置相，五品，与郡太守等。也设有都尉，六品，低于郡都尉。两晋之郡县制与三国无大差。南北朝分裂时代，战争频繁，州郡长官大多由武官兼任。魏晋以来，地方行政长官兼理军政是重要特点，这是地方势力加强的必然结果。

5.2.2 双轨制与都督制度

州郡政权机构，大多都实行双轨制，军民两政浑然不分。南北朝地方制度受军事化影响，文职官员普遍都加有武职称号。不加将军、都督称号的"单车刺史"很少，多数州牧刺史，乃至郡守，都以都督、将军、使持节等军衔而为州郡之长，集行政、军政于一身。他们既手握兵权，又管民政，其府属机构也渐次形成军事和行政两套班子。魏晋南北朝时的分裂割据与阴谋叛乱，皆由此生。

三国时期，将军常领刺史之职，刺史也常加以将军之号。如公元220年曹丕称帝后将屡建战功的吕虔迁徐州刺史，加威虏将军。这个制度起源于汉代守尉互兼之制。汉代郡设置太守以治民，置都尉以领兵。但由于当时天下大乱，军权高于一切，都督往往以军干政，侵夺刺史职权。于是，朝廷始定二者互兼。汉时人之所以称太守为"郡将"，就是因太守又兼领兵的缘故。一州之内，既置刺史，又有都督，矛盾自然难以避免。魏晋之时，对于刺史兼管军民两政是有不同意见的。司马朗为曹操主簿时，就曾建议"州郡并置兵，外备四夷，内威不轨，于策为长"。陈寿说："州郡领兵，（司马）朗本意也。"①魏明帝时，杜畿则说："州郡典兵，则专心军功，不勤民事，宜别置将守，以尽治理之务。"② 但迫于当时的形势，杜畿的建议未被采用。

将军府的佐吏有：长史，为将军府僚之首。南朝常以幼年皇子出镇诸州，于是长史就代行府州事，亦即代理刺史之职。司马，职掌军务，战时是将军第一助手。有时司马也可代行府州事。在长史、司马之下还有谘议参军，同现在的参谋、顾问相类似，位尊而无具体职务，有时代大郡太守，甚至越长史、司马行府州事。

东晋南朝时代，州之将军府设有"阁内"，也就是办公室秘书班子。置主簿，职掌文书出纳。另有职掌警卫之任的防阁将军。此外，将军府办公室还有一位不登流品的"典签"来挟制州府政令。典签本为处理文书的小吏，南朝

① 《三国志·魏书·司马朗传》。

② 《三国志·魏书·杜畿传》。

诸皇帝为维护皇位不被侵夺，常派典签监视诸王和刺史，号为“签帅”，掌握州镇全权。此职位地位虽卑微，但权任极重。

军府还设有列曹机关。根据《南齐书·百官志》记载，诸曹有录事、记室、户曹、仓曹、中兵、外兵、骑兵、长流、贼曹、城局、法曹、田曹、水曹、铠曹、集曹等十五曹参军，他们主要是协助将军分掌军府各个方面的军务。如记室参军掌“文墨章表启奏，吊贺之礼”。① 但其中田曹、水曹等属于民政，这是由于军府干预民政才设置的。

在三国时州均置有别驾、治中等。如益州别驾为赵莋，治中为杨洪。当时别驾、治中权颇重，多居于州府群僚之右。别驾事无不总，是州刺史管理民政的得力助手；治中则主众曹文书之事，仅次于别驾。魏晋南北朝时期，州府机关的设置，基本沿用汉制，置有别驾从事、治中从事、主簿、功曹等职。

汉代州郡吏皆由长官自行委任本籍人担当，南朝大抵沿袭汉制，但由于别驾、治中地位崇重，其由中央委任。然而六朝时期无论南北，从中央政府到地方政府，各级政权都被世家大族把持。所以州郡僚佐任职者也都是这些大族豪门子弟，年龄多在弱冠，有的甚至是数岁。特别是别驾、治中之职，非一般人所能涉足。

北朝州府机关设置也如南朝，实行军民两套体系。其州佐、府佐僚属的设置同南朝也大致相同。北朝的郡府组织和南朝的也大同小异。凡大守加将军者，皆开两府：一郡府，一军府；一个管兵，一个掌军。军民两政，一如州制。

5.2.3 侨州郡县制度

十六国时期，中原地区政局不稳、征战不息，人民不堪其扰，纷纷涌向辽东半岛、河西走廊，大多是逃往江南。因魏晋以来门阀之风盛行，世家大族虽然南渡避乱，故土已失，但它们仍称旧郡以资识别。并且在迁移之时，通常以其宗族、宾客、部曲、义附同行，所以士族们仍不失其原有的社会政治地位。东晋政权建立后，为了巩固新的政权和统治，需要笼络这些世家大族，安抚民众，于是朝廷就以所迁移到的地方，冠以旧地名称，史称“侨郡”、“侨置”，于是侨州郡县制度因之而起。自此以后的一个半世纪，从长江上游至中下游，陆续建立起北来侨民的地方机构——侨州郡县。流民的迁徙是侨置州郡的主要

① （隋）虞世南：《北堂书钞》69引孙绰《功曹参军驳事笺》，“驳事”本作“骑曹”，据《百三家集》改订。

原因，但迁徙多是自发的，不可能一州一郡之民皆逃往一地，普遍的情况是一郡的流户、难民散居数州、数郡，于是便出现了多处侨置相同的州郡。这就导致了东晋南北朝地方行政体制的混乱。如仅晋陵一地，在当时就置有十五六个郡级和六十多个县级的侨寓郡县。“或一郡分为四五，或一县割成两三，昨属荆豫，今隶司兖，朝为零桂之士，夕为庐九之民，去来纷扰，无暂止息”。①当时版籍户口极为混乱，而且政府机构也难以弄清。根据历史学家严耕望先生的研究，东晋南北朝时期的州郡县领属系统，大致可分为以下四种体制：第一种是实州下只领实郡、实县。例如交、广、宁诸州皆是，此为一般常见的体制。实州、实郡、实县是指有实土的州、郡、县。第二种是实州下既领实郡、实县，又领侨郡、侨县，有的实郡亦领侨县。例如扬州统实郡 11，实县 93，统侨郡六，侨县 13。第三种是侨州下既领实郡、实县，也领侨郡、侨县，有的实郡也领侨县。例如徐州侨置于京口，领广陵、海陵六实郡，广陵、淮阴 20 实县；又统琅玡、东海等侨郡及县。其锺离、海陵两个实郡又各领侨县。最后一种就是侨州只领侨郡、侨县。例如青州侨置广陵，统齐郡等侨郡及县。②

东晋末年，政府为了便于税收和加强地方行政管理，曾实行过“土断”措施。“土断”就是依界土断，撤销侨州郡县，整顿户籍，调整地方行政机构。从东晋成帝咸和中至南朝陈文帝天嘉元年，先后进行过九次土断，但由于阻力很大，特别是世家大族的势力极大，都未能彻底裁撤侨置郡县，而且还搞乱了固有的地方行政系统，地方割据祸乱也日益加剧。

5.2.4 县乡制度

魏晋南北朝大县均置县令，小县置县长。县为封国者，则置相。县令长是地方最基层的行政官，其掌治一县。中央的一切政令，均要通过县令长贯彻于民；中央的一切摊派，绝大多数也是征集于县官。因此，县令长职虽烦剧，但其权责亦重。魏晋南北朝时期，长期处于四分五裂状况，战争不断，百姓多难。作为亲民之官的县令长，除了劝民农桑，惩治猾盗豪强外，也随着时局的变化而拥有一定的兵权。如南朝宋沈攸之为龙骧将军武康县令。

这个时期县令下设县丞、县尉等佐贰官，功曹、列曹等衙署机关。县衙设

① 《宋书》卷 11《志序》。

② 参见严耕望：《中国地方行政制度史·魏晋南北朝地方行政制度史》上册，台北历史语言研究所 1963 年版，第 7 页。

主簿、主记室史、录事史、门下史、书佐、循行、门下游檄、门亭长等职；列曹机关设户曹、仓曹、金曹、贼曹、法曹、兵曹、吏曹、狱史、都亭长等。

西晋统一后，有县1229。一县户不满300者，县廷可置职吏18人，散吏四人；300户以上可置职吏28人，散吏六人；500户以上可置48人，千户以上65人，1500户以上可置86人，3000户以上可置114人。宋齐时县令长任期为三年，这是前所未有的新制。北朝后魏有县1352。按照魏县制，每县置三令长，其中皇室一人，他姓二人。后魏是鲜卑族拓跋氏所建，入主中原后，时时担忧会有不测，故委皇族以监临之，使他姓二人互相制约。

县下为乡。魏晋南朝的乡官制度，大体上沿袭汉代。汉末大乱以来，地方纷乱，百姓为避战乱，到处流徙，乡里制度多遭破坏，基层政治也日益腐败。但就制度而言，乡置有秩、三老和游檄。大乡由郡置“有秩”，小乡由县置“啬夫”。乡以下，民五家为“伍”，十家为“什”，百家为“里”，十里为“乡”，五千家为大乡。又以十里设一亭，置亭长、亭侯，五里置邮。它们的主要职能是：一方面维持社会治安；另一方面是代表官府向百姓征租调，发徭役。

西晋时，乡的辖户减少。乡制规定，县500户以上皆置乡，3000户以上置两乡，5000户以上置三乡，一万户以上置四乡。每乡置“啬夫”一人。大乡置治书史一人，佐两人；次乡置史、佐各一人；小乡只置治书史一人。① 东晋时，政局动荡，政区划分混乱，正常的乡里制度不能贯彻。再加上南朝中央篡窃风行，腐败无能，地方政治全部把持在世家大族手中，已无乡里之治可言。

孝文帝时，采取李冲的建议，对乡里制度实行了一系列的改革。其推行“三长”制度：五家为“邻”，设一邻长；五邻为“里”，置一里长；五里为“党”，立一党长。三长制度最主要的目的是为了正户籍，平赋税。实施以后，成效显著：强宗大族的势力削弱了，政府控制的编户齐民增加了，人民的租赋也减轻了。此外，孝文帝采纳李安世的建议，实行均田制。北魏因为建立三长制，推行均田制，大大解放了生产力，推动了当时经济的发展，甚至对以后隋唐时期经济的发展都有深远影响。

5.2.5 简评

在中国古代的地方行政制度中，没有比魏晋南北朝时期更紊乱、更复杂的

① 《晋书·职官志》。

了。魏晋南北朝大部分时间处于战争时期，军事成为地方事务中的重要内容。这个时期的地方行政体制基本上是州、郡、县三级，但也有的地方混杂王国于其间。魏晋南北朝时期地方行政体制的最大变化，莫过于州郡政权的军事化。州刺史、郡太守带将军衔，是普遍现象。同时，以军将为都督，兼领刺史、太守，也是普遍现象。地方官身兼军政两职是乱世的常见现象。地方政权令出一门，政行两端，出现了“双轨制”，使中央对地方的控制力减弱，因此中央多次采取析州分郡的方法以缩小地方势力，但由于缺乏足够的权威，在当时无法从根本上解决中央和地方之间的关系问题。州郡政权的军事化，成为这一时期战乱频繁、社会动乱的根源。永嘉之乱后，又出现了侨州郡县制度。地方行政制度的紊乱，既是魏晋南北朝时期国家不能统一的主要原因之一，也是它的必然结果。魏晋南北朝时期虽然仍存在王国，但是王国和郡县实际上一样直接受中央领导，两制变为郡国一制，加强了中央集权。即使是西晋大分封，也不给诸王以治地的行政权。这个时期的县级行政组织是相对稳定的，主要由于县控制地域较小，辖户也较少，本身难以形成独立之势。在县以下，国家通过地缘关系结合血缘关系组成乡里组织。

5.3　隋唐地方行政制度

5.3.1　隋代州、县两级制的地方行政制度

自东汉末年起，地方行政机构的设置即形成了州、郡、县三级。到了南北朝时期，地方州级机构上临时设置了一些都督数州军事或总管的机构组织，兼管地方民政事务，造成了实际上的四级地方机构建置。隋初，仍实行州、郡、县三级制度。其对全国的府、州、郡、县，分别按地理位置、辖区的重要程度和政务的繁简以及人口、财赋状况等划分为上、中、下三级九等。当时尚未并陈，州郡之数已属惊人。开皇初有州 211，郡 508。州郡过多，使得很多地方有州之名，无郡之实；有郡之实，无县之实。官多民少，十羊九牧，不利于新政权的发展。

开皇三年（583 年），隋文帝开始大量精简裁削地方机构，对地方机构进行了大幅度的改革。首先，罢除郡的建置，以州统县，打破了自东汉末年以来四百余年州郡县的三级地方行政体制，以州刺史治民，虽然名称没有改变，但其具体职责却同郡太守差不多。此外，文帝又进一步对州、县实行整顿，开皇十四年，改九等县为上中下三等。到了隋炀帝大业三年（607 年）时，又改州

为郡，变州、县二级制为郡、县二级制。同时大力并省，全国总计约190郡，县1 226，平均每郡领六县以上。

隋代州（郡）以下是县。隋初，根据县的重要程度分为九等。开皇十四年，改九等县为上、中、中下、下四等。炀帝时，又以大兴、长安、河南、洛阳为京县。同汉魏以来依照县的人口的多少分别设县令、县长的制度不同，隋代的县一律置令。根据《隋书》记载，隋代县的行政组织情况如下："县（上上）置令，丞，尉，正，光初功曹，光初主簿，功曹，主簿，西曹，金、户、兵、法、士等曹佐，及市令等员。合九十九人。上中县，减上上县吏属四人。上下县，减上中县五人。中上县，减上下县十人。中中县，减中上县五人。中下县，减中中县五人。上下县，减中下县十二人。下中县，减下上县六人。下下县，减下中县五人"。①

隋代县以下的地方基层组织，初期为保、闾、族。五家为"保"，五保为"闾"，四闾为"族"，均置正。畿外置里正，比闾正；党长比族正，职同闾正、族正。除了乡里组织之外，隋还设有"坊"。北魏时，开始把城中居民聚居区域称为"坊"。隋代每坊置坊主一人，佐三人，与乡里的行政组织不相混杂。

5.3.2 唐代的地方行政制度

1. 州（府）、县机构与乡、里组织的置建

唐代地方行政制度实行州、县二级制。唐初，将京都与陪都所在地的州称为"府"。西京、东都与北都合称"三京府"。唐朝定都长安，故以雍州京兆府为西京，通常称为"西都"；河南府在地理上为襟带之地，是东周、东汉、魏晋和后魏的故都，故以为东都；太原府，本为并州，是高祖起兵发祥之地，故定为北都。三府长官置牧，各一人，分别称西都牧、东都牧与北都牧，规定由亲王遥领而不莅任，但实际的行政长官则是府尹。改三府别驾为京兆尹、河南尹、太原尹，员额各一人，秩从三品。其中京兆尹并不是随便什么人都可以做的，无品不学之徒以及皇族显贵恃宠横行之辈，皆不能担任该职。司马为少尹，员额两人，秩从四品下。三府各置司录参军，各两人，秩正七品上。三府又各设功曹、仓曹、户曹、田曹、兵曹、法曹、士曹参军事，各两人，秩正七品下；参军事，各六人，秩正八品下；经学博士各一人，秩从八品上；医学博

① 《隋书·百官志下》。

士各一人，秩从九品下。

州是唐朝封建国家统治地方最重要的一级地方政权，除三府外，全国地方遍置诸州。唐代的州除上中下三等之外，还有辅、雄、望、紧之分。“开元中定天下府州，自京都及都督、都护府之外，以近畿之州为四辅，其余为六雄、十望、十紧及上、中、下之差”。“同、华、岐、蒲四州谓之四辅；郑、陕、汴、绛、怀、魏六州为六雄；宋、亳、滑、许、汝、曹、洛、虢、卫、相十州卫望；初有十紧州，后入紧者甚多，不复具列。”① 州的行政长官为刺史，其职权与府尹相同。“亲王典州，则岁以上佐巡县。”② 但还是有一些具体的职责。例如人事权，刺史对于所属僚佐的辟用权，远小于汉代。品外小吏可以辟用，九品以上僚佐的辟用，必须报请吏部批复。刺史的主要僚属有上佐、判司和录事参军。上佐指别驾或长史、司马，上州别驾从四品下，余均为五品。判司指司功、司仓、司户、司田、司兵、司法、司士参军事，每司一般均为一人，上州从七品下，中州正八品下，下州从八品下，分掌州政。录事参军事上州从七品下，中州正八品上，下州从八品上，地位略高于判司。玄宗天宝初，改州为郡，刺史为太守。这只是名字上的互换，并无实质上的差异，州内组织并无变动。

府、州之下为县。唐代以京都为中心，京都城内的县称为“赤县”，又曰“京县”，有万年、长安、河南、洛阳、太原、晋阳诸县；三京郊区的县则为畿县，又依据地域的优劣美恶分为望县、紧县。此外，还依据户口的多少分为上、中、中下、下四等。凡是列为赤、畿、望、紧者，不论户数，均是上县。每县置县令一人。京府的县令正五品上，其余为六至七品，其职责主要是劝课农桑，编造户籍，征督赋税，审查冤屈，躬亲狱讼。为了加强县级行政机构的统治效能，唐代县的机构组织也很完备。县令之下置县丞、主簿、县尉各一人。县丞是县令的副职，协助县令综理县廷政务；主簿掌检查文书簿籍的违制、失误，并加以纠正；县尉亲理庶务，分判众曹，催征课税，追捕盗贼。至于其内部组织，京县设有六司：司功、司仓、司户、司兵、司法、司士，分别与中央的六部对应。畿县减司兵，上县以下只设置司户、司法两司。机构之精简，职掌之明确，实为汉魏南北朝以来所未有。此外，县均有经学博士、助教各一人，掌管教育；京县置学生 50 人，畿县 40 人，中县以下各为 25 人。县的机构还有市令和仓督。县仓受纳正租，是唐朝财政经济体系的重要组成部

① 《通典·职官十五》。

② 《新唐书·百官志四下》。

分；市令掌“市廛交易，禁斥非违之事”。① 这些都表明唐代随着经济的发展，中小城市开始兴起，县城商业贸易已很发达，因此有必要专设市令等一套班子来管理经济贸易。

县下是乡、里、保、邻等基层组织。四家为“邻”，五邻为“保”，百户为“里”，五里为“乡”。乡只设耆老，无具体职权的规定，可能如同汉代的三老，掌管教化之事。里置正，里正是乡里基层政权的实际管理者，其职掌一是核查户口；二是监督农业生产，收受田地；三是管理治安；四是征收赋役。保置长。组织机构颇为严密。

2. 位驾于州之上的都督府

都督之职，在南北朝时期为大行政区的军政长官，全称为“都督某某州诸军事”。北周时改称“总管”。隋炀帝废除总管府之后，到唐高祖武德初又恢复了，不久改名都督府。一般置于“缘边镇守及襟带之地”。② 唐初规定，管十州以上的为上都督府，不满十州者为都督府。玄宗开元时进一步规定，户满二万以上为中都督府，不满二万为下都督府。武德、贞观时期，都督府的建置颇多，《括地志》记载，贞观十三年（639 年）时全国有都督府 41，除京畿九州外，全国 358 个州分别统辖于各都督府。都督府机构兼治军民，其具体职能是掌督诸州的兵马、城隍、镇戍等；而其所兼治州刺史的职务，则与府州行政机关所掌完全相同。都督府设都督一人（大都督府从二品，中都督府正三品，下都督府从三品）。大都督一般以亲王遥领不莅任，而由长史主持府事。其僚属也以长史、别驾、司马为名。开元以后，特别是安史之乱后，从边疆到内地相继兴起了节度、观察、团练、防御等使。都督府虽未明令废除，但已成空名，长史、别驾也不常设，司马则仅存其名。

3. 道及其机制转换

唐初，道作为一种区域，有四种不同的划分。首先是行台省统领的区域，如武德年间兰州道、襄州道等行台；其次是作为行军线路的道，这种道大体按照行军的方位、作战的地点等命名，长官则称为“某道行军总管”；再次是作为监察区的道，主掌对地方州级机构内官吏的监督；最后是作为军事防御区域，武德二年分关中为十二道，置十二军。前两种道存在的时间很短，唐初以

---

① 《唐六典 · 诸州县令》。

② 《旧唐书 · 地理志一》。

后不久就不用了。后两种道的设置，使得监察权与军权相互分离，有利于唐朝廷对地方的控制。中唐以后，这两种道即监察区域的道与军事区域的道相互结合，军政合一，形成了所谓藩镇时，道也就演变成了行政实体，成为州以上的一级地方行政管理机构。隋及唐初的地方州（府）、县二级制又演变成了道、州（府）、县变相的三级制。由于道的军民两系职官均为使职差遣，不属于正规官，所以称之为“变相的三级制”。道级机构内的主吏是观察处置使，主政；属僚有副使、支使、判官等。每一道管辖数州不等，其上隶属于中央机构，下管辖诸州县，使中央对地方的管理更加强化，形成了系统化的地方管理网络。

5.3.3 唐代边疆少数民族地区行政管理机构的设置

1. 都护府

在唐朝前期，先后灭东突厥、西突厥和高丽，边疆各少数民族纷纷内附。为了对众多的少数民族进行管理，巩固国家的统一，唐初统治者效仿汉代西域都护府的建置，在边疆地区也设置都护府。唐贞观以后至武则天时期共设置六个都护府，它们设置的经过及其以后的变化情况，略述如下：

安西都护府。贞观十四年（640 年），唐太宗灭高昌国（今新疆吐鲁番地区）。唐朝为了对这块天山南北的广阔领土进行管辖和统治，设置安西都护府，治所在西州（今新疆吐鲁番县东高昌故城），属陇右道。高宗显庆三年（658 年），平定西突厥并招抚西突厥诸族部落，移安西都护府于龟兹（今新疆库车县），统四镇，分西突厥地为蒙池、昆陵二都护府。龙朔元年（661 年），葱岭以西的吐火罗归附唐朝，于是又在波斯（今伊朗扎搏勒）以东置十六个都督府。咸亨元年（670 年），吐蕃攻陷四镇后，移治碎叶；武后长寿元年（692 年），击破吐蕃，收复四镇后，又迁回龟兹。

北庭都护府。唐长安二年（702 年），分安西都护府天山以北地区，置北庭都护府，治所在庭州城（今新疆奇台县西北三十公里），属陇右道。统突厥十姓、突骑施、葛逻禄等部。其时蒙池、昆陵二都护府已废，其所辖区域亦改隶于北庭都护府。

单于都护府。唐高宗永徽元年（650 年）破东突厥，分其地置单于、瀚海二都护府。瀚海统漠北，单于统漠南。龙朔三年（663 年），以云中为治所的单于都护府更名为云中都护府。麟德元年（664 年）复改云中都护府为单于大都护府，属河东道。以殷王为都护，统辖今内蒙古中西部以及外蒙南部地区，仍治云中城。圣历元年（698年）并入安北都护府。开元八年（720年）又分为安北都护府和单于都护府，安北都护府移治中受降城（今内蒙古包头市西），单于都护府则仍以云中为治所。

安北都护府。唐贞观二十年（646年）灭薛延陀，漠北铁勒诸部降服。太宗乃置瀚海等六都督府和州，置燕然都护府以统之，治所在西受降城（今内蒙古杭锦后旗乌加河北岸）。高宗龙朔三年（663年），合并燕然都护府和瀚海都护府，仍称瀚海都护府，治所在漠北回纥牙帐（今蒙古国乌兰巴托市西400公里）。总章二年（669年）改为安北大都护府，治所在金山（今蒙古国科布多境）。

安东都护府。唐总章初平高丽置，分其地为九都督府，42州，100县，设安东都护府统辖之，治所在平壤（今朝鲜民主主义人民共和国平壤市），属河北道。它的辖境相当于今辽宁、吉林通化以及朝鲜半岛北部一带。玄宗年间，又先后在今黑龙江上、下游地区分别设置室韦都督府、黑水都督府，在今长春、哈尔滨的东南地区设渤海都督府，这些均归安东都护府统辖。

安南都护府。唐调露元年（679年）改交州都督府为安南都护府，治所在宋平（今越南河内），属岭南道。由交州刺史充任都护，统海南诸国以及境内诸羁縻州。

唐代的都护府有一套完备的组织机构，同内地三府诸州的组织机构基本相同。都护府分为大都护府与上都护府两等。大都护府设大都护一人，秩从二品，一般由亲王遥领；副大都护一人，秩从三品；副都护两人，秩从四品上。属官有：长史一人，秩正五品上，主要职责是辅助都护处理行政事务；司马一人，秩正五品下，佐助都护处理事务。录事参军事一人，秩正七品上；而功、仓、户、兵、法诸曹参军事，秩正七品下。诸曹参军事之下各有府、史以佐之；户曹又有帐史。

2. 羁縻府州

羁縻府州是唐初以来在周边少数民族聚居地区设置的行政单位，小者为州，大者为都督府，通常都以本族首领为都督、刺史，并可世袭。都护府统领边疆少数民族，主要是通过羁縻府州来进行的。上述的都护府所属的府州都是羁縻府州。羁縻府州的机构大概有以下几种情况：一是原有的行政机构和政治制度都保留不变，从长官到僚属都由本族人担任，唐代大多数民族地区都采用这个办法。二是派遣汉族官员担任羁縻府州的部分官员，组成联合统治机构。三是在保留原有的组织机构、承认其酋领的统治地位的同时，朝廷派遣政治代表进行监视督导。唐朝廷对羁縻府州的管辖权主要表现为贯彻政令、实施法律、征调兵马以及收取贡赋等方面。据统计，唐代设置的羁縻府、州大约有856个，羁縻县更多，已不可考。羁縻府、州的建立，加深了民族地区与中原的政治关系，也促进了民族地区经济、文化的发展，有利于民族之间的融合。

5.3.4 简评

隋唐时期，地方行政制度最重要的变化就是从隋及唐初的地方州（府）、县二级制演变成了道、州（府）、县变相的三级制。在这其中，道的确立有一个发展过程。唐初，道作为一种区域，有四种不同的划分：行台省统领的区域的道；作为行军线路的道；作为监察区的道；作为军事防御区域的道。前两种道不久就被唐朝统治者废弃了，后两种道使得监察权与军权相互分离，有利于唐朝廷对地方的控制。中唐以后，后两种道相互结合，军政合一，形成了所谓藩镇时，道也就演变成了行政实体，成为州以上的一级地方行政管理机构。唐对于边疆少数民族的管理也特别重视，设立了都护府、羁縻府州对其进行管理，客观上促进了这些地区政治、经济、文化的发展。

5.4 宋辽金地方行政制度

5.4.1 宋朝地方行政制度

宋朝地方行政制度同前代相比，有了一些变化。唐、五代时，由于地方权力强大，节镇专权，方镇割据，最终导致中央政权无力控制地方势力而灭亡。有鉴于此，宋朝统治者建立政权后，分散了地方行政机关的职权，加强中央对地方的控制。

宋初，地方基本上只有州、县两级。后来，由于州、县过于分散，又在州、县上设置了“路”一级地方政权。总地来说，宋代的地方政权分为三级：最高一级政权是路，路下是府、州、军、监，府州之下是县。宋朝最盛时期，全国有路26处，京府四处，普通府30处，州254处，军59处，监四处，县1234处。

1. 地方机构设置上的一次新变化——“路”的始设

路，是中国古代地方机构设置上的一次新变化。路之设置，始于宋太宗。宋朝的路既不同于汉代的州，也不同于唐代的道。汉代的州是监察区，唐代的道最初也是监察区，及至中唐演变为节镇后，其所辖区域并不固定。路则是地方最高一级政权。宋代为了防止地方长官权力独揽，把路分置为四个机关，它们互不统属，互相监督，都直接对皇帝负责。

经略安抚司，又称“帅司”。其以“使”为主官，“掌一路兵民之事”，① 即除一路军政外，亦兼理民政，“听其狱讼，颁其禁令，定其赏罚，稽其钱谷、甲械、出纳之名籍而行以法”。帅司是路中最高级的军政长官，多由文臣担任，但统辖军队。

转运使司，又称“漕司”，其以“都转运使”为主官，“掌一路财赋”。② 宋代时各州除必要的经费支出外，各种税收都经由转运使送交中央。随着职权的扩大，转运使司还兼理边防、治安、钱粮、监察等事务，成为府州之上的行政长官。

提点刑狱司，又称“宪司”，其以“公事”为主官，“掌所部之狱讼而平其曲直，所至审问囚徒，详覆案牍，凡禁系淹延而不决，盗窃逋窜而不获，皆劾以闻，及举刺官吏事”，③ 主管司法和监察，本来是文武臣兼用，后专用文臣。

提举常平司，又称“仓司”，其以“提举”为主官，“掌常平、义仓、免役、市易、坊场、河渡、水利之法，是岁之丰歉而为之敛散，以惠农民”，④ 主管赈灾和专卖事务。

这四个职官都是中央派到地方来监督指挥地方军、政、刑、财的，因此，习惯上又把他们称为“监司”或简称为“帅”、“漕”、“宪”、“仓”。除“四司”之外，一度还设有提举学事司，主管本路学政。有些路还设有提举茶盐司、提举市舶司、提举保甲司等，这些都是根据各路的具体情况而定的。各司除主官之外，都设有副职，如判官。这些副职除了执行本司职权所管辖的事务之外，还负有监视主官的职责，可以直接向朝廷奏闻。并且各司的政令文书，必须要有副职的签署才有效。各司还设有一些主管各项具体事务的属员，如主管文字、干办公事、文臣准备差遣、参议官等，有一定的员额。总的来说，唐代的州县，只有一个上司，即观察使；而宋代的州县则有四个上司，可见地方官的处境。这种着眼于削弱地方权力、使之相互牵制的做法，必然造成官无专职、人无专责、人浮于事、办事效率低下。宋代地方最高长官的权力一分为

① 《宋史·职官志七》。

② 《宋史·转运使》。

③ 《宋史·职官志七》。

④ 《宋史·职官志七》。

四，也是宋代过分集权中央的一个重要方面。

2. 介于路、县之间的地方机构——府、州、军、监

府、州、军、监处于地方行政体制的中间一级，它们属同级政权，都直属于中央。在这一级政权中，以州为骨干，府、军、监数目不多，军、监一般也不领县。州起源于东汉，初为地方监察机构，后来发展、演变为一级正式的地方机构。到了宋代，州作为地方一级机构被沿袭下来。宋代的州分八等，最盛时有州 254 个，其组织机构与府基本相同。府、军、监是根据设置的不同原因而得名的。府只是州的别名，但地位要略高于州，设府之处都与皇帝有关，如国都、陪都、出生地、任职处等。地方区划以府为名，始于唐玄宗开元元年（713 年），将京都升为府，以示特殊。府的设置分两种，即京府与普通府，各府机构设置情况基本相同。军在唐代是军区，五代以后逐渐演变为行政区。军大多设于国家军事要冲，由于两宋先后与辽、金对峙，战事不断，因此军之设置较多，总共有 59 个。监多设在国家重要矿产区，一般不管民政。

府、州、军、监的职责主要是宣布教化，劝课农桑，赋役钱谷，法令狱讼，兵民之政皆总焉。这些机构分别以知府、知州、知军、知监为长官，为了防止过去由于武将兼领地方官所造成的拥兵自重现象，由皇帝直接任命中央文官担任。此外，宋代还明确规定地方官“三岁一易”和本地人不能在本地做官。宋代还在府、州设立了通判官，以分知州的职权。根据《宋史·职官志》记载：宋初惩五代藩镇之弊，太祖“始置诸州通判”。通判主要负责一州的财务工作以及管理州内其他事务，凡州内一切政令如果没有通判签署则无效。通判是皇帝在地方上的重要耳目，可随时向皇帝报告州内情况。随着中央集权制度的稳定，通判逐渐演变为州的副长官。由于通判在事实上握有很大的权力，其地位并不比知府、知州低。

3. 基层地方机构——县

县是隶属于州的基层地方机构。宋代县的等级仍沿袭唐制：凡首都陪都城内之县曰“赤县”，城外曰“畿县”。又依据所处地区的美恶、户口的多寡分为望、紧、上、中、中下、下几等。宋初惩五代分裂割据之弊，对县官的委任，多出于朝官幕职。县置县令或知县，正官曰“县令”，京朝官领县者称“知县”，以选人领县者也称“县令”。名称虽有所不同，但具体的职责是相同的。按政府规定，县令或知县要以时编造户籍版册，催收二税。有水旱之灾，则酌情分别减免赋税；民以水旱流亡失所，则抚存安集之，使无失业。有孝悌

行义闻于乡里者，具事实上于州，教化激励以正民风。县有戍兵则兼兵马都监或监押。县令之下设丞、主簿、尉等属吏，分管财务、治安等事。

县之下，原设有基层组织，王安石变法后，在县治内推行保甲法，因此有都保、大保、保三级。五百家为一“都保”，设都保正主之；五十家为一“大保”，设大保长主之；十家为一“保”，设保长主之。保的任务是联比民户以相保任，以寄兵政。税户三十家为一“甲”，其任务是放贷青苗以及税收。王安石变法失败后，保甲制度也有名无实。

5.4.2 辽的地方行政制度

辽的地方行政系统可划分为三个：一是以民政为主的系统，二是军政合一的系统，三是单纯的军事系统。

以民政为主的系统可分为三级，即道、府州及州级军城、县。辽分全国为五道，亦称“五路”，即上京、东京、中京、南京和西京。设宰相府、诸使等主管本道政务。除五京府外还有龙州黄府等六府，设府尹为主要长官，另设警巡院、府学等官署负责各项具体事务。州按照地理位置的重要程度分为节度、观察、团练、防御、刺史五等，其中以节度州为最高。辽最盛时有156个州、军、城。县的地位最低，凡县皆置县令一人，主持全县政务。这套以民政为主的地方行政系统由汉制南面官负责。

在各部族的辖地上实行军政合一的系统。其主要有两类：一类是分布于辽腹地及边远地区的部族，在保持部族原有习惯的基础上，于部族内设大王府进行管理，大王则由朝廷任命。另一类是分布于内地的各部族以及松花江下游和黑龙江一带的五国部，这些部族的首领被任命为节度使，依本部族的习惯进行管理。这套系统受辽北面官的节制。

辽为加强对各族的控制设立了不同级别的军事机构，军事系统就是由这些军事机构构成的。它也分为两类：一类是招讨司和节度使司，负责边防地区的防守和对各属国的军事管制。另一类是统军使司和都部属司，负责重要地区的军事驻屯和防守。

辽在统一北方地区以后，针对不同的部族采取不同的管理方式，这同各民族的风俗习惯和生产方式是相适应的，使得辽政权获得了相对稳定的政治局面。

5.4.3 金的地方行政制度

金沿辽制，“建五京，置十四总管府，是为十九路。其间散府九，节镇三十六，防御郡二十二，刺史郡七十三，军十有六，县六百三十二”。① 实际上，金实行的是路、府州、县三级制。

五京路是由留守司负责各项政务，留守司设有留守、同知留守、副留守、留守判官、推官、司狱等官。其他的路则设总管府，有都总管、同知都总管、副都总管、判官、府判、推官、知法等官，分管各项政务。

府有京府、散府之分，京府设尹为长官，府事则主要由同知和少尹主管，另外还设有总管判官、府判、推官、知法等官来分管各种政务。散府的设置基本如京府，但品秩稍低。府的行政机构同州相类似，但地位比州高。

根据形势地要可以把州划分为节镇、防御郡、刺史郡等，它们都是州一级的行政单位。分别设节度使、防御使、刺史为长官，统领本州的军政，其下的官员设置基本如府。

金时根据县的地位重要与否及所辖户口之多少，分为赤、京、剧、次剧、上、中、下七等。凡县皆置县令一人，总制县事。此外，还各置县丞一人，佐理县政；主簿一人，职同县丞。县以下还有村社基层组织。

5.4.4 简评

宋朝吸取唐、五代时地方权力强大，方镇割据，最终导致中央政权无力控制地方势力而灭亡的教训，建立政权后，为了防止割据势力的再起，宋朝统治者分散了地方行政机关的职权，加强中央对地方的控制。这一时期，路的设置成为地方机构设置上的一次新变化。宋代为了防止地方长官权力独揽，把路分置为四个机关，它们互不统属，互相监督，都直接对皇帝负责。辽针对不同的民族采取不同的管理方式，其地方行政系统主要由南面官、北面官负责，这同各民族的风俗习惯和生产方式是相适应的，使得辽政权获得了相对稳定的政治局面。金袭辽制，但根据自身情况稍有变化。

5.5 元代地方行政制度

蒙古民族以武力合并了金、西夏、西辽、大理、南宋等政权，建立了疆域广袤的元帝国。在长达70年左右的征服过程中，元陆续吸收了被合并的各个政权的旧制，形成了一套混合芜杂的地方行政制度。

① 《金史·地理志序》。

5.5.1 元代地方行政制度

1. 行省制度的确立

行省之制渊源于魏晋之行台。金于中央置尚书省，在全国襟带之地又置行台尚书省，除不置尚书令外，一切官属皆与中央相同。元代时废门下省及尚书省，只置中书省为中央行政中枢。元朝为了加强对地方的控制，以中书省分驻地方，以便直接处理政务，后来常设不废，就成了地方机构。为了与中央机构有所区别，其正式名称改为某处行中书省，简称“行省”或“省”。行中书省的设置是元朝地方行政机构的一个显著变化。元代除了河北、山东、山西、河南北部、内蒙古中部东部地区称为“腹里”，直属中央的中书省管辖，以及宣政院直辖的吐蕃和诸王封地外，其在全国设立了河南、江浙、江西、湖广、陕西、四川、辽阳、甘肃、云南、岭北、征东等十一个行省，以实现对“北逾阴山，西极流沙，东尽辽左，南越海表”的辽阔疆域的管理。

行省“凡钱粮、兵甲、屯种、漕运、军国重事，无不领之”。① 每省设丞相一人，从一品；平章二人，从一品；左右丞各一人，参知政事二人。还设郎中、员外郎、都事等分管省内各种事务。行省丞相、平章多由蒙古亲王充当，权力极大：军国重事，无不领之；除中央直接任命的官吏外，有权自选官吏。总之，行省制度的建立有效防止了分裂，巩固了多民族国家的统一。它也是我国省制的开端，在我国古代地方行政制度史上具有深远的影响。

2. 路府州县组织

行省之下，腹里地区一般设路、府、州、县四级；非腹里地区一般设路、州（府）、县三级。每路皆置路总管府，以总管为长官；设达鲁花赤、总管、同知、治中、判官等主要官员，还有学校、司狱司、织染局、东造局、录事司等分管各项专门事务的部门。府设置的不普遍，其级别有两种，或与路平级，隶属于宣慰司或行省；或隶属于路。有的府下辖州县，有的则不辖州县。设达鲁花赤、知府或府尹为主要官员，还设同知、判官、推官、知事、提控案延等分管各项具体事务。州隶属于府或路，也有的直隶于行省，其下或辖县或不辖县。设达鲁花赤、州尹或知州为主要长官，其他如府制。县隶属于路、府或州。设达鲁花赤、县尹、丞、主簿、尉、典史等主要官员，但中、下县不设县

① 《元史·百官志七》。

丞。在比较重要和遥远的地方设巡检司。县以下有村社、里甲等基层组织。凡五十家编为一“社”，汉族地主、乡耆为社长，负责统治基层、催收税役。村社以下有里甲，凡二十家编为一“甲”，甲有甲主，由蒙古人和色目人担任。

自路以下，均设有掌握实权的蒙古管事官“达鲁花赤”。达鲁花赤，蒙古语原为“镇压者”、“制裁者”、“掌印者”，转而为“临监官”、“总辖官”之意。它们通常为蒙古人担任，其既是地方政权的最高负责人，也可以监督地方行政长官。他们是高踞于其他官员之上的特殊官员，有监督权，虽然他们往往不管实际事务，但在地方政务中起着重要的作用。

5.5.2 元代民族地区行政管理制度

元朝在少数民族和边疆地区，根据不同的情况设置行宣政院、宣慰使司、安抚使司、招讨使司等对民族地区进行管理。

行宣政院。元世祖至元二十八年（1291年），设行宣政院于杭州，掌江南各省佛教，其后曾两度废而复置。吐蕃发生变乱，亦设行宣政院前往当地处置，唯重大军事行动需与枢密院商议。

宣慰使司。由于元代的路辖境缩小，而中书省直辖区与行省又过于广袤，因此在路、府之上增设宣慰司作为省的派出机构，来处理远离行省中心的地区或少数民族聚居地区的军民政务。它们的职掌是“行省有政令则布于下，郡县有请则为达于省”。① 其长官秩从二品，设宣慰使、同知、副使等官。这些宣慰司，大多是成宗朝以后陆续设置的，而不是忽必烈时期诸道宣慰司的恢复。

在云南行省、四川行省的边远民族地区以及宣政院所管辖的吐蕃地区内，还设有宣抚司、安抚使司、招讨使司等。各司的品秩与路总管府相同，大部分隶属于各道宣慰司之下，少数直隶于行省。

总之，元朝完整的地方统治机构，加强了对地方和边塞少数民族的控制，也消除了封建势力割据的基础，维护了国家的统一。

5.5.3 简评

元代地方行政制度最重要的变化就是行省制度的确立。行省是由中央的派出机关转化而成的地方最高一级政权。行省制度的建立有效防止了分裂，对加强中央集权，特别是调整好中央与地方的关系，具有重要意义。它也是我国省制的开端，在我国古代地方行政制度史上具有深远的影响。此外，元朝对边远

① 《元史·百官志七》。

地区的行政管理，不仅加强了这些民族对中央政府的向心力以及与中原的政治、经济、文化的联系，而且也促进了这些地区政治、经济、文化的发展。

5.6 明清地方行政制度

5.6.1 明代地方行政制度

明代地方行政制度，基本上沿袭了元朝的行省制度，但是又根据需要做了创新和调整。总体来说，明代地方行政制度，实行的是省、府、县三级制，其间虽然参有省、州二级制和省、府、州、县四级制，但比例较小。

1. 省的变化

与元代相比，明代地方行政制度中在省一级有较大的变动。这反映出朝廷要控制各省的行政权力，将财权、军权、司法审判权尽可能集中于中央，但在实际统治中，又由于地域辽阔，不得不给予地方一定的权力，否则较难履行好统治职能。因此，随着形势的变化，一再对省级行政制度做出重大调整。

明初，地方行政制度仍沿袭元朝行中书省的制度，设立行中书省或中书分省。行中书省的长官称“参知政事”和“平章政事”，对辖区的民、政、军、财诸方面拥有无所不统的大权。在战事频繁的建国初期，为了处理各种紧急性的政务，明王朝不得不给予省级主官较大的权利，允许他们自主处理地方大政。但这与高度集中权力于中央的国家根本体制是相矛盾的。因此，洪武九年(1376年)，明朝宣布改革行省制度，设承宣布政使司、提刑按察使司、都指挥使司，号称“三司”，共同组成省级政权机构，分别执掌行政、司法和军事，俗称为“藩司”、“臬司”和“都司”。

明初全国共有13个承宣布政使司。此时，承宣布政使司已经不再是一个统率全省工作的领导机关，而是一个降为仅负责上承下宣的行政部门。其主要负责民政和财政方面的工作，诸如稽核户籍人口，征调赋役，督促生产，检查和督促府州县的官员们按时完成上述事务，并奏报其功过，等等。布政使司不能指挥军队，也不能直接处理刑狱司法事务。布政使司的职权与原来的行中书省有很大不同，因此其内部机构和属官的设置也有较大变化，原有的平章政事、左右丞等重要佐僚的职位都被取消了。布政司设左、右布政使各一人，从二品；左、右参政，从三品；左、右参议，从四品，均无定员。布政司下还设有经历司、照磨所、理问所等办事机构。经历司主要负责收发文移之事；照磨所主要掌管文书卷宗之事；理问所则负责刑名之事。都指挥使司，设都指挥使一人，正二品，是省最高军事长官，管辖本省卫所，负责军务之事。提刑按察使司，设按察使一人，正三品，是地方最高司法官，负责本省的刑狱和监察。

“三司”的设立，实际上是将一省的地方军政权力一分为三，一省之内没有任何一个部门或官员可以单独裁断全局性的大政。三司机构的首长均为掌印官，彼此互不隶属，都直接接受朝廷的领导。这样，一方面，随着行政、军事、司法分工的明确，便于进行深入管辖，从而提高行政效率。另一方面，由于权力分散，可以互相牵制。省内的重大问题，要由“三司”议奏，听候皇帝批办。这强化了朝廷对地方的控制，有利于中央集权。

2. 府、州、县的机构的健全

明朝除了对省级机构进行“一分为三”的机构改革和推行“三司”之外，对省以下的行政区划也作了较大的改革。首先是简化了层次，裁撤了元朝的“路”级机构；其次，健全了府、州、县机构的设置与管辖。

明初，改元朝的诸路为府。顺天府和应天府直隶于中央政府，其他府则直隶于布政司。顺天府，设府尹、府丞各一人，通判六人，其属有推官、教授等。应天府设府尹、府丞、治中各一人，通判二人，推官、经历、知事、检校、照磨各一人。省所属的府，在组织机构上不同于顺天府和应天府，其机构编制为：知府一人，同知、通判无定员，推官、经历、知事、检校、照磨、司狱各一人。知府职掌一府之政，宣风化，平狱讼，均赋役，以教养百姓。洪武六年，天下府分为三等：粮 20 万石以上为上府，20 万石以下为中府，10 万石以下为下府。宣德三年（1428 年），全国总共有府 159 个。

州有直隶州和属州两种。直隶州是直属省管辖的，如四川的泸州、河南的汝州等，直隶州的法律地位略低于府，而较高于县，其下也可管辖少数的县。属州又称“散州”，其隶属于府，地位同县相同。明盛时，全国共有州 234 个。每州设知州一人，掌治一州之政令，同知、判官则因事而设，没有定员，其职责是佐理州政。

县是地方的第三级行政机构。不同于以往根据户口的多寡以及所辖区域的地位来划分县，明初根据应征粮赋的多少把县分为三等：粮 10 万石以下为上县，6 万石以下为中县，3 万石以下为下县。明代的县有府属县和州属县之分，但地位和职掌却没有什么差别。明代的县有 1171。县设知县一人，正七品；县丞一人，正八品。其属有主簿、典史各一人。知县职掌一县之政，以催征一县的赋役为中心，每 10 年还要按丁产变化情况编造黄册。此外，明代还要求县官到任后要掌握辖境内的历史政治情况，了解版籍、田粮、司法、财赋、刑狱等事，以利于提高行政效率。

明代乡村实行的是里甲制度。根据《明太祖实录》记载，每110户为一“里”，每10户为一“甲”。里有里长，甲有甲首。里长是一里中丁粮多的10户户主担任的，这10人按照丁粮的多少为顺序轮流担任。余下的100户分为10甲，每甲10户，同样以丁粮的多少为顺序，每户在10年之中担任一年甲首。里长、甲首皆任期一年，10年一周转。里长、甲首的主要职权是编制户籍，办理徭役，讲读法令等。城区和近郊地区还有坊和厢的组织，坊、厢皆有长。后来里甲制度又调整为保甲制度，每保统10甲，每甲统10牌，每牌统10户。保有保长，甲有甲长，牌有牌头。

3. 明代少数民族地区的行政制度

在少数民族居住地区，明代则根据诸族的民族特点，设置了军政合一的边疆管理机构以及土司衙门等不同形式的机构，这对维护明朝的集权统治以及促进边疆开发都产生了巨大的影响。

（1）蒙古地区的管理机构。都司卫所是明代自成一系的军事机构，同时也是地方行政组织的一种形式。元朝灭亡以后，大量的蒙古人和色目人留在内地。明统一全国后，广大蒙古族居住地区都处于其统治之下。明朝根据蒙古族的特点，采取了军政合一的卫所制来管理蒙古地区。早在洪武四年（1371年），明朝政府就设立河州卫，此后，又先后设置蒙古卫所20余处。例如哈密卫、罕东卫、安定卫等。明朝还对蒙古族首领封王晋爵，例如授以“都督”、“指挥”、“千户”、“百户”等称号，吸收优秀的蒙古族首领参与一定范围的治理活动，这从客观上促进了对这些地区的管理。

（2）西藏地区的管理机构。西藏自元代以后正式进入中原王朝的版图。明初，朱元璋意识到对西藏因其俗尚，必须采用宗教方式进行化导，因此设置了乌斯藏和朵甘两个都指挥使司对西藏进行管理。洪武初期，凡元代在西藏所封的官员，都要到南京由明朝政府重新授予其官职。乌斯藏和朵甘两个都指挥使司分设宣慰司两处，元帅府一处，招讨司四处，万户府十三处，千户所四处，并且任用藏族上层僧侣担任各组织机构的长官，颁给印信，赋予行政管理权。明朝还制定了西藏的僧官制度，把僧官分为法王、西大佛子、大国师、国师、禅师、都纲、喇嘛等各种级别，各级僧官都由明朝廷任免。从这些措施中，我们可以看出：表面上都司是采用军事管理的方式，其实设置都司只是一种名义，其实质还是利用宗教文化的形式对西藏进行管理。

（3）东北女真诸族的管理机构。明朝为了加强对女真、吉烈迷、达斡尔等少数民族的管辖，也采用了军政合一的都司卫所制度。永乐元年（1403年），明朝在黑龙江口设置了奴儿干都司，全盛时，其有384个卫、24个所。这些卫所由女真各部酋长担任军官，职位可以世袭，但是要经过明朝政府的批准和任命。按照规定，这些官员要定期赴京述职，缴纳贡赋。

（4）西南及两广地区诸少数民族的管理机构。明朝对广大西南以及广西、广东等地的苗族、彝族、瑶族等少数民族统治机构的设置基本是沿袭元朝的土司制度，但相比元朝，明代的土司制度更加完善。按照统辖关系来划分，土司制度大体可以分为两个系统：一个是由军事部门管辖的系统，其官员的任免由兵部武选司负责，但却由各省的军事部门直接统率。这些部门主要有宣慰使司、宣抚使司、安抚使司、招讨使司、长官使司五种。这个系统主要是设置在经济发展较落后的地区，通常任命当地少数民族上层人物做土司进行统治。土司之下设有同知、副使等。另一个则是由行政部门管辖的系统，其官员的任免由吏部验封司负责，而由各县的布政使司具体领导，如土府、土州、土县等。这个系统主要设置在社会经济发展水平较高、接近于汉族地区的地方。其主官被称为“土知府”、“土知州”、“土知县”，这些官员一般世袭，但有的袭职时需要向朝廷申请恩准。明朝对土司机构的设置及其职能都有明确的规定，形成了较为完备的管理制度。

土司的设置是明王朝军事镇压和怀柔政策的结合。明朝中央朝廷与各土司土官既有相互勾结利用的方面，又有冲突矛盾的方面。因此在实际的运作中，只要土司不危害朝廷的利益，对于各土司土官的淫威暴戾，明朝廷通常采取纵容的态度，并且还经常伙同他们对各族人民进行盘剥奴役，牟取私利。但若土司们背叛朝廷，有损朝廷的尊严时，明朝政府往往采取极端的政策，实行血腥镇压。明永乐十二年（1414年），曾经在局部地区实行过“改土归流”政策。改土归流就是尽可能将土司的世袭制度削弱乃至废除，实行与内地相同的流官治理的府州县系统。这是具有一定进步意义的，但受制于当时的形势，改土归流的规模并不大。

5.6.2 清代地方行政制度

清代的地方行政制度，大体仿袭明制。在中原地区实行省、府（州）、县三级管理机构，而对广袤、民族众多的边地则采取因地制宜的方法，设置不同的管理机构。

1. 省、府（州、厅）、县三级地方行政制度

省是清代地方最高一级政权。清代前期全国分为十八省，盛京、黑龙江、伊犁、吉林、乌里雅苏台五个将军辖区以及西藏、西宁两个办事大臣辖区。总督、巡抚衙门是省级最高军政机构，总督、巡抚即是省级最高的军政长官。省或置总督，或设巡抚，或督抚并置，颇为杂乱。总督，俗称“制台”或“大帅”，一般管辖一省或数省的军政，从一品官，其具体“掌厘治军民、综制文武、察举官吏、修饬封疆”。① 总督通常加“兵部尚书”或“左右侍郎”，以表明其管理军事、监察地方的身份。清代也有为了某一特殊事务而设置的总督，如河道总督，却不是地方行政长官。巡抚，俗称“中丞”，一般管辖一省的政务，正二品官，其具体职责是考察全省的官吏，管理关税、漕政，如果用兵则要督理粮饷。其权力略低于总督。总督、巡抚直接对皇帝负责，这样便于中央集权。各省督、抚下设布政使司和按察使司，分管各地的民、刑。布政使又称“藩司”，从二品，“掌一省之政，司钱谷之出纳，十年会户版，均税役，登民数、田数，以达于户部”。② 其属设有经历、都事、照磨等，协助布政使分管一省民政。按察使又称“臬台”，正三品，“掌振扬风纪，澄清吏治。所至录囚徒，勘辞状，大者会藩司议，以听于部、院。兼领阖省驿传。三年大比，充监试官。大计，充考察官。秋审，充主稿官”。③ 其属官有经历、知事、照磨、司狱等。此外，省还设置提督学政一人，职掌一省的教育行政事务。

省之下设府。顺天府与奉天府是两个特别的府：顺天府为首都所在地，奉天府则为陪都“发祥”重地。其设官不同于一般的府，置府尹、府丞、治中等长官，府尹可直接向皇帝奏事。一般的府设知府一人，掌一府之政，凡宣布国家政令，治理百姓，考核属吏，审决讼案，征收赋税等皆由其负责。知府之下设同知、通判，其人数的多少依据政务的繁简而定，他们主要负责粮、盐、江海防务以及农田水利之事。其属官有经历、知事、照磨、司狱等，他们在文书档案、司法、监察、刑狱等不同方面协助知府。此外，还有盐茶大使、营仓大使、室课大使等。

府下为县。清代的县有府属县、州属县和厅属县之分。此外，依据粮赋的多寡还把县分为一等县、二等县和三等县。县设知县一人，正七品，为一县之

① 《清史稿·职官志三》。

② 《清朝文献通考·职官考九》。

③ 《清史稿·职官志三》。

长。主赋役，听治狱，兴教化，厉风俗。清代对知县颇为重视，授任之初，要由吏部引见，面试其才否。任职三年后，政绩卓越者可获提升，较差者则予以辞退。知县以下设有县丞，协助知县掌理一县之政；主簿，同县丞分掌户籍、治安、水利等事。县以下为乡村组织，实行保甲制度。十户立一牌头，十牌立一甲头，十甲立一保长。

2. 清代的民族地区行政管理制度

清朝政府在少数民族地区的统治，实行的是“修其教不易其俗，齐其政不易其宜”① 的政策。

清朝在黑龙江地区设立黑龙江将军、在吉林设立吉林将军，分别作为该地区的军政总管。其下设副都统、总管、理事同知、主事等。这些机构的设置，不仅加强了中央对边疆地区的统治，同时也促进了东北疆少数民族的进步。

清统一蒙古各部后，以盟旗制作为组织地方机构的主要形式。把内蒙古编为七盟四十九旗，把外蒙古编为七盟八十六旗。旗是中央管辖的基本行政、军事单位。旗设旗长扎萨克，由皇帝任命。扎萨克下又设章京、副章京、参领、协理台吉、佐领等官，分别执掌行政、司法、赋役等事。若干旗组成盟，盟设盟长、副盟长，由扎萨克与王公中选任，职掌监督各旗事务，但无权自行发布命令。

在新疆，清朝设伊犁将军作为地方的一级政权，设乌鲁木齐都统、副都统，吐鲁番领队大臣，哈密办事大臣，乌什理事大臣，阿克苏理事章京作为地方的二级政权对该地区进行管理。此外，清朝政府还根据当地民族分布以及其自身的特点实行不同的管理方式：在乌鲁木齐以东地区实行内地的府州县三级制，下设镇西府和迪化直隶州；在哈密、吐鲁番以及土尔扈特进行编旗，实行旗扎萨克制；在新疆天山以南维吾尔族聚居区实行伯克制，“伯克”是维吾尔族首领的意思。伯克由朝廷来掌握任免权，废除了伯克的世袭制，其主要负责内部的田粮、教化、税务、治安等事务。

对藏族聚居区的西藏，清朝设驻藏大臣，实行驻藏大臣、达赖、班禅“互参制”，即三者共同管理西藏的制度。在这种体制下，噶厦为西藏最高的行政机构。设四名噶伦，由一名僧官和三名俗官组成。还设四名僧官仲译钦波为译仓。噶厦的一切公文、政令须经译仓审核后才能生效。这就避免了一个机构独断专行。此外，僧俗官吏的任免、考核，财政收支以及确定达赖、班禅的

① 《清朝文献通考·舆地考·西藏》。

继承人等大事，都须与驻藏大臣合议。

对于西南云南、贵州、广西及湖南一带的苗族、瑶族等民族居住区，清初承袭明制设置土司。雍正四年（1726年），清朝推行“改土归流”的政策，废除土司世袭制，设立府县制。此外，还推行保甲制，编查户口，建立学校，修筑道路，促进了这些地区经济的进步。

5.6.3 简评

明朝是我国宗法封建君主制向独裁方向发展的关键时期，绝对君权的确立，导致了地方行政体制的诸多新变化。最突出的表现就是改革行省制度，设“承宣布政使司”，从名称上就可看出中央与地方关系的变化。其与提刑按察使司、都指挥使司，合称“三司”，分别隶属于朝廷的各部院，这就大大加强了中央对地方的控制。边疆地区从最初的土司制度到后来的土流合治及改土归流，也可看出朝廷加强了对边疆的控制。清朝是我国历史上最后一个大一统的封建王朝，它十分重视对传统的管理经验的继承与发展。其地方行政体制大体效仿明朝。

5.7 地方行政体制的运行

地方行政体制要正常运行，必须使得管理层次与管理幅度之间有一定的比例。纵观历代地方行政体制的变迁，可以发现其核心就是政府组织层级与管理政区的变化，这一变化也集中体现了中央集权和地方分权之间此消彼长的过程。依据层级的变化情况，可以把自秦代以来的地方行政体制分成三个阶段：第一阶段是秦汉魏晋南北朝时期，地方行政体制从两级制变为三级制；第二阶段是隋唐五代宋辽金时期，又从两级制变成三级制；第三阶段是元明清时期，开始从多级制逐步简化为三级制。

5.7.1 从郡县二级制转化为州郡县三级制

秦代实行纯粹的郡县二级制。秦始皇初分天下为36郡，以后，又随着边境的开发和郡治的调整，增至46郡。秦县的数目没有文献记载，有学者推测约为1000县，① 因此，秦每郡约统20来县，这样的层级和管理幅度是比较合

① 参见许正文：《中国历代政区划分与管理沿革》，陕西师范大学出版社1990年版，第20页。

理的。

汉承秦制，但随着疆域的扩大，郡的建置也有较大的发展。据《汉书·地理志》载，“汉兴，以其郡太大，稍复开置，又立诸侯王国。武帝开广三边。故自高祖增二十六，文、景各六，武帝二十八，昭帝一，讫于孝平，凡郡国一百三”，共统辖1587个县级行政区，平均每个郡国管理15个县，也比较适宜。但对中央政府而言，直接管理103个郡，幅度太大，因此汉武帝时，在郡之上设立13部，作为监察区。由于13部里有11部是以《禹贡》和《周礼》的九州予以调整后命名的，所以通常称为“十三州”。汉代郡太守地位很高，有相当大的自主权，但由于郡境小，人口少、财力薄，不会形成割据。但州的区划很大，有足够称霸一方的物质基础，所以中央集权的统治者尽量不让“州”成为一级政区，“州”一直是以监察区域的形式存在。东汉末年，黄巾起义席卷了整个中国北部，郡太守无力镇压，朝廷为免于政权被黄巾起义所推翻，不得不把监察区改为行政区。“州”自然成为“郡”以上的一级行政区划，东汉最终也在大行政区各自为政的情况下被颠覆。

三国以降，州、郡、县三级制已成为正式制度。实行之初，数十州辖百来郡、千余县，比例适当，三级都能正常运行。但“八王之乱”、南北对峙使得分裂局面再度出现，分裂往往带来战乱，在战争中立功的武人以及对方来降的将领，政府都要给其封赏，这使得州郡数的增加达到恶性膨胀的地步。南北朝合计共有220州，999郡，比西晋的州增加了11倍，郡增加了10倍。有些官员自己也弄不清楚所管辖的地域范围。这种极端混乱的状态使得中央政府对地方的政权已经失控，地方权力也近乎解体，三级制已是穷途末路，必须改革。当隋重新统一后，隋文帝罢天下诸郡，釜底抽薪，使地方行政体制再次回到二级制上。

5.7.2 从州县二级制转化为道（路）州县三级制

自隋文帝对地方行政体制的改革后，开始了地方行政体制运行的第二个阶段。隋炀帝时，大举并省州县，同时又改州为郡。此外，还模仿汉武帝的做法，置司隶刺史，分部巡察。经过不断改革调整后，隋代的地方行政体制趋于完善。唐代开国后，郡又被改为州，于是州的数目又膨胀起来。到贞观十三年（639年），有州358个。对中央政府来说，管理如此多的州是个很大的问题。因此必须要在二级制政区之上加一层监察区，对这些州的长官加以监督。因为有前车之鉴，唐初极力避免这样做，但是随着形势的变化，监察区慢慢确立起来了。唐代监察官员的分区是依据基本交通路线划分的，所以称为“道”。贞观元年，天下分为十道。天宝末年，安禄山叛乱，唐朝政府不得不采取临时措施，在全国设置方镇，任命“上马能管军、下马能管民”的节度使来镇压，此时形成了道—方镇—州的体制。随着观察使的监察范围“道”与节度使的军管范围“方镇”的合二为一，州县以上新的一级政区“道”就逐渐形成了。宋朝吸取唐代的教训，开国伊始，把节度使所领诸州收归中央，这样又出现了州县二级制。但汉唐的经验也表明，在疆域辽阔的国家，实行纯粹二级制是不太可能的。后来，宋从唐代转运使的设置得到启发，将这一临时差使变成固定官职，以之经度和转输地方财赋。于是在州以上又出现了“路”一级行政区划。路下设“四司”，分管监察、司法、治安等。由于路没有统一机构和单一首长，事权也分属不同部门，各州还依然保留向中央政府直接的奏事权，所以“路”并不是严格意义上的最高一级行政区。但是随着形势的发展，“路”渐渐成为州以上实际的一级区划。

5.7.3 从省路府州县多级制转向省府县三级制

蒙古铁骑造就了一个空前广阔的大帝国，形成了一套复杂、紊乱的多级制体系，开始了地方行政体制运行的第三个阶段。元代地方行政体制的特点，一是层级多，二是存在复式的统辖关系。元代是以游牧民族入主中原，对统治手段没有统一的体系，其把被征服政权的几种临时的和永久的区划都叠加起来，再加上其疆域过于广袤，行省区划太大，因此在某些地区的行政层级达五级之多，即省—路—府—州—县。元代还有以路辖州或辖州再辖县，或以路辖县，以府辖县等多种形式，是中国历史上空前绝后繁复的典型。明清两代随着行省增多，范围的减小，政区层级也逐步简化。通过取消五级制的特例，撤销路的建置，改路为府，将州分为直隶州与属州等措施，形成了省—府（直隶州）—州—县四级制。这样的简化，提高了行政管理效率。清代将明朝的总督、巡抚变为固定官职，将督抚的管辖范围调整到与省的范围相一致。雍正时，将明代复式的三级、四级制完全简化为单式的三级制，即省—府—县。但与府同级的政区有直隶州和直隶厅，与县同级的政区有散州和散厅。由于清代疆域辽阔，人口众多，是统一的多民族国家，其行政区划层次也只能简化到三级制。这样，从元代开始复式层次关系的行政体制又回到单一整齐的形态。①

① 参见周振鹤：《中国地方行政制度史》，上海人民出版社 2005 年版，第 78~79 页。

5.7.4 简评

纵观历代地方行政体制，从秦初的郡县二级制，发展到三级、四级甚至更多级，最终仍回到较简单的省府县三级制，可以发现其核心就是政府组织层级与管理政区的变化，这一变化也集中体现了中央集权和地方分权之间此消彼长的过程。地方行政体制要正常运行，必须使得政府组织层级与管理政区之间有一定的比例。从本节的内容中，我们也看到，地方行政制度是否适当，与国家的巩固、民族的团结以及经济、文化的发展密切相关。因此，地方行政制度必须适时地进行调整和改革，才能适应社会不断发展的需要。

☞本章小结

地方行政制度是国家发展至一定阶段，伴随中央集权制的形成而产生的。中央政府必须通过各级地方政府才能管理国家，因此国家的发展和社会的进步同中央与地方行政制度的协调与完善息息相关。地方政府作为民众的直接管理者以及联系中央与民众的中介机构，其作用不可忽视，地方行政制度也显得尤为重要。本章的内容可以分为三个部分：首先，介绍了历代的疆域及其变化过程，这是地方行政制度的基础，对于我们掌握地方行政制度及其变迁很有帮助。其次，具体阐述了历代地方行政制度的内容。在历史上的任何时期，都有特殊地方行政制度的存在，这些制度多实行于民族区域或是边疆地带，是地方行政制度不可或缺的重要组成部分。并且只有在特殊制度与一般常规制度并行的情况下，国家的管理才会正常化。这部分的内容正是基于这样的思想，从一般制度与特殊制度两个方面来阐述地方行政制度的内容。最后，介绍了地方行政体制的运行。地方行政体制要正常运行，必须使得管理层次与管理幅度之间有一定的比例。地方行政体制从秦初的郡县二级制，发展到三级、四级甚至更多级，最终仍回到较简单的三级制，这一变化也集中体现了中央集权和地方分权之间此消彼长的过程。从中我们也看到，地方行政制度是否适当，与国家的巩固、民族的团结以及经济、文化的发展密切相关。因此，地方行政制度必须适时地进行调整和改革，才能适应社会不断发展的需要。

☞关键术语

郡县制　封国制　侨郡　都护府　羁縻府州　帅漕宪仓路　行省制　行宣政院　三司保甲制　改土归流　驻藏大臣　总督巡抚

☞思 考 题

1. 简述秦汉确立郡县制的意义。
2. 简述历代地方的主要长官及其职权。
3. 简述历代政府对边疆地区的管理方式。
4. 简述地方行政体制的运行。

第 6 章 监察制度

监察制度是统治阶级为了巩固其统治地位，维护统治秩序，提高行政效率，保证国家机关按法定的程序正常运行，而对国家机关及其官员的违法失职行为进行监督、检举、惩戒的制度。学习和研究中国古代监察制度，目的在于了解我国各个历史时期监察制度产生的原因，发展趋势，机构设置，职权范围，运转机制和效果等内容，并在此基础上，分析各朝代监察制度的利弊得失、特点和影响，揭示出监察制度发展的内在规律性，总结其经验教训，为完善我国社会主义的监察制度提供有益的借鉴。所以，学习和研究中国监察制度不仅具有历史意义，更具有现实意义。

6.1 先秦时期的行政监察制度

6.1.1 先秦的中央监察制度

我国古代行政监察制度萌芽于春秋战国以前，形成于秦代。早期行政监察制度在形成过程中经历了两个发展阶段：第一阶段大致在夏至春秋战国时代，是行政监察制度的萌芽时期。第二阶段大致在秦代，是行政监察制度的形成时期。

夏至春秋战国时代，是行政监察制度的萌芽时期。此时，完整的监察制度尚未形成，只出现了为数甚少的监察职官，而且都是一身二任，并非专事监察。这些兼职监察官分为两类，一类是史官兼领监察权；另一类是行政、执法官兼领监察权。所谓史官就是纪事纪言之官，传说黄帝时就有史官，舜帝时置“纳言”。这一做法为后世所承袭并得到进一步发展。夏代时史官分左右，左史纪事，右史纪言。商代时史官已包括巫、史、作册等数职。

在中国历史上，西周产生了第一代监察官员，但尚无专门的监察机构。在《周官·春官宗伯》就有御史的记载，称御史的职责为“掌邦国都鄙及万民之治令，以赞冢宰，凡治者受法令焉；掌赞书，凡数从政者”。此外，在青铜器铭文中亦有“中御史”之记载，如《丑尊铭》：“唯王正月初吉丁亥，中御史命丑嗣田。”东周以后，出现了由国家正式任命的检察官，其职能有四：正吏位、纠禁权、掌官刑、监郡。可以说，周代的监察制度已粗见雏形。但是还没有专门的监察机构与制度规范，也没有独立的运行机制，监察惩处官吏主要以官刑相挟，以惩治“三风十愆罪”、“听脏罪”、“五过罪”① 为主。周代的监察制度既说明了官吏整饬制度古已有之，且意识到对官员必须予以一定控制，确保其依礼法而为。

至周代，有监督职能的官员数额显著增多，构成了包括“御史中士八人”、“御史下士十有六人”，及其下属“府、胥、徒”等职务在内的史官系列。② 而以行政官、执法官兼领监察权则始于周代。周代开始设置“小宰”、“监”等职官，改变了仅以史官代掌监察权的做法。据记载，“小宰”掌握宫廷内执法纠禁的权力，集司法、监察于一身，或说是以司法官代行监察权。这一职务就是后来御史中丞的前身。据《周礼·天官》记载：“太微南四星，为执法星。执法星者，谓执法以监众星也。”古人法天设官，故有监察官吏之设。我国古代监察制度灿烂于周初之“三监”。所谓“三监”是指周武王的弟弟管叔、蔡叔、霍叔。武王灭商后，指派他们三人监督商朝旧都等地，称为“三监”。《礼记·王制》篇说：“（周）天子使其大夫为三监，监於方伯之国。”可见“监”这一职务则属于地方性的行政、监察、军事长官，是后来郡御史的雏形。但在周代他们并不是专职监察官，而是以地方行政官和军事镇守代行地方监察权。

6.1.2 先秦时期行政监察制度的特点

先秦时期虽尚未建立独立的监察机构，没有设置专职的监察官吏，但已经出现了御史谏官和众多的谏臣，监察活动相当活跃，其监察形式分为自上而下的监察和以谏官形式出现的自下而上的监督，监察作为一种制度已粗具萌芽之态。

① 三风十愆指三种恶劣风气所滋生的十种罪愆：即巫风二：舞、歌；淫风四：货、色、游、畋；乱风四：侮圣言、逆忠直、远耆德、比顽童，合而为十愆。听脏，即受脏。五过，指五种过失：惟官、惟反、惟内、惟货、惟来。

② 张传玺：《中国古代史纲》上册，北京大学出版社 2004 年版，第 61 页。

6.1.3 简评

总地来说，先秦时期出现的监察活动是十分简单的，其表现形式也是很原始的。在这个时期，既没有制定专门的监察法规，也没有设置专门的监察机构和监察官员，监察职能主要是由天子或诸侯亲自行使。这一时期只能是中国监察制度形成的准备时期。在这一时期对官吏的监督，只能称为监察活动或监察行为，而并没有正式的行政监察制度。但是它对后来建立起来的中国封建监察制度产生了重大的影响。如“御史”这样的官职在后来的朝代中长期延续，并且监督职能日益扩大。①

6.2 秦汉时期的行政监察制度

6.2.1 秦汉的中央监察制度

秦统一天下后，在建立专制主义中央集权制的同时，创建了从中央到地方的专门监督中央和地方百官的监察制度。在这一系统中秦代和西汉以御史大夫为监察的核心，东汉则以御史中丞为核心。秦代中央监察制度，包括弹劾与谏驳两部分。纠察方面由御史系统负责。谏驳之权由谏官行使。御史制度是中国两千年来封建君主专制制度下特有的监察制度。

1. 御史制度

御史大夫为御史台长官，地位仅次于丞相，其官秩虽低于丞相，却被尊为“三公”之一。《汉书·百官公卿表》记载：“御史大夫，秦官，位上卿，银印青绶，掌副丞相。”御史大夫虽为丞相副贰，却另行开府置僚佐。其机构所在称“御史大夫府”（又称“御史大夫寺”），与丞相府并列为“二府”。御史大夫及其体系负有监察百官，整肃纲纪之责。这种直接监督百官的权力，来源于“御史大夫是皇帝的亲信耳目”这一特殊的地位。御史府里除了御史大夫以外，还有一批辅佐官员，有御史中丞和御史丞各一员，秩千石，分别统领御史大夫的主要属吏——御史 45 人。其中最重要的就是御史中丞。《晋书·职官志》记载：“秦时御史大夫有两丞。其一御史丞，其一为中丞。”

这一时期御史府地位显赫，职权重大。其主要职权大致有以下几项：（1）

① 林代昭：《中国监察制度》，中华书局 1998 年版，第 20 页。

辅佐丞相综理国务；（2）掌管公卿百家奏事的奏章，掌律令、文书、档案等；（3）参与朝议、商议大政；（4）典正法度、察举非法，负责监察公卿百官；（5）掌符玺；（6）监督军事，如监督军旅、督运粮草等；（7）考核官吏。

可见，秦朝的御史大夫府拥有十分广泛的权力和职责。除了皇帝以外，它的监察对象几乎包括了所有的政府机构的官员。

汉初沿袭秦制，置御史大夫，其政治作用与秦无二。“高皇帝（汉高祖刘邦）以圣德受命，建立鸿业，置御史大夫，位次丞相，典正法度，以职相参，总领百官，上下相监临。”① 御史大夫在汉时，亦为“三公”之一，御史府与丞相府并列为汉朝中央的两大府。御史府机构较秦时更庞大和完备，汉初御史大夫有二丞，一曰“御史丞”，一曰“御史中丞”，亦谓“中丞为御史中执法”。御史中丞“在殿中兰台，掌图籍秘书，外督部刺史，内领侍御史十五人，受公卿奏事，举劾案章”。② 御史丞则留御史大夫寺，内领御史三十人，司掌一般官吏之监察。自西汉后期成帝改官制，以御史大夫为大司空，御史中丞即成为御史系统的实际长官。东汉光武中兴，以御史中丞为最高检察官，其地位较之西汉更为重要。皇帝特命御史中丞在朝会时，得与尚书令及司隶校尉专席而坐，故有“三独坐”的美称。

汉代在御史府之外，还存在着一些独立的各负其责的监察官员，主要有：丞相司职、司隶校尉和谏大夫。至汉武帝时，为了强化君权，采取削弱监察官员权力的措施。

2. 监察方法和途径

西汉建立之初，御史大夫既是中央最高监察官员，又是副丞相，辅佐丞相综理国政。御史大夫这种身兼监察和行政职权的情况，使得职权不够清晰，监督不够规范，行政权和监察权相混淆，还没有成为独立的监察机构。西汉后期，设立了以御史为首的御史台之后，御史中丞才真正独立出来行使监督权，行政机构和监察机构才正式分离，监察机构从中央御史中丞到地方部刺史自上而下自成体系。这对于整顿吏治，惩治腐败都起到了比较重要的作用，也为后世所继承和发展完善。

汉朝时各监察机构独立设置，监察官员的地位相对独立，不受行政上的干扰。汉代中央监察权统归御史监察官，其他官吏一概不得过问，这使得监察机

① 《通典·职官六》卷24。

② 《汉书·百官公卿表》卷19。

关享有独立的监察权。西汉后期，建立了专门行使监察权的御史台，御史中丞为长官。这一改制，标志着监察机构与行政机构的分离。东汉末，御史中丞可直通天子，更显示了其独立性。刺史为中央派遣地方的监察官，专司监察，既无行政权，也无立法权，只有检举弹劾权，与行政长官没有任何隶属关系，因而不受地方行政长官的制约。御史台系统，司隶校尉系统，丞相司直系统互不隶属，分工明确。这样，就从组织上保证了监察工作的独立性。此外，汉代的刺史监察郡县，并非在所察郡县内常驻，而是流动性的，刺史每年八月起巡行所部郡国，巡察时“乘传周行”,① 年底回京奏报。这种做法可以防止刺史与地方官吏串通一气，保证监察工作收到实效。

各个层次，各个系统的监察官员，从其职责而言，有明确的分工，形成了相互补充的监察网络。如部刺史专掌纠察地方官员和豪强，监察范围，又以六条为限；司隶校尉则主要以京畿地区为其督察范围。

汉朝开我国古代行政监察独立立法的先河，颁布了我国历史上第一部专门规定监察官职权范围的法规，即“监御史九条”。即所谓：“惠帝三年，相国奏遣御史监三辅不法事，有：辞讼者，盗贼者，铸伪钱者，狱不直者，繇赋不平者，吏不廉者，吏苛刻者，逾侈及弩力十石以上者，非所当服者，凡九条。”② 监察御史分赴京师各地实施依法监察，对不法官吏进行纠弹。汉武帝时颁布“六条”，各部刺史根据“六条”察巡郡县。《汉官典职仪》云：“刺史班宣，周行郡国，省察治状，黜陟能否，断治冤狱，以六条问事，非条所问，即不省。”“六条”的内容为：“一条强宗豪右田宅逾制，以强凌弱，以众暴寡。二条二千石不奉诏书遵承典制，背公向私，旁诏守利，侵渔百姓，聚敛为奸。三条二千石不恤疑狱，风厉杀人，怒则任刑，喜则淫赏，烦扰刻暴，剥截黎元，为百姓所疾，山崩石裂，袄祥讹言。四条二千石选署不平，苟阿所爱，蔽贤宠顽。五条二千石子弟恃怙荣势，请托所监。六条二千石违公下比，阿附豪强，通行货赂，割损正令也。”③ “刺史六条”明显比“御史九条”更为详细和完备，它反映了汉朝统治者权力监督经验的积累和对监察立法的不断重视，相对成熟的立法也为行政监察提供了法律保障。

---

① “乘传周行”的“传”指公家驿站的马车，“周行”意为到处巡视。参见于敬民、于建华：《秦汉以来我国古代监察制度的几个特点》，《山东师范大学学报》（社会科学版），1992年第6期。

② 《唐六典·御史台》。

③ 《汉书·百官公卿表上》颜师古注引《汉官典职仪》。

6.2.2 秦汉的地方监察制度

秦始皇继承和发展了战国时代的巡行制度，带领群臣巡行郡县。根据《史记·秦始皇本纪》记载，秦始皇先后五次出巡。尽管秦始皇精力充沛，在他的一生中巡视了全国大部分地区，但是皇帝出巡进行监督，其效果毕竟有限，而且，秦朝地方机构庞大，官吏繁多，仅靠皇帝出巡是解决不了问题的，在这种情况下，监郡制度应运而生。监郡制度是秦朝的地方监察制度。御史大夫、御史中丞、侍御史都是中央监察机构的官职。地方上，御史大夫府派出御史，称"监御史"，又称"监郡御史"，监督各郡。监御史是常设官员，下设有僚属，从政治、经济、军事等方面对各郡进行监督。监御史的职掌，不仅在于监察，而且还有人事权和兵权。秦朝的监御史可以领兵作战，负责开凿渠道，还可以向上级长官推荐人才。秦朝时监御史的权力之大由此可见一斑。

汉初置监察御史，汉惠帝三年（前192年）遣御史巡三辅郡，"察词讼，所察之事凡九条，监者二岁更之，常以十月奏事，十二月还监。其后诸州复设置监察御史"。① 至武帝元封五年（前106年）置部刺史。"初置刺史，部十三州"，每州领若干郡，成为十三个监察区。此时刺史"乘传周行郡国，无适所治"，"常以八月巡行所部……录囚徒，考殿最，不称职者为殿，其有能者为最。初岁尽诣京都奏事"。② 此时刺史无正式属宫，其行部的随员，往往以郡的属吏为其从事。例如，汉元帝时，涿郡高阳人王尊因其才学"为郡决曹史，数岁，以令举幽州刺史从事。而太守察尊廉，补辽西盐官长"。③ 王尊为刺史从事只是临时差遣的郡守属吏。刺史每到一郡巡察，"郡国各遣一吏迎之界上"。可见当时刺史的排场并不大，只有一吏至界上相迎。到了汉成帝绥和元年（前8年）罢刺史，改为州牧。其官秩由六百石升至二千石，权重位高。大概在这时，刺史才开始有正式的属官。至东汉后，虽然又恢复刺史之名，但秩位权力有增无减：西汉时以巡察监督为任，而东汉可代行行政权，并且掌握兵权。西汉时"无适所治"，刺史出巡后需要亲自返京奏事，东汉刺史"所治有定处"，即有固定办公地点了，只派属官回京奏事，"不复自诣京师"；西汉刺史监郡举劾郡守县令，"事皆先下三公，三公遣掾史按验，然后黜退。光武

① 《通志·职官略六》卷56。
② 《通典·职官十四》。
③ 《汉书·王尊传》。

即位，用法明察，不复委三府，故权归举刺之吏”。① 东汉刺史已经不再是“乘传周行”的监察官了，而是成了掌握实权的监察与行政合体的地方最高长官了。在机构设置上也有了一定的规模。据《通典》所载：“州之佐吏，汉有别驾、治中、主簿，功曹书佐、簿曹、簿曹从事史……皆州自辟除。”② 即各类僚属都是由州刺史自行征聘授官。

汉武帝为了更有效地强化中央对地方郡国机构的控制和管理，于元封五年（前106年）将除京师附近七郡之外的全国其他地区，划分为十三个监察区，称为部（州），每部由中央政府派遣长官——刺史（汉成帝时改为牧）专门负责巡查该区域内的吏政，检举不法的郡国官吏和强宗豪右。西汉十三部州的出现，使从中央到地方的监察机构形成了体系。汉武帝以低爵级官吏（州刺史秩六百石）监察高爵级官吏（郡太守秩二千石），所谓“秩卑而命之尊，官小而权之重，此小大相制，内外相维之意也”。③

6.2.3 秦汉时期行政监察制度的特点

监察制度的形成是在秦汉时期。秦时中央监察机关为御史府，御史大夫是御史府长官，御史府设有御史中丞、侍御史（或柱下御史）、监御史（或监察史）等官。御史大夫是御史府的长官，在秦朝是所有御史之长。御史大夫地位很高，在秦朝是仅次于丞相的副丞相。御史大夫、御史中丞、侍御史等监察官吏的设立以及御史府中央监察机构的产生，标志着秦朝监察制度的建立。秦朝所建立的监察制度对后世各朝代影响甚大，后世各朝不论在监察官的名称上、监察机构的体系上还是其他方面都在一定程度上承袭秦朝的体制。

汉代沿袭秦制，以御史府为主要的中央监察机构，负责对各级官员的监察和弹劾。随着两汉专制制度的发展，监察机关不仅职权越来越大，而且自成体系。西汉以御史台为中央最高监察机关，隶属于少府之下，御史大夫品秩不过千石。但由于御史特殊的职能，且御史台又设于宫内，能够接近皇帝，受到重视，因此，御史极易升至丞相职位。至东汉，御史台逐渐脱离少府，发展成独立的监察机构，地位也随之提高。

① 《通典·职官十四》。

② 《通典·职官十四》。

③ （明）顾炎武：《日知录》卷9。

6.2.4 简评

秦汉时期的监察制度属于封建监察制度的开创时期。这个时期开创了监察官员“以卑临尊”的制度，制定了监察法规，加强了监察的中央集权。但是也产生了一些弊端：比如刺史制度使得刺史与郡太守相互牵制，形成“内耗”，一定程度上使郡级机构行政效率降低。监察官员的官秩过低，使得“以卑临尊”在实际中难以起到很好的效果。综观这个时期的监察制度，还是“得”多于“失”。其弊端后来多被纠正，有的却被后代封建政权所继承，成为封建监察制度的痼疾。

6.3 魏晋南北朝的行政监察制度

魏晋南北朝时期是中国政治发展的一个重要时期，也是中国监察制度发展的一个重要时期。东汉末年，具有军事实力的权臣争雄割据，最后形成了魏、蜀、吴三国鼎立的分裂局面。自曹魏伊始，中国继春秋战国之后，又进入了一个大分裂、大动乱的历史时代。

魏晋南北朝时期，由于封建政权长期处于分裂割据状态，因而监察机构名目繁杂，机构也不够统一。这一时期与汉代监察制度的不同之点是：一是监察机构不再属于少府，而是属于皇帝直接操纵的独立机构；二是御史可以风闻言事，不必提供确凿的证据，从而大大扩张了御史的权力；三是没有固定的地方监察机构，而是由中央不定期地派遣巡御史监察地方。所有这些都有力地说明了尽管魏晋南北朝时期官僚机构庞杂，局势混乱，但统治阶级对官吏的考察与监督，仍然是非常重视的。

6.3.1 魏晋南北朝行政监察制度的衰弱

魏晋南北朝时期，一方面以御史台为中心的中央监察体制日臻完善，为后世隋唐监察制度的成熟与完备奠定了良好的基础；另一方面监察职能在实际政治生活中却备受牵制，未能达到预期的目的和效果。使魏晋南北朝成为监察制度衰弱的一个时期。例如据唐代徐坚所撰《初学记》记载：“帝（指魏文帝曹丕）尝大会，殿中御史簪白笔，侧阶而坐，上问左右：‘此为何官何主?’左右不对。辛毗曰：‘此谓御史，旧时簪笔，以奏不法；今者直备官，但餍笔耳。’”作为掌握监察大权的御史，竟上自皇帝，下至百僚，无人知晓，可见监察制度之衰弱。对于这个时期监察制度衰弱的原因，可以从以下三个因素来分析：

第一，社会战乱和军阀割据，阻碍了监察制度的正常发展和功能的发挥。监察制度要以强制力为后盾，对各种政治行为和政治现象按统一的规范进行监督，不能容许任意扩大特权和各种越轨的行为。这需要有统一的社会政治环境。然而魏晋六朝正是中国庄园经济发展的强盛时期，它加剧了封建大土地占有制度的发展，使得政治形势动荡，战事不休，政权难以维持和稳定，王朝变更频繁，国家长期地处于分裂之中。所以根本不需要任何对自己的束缚和监督。

第二，为了巩固皇权，加强中央集权，魏晋南北朝时期的皇帝虽然也重视发挥御史作为其耳目之司的监察作用，但是，这一时期的国家政权又主要是依靠门阀士族的势力建立起来的，其政治制度植根于门阀势力的土壤之中，历代君主为获得他们的支持，不得不采取有利于门阀士族的措施确保他们的种种特权。所以许多监察措施无法有效推行。

第三，魏晋南北朝时期的监察机构与行政、军事机构混同。这种混同从地方扩大到中央，从局部地区扩大到全国范围，组织结构极其混沌。另外，由于秦汉时期的监察法规本来就不够健全，魏晋南北朝时期不仅没有增订，还废除了一些法规，所以监察法规更加显得残缺不全。

6.3.2 皇权对监察机构控制的加强

尽管因为南北朝的特殊的社会历史条件使得当时监察制度发展十分曲折，但是如果抛开这种影响而单独考察监察制度时，可以看到：如同皇权进一步加强了对相权的控制一样，皇权也进一步加强了对监察机构的控制，使得君主专制制度更加完善。这样，魏晋南北朝时期也成为监察制度的重要发展时期。魏晋南北朝时期皇权对监察机构的加强主要表现在以下几个方面：

首先，中央监察机构承袭汉代御史台，又脱离了少府的管辖，由皇帝直接控制。少府是“九卿”之一，它与大司农同为财政官。不过，大司农所管理的是国家财物，而少府所管理的是皇室物品。因此，御史台作为专门监察机构由少府管辖，是皇帝对监察机构加强控制的表现。但是，御史台和个人财务管理机构混杂在一起，终究还是职权混乱，不利于对行政官员的监督，于是三国魏晋时期，随着君主专制的进一步发展，御史台正式脱离少府，成为独立的监察机构，直属皇帝。

其次，御史台脱离少府的同时，其最重要的监督官员御史中丞也脱离了少府的管辖，成为最高的、独立的监察官员。

最后，各种监察官员之间可以互纠，以利于皇帝从中操纵并制约监察权，如中正可纠察官员和尚书左丞。《廿二史札记》记载：张华为中正官，陈寿为治书侍御史，因陈寿“以葬母洛阳，不归丧于蜀，又被贬议，由此遂废”。因此，魏晋南北朝时期，从君主专制这个角度看，君主对监察机构的控制进一步加强了。

6.3.3 监察官员职权的变化

1. 司隶校尉职权的变化

东汉时期，司隶校尉“掌察举百官以下，及京师近郡犯法者……并领一州”,① 集地方行政长官和中央监察官于一身，地位显赫。东汉末年，由于纲纪废弛，外戚、宦官专权不法，皇帝即重用司隶校尉以遏制他们的势力，“司隶校尉”一时成为权臣争夺的要职，曹操、袁绍割据一方时就自领司隶校尉，使司隶校尉的监察权迅速扩大。及至魏晋之时，司隶校尉与御史中丞已经并驾齐驱。西晋惠帝元康年间（291—299 年）傅咸任司隶校尉，与时任御史中丞的解结因职权范围发生纠纷，最终打破了“中丞专纠行马内，司隶专纠行马外”② 的界限，中丞和司隶所纠无内外之限从此便成为定制。

据《晋书·傅咸传》记载，在傅咸为司隶校尉兼议郎期间，“朝廷宽弛，豪右放恣，交私请托，朝野溷淆……（傅）咸上事以为：按令，御史中丞督司百僚。皇太子以下其在行马内，有违法宪者，皆纠之。虽在行马外，而监司不纠，亦得奏之。如令之文，行马内有违法宪，谓禁防之事。宫内禁防，外司不得而行，故专施于中丞……司隶与中丞共纠皇太子以下，则从皇太子以下无所不纠也”。由此可见，这时司隶校尉与御史中丞已无行马内外之分，即完全没有地方和中央监察之分，他们都是职掌重叠的中央监察官员。

2. 御史中丞地位的显赫

魏晋南北朝时期，御史中丞仍为御史台的最高长官。随着御史台正式脱离少府，御史中丞也归皇帝直接领导。这就提高了御史中丞的政治地位，也为御史中丞扩大职权提供了条件。御史中丞地位的提高和职权的扩大集中体现在以下几个方面：

---

① 《后汉书·百官四》。

② 行马是设置在官署门拦阻人马通行的木架，亦称梐枑。行马内外代指朝廷内外。

首先是“御史中丞专道”制。“御史中丞专道”制是指御史中丞外出，百官遇其车驾须停驻或回避。此项制度在汉代已见雏形。《汉官仪》云：“凡三公、列卿、将、大夫、五营校尉，行复道中，遇御史中丞、侍御史，皆避车，豫相回避，台官过后，乃得去。”魏晋承汉制亦有此规定，《魏故事》中即有“御史中丞出，百官避道”的记载。南北朝时期此项制度得以发扬，据杜佑《通典》卷24《职官典·御史中丞》载，南朝刘宋“中丞与尚书令分道”；萧齐“中丞职无不察，专道而行”；萧梁“中丞一人，掌督司百僚……专道而行”。北魏则更有御史中尉（即御史中丞）“出入千步清道，与皇太子分路，王公百辟咸使逊避，其余百僚下马弛车止路旁，其违缓者，以棒棒之”的规定，足见御史台官声威之显赫。其次是前文提到的御史中丞不仅“自皇太子以下，无所不纠”，就是皇帝，对他也“敬重三分”。最后，到了东晋南北朝时期，御史中丞权限已经扩大到“闻风可奏事”的程度。据《文献通考》记载：“御史许风闻言事，相承有此言，而不纠所从来。以予考之，盖自晋宋以来。”

3. 谏官设置和职权的变化

在谏官的设置上，魏晋南北朝时期也有较大的变化。魏晋以后，汉代的光禄大夫、太中大夫、中散大夫皆沦为养老优崇之号，无实职。西晋设门下省，因其长官侍中、给侍黄门经常侍从皇帝，参政议政，因而也逐渐具有纳谏之责。南北朝时又设置散骑省，以散骑常侍为主官，下设给事中、谏议大夫等，均有向皇帝规谏、评议、驳正违失等职责。魏晋南北朝谏诤制度的发展，是和御史、司隶等其他监察组织互相配合的。前者，“讽议左右，以匡君失”，后者，“纠举百官，以肃吏治”，使整个国家机器能够有效地运转，从而推动了整个监察制度的进一步发展。

6.3.4 魏晋南北朝时期行政监察制度的特点

魏晋南北朝时期军阀割据，以军代政，监察系统十分混乱。监察机构的职能遭到严重的破坏。尽管封建统治阶级用种种方法进行补救，但是从总体上来看，这个时期是中国监察制度的一个衰落时期。一是监察机构与行政、军事机构混同，这是魏晋南北朝时期监察制度的主要弊端。二是秦汉时期的监察法规本来就不够健全，魏晋南北朝时期，不仅没有增订新的监察法规，反而废弃了“汉代刺史六条”，使监察工作更加无法可依，无规可循。三是对于监察制度的衰微，封建统治者多半采取治标不治本的办法来进行处理。比如中正官行使监察权，这对加强监察机制固然起到一定的作用，但是中正官毕竟是管理人事的官吏，不是专职的监察官。

魏晋南北朝时期的行政监察制度也有一些值得借鉴的地方：第一，使御史台完全脱离少府，成为独立的监察机构；第二，调整了监察系统，建立了谏官组织，初步形成了以御史台为主，台谏并立的格局，这为后来的隋唐统治者所沿用；第三，扩大了监察机构的职权，进一步提高了监察官员的权威。

总之，魏晋南北朝时期的行政监察制度在衰退中发展，混乱中有建树，在封建军阀肆意破坏监察制度的同时，监察体制的改进已在酝酿，新的封建监察格局正在萌动。

6.3.5 简评

魏晋南北朝是一个战乱不断的时期。从封建监察制度的发展全过程来看，魏晋南北朝行政监察制度的发展是曲折的，在社会中所起的作用也是有限的。无论中央还是地方的监察机构，监察官员的设置都不完备，甚至连以“严明赏罚”自称的曹操也把监察官员看做“掩人耳目”的一种装饰品，动辄罢官甚至杀戮。总地来说，这个时期是中国监察制度的一个衰微时期。但是魏晋南北朝的监察制度也并非完全衰败，在某些方面仍有建树：一是使御史台成为独立的监察机构；二是建立了谏官组织；三是扩大了监察职权，进一步提高了监察官员的权威。

6.4 隋唐时期行政监察制度

6.4.1 隋朝时期行政监察制度

隋朝监察制度由两大部分组成：一是御史监察系统，二是谏官言谏系统。御史的主要职责是“典正法度”，“察举弹劾”;① 谏官的主要职责是“尽规献纳”,② 一个对百官，一个对皇帝，相辅相成，构成了隋代完整的监察体系。

1. 御史监察系统

开皇元年（581 年）二月，隋文帝杨坚代周建隋。他做的第一件事就是把

① 《隋书·百官志中》。
② 《隋书·百官志上》。

北周附会《周礼》所建的六官制度废除，代之以三省六部制，作为监察制度重要组成部分的御史台也重新建立。

御史台是隋朝监察制度的主干，是皇帝直接控制下的中央最高的专门监察机关。文帝统治时期，御史台由御史大夫一人，治书侍御史二人，侍御史八人，殿内侍御史、监察御史各十二人，录事二人组成。御史大夫由魏晋时期的御史中丞发展而来，隋文帝因避讳父名“忠”字，又有秦、汉中央最高监察官“御史大夫”之名的先例，故改。御史大夫作为御史台的长官，“掌邦国刑宪，典章之政令，以肃正朝列”。① 治书侍御史为其副贰，负责举劾百官非法，受理冤状，参与复审，谏诤规正，“台中簿领悉以主之”。② 侍御史掌纠举百僚，推鞠狱讼。自东汉御史台设曹办事后，魏晋均在侍御史下分曹负责具体事务，南北朝各代相沿不改。虽有曹名之变化，职权之分合，但分曹理事的传统没有改变，这在《唐六典》中有较清楚的记载，在《隋书·百官志》也能得到印证。隋朝侍御史掌宫殿区内百官的监察，凡朝会，皇帝郊祀、巡省等也在其监察范围之内，对违反文物礼仪制度的官员进行纠察弹劾。监察御史“掌分察百僚，巡按郡县，纠视刑狱，肃整朝仪”。③ 录事负责台内日常事务和长官交办的事情。

州县地方不设监察机关。对地方的监察监督，主要是根据形势的发展需要，由中央临时选派御史或委任其他政府官员按道巡察。巡行大使代表皇帝出巡地方，权力很大，这种临时性的巡察，往往有非常明确具体的目的性。他们任期不长，时间也不固定，事毕即归朝向相关部门或直接向皇帝汇报，依完成任务的好坏，决定恢复原职还是升迁罢黜。

御史为“风宪之官”，治官之官，担负着纠劾非法，肃正朝纲，举荐贤良等重任。隋文帝非常重视对监察官员的选任。开皇三年（583 年），废除北魏以来由御史台长官自选御史的制度，改由中央吏部铨选，或由三省长官荐举，皇帝敕授。这一举措和隋中央政府夺取地方州县长官自辟属官之权同时开展，具有重大的政治意义。

2. 谏官言谏系统

谏官言谏系统是隋朝监察制度中又一重要部分。隋朝的言谏机构为门下

---

① 《唐六典·御史台》。

② 《唐六典·御史台》。

③ 《唐六典·御史台》。

省，主要掌管审查、诏令、驳正违失、百官奏事、献纳谏正。开皇元年（581年），隋文帝在建立三省制时，就明确了其职能。《隋书·百官志上》说：“门下省……掌侍从左右，摈相威仪，尽规献纳，纠正违阙。”门下省置纳言二人，给事黄门侍郎四人，为正、副长官，录事、通事令史各六人，分管省内具体事务。又有散骑常侍、通直散骑常侍、谏议大夫、散骑侍郎、员外散骑常侍、通直散骑侍郎始事、员外散骑侍郎、奉朝请等官员，掌“部从朝直”“出使劳问”，兼有皇帝顾问、侍从的性质。门下省统领城门、尚食、尚药、符玺、御府、殿内等六局。

6.4.2 唐朝时期行政监察制度

唐朝政府总结了秦汉以后历代封建王朝统治的经验教训，建立了相当完备的专制主义中央集权政治制度和监察制度。正如《唐律疏义》序所记载：“盖姬周而下，文物仪章，莫备于唐。”

御史台是唐朝最高的监察机构，统管全国监察工作。御史台内设御史大夫一人，其品秩唐初定为从三品，武宗会昌二年（842年）升为正三品，是御史台的最高长官，主要职责是：“掌以刑罚典章，纠正百官之罪恶。”① 御史大夫的副贰称御史中丞，设两人，品秩为正五品上，武宗时升为正四品下。一御史中丞在洛阳主持东台事务，一御史中丞在御史台辅助御史大夫。御史台的职责主要是弹劾百官非法，但也与行政纠合在一起掌司法，并兼礼仪事。

唐玄宗开元年间，对御史台组织进行了重大调整与变革。御史台下属机构设三院：台院、殿院、察院，分别是侍御史、殿中侍御史和监察御史的办公机关，侍御史要在弹劾，殿中侍御史要在知班，监察御史要在出使。三院职权分工明确，构成十分严密的御史监察系统，这在我国监察制度史上也是一个创举。

三院的机构设置及职权分工如下：

殿院：设殿中侍御史九人，品秩从七品下，主要任务是纠察百官在宫殿内违法失礼行为。“凡冬至、元正大朝会，则具服升殿。若郊祀、巡幸，则于卤簿中纠察非违，具服从于旌门，视文物有所亏阙，则纠之。”② 即在朝班巡幸等场合维持秩序、维护皇帝尊严，京畿诸州兵也受其调度，“正班、列于阁门之外，纠离班、语不肃者”。此时，就是宰相也要听从指挥。大足元年王元竟

① 《新唐书·百官志三》。

② 《新唐书·百官志三》。

为殿中侍御史，“正班于阁门外，宰相团立于班北，元竟前曰：‘去上不远，公虽大臣，自须肃敬，以纷挥之，请齐班’”。大凡朝会，皆有知班侍御史，对诸如“或纵观敕旨，或旁阅制词，或交首乱言，或越班问事，或私申庆吊，或公诵诗篇，或笑语喧喧，或行立怠惰”① 的大臣予以纠弹。无论品秩高低，违者立弹，决不容情。此外，殿中侍御史还负责朝官在廊下就食时的巡察（廊下食使）和朝中仪式（内奉使）以便维护朝廷秩序和尊严。同时，殿中侍御史第一人又称同知东推，负责太仓，粟米出纳；殿中侍御史第二人又称同知西推，监管金库、锦帛出纳，两者与台院的知推侍御史合称“四推侍御史”。此外，京城内外的不法官吏也由殿中侍御史监察。

察院：设监察御史 15 人，品秩正八品下，职责是“掌分察巡按郡县、屯田、铸钱、岭南选补、知太府、司农出纳，监决囚徒。监祭祀则阅牲牢，省器服，不敬则劾祭官。尚书省有会议，亦监其过谬。凡百官宴会、习射，亦如之”。② 主要还是掌管监察地方官吏和巡按州县狱讼、军戎、祭祀、营作、太府出纳等事。察院的职掌并不全在监察地方州郡，到唐后期还分察百僚，监察尚书六部。监察御史以入院先后排座次，以先入者为尊，其各自的任务也有区别，资格最老的三人负责监察各部，每人分两个部，其余的分巡地方，资格最浅的巡察的地方最远、最苦。而唐前期凡尚书省有会议，监察御史可列席“监其过谬”，对不负责任推诿违规者进行纠检监督，后来发展为固定的六察制度，此制是明朝监司六科给事中系统独立成司的先声。六察所察不仅仅是尚书六部，也包括与六部二十四司有政令转承关系的九寺五监十二卫，这样整个中央政府各部门实际上都归入察院的监察范围，此即所谓“分察百司”职能。唐朝以“道”为监察区，太宗时全国划分为 10 道，玄宗时增至 15 道，每道派一名监察御史，两名判官辅佐，15 名监察部使。

察院监察御史职等品位在三院中虽列较低，但其职责之重、监察之广都在台院、殿院之上。由于监察的职重面广，常设有各类使官。如六察御史，分别监察各部；黜陟使奉命巡察全国，监察各地官吏；监军御史负责对军队将官的监察；馆驿使掌管对京中和各地馆驿的监察事务，等等。察院还设令史 34 人。

巡按州县、纠检地方官吏是察院的主要职责，监察御史出使巡察州县长吏，也监军旅。如李峤在唐高宗朝任监察御史，时岭南邕、严二州酋领反叛，

① 《唐会要·御史台下》。

② 《旧唐书·职官三》。

朝廷发兵讨击，任李峤“往监军事”，在前线“数其俘馘，审其功赏，辨其真伪”。[①] 又监诸道屯田、铸钱及岭南选补，对于“诸道违法征科及刑政冤滥”，皆可“访察闻奏”。唐后期出巡官除监察御史外还有尚书省诸郎官，唐朝长期坚持了出使巡察制度，开元时察院巡察馆驿并监仓库，开元十九年（731 年）将监仓库职移入殿院。开元二十五年以监察御史检校两京馆驿，到唐后期定制以御史知馆驿号“馆驿使”，监仓库职事也由殿院复归察院。监察御史还监决囚徒，京师的死囚犯临决前，监察御史应引问囚徒，给他最后的申冤机会。

台院设侍御史六人，品秩从六品下，主要职责是“掌纠举百僚，推鞫狱讼”。在六名侍御史中，由一名年长且资格老的侍御史担当总判台事，“判台事，知公廨杂事等”，[②] 处理御史台的日常行政事务，因其在侍御史中拥有实权，地位最重要，故称“杂端”、“台端”，又称“知杂侍御史”、“第一侍御史”。台院可以作为御史台的代表，与刑部、大理寺组成“三司”，联合审案，又称“三司推事”；有时还有门下给事中、中书舍人和侍御史，共同组成特别法庭，称为“小三司”，坐堂受理冤狱，称为“三司受事”。大事须奏请皇帝裁决，小事则自行决断。

唐代监察制度比前代更加严密，机构设置更趋细致。一方面是分工细密，职责明确。另一方面弹劾官员要负责任，不比隋朝以前允许御史风闻奏事，不必提出证据。从权力结构来看，御史台兼有监察权、弹劾权，甚至享有部分司法审判权，要单独将之定性为监察机关或检察机关，皆不足以全面概括，称之为审判机关更是不妥，实则是集监察、弹劾、审判于一身的集权式机构，从行使权力的主体来看，三个院均有监察权，而弹劾权、审判权似乎归台院独享，实际上，三院在职权的具体行使上又有交叉，殿院、察院有时也行使弹劾权、审判权，情况十分复杂；从监察对象来看，台院、殿院监察高级官员，察院监察地方品秩较低的官员，察院的监察御史也可以对中央的高官提出纠弹，三院相互协调构成庞大、严密的监察系统。

6.4.3 隋唐时期行政监察制度的特点

1. 行政监察法制健全、监察范围广泛

隋代的行政监察法规主要有《监察六条》，唐代有《巡察六条》、《风俗廉

---

① 《唐六典·御史台》。

② 《唐六典·御史台》。

察四十八法》等，比汉代范围更宽，对官吏的监察考核更具体。

2. 行政监察官选任严格

行政监察官作为“治官之官”，是百官的表率，选拔管理极为严格。在选任方式上，唐代监察官的选拔方式，或由皇帝直接任免，或由御史台主推荐，完全不受吏部支配，表现了人事权的独立。唐代很多御史是从县尉、主簿、县丞和县令等经过基层锻炼的人中选拔的；选进士，举人充任御史，唐御史一般选用进士、举人出身。

3. 行政监察权独立

隋朝和唐朝御史台是一个独立完整的监察机构，直接受皇帝操纵，其他部门无权干预。监察体系内部虽有上下级之别，但在监察权上是独立的，监察御史有权独立弹事，可独立行使弹劾、纠举权，不需请示。在行使职权时，不受任何官吏的约束，甚至连御史台的长官也无权干涉，即所谓“台无长官”。监察御史弹劾奏事不受御史台长官好恶的影响，直接向皇帝负责，保证了行政监察权的行使不受外界干扰。

4. 动态化的行政监察方式

隋代和唐代实行动态行政监察机制，即经常性监察与临时性巡察相结合，以定期与临时相互交替的巡察方式对地方官员进行考察监督。唐代对中央朝廷官员与地方官员的监察相分离，唐在中央设御史台，对中央文武百官进行监督，而在御史台下专设察院，负责对地方官员的监察。但除了以御史台为中心的监察御史对地方的监察外，还有就是中央不定期、临时性差派监察史到地方巡视，对地方官员进行监察，以加大对地方官员的控制。隋代和唐代对地方官员定期和临时交替的动态巡视方法，防止了监察官与被监察者相互勾结，沆瀣一气，保证了监察质量。

6.4.4 简评

总地来说，从我国监察制度的发展历程角度来看，学者们通常把隋唐时期的行政监察制度界定为封建行政监察制度的完备时期，即这一时期继承了魏晋南北朝行政监察制度的变化，对监察制度做了重要的调整和改革，使中国封建监察制度真正定型。且作为后来历代行政监察制度的根基模式，对此后的行政监察制度产生了深远的影响。

6.5 宋辽金元的行政监察制度

6.5.1 宋代中央行政监察制度

宋朝是我国封建制度由兴盛趋向衰落的转折点。这也反映在监察制度上，一方面，封建统治者集历代监察制度之大成，使监察体制更为系统化，另一方面，宋代统治者又以各种方式剥夺监察官吏的职权，使封建监察制度趋向保守。

1. 宋代监察官职设置的混乱

宋朝建立之初，封建统治者十分重视监察官员的作用，对监察官员委以重任，所谓“行之者宰相”，“言之者台谏”，“天下是非，付之台谏”。① 但随着专制主义中央集权的加强，宋代统治者又采取各种措施，削夺监察官员的职权。

（1）御史大夫成为虚设的官职，实际上废弃了御史大夫为御史台长的制度。隋唐时期，御史台以御史大夫为台长，统率一台，地位很高。宋代不设正职，将御史大夫变为虚设的官职，只是作为一种加官。到元丰改制后，御史大夫作为加官也被废除了。以后，宋代不设御史大夫，以御史中丞代行御史大夫职务。

（2）御史中丞往往由其他官吏兼任。御史中丞出任台长以后，侍御史成为御史台副长官。按照宋代的惯例，中丞、侍御史不并置，有中丞时不设侍御史，在御史中丞缺人时，则以侍御史，以及副中丞、知杂御史等判台事，主持御史台事务。侍御史也不专任，多由尚书省六部郎官兼任。

（3）谏院无常设长官。虽然设立了独立的谏院，但散骑常侍及谏议大夫不常设，仅设知院六人，以司谏、正言充任，也多由他官领之，以他官领之者，称为知谏院。谏官领他职的现象更为普遍，领职的范围也很广，上至参知政事、枢密副使、御史中丞，下至知州、三司使、史官等。如宋太宗时期的寇准、真宗时的王曾、仁宗时的范仲淹、神宗时的王安石都是以谏议大夫的身份，权参知政事的。

---

① （宋）王称：《京都事略》卷73。

2. 宋代台谏合一的中央监察机构

宋代中央的监察机构是御史台和谏院，简称台谏。御史台的长官本为御史大夫，因其秩高位重，此职常为虚衔，而由资历较浅的御史中丞主持台务。中丞之下，设御史知杂事（简称“知杂”、“知杂事”或“御史知杂”）为之副职。御史中丞和知杂的仪仗规格与宰相、枢密使的规格相等，十分壮观，皆由左右金吾使“清道”，喝止行人。御史台下设台院、殿院、察院三院，分别设置侍御史、殿中御史、监察御史等官职。其中台院地位较高，副御史中丞“掌贰台政”。殿院巡纠朝仪、禄料、告假等方面的违法事。察院实际权力最大，“掌分察六曹及百司之事，纠正谬误，大事则奏劾，小事则纠正”,① 即所谓六察，不但派人对国家吏、户、礼、刑、兵、工六部实行定位监察，而且中央民政、军事、财政等所有行政机构及其官员都在其监察之列。为了提拔有才干的新进士入台，仁宗又设“里行”御史，景祐元年（1034 年）设“殿中侍御里行”、“监察御史里行”。

宋初和前朝一样，御史和谏官的职责分明。御史辅助天子监察百官，纠劾官邪，维护纲纪；谏官监督皇帝，讽喻君主改正不合时宜的言行及诏令文书，且力争而不为过。但台谏两职在行使职权的实际过程中，往往互相牵制，因为即使是谏诤皇帝的过失，也会涉及对官员的指控。随着皇权专制的加强，为便于监察职能的实施，真宗天禧元年（1017 年），诏设言事御史六人，不兼他职，专立谏奏，于是御史许言事谏诤，以诏书的法律形式确定下来，使台官言事名正言顺。同时，宋廷授谏官纠弹之权。如仁宗时，包拯知谏院“数论斥权倖大臣”。由于本来职守监察的台官可以言事，职守言事的谏官也可以监察百官，于是台谏两个机构的职责就合二为一了。

台谏合一的目的在于加强对文武百官，特别是对宰执大臣的纠举和弹劾，进一步加强皇帝的权力。宋廷规定御史每月要向皇帝汇报一次，称为“月课”，甚至可以闻风弹劾，只要听到一点任何情况，就可向君主报告，没有真凭实据、奏弹不当也不加惩罚，这就大大提高了御史的地位。同时宋廷也提高了谏官的政治地位。本来谏官不能入内朝，也不缀两省朝奏的班次，仁宗诏令改为谏官侍奉内朝，缀入两省班次。这些规定使台谏官权力大增，常常与宰执大臣发生争执，如谏官孙沔在朝廷当众斥责宰相吕夷简当政以来，西、北边境常受辽夏侵扰，宋军惨遭失败，国家空虚，农民暴动四起，使国家日益陷于积

---

① 《宋会要·职官十七》。

贫积弱的局面，其罪大恶极。明道二年（1033年）刘太后死后，仁宗依靠范仲淹、欧阳修、韩琦、余靖、蔡襄等一批新提拔的谏官，向以吕夷简为首的后党势力发动猛烈的进攻，夺回了皇权，结束了其十余年的傀儡时代。之后又在范仲淹等改革人物的支持下，颁布“庆历新政”，实行了一年左右的改革。由于台谏以言事为职，无论何时何地上对天子，下对百官，皆可论列批评，否则就未尽其职。新任的御史，如果百日内无所纠弹，则被罢作外官或罚“辱台银”。因此，台谏官倚仗皇帝，有恃无恐，不是与宰相唱反调，就是无端攻击宰执大臣。

于是在宋代形成一个怪现象：宰相只要遭到台谏弹劾，不论虚实，便失去威信，即须自行停职，居家待罪，等待调查与处分。如哲宗时宰相苏颂，因反对朝廷让谏官贾易出知苏州的决定，遭到谏官的弹劾，认为苏颂“稽留诏命”。苏颂遂辞去相位，吕薇仲对苏颂说，可向皇上申辩之，苏颂答道：“宰相有一人言，便为不当物望，岂可更辩曲直?”宋代像苏颂这样遭到台谏弹劾而被罢免宰相之职的事例，俯拾即是。这种宰相受制于台谏的情况，尤以仁宗为甚，当时台谏不仅常劾宰相，而且还参与商议“委任执政”机密要事。庆历三年（1043年），谏官欧阳修、余靖、蔡襄一起弹劾参知政事王举正“懦默不任职”，推举枢密副使范仲淹，认为其有宰辅之才，不应呆在兵府，愿罢王举正以范仲淹代之，仁宗遂罢王举正，命范仲淹为参知政事。所以当时舆论有“讥宰相但奉台谏之旨而已”。① 宰相为台谏所支配，而台谏由君主所亲擢，最后所有的监察大权都掌握在皇帝的手里。不过在蔡京、秦桧、史弥远等权臣当政的年代，台谏成为他们陷害忠良、排斥异己的工具。

3. 宋代地方行政监察制度

宋代对地方的监察，也由皇帝直接控制。路设走马承受，州设通判，提点刑狱监司狱讼，考课由转运使监督。

（1）路监察官——走马承受。宋初，路监察官走马承受，隶“帅司”。“诸路各一员，隶经略安抚总管司，无事岁一入奏，有边警则不时驰驿上闻”。② 徽宗崇宁年间（1102—1106年），“始诏不隶帅司，而辄预边事，则论以违制”，是为独立行使监察的官吏。大观年间（1107—1110年），“诏许风闻奏事”，后改为兼访使，权重与监司抗礼。“诸路兼访官循习违越，附下罔

① 《苏东坡续集》卷11。

② 《宋史·职官七》。

上，凡边机皆先申后奏，且侵监司，凌州县而预军旅刑狱之事，复强买民物不偿其值，招权恃势，至与监司表里为恶”。① 钦宗初年，罢去兼访使，削夺地方授权之患，复为走马承受。

（2）州监察官——通判。宋朝在州府设通判，旨在“惩五代藩镇之弊”。大郡置通判二人，其余置一人，州不及万户不置，但武臣知州的小郡亦特置，广南小州则由试秩通判知州。

通判职掌“凡兵民、钱谷、户口、赋役、狱讼听断之事可否裁决，与守臣通签。所部官有善否及职事修废，得刺举以闻”。② 既与知州分掌行政，又专掌监察，故有“监州”之称。通判既非州长吏之副贰，又非其属官，但权重，“知府公事并须长吏、通判签议连书，方许下行”。这种权力制约就是为了强化中央集权。南渡后“入则贰政，出则按县”。③ 通判虽为州之副贰，但有州、县监察权，权势不逊于州之长吏。

（3）狱讼监察官——提点刑狱公事。提点刑狱公事为宋朝地方狱讼监察官，诸路各一员或二员。“掌察所部之狱讼而平其曲直，所至审问囚徒，详覆案牍，凡禁系淹延而不决，盗窃逋窜而不获，皆劾以闻，及举刺官吏之事”。④ 宋初，以朝臣十一人分充诸路转运司提点刑狱。真宗时，先置诸路提点刑狱公事，以朝臣任正职，武臣为副贰；后改为提点刑狱劝农使。神宗时，以武臣罕习吏文，多不足以举察所部人材，故罢之，改置提点京畿刑狱，“掌察所部疑留狱讼，劝课农桑，而按其官吏之不法，别其廉吏，以达于朝”。⑤ 南渡后，孝宗用诸路分置武臣提刑一员，后为防止滋生藩镇之祸，罢去武臣，留任朝臣一员。

（4）财赋监察官——转运使。宋置转运使，既是掌握财赋的地方行政官，又是监督财政非法的监察官，其职掌有三：其一，掌一路财赋的收入，“按岁额钱物斤斗之多寡，而察其稽违，督其欠负，以供于上”；其二，考察财田之丰歉和官吏之勤惰，皆访问而陈奏之；其三，供给军需，随军移运钱粮，或置随军转运使。凡辖一路，谓之转运使，辖两路以上则称都转运使。仁宗庆历三年（1043 年）“诏诸路转运使并兼按察使，每岁具官吏能否”，⑥ 强化监察官

① 《文献通考·职官考十六》。
② 《文献通考·职官考十七》。
③ 《宋史·职官七》。
④ 《宋史·职官七》。
⑤ 《文献通考·职官考十五》。
⑥ 《文献通考·职官考十五》。

史的职能。

6.5.2 辽金行政监察制度

1. 辽代行政监察制度

辽建立政权以后，在其统治的地区为了适应不同的生产方法和生活方式，采用了两种不同的行政体系，即“以国制治契丹，以汉制待汉人”。① 具体来说就是，统治契丹和其他游牧民族的官员，一律用契丹贵族，其办事机构设在皇帝牙帐的北面，称北面官。凡属“宫帐、部族、属国”和“兵机、武铨、群牧”方面的政务，都由他们负责。统治汉人和渤海国人的官员，用汉人地主和契丹贵族，办事机构设在皇帝牙帐的南面，称为南面宫。凡属“汉人州县、租赋、军马”和“文铨、丁赋”方面的政务，由他们负责。

辽代的南面官系统仿照汉族地区的监察制度，在中央一级，以御史台为主要监察机构。御史台于会同元年（938 年）建立，其长官为御史大夫，副长官为御史中丞。御史台还仿照汉制，在御史大夫、御史中丞以下设侍御史。在御史台中设置类似殿院的机构，称为殿中司，该机构的长官为殿中中丞，下属机构有尚舍局、尚乘局、尚辇局、尚食局等。辽代还设置有谏官组织，称为左右谏院，主要官吏有左右谏议大夫、左右补阙、左右拾遗。左谏院属门下省，右谏院属中书省。御史台的职权与宋大体相同，即“掌以刑法典章，纠正百官之罪恶”。此外，御史台也兼有司法权。如在其他地方刑狱不得明冤，则可到御史台陈述。据《辽史》记载：开泰八年（1219 年），“尝敕诸处刑狱有冤，不能申雪者，听诣御史台陈诉，委官覆问”。②

辽代的地方监察机构，在州置刺史。刺史以下设同知州事、录事参军、按察诸道刑狱使等官。这些官吏由皇帝下诏临时派遣，实际上也担负部分监察职能，当需要刑狱使采访民间疾苦、官吏善恶时，则加上“采访”之名。

2. 金代行政监察制度

金代监察制度大体仿照唐代监察制度，在中央，主要的监察机构是御史台。御史台内部职责分明。御史大夫为御史台长官，“掌纠朝仪、弹劾官邪、

---

① 《辽史·百官志一》。

② 《辽史·刑法志》。

勘鞫官府公事。凡内外刑狱所属理断不当，有陈诉者付台治之”。① 御史中丞为副长官。御史大夫和御史中丞以下设侍御史、治书侍御史，“掌奏事，判台事”。殿中侍御史“每遇朝对立于龙墀之下，专劾朝者仪矩，凡百僚假告事，具奏目进呈”。监察御史“掌纠察内外非违，刷磨诸司察帐，并监察祭礼及出使之事”。② 金代还曾仿照宋朝监察制度，在中央设置谏官组织，成为审官院。承安四年（1199 年），审官院建立，设知事、同知审院事等“掌奏驳除授失当事”。③ 审官院不久即罢，其职权并归御史台。

金代初期没有设立监察地方的专门机构，而是由中央派遣监察御史分路巡行地方。到了金章宗时正式建立提刑司，成为地方监察机构。提刑司“专纠察黜陟，当时号为外台”。当时共设有东京咸平路、中都西京路、北京林潢路等九路提刑司。提刑司还兼理劝农采访、屯田镇防诸军等职责。金章宗承安四年（1199 年），提刑司改为“按察司”，专司审刑狱、稽案牍、察滥污、禁豪猾、缉私酒、劝农桑，并兼转运等工作。

金代统治者十分重视监察法规的制订，贞祐二年（1214 年），金朝政府制订监察御史“黜陟格”，规定了对监察御史的考核制度。兴定元年（1217 年）颁布监察御史失察法，制订了对失职的监察御史惩办的方法。兴定五年（1221 年）制订监察御史违反律令的处决法，并规定各路提刑按察司直接受御史台的领导和监察。

6.5.3 元朝的行政监察制度

1. 元朝中央行政监察制度

元世祖忽必烈于中统元年（1260 年）称帝时，在中央未设施行监察的御史台。但他在执政九年后，深感“今任职者多非其才”，致使“政事废弛”，并将这严重的局面比喻为“大厦将倾，非良工不能扶”。时为转运使的张雄飞向忽必烈献策：“古有御史台，为天子耳目，凡政事得失，民间疾苦，皆得言；百官奸邪贪秽者，则纠弹之。如此，则纪纲举，天下治矣。”④ 翰林学士高智跃认为：“宜仿前代，置御史台以肃官常。”中书平章政事廉希宪亦“奏

① 《金史·志第三十六》。

② 《金史·志第三十六》。

③ 《续文献通考·职官四》。

④ 《元史·张雄飞传》。

立御史台”。于是，忽必烈在至元五年（1268 年）七月下令，在中央建立了司黜陟的御史台，“以正宏纲”。

御史台的隶属关系和品秩，到东汉时还隶于少府，御史中丞品秩不过千石。到了唐朝，御史台的地位也不能与“三省”并立，御史大夫的品秩仅为正三品。但“三省”的丞相却为正二品。而元朝御史台的御史大夫，在官僚品秩中的地位，则与中书省平章政事、枢密院和知院同等，均为从一品官。如元朝御史台的首任御史大夫塔察儿，即由原中书省右丞相改任此职。故元朝的御史台从建立起，就成为与“总政务”的中书省、“秉兵权”的枢密院并立的中央三大重要机关之一。关于这三大机构的关系，忽必烈曾表示：中书省是我的左手，枢密院是我的右手，御史台是我用来医治左右手的。可见元朝御史台的地位是何等重要。元朝在制订的《宪台格例》中还明确规定，中书省、枢密院“凡有奏察公事，与御史台一同闻奏”。① 尤其是中书省有关重大政事的上奏，必须有御史大夫副署的奏章才能生效。而且元朝法律规定，从中央的御史台到地方的行御史台和诸道肃政廉访司的事，其他职官皆不得干预。

正由于元朝的御史台具有独立地位，对地方监察机关采取垂直领导体制，实行台谏机构职能合一，坚持监察官自选，这就从制度上保证了监察机关及监察官能够有效地行使监察百官的职权。元世祖忽必烈执政期间，曾先后重用权相阿合马、卢世荣和桑哥，为此，监察官们屡次弹劾其奸贪不法、祸国殃民。至元二十一年（1284 年），卢世荣任中书右丞不到十天，御史中丞崔或即弹劾其不可为相，但竟遭罢职。治书侍御史韩政弹劾卢世荣假公济私，也被流放。监察御史陈天祥再上书《论卢世荣奸邪状》，御史中丞郭佑等再以卢世荣的罪状奏之，终于迫使世祖下令诛杀卢世荣。至元二十四年，权相桑哥专政，御史刘敏中等十人，不畏罢官流放，不断上书弹劾，才迫使忽必烈处死桑哥。

2. 元朝地方行政监察制度

元朝以前，在地方未建立过正规的监察机构，西汉在武帝元封五年（前 106 年），曾划分全国为十三州（部）监察区，置刺史，定期向各州派去刺史一人，以“六条”问事，监察所隶的郡、国。唐朝在太宗贞观元年（627 年），划分全国为十道监察区（玄宗开元二十一年改为十五道），中央的御史台向各道派按察使对所隶诸州实行监察，并派遣监察御史“分察百寮，巡按州县”。金朝曾在地方设立过上京、东京提刑司，但不掌纠弹地方官吏之职。

① 《元典章·台纲一·设立宪台格例》，《元史·世祖纪三》。

只是在章宗承安四年（1193 年），改称按察司，才委以“监察采访”，“纠察滥官污吏豪猾之人”。① 但到宣宗贞祐三年（1215 年）又撤销，也仅存在 23 年。元朝则在地方建立了正规的监察机构，组成从中央到地方独立的监察系统。其监察机构有行御史台和诸道肃政廉访司。

行御史台有二，一为江南诸道行御史台（简称南行台或南台），二为陕西诸道行御史台（简称西行台或西台）。世祖至元十三年（1276 年），监察御史田滋建言：“江南新附，民情未安，加以官吏侵渔，宜立行御史台以镇之。”② 于是在至元十四年置江南诸道行御史台于扬州，归中央的御史台管领。至元二十七年（1290 年）规定，江南行台管江南的江浙、江西和湖广三个行中书省的监察，并总制江东、江西、浙东、浙西、湖北、湖南、广东、广西、福建、海南十道肃政廉访使司。南台的“官秩如内台”。其监察御史初置十人，文宗天历元年（1328 年）为 24 人，后定制为 28 人。陕西诸道行御史台的前身，是世祖至元二十七年云南提刑按察司升为云南诸道行御史台后，于成宗大德元年（1297 年）“移治陕西（治所在今西安市），号陕西诸道行御史台”，③ 亦隶御史台统领，管陕西、甘肃、四川和云南四个行中书省的监察，并统制汉中、陇北、四川、云南四道肃政廉访使司，“官秩如南台”，其监察御史一直为 20 人。中书省的腹里之地，以及河南、辽阳等行省的监察，由中央御史台直接管领，并统制山东、山西、河北、河南、淮东、淮西、山南和辽东八道肃政廉访使司。

肃政廉访司，在世祖至元六年建立时称提刑按察司。初为四道，至元十四年增为八道，后又不断增置，到至元二十八年（1291 年）改称肃政廉访司，至元三十年“遂定为二十二道”。④ 即上述的南台所统十道，西台所统四道，以及内台所统的八道。这就把全国在地方的 185 路，分属 22 道肃政廉访司进行监察。各司视监察的需要，可以设立分司。每道肃政廉访司的官吏有法定的编制，规定每道设官八员，其中肃政廉访使、副使各二人，佥事四人，组成领导核心。还有经历、知事、照磨兼管勾、书吏、译史、通事、奏差、典吏等 28 人，各自履行法定的职责。⑤ 因此，元朝从中央到地方所建立的严密的监

① 《金史·百官三·按察司》。

② 《元史·良吏一·田滋》。

③ 《元文类·御史台记》。

④ （元）虞集：《道园学古录·赵思恭神道碑》。

⑤ 《元史·玉昔帖木儿传》。

察机构，便从组织上保证了对各级官吏实行有效的监察。

3. 元朝行政监察法规——《宪台格例》

元世祖至元五年（1268 年）立御史台的同时，颁布了《宪台格例》，共 36 条，作为台官行使监察权的法规。《宪台格例》制定后，又制订颁布了一系列的行政监察法规。《大元圣政国朝典章》将有关监察法规汇编成《台纲》，分内台、行台。内台有：（1）《宪台格例》（至元五年）；（2）《体察人员勾当》（至元十四年）；（3）《台察咨禀等事》（至元三十四年）；（4）《监察则管体察》（至元二十五年）；（5）《监察合行事体》（至元二十四年）；（6）《整治台纲》（大德十一年）。行台有：（1）《行台体察等例》（至元十四年）；（2）《行台体察又例》（至元十五年）；（3）《立行御史台官》（大德八年）。另外，还有一些条例，如体察、体覆、按治、照刷等。

《宪台格例》是元朝御史台行使监察权的基本法规，大体可分宪纲、条例两部分。宪纲部分，规定御史台职权范围和地位。其可以“弹劾中书省、枢密院、制国用使司等内外百官奸邪非违，肃清风俗，刷磨诸司案牍，并监察祭祀及出使之事”。其地位亦隆：“中书省、枢密院、制国用使司，凡有奏禀公事，与御史台一同闻奏。”条例部分，分列纠察事项 20 条，还有纠弹事项、体纠事项、推纠事项、体察事项、纠劾事项、照刷事项、罚则等，共计 36 条，也称做“台纲三十六法”，均为纠正百官违失，惩处百官非法的法规。

6.5.4 宋辽金元时期行政监察制度的特点

宋朝是我国封建制度由兴盛趋向衰落的转折点。反映在监察制度上，一方面，封建统治者集历代监察制度之大成，使监察体制更为系统化；另一方面，宋代统治者又以各种方式剥夺监察官吏的职权，使封建监察制度趋向保守。宋代监察官由皇帝亲自任命，以遏制相权，同时监察官被置于皇权的严密控制之下，其本身也受监察；另设独立的中央谏官机构；加强了对地方的监督，中央委派的转运使、观察使、按察使、外任御史等都有监督权。

辽金元是我国行政监察制度史上比较特殊的时期，这一时期的行政监察制度多借鉴前朝汉人的行政监察制度，但是主要为少数民族所使用。总地来说，这一时期的行政监察制度有一定的积极作用，它提高了监察机构的地位，重视监察制度的规范化，建立了严密的监察组织结构，并且在监察思想方面也有一定的发展。但是其弊端也是十分明显的：一是主要的监察职务被少数民族上层所垄断；二是该时期虽然制订了一系列监察法规，但是统治者民族的贵族却不受这些法规的制约。

6.5.5 简评

宋辽金元时期的行政监察制度可以说是中国封建行政监察制度开始走向保守的时期，即皇权垄断。从宋代的台谏合一开始，中国的封建行政监察制度发展方向发生了逆转，即从汉唐以来的分工明确趋向混合统一。这一时期的末期即元朝时期，行政监察制度提高了监察机构的地位，重视监察制度的规范化，建立了严密的监察组织结构，并且在监察思想方面也有重大发展。但是其弊端也十分明显，比如主要的监察职务被蒙古贵族垄断。总之，宋辽金元的行政监察制度有倒退亦有所前进。综观全局，保守是主要的，进步是次要的。

6.6 明清的行政监察制度

6.6.1 明朝的中央行政监察制度

在明朝，随着专制主义中央集权的国家制度日益向极端的君主个人专制方向发展，监察制度的完备和严密达到了顶点，为明朝的专制统治树起了一根坚固的支柱。明朝的监察机制的设置有其独特精妙之处，在实际运行中也发挥了巨大的积极作用，但是其毕竟是专制皇权系统中的一个子系统，没有也不可能超越这个界限而存在并发挥作用，始终受到极端皇权的制约和影响，因此存在许多的历史局限性。

1. 都察院系统的建立

明初曾一度效仿元制设御史台，作为全国最高监察机关。洪武十五年（1382 年）明太祖朱元璋撤销御史台而创设了都察院，两年后又对其内部机构设置进行了调整，从而完成了台、察合一的制度创新。其后建文帝和明成祖等也进行了相应的改革和完善。都察院是专门负责维持明代国家机关以及官吏纲纪的部门，是全国最高监察机关，总揽全国监察事务。它是正二品衙门，其主要工作人员是御史。其长官为左、右都御史各一人，其下有左、右副都御史各一人，左、右佥都御史各两人，十三道监察御史共 110 人，具体为浙江、江西、河南、山东各 10 人，福建、广东、广西、四川、贵州各 7 人，陕西、湖广、山西各 8 人，云南 11 人。他们按地区和业务分工，负责对全国各方面事务的监察工作，权力很大，无所不监。因此在人选和任用上，明朝极其慎重，要求也非常严格。都御史是都察院的长官，都御史的职责即代表了整个都察院的职责。都御史总的职责是："纠劾百司，辩明冤枉，提督各道，为天子耳目风纪之司。凡大臣奸邪、小人构党、作威福乱政者，劾。凡百官猥茸贪冒坏官纪者，劾。凡学术不正，上书陈言变乱成宪希进用者，劾。遇朝觐考察，同吏部司贤否黜陟，大狱重囚会鞫于外朝，偕刑部大理谳平之。其奉敕内地，拊循外地，各专其敕行事。"① 即都御史一方面负责处理本院及十三道的行政事务，另一方面也有行使监察、进行弹劾的权力。具体内容为：(1) 肃正纲纪、纠劾百官。纠劾高级官吏，是都御史的首要职责，也是皇帝赋予并反复强调的权力。(2) 辨明冤枉。每年天气炎热之时，与刑部、大理寺奉敕对京师罪囚进行审录。(3) 提督各道。包括参与监察御史出任的选拔和审查，监察御史出巡的提名，监察御史回京的述职和考评，以及提出监察御史升降的初步意见等四个方面。(4) 考察百官。明代都察院参与决定百官的"考满"和"考察"。都察院长官不仅参与考课官员贤能与否，政绩如何，而且有权参与决定官员的升迁与罢黜，以充分发挥其监察职权。(5) 以巡抚或总督的名义，代表皇帝处理地方的重大军政问题。(6) 负责拟定都察院各项规章，奏请皇帝批准颁行。(7) 作为"七卿"或"九卿"之一，参与廷议、廷推、廷鞫。

2. 六科给事中的设置

明初"沿汉唐旧制"仍设给事中等谏官组织，属于中书省。洪武十三年(1380 年)，在罢废中书省的同时，设置谏院，直接由皇帝节制，属官有司谏、谏议大夫等，给事中也归属谏院。

由于中书省的废除，六部地位的提高，加强对六部官员的监察日益重要。洪武十五年 (1382 年)，罢谏院，废各种谏议大夫，把给事中设于六部之中。六部各设一科，分别称为吏、户、礼、兵、刑、工科。各科设都给事中一人，正七品；左右给事中各一人，从七品；给事中，吏科 4 人，户科 8 人，礼科 6 人，兵科 10 人，刑科 8 人，工科 4 人，均为从七品。各科均"铸给事中印一，推年长者一人掌之",② 又称掌科。这样，在都察院系统之外，形成了一个直辖于天子的六科给事中组织。

六科给事中，品级虽然较低，但权力很大。其主要职责是监督六部，对地位已经提高的六部起着一定的监督和钳制作用，同时也有效地配合了都察院的

① 《明史·职官二》。
② 《明史·职官三》。

监察工作，使台谏并行的监察制度发展到一个新的阶段。

由于宰相的废除，六部地位的提高，明朝六科给事中的职权较前代也有显著的提高。与御史监察官相比，二者都以谏诤劾奏不法为职，前者称为科官、言官，后者称为道官、察官。御史偏重察事，以一般行政为对象；给事中以拾遗补阙，封驳奏章为主，偏重言事。给事中的具体的职权是规劝皇帝；应对皇帝的顾问；封驳章疏、纠察中央官吏，监督六部；纠察朝仪以及监督等。六科给事中与十三道监察御史，合称为科道官，科道官都有建议政事的职权，他们谏言的内容也无限制。但是六科给事中的主要职掌在于稽查六部，他们对中央政情更为了解，而十三道监察御史，其主要职责是巡按地方，对地方的利弊得失较给事中更为熟悉。所以，相比较而言，六科给事中谏言的内容比较偏重于中央政事的兴革，而监察御史谏言的主要内容则以地方政事利弊得失为其侧重。

明朝两大系统不仅分工明确，而且可以互相监督。首先，御史与六科给事中可以互相纠举；其次，都察院内部都御史与监察御史也可以相互纠举。

6.6.2 明朝的地方行政监察制度

明朝把地方的监察方式分为三种：第一种为各省提刑按察司对所属地区的监察；第二种为各道监察御史对所属地区的监察；第三种为总督和巡抚对地方的监察。三种监察方式相互交叉，形成新的地方监察体系。

1. 提刑按察使司

明太祖洪武九年（1376 年），全国除北直隶、南直隶外，设置了 13 个布政使司，通称十三省。每省设提刑按察使司，掌管监察和司法。按察司的主要负责官员为按察使一人，副使 2 至 16 人，佥事 2 至 6 人。按察司的级别低于布政司。布政司左右布政使为从二品，按察司按察使为正三品。但按察司不隶属布政司，而由都察院管辖。府州县不设监察机构。洪武十四年设了按察分司 53 道，二十五年改为 48 道，二十九年又改为 41 道。与行政机构的设置不一致，每个按察司有分司 2 至 4 道，每道分治 2 至 7 府。洪武二十九年改按察司分司为分巡道，以后分巡道扩大到 69 道。

按《明史·职官志四》记载，按察使“掌一省刑名按察之事。纠官邪，戢奸暴，平狱讼，雪冤抑，以振扬风纪，而澄清吏治”。按察司为明代省级的监察机关，是地方“三司”之一，称为“臬司”或“臬台”。在明初被称为

“外台”，“故大明令，按察司、都察院并立，不视之为外官也”。① 洪武十年（1337 年）十二月，朱元璋对回朝的各道按察使说：“朕以天下之大，民之奸宄者多，牧民之官不能悉知其贤否，故设风宪官为朕耳目，激浊扬清，绳愆纠谬，此其职也。”② 因此，地方上纠举官邪、刑名、诉讼皆为按察司掌理，而在司法监察两种职权中，更重于监察。在一般情况下，按察使均得以独立地行使职权，但遇到大事，要与都指挥使、布政使二司会议，告巡抚、巡按，以听于部院。

2. 巡按制度

御史巡按地方，“代天子巡狩，所按藩服大臣、府州县官诸考察，举劾尤专，大事奏裁，小事立断。按临所至，必先审录罪囚，吊刷案卷，有故出入者理辩之”。③ 可见，巡按御史的职权很重，被称为“大差”。洪武二十三年（1390 年），更铸监察御史印“某道监察御史印”之时，又铸有“巡按某处监察御史印”，以昭示郑重。

巡按御史名单先由都察院拟订监察御史二人，由都御史在朝会时引至御前，由皇帝点差其中一员。扣除赴任及回京复命路途往返所需的日程外，以一年为期限。出差根据道路远近、事务繁简分为大、中、小三等。小差为御史初任试职时的差务，试验期满，经考核合格实授后，必须先任中差（专差），然后才能钦点大差（巡按），不能违背这一程序。监察御史的一项重要任务就是奉敕巡按地方。御史出巡，是代天子巡狩，是皇帝的代表和化身，也是皇帝权力的延伸。巡按地方的御史主要从以下几方面实行监察：一是考察吏治，考察地方官吏有无违法失职情节；二是照刷诸司文卷；三是复核和受理诉讼案件；四是考察教育、边防、水利、民情诸事。

巡按巡查期满，回京复命，得接受都察院的主管，即左右都御史的考察。巡按的文卷，也须经都察院的磨勘审核。经过这番考核，如果未发现错误与违法事宜，方能回原道办事。

3. 督抚制度

洪武二十四年明太祖敕“懿文太子巡抚陕西”是为中央大员巡抚地方之

① （清）孙承泽：《天府广记》卷 23。

② 《明太祖实录》卷 116。

③ 《明史·职官志二》。

始。永乐十九年（1421 年），明成祖遣吏部尚书赛义等 26 人巡行天下，安抚军民。以后不拘尚书、侍郎、都御史、少卿等官，有事即奉命出巡，事毕复命。刚开始称为巡抚或镇守，后来因为镇守侍郎与巡按御史不相统属，文移窒碍，定为都御史出巡。宣德初年，明宣宗命熊概巡抚苏、淞、两浙。以后几年，江西、河南诸省纷纷设立了巡抚。自此，从明宣宗以后派遣巡抚已成定制。

明代的总督是在巡抚制度普遍推行的基础上产生和形成的，但其因事特遣、偏重军事、节制地方文武以及置罢不常等特点较巡抚更为突出。明英宗正统六年（1441 年），麓川宣慰使思任发叛变，“而（王）骥总督军务，大发东南诸道兵十五万讨之”。① 据《明会要》记载，认为这是“此设总督之始”。宪宗成化五年（1469 年）开始设两广总督，但总督制度的正式形成则在明正德、嘉靖年间。明朝最初派遣巡抚和总督，主要目的并不是为了让他们去总领一方、成为凌驾于地方三司之上的封疆大吏，而是为了更好地对地方政权进行监察。明代的督抚都带宪衔，《明史 · 职官志》也把督抚列入都察院系统里，就是最好的说明。在明朝前期，督抚以监察为主，在后期，则逐步演变为地方军政长官，监察已不是他们的主要职权。但终明之世，总督和巡抚尚不算省的最高行政长官。

6.6.3 清代的行政监察制度

清代监察制度沿袭明制，但其机构和官员的设置又与明朝有所不同。在中央，仍设都察院，作为最高行政监督机关行使监察权；在地方，设十五道，专门管理弹劾官吏之非违及上奏治务等事。

1. 台省合一的监察制度

清代继承明制，中央监察机关为都察院，清太宗崇德元年（1636 年）始设都察院，其堂官为承政和左右参政。顺治元年（1644 年），清廷改承政、参政为左都御史、左副都御史。康熙二十九年（1690 年）为发挥科道官员皇帝耳目的作用，命左都御史为议政大臣，参与议政。雍正元年（1723 年），胤禛出于加强皇权的需要，“以六科隶都察院，听都御史考核焉”。② 这样，自唐朝以来封建国家监察机关并列的台、谏，至此合而为一。

① 《明史 · 王骥传》。

② （清）徐珂：《清稗类抄》。

都察院是以左都御史和左副都御史执掌院务，右都御史和右副都御史例为地方总督、巡抚兼衔。都察院在朝廷中的主要职责是：监察朝廷政治得失，整饬纲纪。此外，凡皇帝谕令下九卿议核的大政事，都察院要参加议奏；一些重大案件，刑部要会同都察院、大理寺公审决断；在祭祀、朝会、经筵及临雍时，都察院有权纠参不如仪的官员；在大计、京察之年，吏部要会同都察院察议具奏；各省总督、巡抚的考核，也由吏部会同都察院办理。

都察院下设六科、十五道、五城察院、宗室御史处和稽察内务府御史处等机构，具体执行监察事宜。

六科。六科即吏科、户科、礼科、兵科、刑科、工科，负责执行中央监察任务，传达诏敕，并监督六部所管行政事务，每科设给事中，分为掌印给事中和普通给事中，前者是主事官员，后者辅佐之，均为满汉各一人。雍正以前，仍如明朝，六科自为一属。雍正元年（1723 年），清廷以六科内升外转始隶都察院，从而实现“台省合一”。

十五道。十五道为清代地方监察机构，主要职责是举荐和弹劾官吏，复核各省刑名案件。十五道基本上是按行政区域划分的，分为京畿道，兼察内阁；河南道，兼察吏部、詹事府、步兵统领衙门与五城察院；浙江道，兼察礼部；山西道，兼察兵部、翰林院、六科、中书科、户部仓场；山东道，兼查刑部、太医院、河道；陕西道，兼察工部、宝源局；湖广道，兼察通政司、国子监；江西道，兼察光禄寺；福建道，兼察太常寺；四川道，兼察銮仪卫；广东道，兼察大理寺；广西道，兼察太仆寺；贵州道，兼察鸿胪寺；云南道，兼察理藩院、钦天监。中央设有专门的御史监察来监管盐务、漕运、仓场。

雍正时规定各道官员实行密折言事制度，“各科道每日一人上一密折，轮流具奏，一折止言一事，无论大小事务，皆许据实敷陈，即或无事可言，折内也必声明无言之故”,① 进一步发挥了科道官员的监察威慑力量。

五城察院。清代京城分中、东、西、南、北五城，每城各设察院，其长官称巡城御史或巡视五城御史，由给事中或御史中简派，满、汉各一人。初为半年更换一次，后改两年，对各狱讼案件，杖罪以下自行完结，徒罪以上送刑部定案。顺治十年（1653 年）规定其执掌：“五城御史各率所属，办理地方之事，厘剔奸弊，整顿风俗。”②

宗室御史处和稽察内务府御史处。宗室御史处，又名稽察宗人府衙门，设

---

① 《清实录》。

② （清）朱寿朋：《光绪朝东华录》。

立于雍正五年（1727 年），铸有稽察宗人府御史铜印，由十五道的宗室御史二人兼管，一人掌印，一人协理，下有经承三人，专掌稽察和注销宗人银库钱粮册籍。具体的稽察方法是：行文八旗，令其将每月宗室觉罗婚丧优恤银，借给八旗官员银数、其拖欠及还过悉数造册移送宗室御史处核参，年终将稽核过的数目，再详细核算奏报。此外，每年春秋二季，盛京将军亦将颁发的宗室觉罗红白事银两数目造册咨送宗室御史处察核。光绪三十二年（1906 年）该机构被裁撤。

稽察内务府御史处，又名稽察内务府御史衙门，这是清代才有的新机构，是为防止宦官专权而设的。雍正四年（1726 年），设内务府御史四人，雍正十三年（1735 年）裁撤。乾隆三年（1738 年）复设内务府御史二人，亦铸有稽察内务府御史铜印，专掌稽察和注销内务府所属各司、院钱粮册籍；稽察紫禁城；稽察储司六库存储之物件。此外还负责稽察紫禁城内混入客留闲杂人等事。光绪三十二年（1906 年）裁撤。

2. 清代地方监察制度

（1）监察行署——右都御史。清代都察院设右都御史、右副都御史、右佥都御史，专掌地方监察，是地方最高监察官，但不设专官，皆由总督、巡抚兼衔。凡加有右都御史、右副都御史、右佥都御史衔的总督或巡抚，都可以行使监察权，有权察举本辖区的官吏，会谳狱讼等。顺治八年（1651 年）谕令：“御史巡方，职在安民察吏……并祥督抚纠举，都察院考核以闻。”①

（2）省级监察机关——提刑按察使司。清代的提刑按察使司是省级专职司法监察机构。按察使司设按察使一人，正三品，“掌振扬风纪，澄清吏治，所至录囚徒，勘辞状，大者会省司议，以听于部院”。“三年大比，充监试官。大计，充考察官。秋审，充主稿官”。② 这说明，清代的提刑按察使不仅主监察地方官的弹劾权，而且还掌监察三年大比的考试权，监督官吏的考课权和督责刑狱的司法权。

清代按察使之设，始于顺治三年（1646 年），初置江宁按察使。康熙三年（1664 年）增置江北、湖广、甘肃按察使。康熙六年（1667 年）置江苏、安徽、湖北、湖南、四川、广东、广西、云南、贵州各一人，各为巡道。后又加按察使衔。咸丰、同治年间，增置皖南、奉天、奉锦、山海等巡道，加按察使

① 《钦定台规》光绪十八年刊本。

② 《清史稿·职官三》。

衔。光绪十三年（1887年）又增闽台、新疆等巡道，并加按察使衔。宣统三年（1911年）将按察使一律改名为提法使。

（3）道级监察机关——巡道。清代在省与府之间设道，道的性质比较复杂，大致可分为守道、巡道和专职道三大类。守道掌钱谷；巡道主监察和刑狱；专职道系因事务所设，负责一省某一方面的事务，有粮道、盐道、河道、海关道等。清代的巡道长官并加按察副使、按察佥事衔，领监察地方官之职，其属官设经历、知事、照磨、检校等。

3. 清代的监察条例

清代监察法规，集历代之大成，是中国古代最完备的。在《大清会典》中，监察法规有44卷，分列都察院宪纲和左都御史、左副都御史、六科给事中、十五道监察御史、两厅、五城御史的建置、职权范围。另一部重要的监察法规《钦定台规》是在乾隆八年（1743年）由清高宗钦定的，后来在嘉庆七年（1802年）由恭亲王阿拉奉命重修，嘉庆九年（1804年）钦准颁布，共20卷。道光七年（1827年），由任都察院左都御史的松绮等奏请再次续修，增汇1804—1826年间都察院所奉圣谕及其陈奏规则，扩展为40卷。光绪十六年（1890年），由延煦等人再次增辑，增汇1827—1890年间都察院所奉圣谕及其则例，共42卷，于光绪十八年（1892年）由都察院正式颁布。其主要内容分为“训典”、“宪纲”、“六科”、“各道”、“五城御史”、“稽察”、“巡察”、“通例”八大类，每类又分若干子目。从《台规》的分目可见，这部监察法规纲目清晰，规则详备，内容广泛，几乎囊括了清代诸帝颁布的有关监察敕令法规，涉及清代监察制度各个方面，反映了清代监察法规的成熟。

首先，《台规》确定了监察机构的性质和职能。它是君主的耳目工具，是整肃吏治的国家机关，但它是在皇权绝对控制下进行监察。《钦定台规》明确规定：“台省之设，言则斯专，寄以耳目。”御史是“天子耳目，为朝廷之腹心”，“彰善瘅邪，整饬纲纪”。这就集中表达了监察机构的特殊性质、地位和职能，是维护君权的“天子耳目风纪之司”。《钦定台规》还宣布：“条陈臣下，而允行则出联旨。”在整个监察过程中，无论从纠参、议复到复劾，必须请旨进行。科道官的考选、差遣、内升、外转俱由皇帝裁定，“永著为例”。这表明了皇帝对都察院具有绝对的控制权。

其次，《钦定台规》确定了监察机关的监察任务和对象，重点监察对象首先是诸王贝勒大臣，因为他们对皇权威胁较大，其次是诸大臣，《台规》卷十“宪纲二”载，“凡文武大臣果系奸邪小人构党为非，擅作威福，紊乱朝政，致令圣泽不宣，灾异叠见”应具奏弹劾。卷四十一“通例四”还规定，“主谏诤，掌风纪，于内外百司政治得失，刑狱出入，无所不当问”。

最后，严格规定了监察纪律。严肃监察纪律，是监察机关加强自我监察，自我约束的重要措施，为此，《台规》继承和发展宋代《职制令》、元代《台纲三十六法》及明代《监官遵守条款》中有关监察官员纪律的条例，做出了许多规定。此外，《钦定台规》还发展了历来监察法规中关于监察官员任用原则和方法等，使清代监察官员的选用、升转有所遵循。

6.6.4 明清时期行政监察制度的特点

1. 单线垂直的监察领导体制保证监察工作的有效性

明清两代监察权力的运作都严重依赖于皇权和中央集权的强大，监察的最高权力属于皇帝；形成了一种自上而下的监察体系。明清的监察领导体制都是实行单线垂直领导，这种体制可以排除来自横向的、地方的干扰，保持监察工作的有效性，有助于全国的监察政策统一，维护封建专制的中央集权。但是这种体制忽略了自下而上的有效监控，只注重体制内的监察，轻视体制外的监察。

2. 监察官地位提高职权空前扩大

明初的御史台，与中书、都督并列，成为中枢机构的三大府之一，改变前朝监察官的相对“卑微”地位。清代都察院在地位和职权上，实现了超越，都御史可以参加“三法司会审”和“九卿圆审”，审录大狱重囚；可以参与朝政，参加廷议，谋划国政；可以参与廷推，讨论重大人事变动，推荐大臣进用等。但在中国封建社会，历来皇权至上，皇帝拥有最高监察权和对监察的最后决定权。监察机构在行使监察职能时，仍然是受控于皇帝。

3. 监察法规趋于完备和健全

明清两代的监察法规，既是一千多年封建统治的经验总结，也是一千多年监察工作实践的经验总结和监察工作进一步法制化、规范化的历史要求。明代《宪纲条例》和清朝《钦定台规》等监察法规的制定，对于监察机构的设置，官员的职权的范围，奖惩的标准以及官员的升迁等方面做了比较严密而详细的说明。通过这些法规，监察官员可以依据职权，正确而有效的开展监察工作，避免发生权力重合和归属争议，有利于监察工作的稳定而有序地进行。同时，监察法规也详细地规定了监察官员的职权，有效地避免官员的贪赃枉法和徇私舞弊，使其做到奉公执法，服务皇权统治。

6.6.5 简评

明清时期君主专制空前强化，监察制度得到了充分发展。第一，监察机关及其官吏的地位进一步提高。第二，监察职权进一步扩大。最突出的是其监察范围已经包括思想和学术领域，拥有很大的司法权。第三，监察机构高度统一与合理。明代的行政监察制度对于明代的极端专制体系有着十分重要的意义，是整个专制体系的重要支柱，但是在这样的极端专制下，监察制度也只能作为维护皇权的工具而发挥作用，与政治权力的合理分工、良性运作基本没什么关系。而清代的监察制度，从积极方面来说，巩固了国家统一，推动了统一多民族国家向前发展。至雍正年间，遂并六科给事中于都察院，台省合一。至此，我国古代行政监察系统组织高度统一、完整、合理。

☞本章小结

中国的国情决定着中国行政监察呈现着与西方国家的行政监察理论和实践迥异的特点——抑制地方分裂，维护国家统一。中国自秦以来，就是一个高度集权又统一的多民族国家，疆域辽阔、民族众多，因而要维护这样一个国家的统一历来就是任何一个中央王朝的头等大事。因此，中国封建社会的行政监察制度从其诞生之日起，其目标就是抑制地方分裂，促进国家统一。虽然这一体制集中体现为集权制，弊端很多，但是却有保证国家政令的畅通、巩固统一大局的作用。

中国古代的行政监察权力是围绕最高权力——皇权而进行的，是为皇权统治服务的工具，是制约官僚权力的工具。在历朝历代中，皇帝越重视行政监察，监察机构的权力也就越大，即使其品秩并不高，同样也能对权重者进行监察，因为他们的权力直接来自最高的统治者，这就形成了以小权制大权的权力制约框架。以小权制约大权，对于小权的拥有者来说，具有很强的监察积极性。加上权小者常侍皇帝左右，因为监察有功而被提升的现象比比皆是，所以权小者在监察中也就特别卖力。①

① 金太军：《中国封建社会行政监察制度的特点及其启示》，《中国行政管理》2005年第11期。

延续了数千年的中国行政监察制度，是我们的祖先为人类创造的文明财富。其历史之悠久、体制之完备、经验之丰富、影响之深远是世界行政监察制度史上任何国家都无可比拟的。我们今天应以现时代的眼界“去其糟粕，取其精华”，加以借鉴和利用，为我国行政监察制度的发展和完善服务。

☞关键术语

御史　三独坐　刺史　风闻言事　司隶校尉　御史中丞　谏官
台院　殿院　察院　台谏合一　台省合一　走马承受　通判
审官院　《宪台格例》　肃政廉访司　都察院　六科给事中
《钦定台规》　科道合并

☞思考题

1. 简述历代行政监察制度的特点。
2. 简述监察法规、条例的产生及发展。
3. 什么是巡按制度？什么是巡行制度？两者有何共同点与不同点？
4. 简述台谏合一的背景及作用。
5. 简述台省合一的背景及作用。
6. 简述科、道合并的背景及作用。
7. 唐代御史台系统和言谏系统是如何划分和运作的？
8. 简述我国古代行政监察制度的特点和历史地位。

第 7 章

官吏选拔制度

官吏选拔制度，顾名思义，就是一个国家或政权选拔官吏的规程，也称仕进制度。它与我们今天所说的人事制度中的公务员录用大体相当，在西方属于文官制度的范畴。官吏选拔制度是古代上层建筑的一个重要组成部分，所以中国古代各王朝的统治者，一直都把官吏的选拔置于特别重要的地位，并十分注重积累经验，完善制度。从三代到明清，形成了一套完整的选官制度体系。研究中国古代的官吏选拔制度，可以进一步深入了解中国古代的行政管理制度；同时可以总结这份历史遗产，剔除糟粕，吸取精华，为我国进行的行政制度改革服务。

7.1 先秦的世卿世禄制度

官吏选拔制度是与国家同步出现于人类历史舞台的。我国古代官吏选拔制度，萌芽于原始社会末期“选贤与能”的禅让制，而它的正式形成，则是进入阶级社会以后的事。一般认为，我国先秦（夏、商、西周、春秋、战国）时期标志性的选官制度是世卿世禄制度。

7.1.1 世卿世禄制及其表现形式

“世卿世禄”制，又称“世官”制或“世卿”制，即世世代代为官，世世代代食禄的意思。就其所任而言，世官不等于世职，并不局限于某家族世代担任某一固定官职；就其主体而言，世族是世官的基础，只要一个世家大族不倒，其成员就随时可能有出任重要官职的机会。世官的主体并不仅局限于某一家庭之中，而是指一个大家族乃至整个社会上层贵族的世官，但这一阶层之外的人是绝对无法觊觎的。清代学者俞正燮认为：“太古自春秋，君所任者，与共开国之人及其子孙也……大夫以上皆世族，不在选举也。”①

世卿世禄制的表现形式之一是官位由贵族世代相继，只有在立国之初才有选和任的性质，而一经任用，世代不变。当代著名史学家尚钺在《中国历史纲要》中有过这样的论述：“周公为巩固周族的统治，缓和周族内部的矛盾，把兄弟、子侄、姻亲、功臣，都分封于外。”“周初立七十一国，姬姓独居五十三，荀子说，周的子孙如果不是疯子和白痴，都做了天下显贵的诸侯。如伯禽（周公之子）封于鲁（旧奄地），分以殷民六族；康叔（周公同母弟）封于卫（旧殷地），分以殷民七族；唐叔（周成王弟）封于唐（今山西地方，后为晋国）……。”“此外，还存在着几个旧有的著名部落，如陈（在河南淮阳，传说为舜的后裔）、杞（在河南杞县，传说为夏的后裔）、焦（在安徽亳县，传说为炎帝后裔）等。”②

以上这些论述大致可反映世卿世禄制的大概：其一，只有在立国之初才有选用官员（实为贵族、诸侯）的意义；其二，选用的标准一为周天子的宗族、亲戚，二为开国功臣（如封于齐的姜姓），三为前代遗留之贵族；其三，天下所分封的“官员”，对其封地内的统治方式一如天子，既有地，也有民，都是贵族诸侯的私产。天子所分封的“官员”（诸侯）在其统治区内，对僚属的任用也是按上述原则进行的。明代学者张燧论述道：“鲁之三桓、郑之七穆，楚之三姓，子孙皆盘踞，虽贪如狼，狠如羊，愚如豕，其国君固皆用之。”③

世卿世禄制的表现形式之二是诸侯、卿、大夫的继承逐步形成了嫡长子继承制。商代的继承据说是“兄终弟及”：天子或诸侯国君死后，由其兄弟们以年龄之长幼承继其位；传子时也不一定传给嫡子、长子，而可以传给兄之子、弟之子。大约到商代末期或者周期初期，才逐步形成了嫡长子继承制。当时的天子、国君往往有若干妻子，几个乃至几十个儿子，为避免继承时的争夺、维持统治秩序，便规定了只有嫡妻所生的长子才能继位，这就进一步把世卿世禄制限制到更加狭小的范围之内，连家庭中的挑选也不可能。

对于嫡长子之外的其他儿子（即嫡子和庶子），虽然不可能继承父辈原官，但不会像中世纪西方某些国家的非继承人那样沦为一无所有的“骑士”，去自谋出路。他们同样可以享受贵族的待遇。西周时，天子的子弟为“诸侯”，诸侯的子弟为“卿大夫”，卿大夫的子弟为“士”，都是贵族。

① （清）俞正燮：《癸巳类稿》卷3《乡兴贤能论》。
② 尚钺：《中国历史纲要》，河北教育出版社2000年版。
③ （明）张燧：《千百年眼》卷1。

各种身份不同的贵族之间是靠森严的等级制度来维持的，古书中说，“天有十日，人有十等，下所以事上，上所以共神也。故王臣公，公臣大夫，大夫臣士……马有圉，牛有牧，以待百事”。① 这就是说，人是分为等级的，各等级之间都是主仆关系，必须绝对服从，不得分毫逾越，称为“礼”。譬如祭祀祖先、日常生活、起居等一切事物，各等级的贵族用什么样的器物，行什么礼，坐什么车、住什么房，所有一切，都有相应的规格。

7.1.2 世卿世禄制度的发展历史

1. 世卿世禄制的形成时期

夏、商为我国世卿世禄制的形成时期。公元前21世纪，禹之子启杀死了经过公选产生的继承人伯益，自立为王，建立了我国历史上第一个奴隶制王朝。夏朝的建立标志着我国原始社会已过渡到奴隶社会，从此原始社会的“公天下”变成了阶级社会的“家天下”，“世袭制”取代了“禅让制”。商代前期，王位多由兄弟继承，盘庚迁殷以后，父死子继的制度占据了优势。康丁以后直到纣亡，不仅全是父子相传，而且嫡子继承为中心的宗法制开始确立，这标志着奴隶制国家机构的加强和王权的增长。商代的贵族不仅担任主要官职，也担任一般官职。贵族担负的官职大部分还在固定的贵族家族内部世袭。商代还进一步推行了分封制度，商王的子孙，除在朝廷任职的外，大多被封为诸侯，享有特权。

2. 世卿世禄制的鼎盛时期

到西周时，奴隶主贵族极大地强化了奴隶制的国家机器，确立了一套比商代更为系统的“宗法制”。奴隶主贵族就通过宗法制度建立了一套周密的统治网，统治机构更加完备，设有辅弼官“三事大夫”、“六卿”、“司工”等各项官职，各种官吏也是世袭。其中值得一提的是，西周的世卿世禄制度是与“宗法制”和“分封制”紧密地联系在一起的。西周初年，周天子把土地分给自己的子弟或同姓子弟，是为“诸侯国”；诸侯又把自己分得的土地分给自己的子弟，是为“采邑”，并任命他们为“卿大夫”；卿大夫又把自己分得的土地分给自己的子弟，是为“禄田”，并任命他们为“士”。与这种分封制相适应的“宗法制”，其具体内容是：天子世代相传，由嫡长子继承，奉祭始祖，

① 《左传·昭公七年》。

称为“大宗”。嫡长子是土地和权位的法定继承人，地位最尊，称为“宗子”。嫡长子的同母弟及庶兄弟封为诸侯，叫“小宗”；诸侯也由嫡长子继承父位，奉始祖为“大宗”。他的同母弟及庶兄弟封为卿大夫，为“小宗”；卿大夫也由嫡长子继承父位，奉始祖为“大宗”。他的同母弟及庶兄弟为士，是为“小宗”；士的长子仍为士，其余诸弟皆为平民。诸侯对于天子是“小宗”，但在本封国是“大宗”。卿大夫对于诸侯是“小宗”，但在本族又是“大宗”。这种由嫡长子世袭的制度，在官制上，就是世卿世禄制度。

3. 世卿世禄制度的衰落时期

春秋战国时期是我国世卿世禄制度的衰落时期。这一时期是我国奴隶社会瓦解、封建制度确立的大变革时期。随着生产力的发展，旧的生产关系迅速瓦解，世卿世禄制逐步崩溃。首先是贵族内部固定不变的等级制开始瓦解，出现了“礼乐征伐自诸侯出”（天子的神圣地位被亵渎）、“自大夫出”（诸侯的权力受到践踏）、“陪臣执国命”① （大夫诸侯的地位受到挑战） 等一系列“反常”现象。与此同时，诸侯国之间也纷纷大动干戈，互相残杀，维系等级制的“礼乐制度”荡然无存。其次，某些诸侯国出现了破格用人的现象。再次，在贵族家庭内部，选择继承人已开始突破嫡长子继承的旧制，注意任用贤能。到战国时代，“任人唯贤”、“选贤举能”已成了一个风靡一时的口号，通行于各诸侯国。

7.1.3 简评

世卿世禄制度是社会发展到一定阶段的必然结果，是一种历史的进步。奴隶社会之所以实行世卿世禄制，是统治阶级强化王权的需要。王室、贵族凭借宗法和血统世代承袭着高爵显职，从而控制整个奴隶社会的统治权。一方面，它的出现具有积极意义。传子的世袭制的出现是“造成”国家产生的重要原因之一，而“国家是文明社会的概括”，它的产生标志着人类由野蛮进入文明；世袭制不仅“造成”了国家的出现，而且相伴产生了奴隶制。世袭制与奴隶制是相适应的。在人类历史上采用奴隶制，是一个巨大的进步。没有奴隶制，便不会有以后的人类文明。另一方面，世卿世禄制排除了国家对官吏的选拔，更不能贯彻任人唯贤的用人原则，也排除了国家官吏的正常更新和交替，是任人唯亲的选任制度，对后来的官吏选任制度带来许多消极的影响，其不可

---

① 《论语·季氏第十六》。

避免的要走向衰亡。清代史学家赵翼说："自古皆封建诸侯，各君其国，卿大夫亦世其官，成例相沿，视为固然。其后积弊日甚，暴君荒主，既虐用其民，无有底止。"①

7.2 秦汉的选官制度

秦汉是我国古代空前的大一统时期。秦统一前后的仕途主要有：保举、军功、客卿、吏道、通法、征士等，其中保举又称做"任"，是负有法律责任的荐举，即"举其显，复保其微；举其始，复保其终"；② 军功是指以战功获得赏官封爵；客卿是指请其他诸侯国的人到秦国做官，其位为卿，而以客礼待之，故称。吏道即由"吏"（狭义的"吏"，指官府的低级公务人员如"佐"、"史"之类）选"官"的入仕途径，主要通过考课制度实现；通法是指凡通晓法令者，即有可能入仕；征士，即以征召的方式收罗人才。公元前213年，秦始皇接受李斯"焚书"的建议后，"以法为教"、"以吏为师"便几乎垄断了秦仕进之途。汉兴，统治者为了封建王朝的长治久安，在选官方面创立了察举制度。自此，察举制成为秦汉时期具有标志性意义的选官制度。

7.2.1 察举制及其主要科目

所谓察举，就是由皇帝下诏公开征求人才，由三公、九卿、列侯、刺史、郡守、国相等将本人发现或乡间评议的出众人才向朝廷推荐，经过一定形式的考核，授予官职。察举也叫"荐举"，"察"就是考察、发现人才；"举"是推荐、起用或提拔人才。其中推荐也叫"贡贤"，被推荐者叫"举士"。察举的科目繁多，主要有以下四种形式：

1. 察孝廉

孝廉即"孝子廉吏"的简称。孝和廉都是古人非常推崇的两种德行，尤其是孝，更是被作为天下之本，所以孝廉首先成为察举的常科，也是汉代入仕的主要途径。两汉许多著名人士大多通过孝廉科入仕或取得更高的官位，如曹操。

武帝初令郡国举孝廉各一人，由于各郡国人口多寡不均，所以到东汉和帝时期举孝廉的名额改以人口为标准，每20万人举一人，不足20万人的小郡二

① （清）赵翼：《廿二史札记》卷2。

② （宋）王安石：《择吏》。

年举一人，10 万以下则三年举一人。对少数民族地区则加以优待，10 万以上的岁举一人。两汉察举孝廉无须考试，即可委任，荐举者责任重大。东汉改变了孝廉有选无试、察举即拜官的局面，用考试的办法来严格选举，在一定程度上改变了以往只荐不试的滥举弊端。

在孝廉制度的刺激下，读书人竞相讲求孝行、廉洁，有助于全社会养成一种注重名节、操守的风气。

2. 举茂才

茂才亦称“茂才异伦”、“茂才特立”等，简称茂才。西汉时原作“秀才”，到东汉时为避光武帝刘秀之讳，改秀才为茂才。茂才所举范围较广，凡超群逸伦、智略出众的优秀人才均在被举之列。

汉武帝元封五年（公元前 106 年），因感朝廷里文臣武将缺乏，急需选拔新的人才，乃下诏令各州郡察举吏民中有“茂才异等”之士，举荐给朝廷。开始时察举茂才只是特科而非常科。到东汉建武十二年（公元 36 年）光武帝下诏令三公、光禄、御史、州牧等岁举茂才各一人，从此茂才由特举变成了岁举常科。成为仅次于孝廉的一种察举科目。茂才的价值主要体现在他们具有优异的才能，“茂才的使用绝大多数是县令或相当于县令一级的官职，这和孝廉多数仅仅拜郎的使用情况有很大的不同”。①

茂才主要由中央和地方的高级官员举荐，名额少，故得人不若孝廉之众。东汉时每年只有 20 人左右，人数不到孝廉的十分之一，但因为察举严格，且地位高、任用重，许多著名人物都出自茂才，如班彪、郑玄等，这就远非孝廉可以与之相比了。

3. 特科特举

皇帝为处理、解决特殊问题或需要特殊人才而设的临时科目。主要有：

贤良方正（文学）。举贤良是汉代选拔高级人才的主要形式。史料记载，两汉共诏举 36 次，短则数年，长则数十年，没有定制。此举大多发生在国有大事之时，或自然灾害，如日食、地震、风雹时，抑或新皇帝登位，大庆典之时。重学识才干，选杰出人才。其目的在于广开言路，以匡正皇帝的过失或提出治国之道。因此，贤良方正常与能直言极谏者并提。贤良方正由何人荐举，无定制，均由诏书规定。被举者可为平民，可为官吏。与此科相近的为“贤

① 黄留珠：《秦汉仕进制度》，西北大学出版社 1985 年版，第 172 页。

良文学”。所谓“文学”，在当时是指儒家经典之学。汉文帝即位第二年，下诏“举贤良方正能直言极谏者，以匡朕之不逮”。① 文帝十五年（公元前165年），再次下诏举贤良方正能直言极谏者，将察举权由执政扩大到郡守一级，并开创了皇帝亲自对被荐举者设题裁评以定优劣的先例。汉武帝时，举贤良由非制度化向制度化过渡，通过高级官吏荐举人才并用对策加以选拔的形式成为定例。

明经。明经即明于儒学的经典，通晓儒术。自汉武帝独尊儒术后，儒家经典普遍受到重视，特立明经科取士，不少士人把经学视为入仕之途。当时曾流传“遗子黄金满籯，不如一经”② 的谚语。明经在汉代属特举，举明经者所授官职较高，一般直接为郎、仪郎、郡文学，特别优异者为博士，且晋升较快。汉代各科察举都重经学，表明汉统治者对儒学的高度重视和大力提倡。

明法。明法亦即通晓法律。汉代继承战国以来的法治传统，把法律奉为治国的根本指针，对立法、司法及法律教育诸环节都非常重视。为此，汉代各级政府机构中，很多职务都要求明习法律的人来担任。汉代以“四科”辟官，其中第三科就是“明晓法律，足以决疑，能案章覆问，才任御史”。③

有道。有道指有高尚的道德，并能以德化人。这样的人通常生活在民间，以高妙的德行博得崇高的威望，并能够凭借这种威望，在远近主持公道，平息争讼，促进一方秩序的安定。因此汉代察举有道之士，有时要和行政能力联系起来，如东汉安帝时察举“有道”的诏书云：“诏公卿内外众官、郡国守相，举贤良方正有道术之士，明政术达古今能直言极谏者，各一人。”④

治剧。治剧指被举者具有治理难理郡县的能力。两汉时，郡县因治理难易程度不同有剧、平之分。如五方杂处、权贵云集的三辅与诸陵县，夙称难治，西汉“四科”辟官标准中，第四科即提到“才任三辅县”。也就是说，来此任职就需要具有“治剧”的能力。其察举亦限于现任官吏范围内，地方守相无权推选。

勇猛知兵法。勇猛知兵法即在边远郡县举勇猛之士，这可能是后代武举之先声。值得注意的是，察举勇猛之士多发生在“灾变不息，盗贼众多”之时。其目的显然是为了搜罗应急人才以镇乱平叛。

---

① 《汉书·文帝纪第四》。

② 《汉书·韦贤传》。

③ （清）严可均辑：《全后汉文》卷4。

④ 《后汉书·安帝纪第五》。

明阴阳灾异。自董仲舒天人感应说流行后，汉代君臣大多相信阴阳灾异与国家政治有关，特别在社会危机加剧之时，统治者感到无力时，只好乞灵于术数迷信。

4. 太学博士弟子

董仲舒在武帝即位之年就上书建议兴太学、建庠序、置明经。武帝采纳了其建议，由国家在京师创建太学，隶属于太常。在太学中讲授者称“五经博士”，学生称“博士弟子”。博士弟子与贤良方正、孝廉视做察举中三大科目。博士弟子入仕要经过考试，有“射策”之法。所谓“射策”，是将难问疑义，写于策上，列而置之，有欲参加射策者抽其中之一题而做解释，以此来评定优劣，任官高下。如能通一艺以上的，可做地方的文学掌故，成绩特别好的可为郎中。

武帝时博士弟子为50人，昭帝时增至100人，宣帝时为200人，元帝好儒，在位时增至一千人，成帝时又增至三千人，至东汉质帝时竟达三万人。这种把培养人才与选拔人才结合起来的选官制度，开创了后世选拔与教育并举的先河。

7.2.2 察举制的主要内容

确定固定的科目，每岁举行。在此之前，“孝悌力田”、“贤良方正能直言极谏之士”，也是举荐人才的科目，但往往偶一为之，时间并不固定。从武帝元光元年（前134年）以后，确定以“孝廉”为科目，每个诸侯王和郡守每年必须向中央举荐两人，称为岁举。

国家视实际需要，可以临时增加一些科目，如以贤良文学、方正、明经、明法等选取人才，称为“特举”。汉代的特举，多在发生重大灾异的时候举行。

凡得到察举者，都要参加政府举行的考试，考试不合格者，得不到职任，但可以再考。考试的形式主要是射策和对策。通过考试以后，先授予郎官的职务。经过在诸郎署的锻炼，增长了阅历，培养了行政能力，然后根据行政能力授予实际的职官，通常是到地方担任县令。

接受察举具有一定的资格限制。从理论上讲，察举人才应面向所有的人，实际上是有条件限制的。凡下列几种人都被排除在外，如商人不举，赃吏的子孙不举，六百石吏员不举，巫家出身者不举。东汉时又规定，年龄不满四十者不举。这样一来，得到察举的主要是在中央和地方各衙门中任职的吏和经生，其中吏又占绝大多数。

政府制定法律，保障察举制的健康运行。汉代的察举从地方官的选拔到中央的考试与录用，都有严格的程序和要求。这些程序与要求本身，就体现了汉代依法行政的精神。此外，政府还制定了“选举不实”的罪名，打击察举过程中以及被察举者任官以后的违法犯罪行为，保证了察举制的健康发展。

7.2.3 简评

察举制是中国古代历史上一种比较进步的选官制度，君主在全国范围内公开、大规模地举荐贤能、选拔官吏，同时对荐举对象采取适当方法加以考试，从中择优录用，以利于人尽其才、人尽其用。这种先推荐、后考试，两者紧密结合的用人方式，对于提高举士的素质具有重要意义，也形成了我国古代考试制度的雏形。

察举制的实施，对巩固封建统治起到了巨大的作用，扩大了统治阶级的选官范围，增加了中小地主做官的机会，保证了国家对官吏的需求。察举制虽然在一定程度上打击了贵族势力，增加了下层的晋升机会，但到了东汉中期以后，政治日益腐败，所荐之人常与实际情况不符。察举由“为官选人”变成了“为人择官”，降低了官吏队伍的整体素质。

7.3 魏晋南北朝的九品中正制

两汉时期的察举制，到了东汉末年，已为门阀士族所操纵和利用，他们左右了当时的乡闾舆论，使察举滋生了种种腐败的现象，与要求参与政治的中小地主及其知识分子产生了尖锐的矛盾，在如何选官的问题上斗争激烈。九品中正制就是在这种背景下产生的。延康元年（220年），魏王曹丕采纳吏部尚书陈群的建议，实行“九品中正制”（又称“九品官人法”）。这实际上是一种发展了的察举制。它规定在地方州郡分别设立大小“中正”，负责以九个等级品评本地区的士人，作为授官的依据，并对已评定的品级定期予以升降。九品中正制初行时虽有选贤用意，但不久即被门阀势力左右，成为世族把持政权的工具，以至出现了“上品无寒门，下品无世族”① 的现象。

7.3.1 九品中正制的内容

“中正”即公正之意，设立中正就是由中央政府挑选各地有名望，品行端

① 《文献通考·选举考一》。

正的官员做“中正”，由中正们负责推荐人才，加品评后分成九个等级，按等级择“上”录用的原则从中选拔官吏。其内容主要包括以下三个方面：

1. 设置中正

在州、郡两级设立中正，郡置“小中正”，州置“大中正”。具体办法是：由司徒选择“贤有识鉴”的现任中央官员兼任其原籍州大中正，因为他们生长于原籍，了解情况，又身居要职，说话有分量。由他们做中正官，鉴定人才，中央较为信任。在个别情况下，司徒或吏部尚书亦可直接兼任州大中正；大小中正均有名为“访问”的属员。

2. 品评人物

中正负责察访与之同籍的士人，了解其家世源流，整理其德才表现材料，并据此做出简短的总评语，评定其等第。等第分为九品：上上、上中、上下、中上、中中、中下、下上、下中、下下。将某人评在某一品，原则上是根据他的德行才能，但门第亦在考虑之内。一、二、三品为上品，但实际上没有谁能得到一品，而西晋以后，三品也不算上品，所以在较长时期内，上品即指二品。中正每月召集一次专门会议，评定或升降士人的品第；每三年则对士人品第做一次总调，称做“清定”。

3. 按品授官

中正将品第士人的有关材料造成表册，定期送交司徒府，以供吏部选官参考。通常是官位尊卑与品第高低必须相符，即上品者任高官，下品者任卑职。升官要同时升品，而降品即等于免官。应该指出，中正评定人物优劣的“九品”，与表示职官品秩高下的“九品”是两码事。前者指的是“人品”，后者指的是“官品”。例如，晋代县令的最高品秩是六品，而担任六品县令的人，其“中正品第”则为三品（个别有以中正四品者担任的）。

7.3.2 九品中正制的发展轨迹

1. 九品中正制的确立

《宋书·恩幸传》记载：“汉末丧乱，魏武始基，军中仓卒，权立九品。”可见魏武时已有九品论人之法。魏武始立九品，时值汉末，当丧乱之际。魏武帝以九等之序选取人才，有两点值得注意。其一，九等序列虽古已有之，但

"九品"之名，却是此时才有。其二，魏武以前，将人物分为九等，主要是用于评论人物，区别其高下优劣。至魏武帝时，以九品论人，目的已不单纯是区别人物高下等第，更主要地是为了鉴别人物德行才具，用其优长，量才授官。

九品论人到魏文帝时发展为九品中正制。《三国志·魏志·陈群传》云，"（曹丕）及即王位，封（陈）群昌武亭侯，徙为尚书。制九品官人之法，群所建也"，即黄初元年（220 年）曹丕称帝，采纳吏部尚书陈群的建议开始实行"九品官人法"，至此九品论人得以制度化。

2. 西晋九品中正制的蜕变

（1）评品标准的改变。魏晋之际，九品中正制的评品标准逐步发生变化，到西晋之初，这种变化已十分明显。九品中正制的本意是依据品行才干区别人物，与家世门第本无直接联系。但到晋初，中正品评人物只重家世而轻视德才，从根本上改变了九品中正制的性质。总地说来，重门第、轻德才在两晋选举中已经非常突出。但是，以德才论人不仅是九品中正制的主要内容，而且在舆论上也深得人心，因此，统治者可以在实际行动中将德才标准撇在一边，却很难公然宣称废除这一标准。所以在西晋九品中正制的实施过程中，德才标准并没有完全被废弃，有时仍能起到一些积极作用。

（2）评品形式的演化。九品中正制始立，专设访问官员，博采众议，直接取法于前代就乡闾考察推荐人才的做法。但到了晋初，情况发生了很大的变化。乡闾清议的影响在晋初急剧下降，而另一种形式的"众议"正在逐步形成。在通常情况下，吏部与中正的关系是通过分工来取得协调的。中正品评人物，区分等第，并向吏部提供被品人士的品、状、家世等有关资料，由吏部斟酌选用。吏部一般不直接介入评议人物，但西晋吏部官员越俎代庖的事时有发生，许多人也因为他们的品评而顺利出仕。此外，达官显宦乃至著名人士也多以品状人物为己任，精于此道者往往受到时论推戴。清议的作用逐渐下降，显贵品评的权威不断上升。

（3）西晋九品中正制与门阀士族制度。魏晋时期是门阀士族发生剧烈变化的时期，东汉以来的许多世家大族衰落了，而新兴的门阀士族也在逐步形成。所谓门阀士族，实际上都是由"势族"演变而来的。"势族"只要在政治斗争中站稳脚跟，保持已有的权势并世代延续下去，最后也就成了门阀士族。"势族"能否变成士族，关键在于既得权势地位能否长期保持，而能否保住权势地位在很大程度上又取决于能否取得高官尊爵。九品中正制是魏晋南北朝选官制度的基础，士人能否入仕，官位的高低，都取决于中正评定的品评。西晋时期，中正选人偏重门第权势，为豪门贵族出仕提供了方便，对新的门阀士族的形成起到了重要的作用。

3. 九品中正制的消亡

（1）门阀士族地位的巩固。东晋时，高门大族门户已成，他们出仕、升迁都不必依靠德才，只需依仗门第。他们甚至不屑尽心职事，而以无所事事为清高。宋、齐之后，士庶之别更被视为天经地义，任何人都无法改变。当时不仅士族依傍门第凌驾微贱，就寒族本身而言也是自认卑微，不敢与士族相抗衡。

（2）九品区分转向士庶之辨。按《汉书·古今人表》考察九品等级，实际上是由上、中、下三大等级再加区分，每等又分为上、中、下三个小的等级，形成九品。因为一品无人能企及，所以二品就算是最高的。二品又分为灼然二品和普通二品两个等级。在曹魏和西晋时，三品虽然已不受重视，但还算是低级士族。到了东晋，二品以下一律算是庶族。南北朝时，士族与庶族等级森严，只要出身高贵，就可以轻而易举当上大官，以至公卿。对于那些“门第二品”的高门世族来说，首要的事情就是辨明族姓。寒门庶姓，仕进无路，他们想要改变现状，跻身高位，最要紧的就是改变自己的族谱。

（3）中正形同虚设。西晋时，中正对人物品第升降具有一定的权力。东晋时，品第升降已极为罕见。东晋中期之后，下及宋、齐、梁、陈，中正升降品第之事，更难觅其例。南北朝时门阀制度已非常巩固，士庶差别判若天壤，士族地位稳如泰山，庶族想要上升为士族，除非改变族谱，否则难于登天。这一时期中正品第只是例行公事，对士族、庶族都不可能有实质性的损益，九品中正制已是名存实亡。

7.3.3 简评

九品中正制是在混乱的社会状况下建立起来的。它的最初目的，在于排除名士大族对政府用人权的干预，显然带有抑制大族的作用。仅从这一点来说，它具有一定的进步意义。九品中正制在察举制度腐败不堪的情况下，为政府选拔官吏提供了一项较为严格的制度。通过这项制度，政府把同自己对立的力量转变成为自己所利用的力量，不仅控制了舆论，而且了解了士人的情况，使封建国家的选官工作得以较为顺利地进行。这方面的积极作用应当加以肯定。

但是，九品中正制总地来说是一种极为腐朽的制度，其缺陷很多，在魏晋南北朝时期所起的作用更为消极，主要表现在以下三个方面：其一，重家世，轻才德，堵塞了任用贤才的道路；其二，高级士族把持选举，徇私枉法，扰乱吏治；其三，人人望品，不择手段。

7.4 隋唐的科举制

隋唐时期，封建经济蓬勃发展，地主阶级内部士庶势力消长明显变化，封建官僚机构不仅建制更臻完善，分工更为细致，而且官吏队伍亦迅速扩大。在这样的新形势下，选官制度随之也发生了重大变化，科举制应运而生。由于隋朝存在的时间较短，科举制在当时仅留下一些很模糊的印迹，自唐朝以后，科举制才得到真正的确立与发展。

7.4.1 隋朝科举制的开启

魏晋以来实行的九品中正制，在南朝末年就因寒人势力的增长而受到冲击，新的选官制度已在萌芽。由于九品中正制已明显地难以适应形势，隋文帝于开皇七年（587年），下令废止九品中正制，实行新的选官制度。

隋文帝开皇十八年七月，皇帝诏令“以志行修谨，清平干济二科举人”,① 这标志着隋王朝设科选举的开始。隋炀帝继位后，继续推行分科选举的办法，明确设立“十科”（孝悌有闻、德行敦厚、节义可称、操履清洁、强毅正直、执宪不挠、学业优敏、文才秀美、才堪将略、膂力骁壮）、“四科”（学业该通，才艺优洽；膂力骁壮，超绝等伦；在官勤奋，堪理政事；立性正直，不避强御）等选举科目，它们后来在唐代得以继承发展，被称为“特别科目”，简称为“特科”，也称为“制科”。

隋王朝还设有相对稳定的一些选举科目，如秀才科、进士科、明经科等。据《旧唐书·薛登传》所载：“炀帝嗣兴，又变前法，置进士等科。”刘肃《大唐新语》也说隋炀帝时，“置明经、进士二科”。这些科目至唐代逐渐演变为常规性的选举科目，称为“常科”。《通典·选举五》说，“大唐贡士之法，多循隋制”，这反映了隋唐科举制度的一脉相承关系。

隋朝的选举活动频繁，一般每年举行一次。据《新唐书·选举制下》记载：“十一月为选始，至春乃毕。”前后持续三到五个月的时间。从选举范围上看，其初无论官吏百姓、门第出身，都可以自愿报名参加，分科公开考试，择优录取，这与以往的各种选举制度相比，无疑是一项重大的改新。其后陆续

① 《隋书·高祖本纪》。

有了一些限制性的条款，隋文帝时“工商不得入仕”、① 隋炀帝时“其见任九品以上官者，不在选举之限”，② 明确取消了社会上工商人士和九品以上官员的参选资格。

隋朝的科举制明显借鉴并改造了历史上的“荐举制度”，在分科考试中，应举者必须由地方州县或朝廷高级官员荐举，获得举人资格后，才能参加由尚书省吏部统一组织的考试，并根据成绩划分等级、授予官职。

从内容上看，当时吏部考试主要分“口试”、“策试”和“试杂文”三项。“策试”，也称“射策”、“试方略”等，是早在汉代就已产生的一种考试形式，隋代加以继承并注入新鲜的考试内容。“试杂文”，类似于今天的命题作文，由主考官命题，一般以古代的名篇佳作为蓝本，让应试者模拟撰写一些应用散文或论述性散文。

7.4.2 唐朝科举制的勃兴

唐朝继承了隋朝的科举制，并使这一制度更加完善、健全和发展。唐代的科举分为“常科”和“制科”两类，两类性质不同，因而考生的来源、考试的内容和方法也有所不同。唐代科举曾一度设有“武科”，但其仅在武则天时实行过一段有限的时间。

1. 常科

《新唐书·选举志上》说：“每岁仲冬，州、县、馆、监，举其成者送之尚书省；而举选不由馆者，谓之乡贡。”这句话明确道出了唐每年一次科举考试考生的两个来源：一是来自中央学校国子监、弘文馆、崇文馆和地方州县学校的学生，称为“生徒”，经学校考试，合格者直接送尚书省参加省试；二是不在学校学习，或读于私塾，或自学成才者，在州县“投牒自举”（即书面申请），经考试合格后，亦由州县送尚书省应试，此类考生，称为“乡贡”。需要指出的是，在唐代，凡是参加省试的考生，通称“进士”、“举人”或“秀才”，与后世的概念不同。

常科考试的科目与隋朝相比有了明显的增加。《新唐书·选举制上》说：“唐制，取士之科……其科之目，有秀才、有明经、有俊士、有进士、有明法、有明字、有明算、有一史、有三史、有开元礼、有道举、有童子。”这道

① 《通典·选举二》。

② 《隋书·炀帝本纪上》。

出了唐代所有的科举科目，当然它们所设年代不一，不同时期有兴也有废。其中以“进士”和“明经”两种为主。

唐代科举考试的内容与当时学校课程设置大体一致，主要是《诗》、《书》、《易》、《三礼》、《三传》及时务、诗赋等，根据考生报考科目的不同又有不同的规定。如明经科重“帖经”、“墨义”，进士科重“诗赋”、“时务”（隋朝的进士科仅试策）。考试帖经、墨义全靠对经文及其注解的死记硬背，而考试诗赋、时务则需要实际的能力和文学才能。因此明经科较容易得第，得第率为10%~20%。而进士科则很难考中，得第率仅有1%~2%，“大抵非精究博赡之才，难以应乎兹选”。① 故当时有“三十老明经，五十少进士”② 之语。《新唐书·选举制》说：“大抵众科之目，进士尤为贵。”正因为考中进士非常困难，一旦登第辄名闻士林，所以进士及第被社会视做“成名”，亦喻为“登龙门”。③ 唐代科举虽然取消了隋代的荐举资格制度，但在进士科考试中，应试者多习惯在礼部试之前，把自己的文学作品编录成卷轴，投献给主考官或有地位的名人，以表现自己，并争取得到推荐，此谓之“投卷”。向礼部投献的称为“公卷”，向社会名流投献的称为“行卷”。例如，白居易因《赋得古原草送别》诗得到顾况的举荐，杜牧因《阿房宫赋》被吴武陵保举。这种行为，本来对于选拔人才有一定的益处，但随着唐王朝的日渐腐败，反而形成了请托、舞弊之风。由于权贵对科举的干扰，类似通关节、场外定名次、落第重收等行为，唐代后期无所不有。

在唐代科举中，应试者通过考试，取得进士及第或明经及第的出身，仅是得到了做官的资格，尚不能正式入仕。只有再通过吏部的“释褐试”或曰“关试”，合格者才能得官。吏部试主要以“身、言、书、判”选人，“身”指体貌丰美，“言”指言辞辩正，“书”指书法遒美，“判”指文理优长。吏部试的科目分为“博学宏词”和“拔萃”，前者重文章，后者重司法判辞。《新唐书·选举制》说：“试文三篇谓之宏词，试判三条谓之拔萃，中者即授官。”据史书记载，柳宗元曾以博学宏词授集贤殿正字，白居易以拔萃授秘书省校书郎，韩愈进士及第，未中吏部试，只好以“前乡贡进士”到宣武军节度使董晋帐下做幕僚。

① （宋）王谠：《唐语林·补遗》。

② （唐）王定保：《唐摭言·散序进士》。

③ （唐）封演：《封氏闻见记·贡举》。

2. 制科

《新唐书 · 选举制》说："其天子诏者曰制举，所以待非常之才也。" 又云："天子又自诏四方德行、才能、文学之士……莫不兼取。其为名目，随其人主临时所欲，而列为定科者，如贤良方正、直言极谏、博通坟典达于教化、军谋宏远堪任将率、详明政术可以理人之类。" 可见，制科考试是由皇帝特旨召试，以满足社会对各类 "非常之才" 的需求。其考试科目由统治者根据需要而定，名目繁多。据南宋学者王应麟《困学纪闻》说 "多至八十有六"，而以直言极谏、贤良方正、博学宏词、才堪经邦、武足安边等科较为常见。

制举考试一般由吏部主持，但由于其常 "随其人主临时所欲"，因而皇帝本人往往亲自主持，甚至亲自考试。马端临《文献通考 · 选举考》中说："试之日，或在殿廷，天子亲临观之。试已，糊其名，于中考之。文策高者，特授以美官。"《大唐新语 · 文章第十八》说，武则天时，"四方应制者向万人，则天御洛阳城南门，亲自临试"。

制举考试内容主要是试策三道，至唐玄宗时始加试诗赋。《旧唐书 · 杨绾传》说："天宝十三载，玄宗御勤政楼，试博通坟典、洞晓玄经、辞藻宏丽、军谋出众等举人……取辞藻宏丽外，别试诗、赋各一首。制举试诗赋，自此始也。"

从选举范围上看，制科不像常科那样需要参加事前的考试，同时也没有任何资格上的限制。应试制科的人，可以是常科及第者，也可以是低级官吏，甚至是平民百姓。制科与常科相比较有一个重要的区别，即常科应试及第者需通过吏部的 "释褐试" 方能做官，而制科应试及第者 "中者即授官"。故在唐代进士及第未得官者纷纷应制举考试以得官，低级官吏纷纷应制举考试以升官，平民百姓纷纷应制举考试以求官。在此强调一点，制举及第者虽 "中者即授官"，但其地位却低于出身。《文献通考 · 选举考》云："其次于出身。"《封氏闻见记》也说："制科出身，名望虽高，犹居进士之下。"

3. 武科

武科创始于武则天长安二年（702 年）。考试由兵部主持，课试类目主要以武试分，"有长垛、马射、步射、平射、筒射，又有马枪、翘关、负重、身材"① 等。武举也有高下等第之分，唐朝名将郭子仪就是以武举高第补左卫长史

---

① 《新唐书 · 选举志上》。

的。唐朝武举只实行了一段时间，但却开了后世武举一科的先河、影响极大。

7.4.3 简评

与历史上的选举制度相比，隋朝设立的科举制度具有一定的创新精神。但由于历史的局限性，它还存在有一定的不彻底性，科举并没有完全取代传统的选举制度。其科举也仅仅是分科试策取士，史载，“近炀帝始置进士科，当时犹试策而已”,① 中间还有很多不完备的地方。加上隋是个短命王朝，刚刚创立的制度还未能得以有效地贯彻实施，便灭亡了。但它已为科举制在唐代的发展、完备奠定了良好的基础。

唐朝则在隋朝科举制的基础上对科举制进行了完善和补充。科举科目明显增多，科考内容要求更高，选举范围进一步放宽，考试方法更为严格，除官拜将愈加规范，这无疑对培养更多具有较高思想文化修养的优秀人才加入官僚队伍，提高国家政治决策水平，促进社会历史发展有着极为重要的作用。但唐朝科举制自身仍有许多缺陷：一是获功名者大多是地主阶级士人，仕途仍为统治阶级垄断；二是国家对命题、监考、阅卷官员的监督措施不明确。考试内容与实际需要严重脱节。

7.5 宋元科举制的发展

宋承唐制，并对科举进行了整顿与改革，使之更加完善。且宋朝皇帝十分重视选拔文士治国，所以科举取士至宋时达到了极盛。两宋进士科共开 118 科，录取进士 42 000 余人，是中国历代取士最多的王朝。元朝乃蒙古人所建，蒙古贵族起初“只识弯弓射大雕”，一统中原后，不仅隔了相当长的一段时间才恢复科举取士，而且还带有明显的民族歧视色彩。

7.5.1 宋朝科举的改革

宋朝的科举在很多方面都继承了唐朝的制度，但有鉴于唐制中诸多积弊，又进行了广泛的改革。跟唐朝相比，宋朝的科举制有了以下新的发展：

1. 录取人数增加

宋朝科举，起初是一年举行一次。太平兴国三年（978 年）以后，要隔一

---

① 《旧唐书 · 杨绾传》。

年或两年举行一次。英宗治平三年（1065年），定为每隔三年举行一次。录取名额，太祖时进士最多的一次是31人，诸科最多的是96人。到太宗时录取名额大增，太平兴国二年（977年），御殿复试得进士190人，诸科207人，并赐及第。又阅考生名册，把参加过十次至十五次省试的进士、诸科180余人，都赐进士出身。还有“九经”科七人，虽然考试不合格，但因为他们年老，特赐同“三传”科出身。这一年共录取500余人。真宗成平三年（1000年），录取进士409人，诸科430余人；又录取进士五举，诸科八举及曾经御试或年逾五十者900余人，共1 800余人。可见宋朝录取人数之多。

2. 应试者的范围扩大

过去“工商杂类”出身的士人一直被排斥在仕途之外。宋朝冲破了这种限制，应试者“家不尚谱牒，身不重乡贯”,① 不讲门第出身，工商杂类自可应试。到北宋末年，甚至僧道亦可应试。只要有奇才异行便可录取。科举应试者范围的扩大，无疑对选才的质量是有好处的。

3. 录取程序简化

唐朝科举考试及第后，还要经过吏部考试合格才能任官。宋朝时，则一经考试录取，立即授官，简化了录用程序。因此，更能吸引士人孜孜苦读，以求闻达。

4. 殿试成为定制，考试制度变为三级

唐朝时，武则天曾偶尔实行由皇帝亲自考试的“殿试”，但未形成制度。宋朝为了禁止谢恩于私门，于太平兴国七年（982年）下令，禁止考生称考官为“师门”，自称“门生”，以防考官考生结成政治集团，互相标榜，有碍于中央集权。乾德六年（968年），知贡举李昉奏宋准等十一人及第，但有人反映李昉作弊，录取了他的同乡举人武济川。赵匡胤在讲武殿亲自对及第者更新考试，结果黜退了武济川等人，另有不合格的“三传”科举刘睿人等也予以黜退；同时，在落第的360名举人中挑选了195人重新考试，赵匡胤亲自阅卷，选中进士26人，五经科4人，开元礼7人，三礼科38人，三传科26人，三史科3人，学究科18人，明法科5人。从此，殿试成为定式，沿袭不改。这样一来，宋朝的考试制度就由两级制增为三级制，即州试、省试、殿试。其

① （宋）陈傅良：《止斋文集》卷35。

程序是：先由各县考察士子，择优送州，州再送路参加秋试，秋试及格的士人称为贡士或举人；翌年，贡士等参加尚书省礼部主持的省试，中士者为进士；省试后再参加殿试，亦即最后一级考试。

5. 限制主考官的权力

唐朝的主考官是吏部考功郎中、员外郎或礼部侍郎。宋朝的主考官则是临时差遣，年年不同，届届各异；还设有“权知贡举”即副主考官若干人，互相监督。这样，就限制了主考官的权力，以保证科举考试比较公正地录取人才。

6. 考试内容的变化

唐朝科举考试重诗赋不重经义，而宋朝科举考试的内容是以诗赋为主，还是以经义为主，常有争议，时有变化。北宋前期采用苏轼派的主张，大体上沿袭唐制。王安石变法，反对以诗赋取士，主张务实，进士的考试项目取消了诗赋，专考经义和时策，增设明法科。哲宗元祐时兼顾诗赋和经义两科，有诗赋进士，也有经义进士。

7. 考试规则日趋严密

宋朝考试规则比唐朝严密，主要表现在以下几个方面：

其一，防止考生作弊的制度。宋规定考生不准带书本入考场，但考诗、赋的一场可以携带查检音韵的工具书，如《切韵》、《玉篇》等。唐代及宋初，考试之前在贡院阶前设香案，考官与考生互拜，赐坐、赐茶，表示礼遇。欧阳修时仍保留这个礼节，所以他有诗句云“焚香礼进士，彻幕待经生”。① 但其后不久，为防考生作弊，废除了这个礼节，考生的坐具、茶具全部撤去。考试时，连喝水都不允许，考生渴了，只好喝砚台里的墨水，弄得个个黑嘴唇，可见防范之苛刻，以后也成为定制。

其二，官员子弟的复试制度。唐代本有回避制，但不严格，亦不科学。唐文宗、唐武宗时认为不许朝臣子弟参加科举考试太过分，取消了这种回避制。宋代惩前代之失，一方面规定官员子弟可以参加考试；另一方面又规定，凡官员子弟都必须复试。这个制度建于宋初，太祖乾德五年（967 年）下诏：“举人有父兄食禄者，复考。”当时，因有人反映学士陶谷不能教子，但其子陶邴

① 《文献通考·选举考四》。

居然考中了进士，怀疑其中有作弊行为，赵匡胤就令参知政事薛居正对陶邴复试，结果陶邴还是考中了。虽然反映不实，但赵匡胤还是受到了启发，于是下诏令所有官员子弟复试，遂成制度。

其三，废除考官与考生之间的特殊关系。唐代因士人挖门子、拉关系，往往依附于主考官员，互相结为“恩师”和“门生”的特殊关系，不仅影响了考试，而且对以后的官场也产生了深刻影响，许多考官利用权力，网罗“门徒”，培植个人势力，影响甚大。宋太祖建隆三年（962年）下诏，“及第举人不得呼知举官为‘恩门’、‘师门’及自称‘门生’”。① 此后也成为定制。

其四，糊名制度。糊名制始于唐，但其实执行不力，尤其是吏部举行“释褐试”的时候。考试卷之前除写姓名、籍贯之外，连父、祖的官名都要写上，这样，考官作弊极为容易。宋太宗淳化三年（992年）采纳了将作丞陈靖的建议，礼部复试后上奏合格进士名单，实行糊名，只报等级，不论姓名，等皇帝同意后再拆开宣布。咸平二年（999年），礼部会试时，朝廷另派官员在卷首封印，明道二年（1033年），各州考试也采用此法，从此形成了严格的糊名制度。

其五，誊录制度。糊名制实行后，又有考官考生串通作弊，在试卷上标上记号。宋真宗时，三司使刘师道因其弟刘几道参加会试，嘱考官陈尧咨询私录取，以卷中记号为凭，于是，刘几道“及第”。② 这件丑闻披露后，宋真宗于大中祥符八年（1015年）下诏设置誊录院，专门负责誊录试卷。封卷官员密封了考卷之后，送誊录院，抄录时，由内侍二人监视，再派朝廷官员校对考卷的原本和副本，以副本交礼部阅卷定等级。自此以后，也成为定制。

其六，锁院制度。宋代科举考试虽由礼部主持，但礼部仅为具体办事机构，皇帝在考试前临时任命朝廷大员主持考试，称“知贡举”。宋太宗淳化三年（992年），任命翰林学士苏易简等人为知贡举，苏易简等人受命之后，为表明他们公正，也为了避嫌，不再回家，住宿于尚书省贡院，锁门谢客，不与外人往来，从此形成制度。

7.5.2 元朝科举制的民族色彩

元朝科举，屡建屡废。早在成吉思汗的儿子窝阔台统治时，就根据中书令

---

① 《续通鉴长编》卷3。

② 《宋史·刘师道传》。

耶律楚材的建议，“主用儒术选士”,① 举行过科举考试，但因遇到蒙古贵族的反对而停止。世祖忽必烈时，曾有多人建议恢复，但议而不决。“自国家混一以来，凡言科举者，闻者莫不笑其迂阔以为不急之务”。② 直到元仁宗延祐二年（1315年），才正式实行科考取士，这时距元朝的建立已经40余年。从第一次到最末一次科考共开科17次，取士1 200人左右（不及宋朝一次录取的人数）。“至于科目取士，止是万分之一耳，殆不过粉藻太平之具，世犹曰无益，直可废也”。③

元朝的科举考试，每三年举行一次，分为乡试（行省考试）、会试（礼部考试）、御试（殿试）三级。各级考试时，蒙古人和色目人都与汉人、南人分开考。蒙古人和色目人分为一组，汉人、南人分为一组。前者考试较宽，后者严加控制。在乡试、会试时，蒙古人只考两场，汉人和南人则须考三场，考试内容前者容易，后者难。殿试时，虽然四种人都考策问一道，但前两种人只限五百字，后两种人必须在千字以上。发榜时，蒙古人、色目人为一榜，称为“右榜”，汉人、南人另列一榜，称为“左榜”。蒙古人、色目人如愿参加汉、南人考试的科目，考中后加一等授官。右榜、左榜录取人数相等，但汉人、南人总人口数远远超过蒙古人和色目人，实际上还是不平等，而且规定南人不得登前三名。这些规定都体现了蒙古统治者在科举制度中推行的是民族歧视政策。

7.5.3 简评

宋代的科举考试，就制度化与完善化而言，较之唐代有了突破性的发展，尤其是北宋时期为实现“取士不问家世”原则而采取的一系列措施。徐有贞曾指出：“宋有天下三百载，视汉唐疆域之广不及，而人才之盛过之”。④ 郎瑛也曾讲，“人才之盛，莫三国与宋也”。⑤ 总地看来，宋朝科举制已经形成了一个相当严密的体系，它在选择人才方面发挥了很大的作用。然而由于受实行科举制的目的所局限，其实质仍然是虚伪的，实施过程中的弊病是相当突出的。一方面，由于某些考官贪污受贿或者迎逢权贵，科举的防范措施每每成为

---

① 《元史·选举志》。

② （元）张之翰：《西岩集·议科举》。

③ （明）叶子奇：《草木子·杂俎篇》。

④ （明）徐有贞：《范文正公集·补编：四重建文正书院记》。

⑤ （明）郎瑛：《七修类稿》卷16。

障人耳目的虚文。另一方面，皇帝自己不能公平地录取考生，其结果上行下效，舞弊现象始终无法杜绝。

元朝作为外来民族统治汉族，科举制并不是其选拔官吏的主要制度，即使是实施科举制，也带有强烈的民族歧视性质。然而从另一个方面来看，其选择科举，说明了蒙古人对中原文化中选官制度的最终接受。

7.6 明清科举制的强化

至明清，科举制已十分完备，但由于考试内容限制在朱熹注释的“四书”、“五经”内命题，考试形式限在只做八股文，所以逐渐走向僵化，趋于衰败，直至废除。

7.6.1 明朝科举制的极盛

1. 明朝科举的多级考试

明朝科举分“童试”、“院试”、“乡试”、“会试”和“殿试”五种。

“童试”，属于预备性考试。考生须参加由知县主持的“县试”，考中后应再进行一次由知府主持的“府试”。府试及格称为“童生”，取得童生就取得了参加院试的资格。所谓“童生”并非指年幼的考生，清朝的一般士子，无论年龄大小，只要尚未通过童试取得生员资格的都称为“童生”。

“院试”是由皇帝派往各地的提学官主持的考试。院试在府城或直属省的州治所举行。主办考试的官府在北京、南京为学院，各省为提学道（后来都叫学院）。童生院试考中者，称为“秀才”，具有生员身份，名义上就成为官学即国家的学生。明朝科举制度与学校制度合一，非生员、监生不能参加考试，因此，在书院蒙学的人，无论其实际水平如何，也无论其年龄多大，在未取得生员资格前，均称“童生”，不能参加科考。

“乡试”，在北京、南京和各省会举行，三年考试一次。乡试亦称“大比”，一般在秋天举行，所以也叫“秋闱”。乡试只有生员和监生才有资格参加（生员：一种是童生院试的合格者；一种是府、县学的学生）。考中者获得“举人”功名，头名举人称“解元”。乡试中举称为“乙榜”，也叫“乙科”。举人不仅可以做官，更重要的是取得了参加全国性会试的资格。

“会试”于乡试的次年在京城举行，亦称“春闱”，由于是中央礼部主持，也称“礼闱”。会试中第者称为“贡士”。第一名叫“会元”。会试的次月举行殿试，亦称“廷试”，由皇帝主持（但常常不亲自主持），任命阅卷、读卷等大臣协助主管殿试。

“殿试”只考一道时务策。殿试中不淘汰考生，只是将考生排出名次。皇帝亲自决定“一甲”三名即“状元”、“榜眼”、“探花”的名次。二、三甲的名次由读卷官确定。一甲赐“进士及第”，二甲若干名赐“进士出身”，三甲若干名赐“同进士出身”；一、二、三甲统称为“进士”，亦称“甲榜”或“杏榜”。

2. 明朝科举制度的特点

第一，命题根据四书五经。其中四书要以朱熹的注释为依据，目的是把知识分子的思想限制在程、朱理学的范围之内，以禁锢人们的思想。

第二，文体必须是八股文。八股文即试卷必须由八个部分组成。首先是“破题”，要求用两句话阐明题目要旨。其次是“承题”，要求用三句话进一步解释题意。在第三段“起讲”中开始发议论，不许再涉及题意。到第四段“入手”转入正式的议论，所有的议论必须在起股、中股、后股、束股等四股中讲完，而议论的重点必须落在“中股”上。这四部分是文章的主要部分，每一部分都有两股两相比偶的文字，共计八股，所以叫八股文。通篇字数不得超过七百，也不能少于三百。考生必须严格按这一格式答卷，而且在议论时，只能“代圣贤立言”，不许联系社会实际，也不许发挥自己的见解。这种从形式到内容、观点都有死板要求的八股文毫无实用价值，读书人为了求取功名，把毕生精力都耗费在八股文章上，严重地扼杀了他们的聪明才智，窒息了人们的思想。八股文章反映了明朝官僚政治和文化教育的腐败和没落，是封建社会走向衰落的产物。

7.6.2 清朝科举制的革废

清代的科举制主要继承了明代的制度，但也做了一些改进，使科举制更加完备。

1. 四级考试制度

清朝科举考试分为四级，即“童试”、“乡试”、“会试”和“殿试”，以生员、举人、进士考试为基本体制。

童试为科举考试的初级考试。凡应考的童生必须经过童试取得生员资格，才能参加“乡试”和“会试”、“殿试”。“童试”又分为“县试”、“府试”、

“院试”三级。“县试”，由本县县官主持。考试程序一般分为四场。第一场试一篇文章和一首诗，文字粗通即可通过；第二场仍试一文一诗，淘汰文字低劣的若干人；第三场试一赋一诗或一策一论，又淘汰若干人；第四场考对四书五经的讲解。通过四场考试的，即获得参加府试的资格，其中第一名称为“案首”。“府试”，由管辖本府的知府或直隶州的知州主持。分为两场，但通常被称为正场的第一场考试及格，即可参加院试，考试取得第一名称为“府案首”。“院试”，由中央派遣的“钦命提督省学政”主持。雍正以后，各省学政均由翰林院官员担任。院试先考“经古”。经古题在清初为“经解”、“史论”、“诗赋”，咸丰时增添“性理”与“孝经论”。及格者进行复试，但有时亦有不进行复试的情况。通过县试、府试和院试后，获得参加乡试的资格。

“乡试”，为省一级的考试。清朝的乡试每隔三年举行一次，考试的地点在省城。以京堂官如各部侍郎、九卿或翰林院、詹事府、科道官员担任正副主考官，各省巡抚为“监临官”。乡试分三场，考试内容大致上与童试相同，主要是“经义”文，即“时文”或“制艺”，文体依照明朝制度用八股文，其次是“策论”、“试贴”等。通过考试的称为“举人”，录取的名额根据各省大小而不同，一般大省百余人，小省四、五十人。除按规定名额录取举人外，还可以取“副榜举人”若干人。大致平均正榜取五名，副榜取一名。正榜上录取的举人获得参加会试的资格。副榜举人也称为“副贡生”，获得地方府、州、县学的学籍，不用再参加地方有关的各种考试，但以后仍须再参加乡试。

“会试”，为中央一级的科举考试。一般也是三年举行一次，凡未中进士的举人均可参加考试。考试由礼部主持，考试内容与场次大致与乡试相同。主考官称为“总裁”，由进士出身的大学士、副都御史以上的官员担任。会试及格的称为“贡士”，第一名称为“会元”。清朝会试录取的贡士以雍正八年（1730 年）最多，达 406 名，乾隆五十四年（1789 年）最少，为 96 名。通过会试的贡士，即取得参加殿试的资格。

清沿明制，顺治三年（1646 年），开始举行“殿试”。殿试是科举最高一级的考试。也是士子登上仕途的开始，所以清朝对殿试非常重视由皇帝亲自主持，策题一般由内阁、读卷官预拟送皇帝阅定。有时，皇帝还亲自制策。殿试的地点在清初设于天安门外，顺治十五年（1658 年）改在太和殿丹墀前。乾隆五十四年（1789 年）规定：“新进士殿试，著在保和殿考试。”① 此后，殿试一直在保和殿举行。清朝的殿试程序安排非常严密。参加殿试的员生，必须

① 《光绪会典事例》卷 361。

先一日进入紫禁城，并在偏殿或各大臣的朝房中住宿，准备第二天黎明进殿参加考试。礼部也在考试的前一日在试案上粘贴各贡生的名签，贡士入场后，须按签就座。考试当天，由受卷大臣及巡场御史于清晨发题，日暮交卷，封送内阁。殿试录取的名次同明制，分为三甲，一甲仅取三人，第一名为“状元”，第二名为“榜眼”，第三名为“探花”，赐“进士及第”；二甲第一名为“传胪”，上列四人称为“鼎甲”；二甲共取考生三分之一左右，赐“进士出身”；三甲取考生三分之二左右，赐“同进士出身”。殿试以后，一甲直接授官，第一名授“翰林院修撰”，第二名、第三名授“翰林院编修”，其他被录取的进士还要在保和殿进行朝考，考试内容为一论、一疏、一诗。成绩又分三等，第一名称为“朝元”。根据朝考、殿试的成绩，由皇帝分别决定授予官职。最优者任为“翰林院庶吉士”，其余分别用为“主事”、“中书”、“知县”等。

2. 严密的防弊措施

乡试以上的考试，均对试卷密封、誊录。士子进入考场，都有士兵监视。清政府颁布的《科场条例》规定：“内阁刊刷殿试题纸，由部奏派护军统领一人，率护军校等于前后门外，严密稽查，以杜泄漏。士子于试前，有撰拟策冒，分送请托者，察出严参治罪。”① 清初殿试问卷多在内阁本堂，阅卷官可以自觅公所随意居住。乾隆二十五年（1760 年），为了防止潜通消息，规定问卷大臣必须在文华殿阅卷，歇宿处所在文华殿两廊和传心殿的前后房间。还令管监察的王公大臣、科道官与阅卷官一起居住。阅卷毕，文华殿大门启闭，把卷交与护军统领管理。尽管如此，清朝科举还是弊端丛生，大批士子为了登上仕途。竞相“奔驰朝贵、望门投进，名为造请教益，实际暗通笔迹。”② 当时朱子讥讽这种现象是“上以盗贼待士，士亦以盗贼自处”。尤其是官僚贵族子弟利用金钱、权势等贿赂有关人员，所以每次会试、殿试，上榜进士“多为京朝郎官贵族子弟所占。而寒门下士，毫无凭藉，摈抑沈滞不获甲者，比比皆是。”③

3. 正科之外的制科

为了延揽人才，缓和下层知识分子，尤其是汉族知识分子的敌对情绪，拉

---

① 《光绪会典》卷 33《礼部》。

② 傅增湘：《清代殿试考略》大公报社 1933 年。

③ 傅增湘：《清代殿试考略》大公报社 1933 年。

拢汉族文人官吏来加强满洲贵族的统治，康熙时又在科举正科之外设制科。制科种类甚多，主要有以下几种：

博学鸿词科。康熙十八年（1679 年）、乾隆元年（1736 年）各举行一次。考试方法是：先由内外大臣举荐，不分已仕、未仕，被举者在殿廷考试，只考诗赋，不考八股，取列高等者授翰林官。

经济特科。考试的方法是，按照康熙、乾隆召试博学鸿词科之例，在殿廷考试，应举者多半是现任官吏或官吏出身的。列高等者略加升迁或授予一定的官职。

孝廉方正科。康熙六十年（1721 年）首次举行，雍正元年（1723 年）将所举人员任以知县、知州。以后的皇帝即位，都照例举办。但后因荐举人员过多，授职渐低。

光绪三十年（1904 年）甲辰科，为中国科举考试制度史上的最后一科；光绪三十一年（1905 年），宣告延续 1300 年的中国科举考试制度最终被废除。

7.6.3 简评

明清时期科举制度达到了极盛。“卿相皆由此出”，“虽有以他途进者，终不得与科第出身者相比”。① 当时的科举与学校完全合流。学校储才以应科目，而科举亦必由学校。这种“学校—科举”培养选拔人才的模式标志着我国古代在选官方面所达到的最高水平，也是我国对于人类文明做出的堪与四大发明并相媲美的又一重大贡献，明清两代的科举制为国家选拔了一大批优秀人才。

同时，也应清楚地认识到，明清的科举完全笼罩在封建文化专制主义之下，尤其八股文这种空疏呆板的经义游戏，竟主宰了明清两代五百余年的科举考试，造成了空前的悲剧。所以科举极盛之日，也是它开始没落衰败之时，光绪末年不得不宣布废除。其腐败、僵化的弊病主要表现在：第一，考试程序过于繁琐，使广大知识分子成了科举制的牺牲品。第二，考试必须按规定的“八股”文体做文，千篇一律，死板僵化。第三，舞弊现象非常严重，朝中上至宰相，下至府、县吏员，不顾廉耻，投机钻营，徇私舞弊者比比皆是。

7.7 对科举制的评价

科举制是我国古代历时最长、影响最大的一种官吏选拔制度。科举制从隋

① 《清史稿·选举一》。

代开始实行，到清代1905年废除为止，经历了1300多年的时间。官吏及人才的选拔是关乎国家兴亡的大事，封建科举制度凭其悠久的历史和深远的影响可以称为我国古代文明的一大优秀政治遗产。它以其合理的原则给平民百姓进入仕途和提高政治地位提供了一个竞争的平台，相对于以前历朝历代的选官制度要公正、合理得多。经过一千多年的运行，它为庞大的封建帝国选拔了大量优秀的人才，传播了儒家思想，对保证社会安定，促进社会流动，巩固国家统一起到了巨大的作用，科举制不仅在中国历史上占有重要的地位，而且对世界文明进程也产生了重要的影响。

7.7.1 科举制的积极作用

科举制作为一项官吏选拔制度是中国古代最为重要的考试制度，其制度本身是具有一定积极性的。“科举制度最终被废黜，其最根本的原因在于考试内容的腐朽和僵化，而考试制度本身的形式仍然具有积极性，也可为当今所借鉴”。① 科举制的积极作用主要表现在以下几个方面：

首先，“任人唯贤”、“精英治国”的理念贯穿始终。所谓“任人唯贤”并非完全摒弃了“任人唯亲”的状况，这是封建社会本身的历史局限性造成的，但是“任人唯贤”的理念在一定程度上抑制了“任人唯亲”。究其原因，是因为科举制的最大特点就是通过层层严密的考试制度，以求选拔精英中的精英。虽然不可能做到完全平等，但是比起以前按照“门第”之类的标准选拔官吏要先进得多。也正是因为科举制的发展，一种新的人才观得以形成。

其次，人才选拔范围扩大。科举制的实行颇有不拘一格选拔人才的特点，通过考试，很多出身贫寒的人能够成为官僚体系中的一员，参与封建政治。据史料显示，即使是在科举制走向没落的清代，上自顺治下至光绪三十年甲辰科总计考中的数额为26 391人，约有13%出自普通家庭。通过考试广泛选拔人才，一方面有利于人才的笼络，另一方面也有利于营造积极向上的社会氛围。

第三，追求公平、公开、公正的考试选拔程序。我国古代是典型的家族宗法制，在这样一个以关系和人情为主导的社会背景下，科举制要真实地实现是具有很大难度的，必须要有一整套严密的制度才有可能实现其有效性。很多朝代都为此做出了努力，对主考官和朝官子弟做了一些限制，以使平民子弟能够

① 参见邹旭怡、杨婧：《探析科举制长期存在的原因》，《考试周刊》2008年第28期。

有比较公平的竞争环境。例如清朝康熙以后为防缙绅之家多占名额而妨寒微进身之路，曾实行官、民子弟分卷取士之法。通过一些制度规定保证科举考试的公正和公平。

第四，提高官员素质，加强封建治理的有效性。科举制的目标就是要通过考试选拔精英，参与封建政治。科举制度下，想通过考试走向仕途，对于学识和智力的要求都是很高的。“学而优则仕”这句话应该可以作为一个总结。同时，我们也应当看到，中国历来崇尚儒家思想，“修身、齐家、治国、平天下”是最高目标，通过科举制度，这一儒家理念可以得到具体的贯彻，可见“精英治国”在我国古代是有着深厚的思想基础的，这对于科举制的发展有着积极的影响。

7.7.2 科举制的功能

1. 科举制的政治功能

科举制加强了中央集权制度。魏晋南北朝“九品中正制”实行的后期，选士权成为地方豪强士族的专利，皇权被极大地削弱。科举制规定全国统一考试，将选士权从地方官吏手中收归中央，由中央政府专门负责。因此，科举制避免了地方官吏垄断选举权，打破了世家大族垄断政治权力的局面，避免了皇权被威胁和分散，适应了中国封建社会不断加强中央集权的趋势。另外，科举制允许老百姓公平参加，选拔了大批优秀人才。据统计，唐代宰相中有半数以上是进士出身，唐敬宗以后各朝（825—906 年）进士出身者在宰相中的比例更高，达 80%以上。新旧唐书有传之官员，除去后妃宫官和宗室、宦官等特殊出身者及武功出身任武职者，有官员 1 383 人，其中进士有 469 人，占总数的 40%，唐后期 697 名官员中进士出身者达 344 人，占总数的 49%，进士科已成为士子入仕的首要途径。对这些优秀人才的吸纳有利于扩大封建统治的阶级基础，有利于封建国家的政治稳定。

2. 科举制的文化教育功能

科举制传播了儒家思想，巩固了其在各朝代思想领域中的统治地位。虽然汉武帝时期，“罢黜百家，独尊儒术”，儒家思想占统治地位，但仍受其他思想的挑战。“科举制度造就了士绅阶层，但由于国家每次开科取士的名额有限，所以这一阶层中除了小部分入仕从政，参加社会流动外，绝大多数滞留在社会下层，成为文化的传播者，发挥文化普及作用”。① 另外，科举制在考试内容上以儒学为主，指定教材也以儒家经典为主，这些都有利于儒家思想的传播，也为封建王朝统治强化了统一的思想意识形态。科举的教育功能主要体现在学校教育内容的变化与倾向。科举制对学校教育有重大的导向功能，如唐代科举常科中以及第人数最多的明经科和地位最高的进士科为重。明经科考试内容不外乎大经(《礼记》、《春秋》)、中经(《毛诗》、《周礼》、《仪礼》)和小经(《周易》、《尚书》、《春秋公羊传》、《春秋谷梁传》)等儒家经典，与此相对应，唐代官学如国子学、太学和四门学等，其教学计划完全根据科举取士的要求而制定。随着以诗赋考试为主的进士科崛起，科举考试一度重视书判、策论和诗赋，学校也随之注重习字、习时名策和做诗赋，乃至乡学也都普遍学习做诗。

3. 科举制的社会功能

科举制有利于社会阶层的上下流动，为社会下层的人跻身社会上层提供了途径。“朝为田舍郎，暮登天子堂”的说法体现了这一点，如宋代宰相吕蒙正，中状元之前和妻子住在破窑里，经常无米做饭。《宋史》本传及明代朱希召《宋历科状元录》载，宋仁宗一朝的 13 榜进士第一人，就有 12 人出身于平民之家。又南宋理宗宝祐四年（1256 年）《登科录》所载，在曾祖、祖父三代任履都完整的 570 名进士中，若依其出身统计，三代皆不仕者达 307 人，占总数的 53.9%，父亲一代有官者（包括宗室）129 人，只占总数的 22%，应当指出即使在这 129 人中，绝大部分也是举人和小使臣一类的初品官，其中从九品的曲功郎和承信郎又占了半数以上，这些人若要想依仗手中的权势让子弟登第，显然比较困难。这也是科举制造成社会阶层上下流动的真实历史写照。科举制不仅能促进社会阶层上下流动，也会促进各地的人才流动。科举选拔通过全国范围内的统一考试，每次考试都是各地才子的会聚，考后被选上的人都在异地做官，这就促进了各地人员的区域流动和人才的交流。“科举制不仅有利于士阶层的不断扩大，还有利于稳定社会秩序，促进社会稳定”。②

7.7.3 科举制的消极影响

科举制在古代社会起到一定的积极作用，但也存在着以下诸多的弊端。

① 谢俊美：《科举制度存废的历史考察》，《历史教学问题》1998 年第 4 期。

② 参见王金炳：《科举制的利弊和借鉴》，《南方论刊》2007 年第 4 期。

1. 考试内容单调、形式僵化

儒家思想学说一直被历代封建王朝统治阶级奉为修身治国的经典理论，所以始终在科举考试中处于中心地位，排除了其他学派的发展和其他各种思想流派的成长和竞争。从唐朝开始，贴经、经义、墨义等儒家经文考试就是科举的主要考试内容。宋朝科举考试的内容经过变革，经义成绩几乎成为决定考生是否被录用的最终根据。明朝末年和清朝的科举，更是发展到几乎就是对经义的记背考试，达到了“非圣人之言不言，非经中之语不用”的地步，考试题目主要摘自《四书》，答卷所论，必须根据朱熹的《四书集成》等书中的内容。

2. 科举制对古代学校教育产生了不良的影响

科举制将读书、考试和做官连在一起，使学校教育完全屈从于科举制的要求，教育的唯一目的变成了应试，学校沦为科举制度的附庸。统治者为了保持封建社会的长治久安，想尽一切办法统一思想来钳制知识分子，儒家的“君臣”等道德伦常教育正适应了统治者的要求，因此科举制把儒家的经典作为应试教育的基本教材，科举考试的内容就局限于儒家几部经典，士人为了科举及第，就把四书五经作为当官的敲门砖，将儒家经典背得滚瓜烂熟。可他们的“之乎者也”与“治国之道”只是纸上谈兵，严重脱离社会现实，另外考试试题死板，考试方法注重死记硬背，使学校教育充满了教条主义色彩。

3. 科举制扼杀了知识分子的创新思想，阻碍了社会思想的进步

科举制把内容限定在一个较小的范围内，士子们为了中举入仕，所学只涉及考试内容，其他的一概不问。特别是明清的八股文，考试的形式和内容有严格的规定和限制，八股文体的八个部分都有严格的规定。考试内容枯燥无味，没有新意，严重束缚了知识分子思想的自由发展。另外考试内容以经文为主，忽视了科学知识的学习，抑制了科学技术的发展，导致社会思想文化的僵化。

4. 科举制度埋没了大批科技人才和女性人才

由于受到“贵德贱艺”、“重道轻器”、“重义轻利”等传统思想的影响，在文官考选中，往往轻视了科技人才，几乎从不涉及自然科学。此外，在“三纲五常”、“三从四德”等封建礼教的束缚下，女性不能参加科举考试，更不能授职理事，历代无数女杰就这样被埋没了。

5. 科举制给中国古代社会带来了根深蒂固的官本位主义

科举制使春秋时期儒家学派所提出的“学而优则仕”规范化、制度化，导致人们读书的目的不是为了学知识，而是为了做官。社会上皆以科举及第为中心，只要当官，地位就比别人高，官本位思想日益占据人们思想的主导地位。官本位主义的存在不仅造成社会风气的畸形发展，还造成了官场腐败。

6. 行政办事效率的低下和行政成本的增加

明清时期的科举考试已完全没落，以八股取士的结果选拔出来的行政人员大多“只知袭用前人陈说，少有时务新论，因而思想为之闭塞，见识为之拘限”。宋代统治者为了笼络知识分子，全面扩大科举取士名额，又由此形成后期封建社会的一大普遍弊端，即严重的冗官问题。为了安插众多的科举入仕者，不得不扩大行政机构的编制，增加官吏数量，行政成本很高而行政效率极低。①

☞本章小结

我国古代选拔官吏的途径很多，各有其历史发展的过程和时代特征。本章以时间为主线，介绍和分析了各个历史时期的主要选官制度。

本章主要介绍了先秦的世卿世禄制度的表现形式及其发展历史；秦汉察举的两大科目常举和特举以及察举制的主要内容；魏晋南北朝的九品中正制的主要内容及其发展轨迹；隋唐、宋、元、明清科举制的主要内容，其中，重点介绍了在我国历史上存在时间最长的官吏选拔制度——科举制度，并对科举制的功过做了一个总体评价。

我国古代官吏选拔制度尤其是科举制内容丰富，影响深远。辩证地看待各种官吏选拔制度的积极作用和消极影响，对我国当前进行的人事制度改革，有着重要的借鉴意义。

---

① 参见黎发高：《中国古代科举制的利弊及其对当代的启示》，《辽宁行政学院学报》2008年第6期。

☞关键术语

禅让制　世卿世禄　保举　察举制　九品中正制　科举制
童试　院试　乡试　会试　殿试　生员　举人　进士

☞思 考 题

1. 简述世卿世禄制度及其表现形式。
2. 察举制及其简要评价。
3. 简述九品中正制的发展历程。
4. 比较各个时期科举制内容的异同。
5. 应如何看待科举制的历史功能和作用？

第8章

官吏管理制度

官吏管理是行政管理中的一项基础内容，任何行政事务都需要各级官吏去执行和落实，若没有各级官吏作保证，任何行政管理都会落空。官吏管理制度古已有之，自秦朝时就对官吏的爵制、禄秩、任免、调动、考核、奖惩等方面做了严格的制度规定。为此，本章将着重阐述官吏管理的重要性、各个朝代选用官吏的标准和方法，以及官吏的考核、奖罚及致仕等问题。

8.1 官吏任用制度

8.1.1 官吏任用种类概说

古代对官吏的任用，根据不同的种类、职权和等级，都是有区别的。任用方式也是多种多样的，见于史册的主要有：守、拜、领、录、平、兼、行、假、试、权、知、监、参、掌、典、署、督、护、待诏等。按照任用等差，可以分为如下几种类型：

1. 候补之类

此类主要有“待诏”、“郎选”、“听选”等方式。“待诏”的意思就是等待诏命，是汉代的候补官制度，待诏人员有待诏于金马门、公车、殿中、黄门、宦者署的，也有待诏于丞相、御史二府的。他们在官署听候补官，有时也承担本署内的一些事务。“郎选”即选任郎官，是从三署郎的诸郎中选官，“三署郎”是汉代官吏储备学校，被选拔上来的人才取得被任用为郎的资格，再经过一定时间的历练然后出补为官。“听选”是尚书将选人分类，等待有缺补官。还有一些候补官是因父母丧葬守制和其他原因去职，期满要求复职的。

2. 试用之类

此类主要有行、守、试、假、权等方式。试用有一定的期限，一般是以一年为限，多者长达三年。试用期间，俸禄稍低于实授官。试用期满以后，称职者转为实职，称为“真除”或“实授”；不称职的则罢归。

3. 拜授之类

此类主要有拜、授、遗诏等方式。经过拜授的官员即为正式任命的实缺官。拜有“召拜”、“征拜”、“策拜”等区别，“召拜”是皇帝特召，“征拜”是由外官转入朝官，“策拜”是任命重要大臣。授有“铨授”、“敕授”、“制授”、“特授”等区别，“铨授”是吏部任命低级官吏，“敕授”是报请皇帝批准任命中级官员，“制授”是皇帝批准任命较高级的官员，“特授”是皇帝任命高级官员。遗诏是指新旧皇帝交替时期，由老皇帝在去世前任命辅政大臣的方式。名称不同，所授官职的轻重高低也有不同。

4. 兼领之类

此类主要有兼、行、权、判、带、领、录、护、典、都、督、掌、监等方式。在某些官位缺员或某些重要的事务需要重臣负责的时候，多采用这种任命方式。“兼”和“领”都表示身有两职以上，但内容和含义完全不同。“兼”是兼职，有“长兼”和“权兼”之别，可以低官假行，也可以高官判带、同级互兼，这都是权宜的办法，以避免官位缺员时耽误工作。“领”则是主管，有一定的实际权力，能够起到主要负责人的作用。

5. 参知之类

此类主要有参、知、平、议等方式。有些重要的职事，任命参、知去参加共同议事，这样做一方面是为了加强力量，使工作更加严谨，另一方面是为了达到相互牵制、加强皇权控制的目的。

8.1.2 秦汉魏晋南北朝时期官吏任用制度

秦汉时期官吏的任用方式主要是“拜”或“除”。在任用权力的使用上，尤其在高级官员的任用上，主要由皇帝直接任命。汉代早期高级官员的任命主要是由皇帝任命，后来由于管理权限的不断放宽，丞相和尚书等高级官员也有任免权力，但还是要请示皇帝最终裁决。

1. 秦朝官吏任用制度

秦朝在道德和才能的标准与限制上，对官吏的选任有严格的标准，主要体现在：第一，道德方面。秦简《为吏之道》① 规定了官吏应具备的道德和行为准则，并将其概括为“五善”、“五失”。“五善”：“忠信敬上”，就是忠顺朝廷，尊敬、服从上司、主官；“清廉毋谤”，就是要廉洁奉公，不以权谋私，贪赃枉法，工作要任劳任怨；“举事审当”，即办事要谨慎妥当；“喜为善行”，即思想境界要高，要自觉地多做利国利民的好事；“恭敬多让”，即凡事谦虚礼让，与同事们和睦相处，敬重别人。“五失”：“夸以泄”，即夸夸其谈，好唱高调而不务实；“贵以大”，就是喜欢自我吹嘘，为自己摆功而不实事求是；“擅制割”，就是好自作主张，乱表态，随便许诺，越权行事；“犯上弗知害”，即目无王法，犯上作乱；“贱士而贵贝货”，即轻视士人，贪婪好利。第二，明悉法律令。秦统治者强调以法治国，以吏为师，要求官吏通晓法律令，并以是否明悉法律令，作为区分“良吏”、“恶吏”的标准。秦律虽不像后世注重门第出身，但也有任官限制：首先，不准任用“废官”，即不准任用不称职或不够条件的官吏；其次，官吏必须正式任命才能到任行使职权；最后，长吏调任新职，不准带走原属佐吏。

对于官吏选任的方式，秦朝中央和地方的长吏皆由皇帝任免，长官可以自己选任下属，选任的方式主要有荐举、征召、任子等几种。秦代地方上长史一级的官员要由中央任命，以后历代一直延续，秦汉地方层级分郡、县两级制，地方主官，都由中央下派，郡守如此，县令也如此。但同时也规定，地方长官有“自辟僚属”的权力，郡守、县令都可以在自己所管辖的区域内选择、任用官员。

2. 汉代官吏任用制度

汉代官吏任用制度，主要有以下几种规定：（1）察举后直接任命为官，无需再经考试，这是汉代任官最常用的一种制度。汉代官吏大半来自于被察举的孝廉、茂才和贤良三类。（2）拜与征。凡初任之官或免后复起之官，多称“拜”。某些具有特殊才学或在地方任官政绩卓著者，皇帝特征入朝为官，谓之“征”。（3）守与假。“守”，即试用之意，通常初任某官，须试守一年转正，试用期内食半俸，转正后方食全俸。“假”，即代理，兼摄，汉世兼摄某

---

① 《睡虎地秦墓竹简 · 为吏之道》，文物出版社 1978 年版。

职的官很多。(4) 迁。“迁”即升官，由低级提升为高一级官吏时为“迁”；品级相同则为“平迁”；由高一级降调为低一级官职，则为“左迁”。(5) 免官。

东汉时还颁布了“三互法”。所谓“三互法”是对官员的任用又增加了籍贯和亲属限制。“三互法”的基本内容就是本地人不得为本地长官，目的是防止这些人在家乡徇私舞弊；婚姻之家不得相互监临，兄弟子侄及有婚姻戚属关系的，不得在一个部门或地区为官，如果选在一个部门或地区为官，其中一人要申明回避。东汉时已经没有本郡国人士回任本郡国长官的事例，三互法的实行，使得官吏对回原籍任职也须进行回避。规定“婚姻之家及两州人不得交互为官”。① 对宗室和外戚也有了限制，如不准外戚“备位九卿”② 以及“封侯与政”③，还有不准宦官子弟“为牧人职”④ 等。

3. 魏晋南北朝官吏任用制度

早在秦汉时期，在任用官员上就实行了重农抑商政策，限制商人走上仕途；而到了魏晋南北朝时期，采用了“九品中正制”的任官标准，限制寒族为高官，门第成为每个人获得社会地位、权力的依据。“谱牒”作为门第血缘的文字凭证，成为维护士族特权的工具，是最重要的人事档案。这就导致了在魏晋南北朝时期官员中高官和获得实权者基本是豪门大族。寒门子弟很难有成为高官或晋升的机会。

4. 秦汉魏晋南北朝时期的任官方法

在中国古代的行政机构中，吏部是掌管官吏任用的专门机构，但秦汉时期尚没有这样一个机构。西汉尚书有常侍曹，主管丞相、御史、公卿之事。东汉改尚书常侍曹为吏曹，又改为选部，魏晋以后称吏部，置尚书等官，至隋唐确立三省六部制后列为六部之首。西汉时丞相府中有东曹，“主二千石长吏迁除”，⑤ 东汉时太尉府、司徒府、司空府并称“三府”，都设有东曹。汉代旧典中说：“选举委任三府，三府有选，参议掾属，咨其行状，度其器能，受试

① 《后汉书·蔡邕传》引李贤注。
② 《汉书·王尊传》。
③ 《后汉书·明帝记》。
④ 《后汉书·冯绲传》。
⑤ 《后汉书·百官志第二十四》。

任用，责以成功。”① 此外，九卿之一的光禄勋和五官中郎将也有选用之责，这是由于地方上推荐的孝廉皆为郎而归光禄勋和五官中郎将管领的缘故。《后汉书·陈蕃传》说：“自（陈）蕃为光禄勋，与五官中郎将黄琬共典选举，不偏权富。”可见在吏部出现之前，官吏任用权为多头共管的情况。东汉时期，官吏任用权开始向尚书转移，然而魏晋南北朝时期官员任用依然由吏部主管，官吏主管部门按照任命官吏的等级，或报皇帝批准，或交朝廷集议，或行文各级官府，对进入官秩等级的都要备案。

秦汉魏晋南北朝时期对不同等级的官员有不同的任用程序。高级官员必须经皇帝亲自核准；中级官员必须由主管部门核查备案，报请皇帝批复才能任命，低级官吏的任用虽然由主要长官决定，但要进入官品秩等，也必须报请中央官吏主管部门批复，不得越级逾限，违者要受到严厉的处罚。

在官吏任用资格上，南北朝时期的“停年格”在当时具有一定代表性，“停年格”为北魏灵太后执政时期吏部尚书崔亮所创。它的内容是：“不问士之贤愚，专以停解日月为断。虽复官须此人，停日后者终不得；庸才下品，年月久者灼然先用。”② 就是不论才能高下，能否胜任，只需停官解职时间久就有优先补缺的权利。“停年格”具有简单、粗陋的性质，十分明显地将官吏任用中以年资深浅为录用标准的原则表现出来。

8.1.3 隋唐时期官吏任用制度

隋唐时期，九品中正制废除，官员选任权收归中央。官员均由中央任免，且有品级之分，一般来说五品以上的官员由皇帝亲自任免，五品以下的官员则由吏部铨选。但是在铨选过程中，吏部的权利也受到一定的限制。比如，技术官员的选拔和委任的权利，就由各个部门掌握，但依然要送给吏部备案。对法官的补署，吏部要与刑部尚书共同协商人选，然后铨拟。太常博士的任命，同样要与太常卿商议。唐朝任用官员的途径主要是科举，凡是科举被选上的进士还要经过吏部的考试，只有合格者才能授官。

唐代任命官吏，在官名前往往要加“拜”、“授”、“除”、“征”、“守”或“兼”、“试”、“权知”、“检校”等。并且唐代任官，必须先获得出身，有出身后才能叙散官阶，取得散官阶后才能任职事官。唐朝官员有阶有职，有职者必有阶，称为“职事官”；有阶无职者称为“散官”。

① 《文献通考·选举考九》。
② 《北史·崔亮传》。

1. 隋唐时期任官的限制

唐代在选任官吏时也有严格的限制，主要包括：

身份的限制。唐初规定工商不得任官，官员也不得经商。如《旧唐书·职官二》载："凡官人身及同居大功以上亲，自执工商，家专其业……皆不得入仕。"地方衙门小吏、倡优、巫家、还俗僧道及高祖以内犯罪者之子孙等均不得参加科举考试。

籍贯及亲属的限制。非经特许，一般不得在本籍任官；祖孙、父子、兄弟及母、妻、女的亲戚一般不得在同地或同一官署任职，以示回避，即"凡同司联事及勾检之官，皆不得注大功以上亲"。①

犯名讳之限制。《唐律·职制律》规定，"府号官称"犯讳者，不得任其官。所谓"府号"是指政府机关的名称，如尚书省、御史台、都水监、太常寺等。假如某人父祖名常，则不得任太常寺之官。"官称"是指官名与父祖名字犯讳则不得做此官，否则为"冒荣居官"，依法"犯讳者，免所居官"。此外，未任地方官或曾犯赃者，不得转任中央官。但皇帝特旨任命者，不受任何限制。

2. 隋唐时期任官的程序

隋唐时期除少数高级官僚外，吏部依然作为官吏任用的机构实行任用权。以唐代为例，官吏任用分为"制授"与"旨授"两个层次。五品以上官"制授"，六品以下官"旨授"，按陆贽所言："国朝之制，庶官五品以上，制敕命之；六品已下，则并旨授。制敕所命者，盖宰相商议奏可而除拜之也；旨授者，盖吏部铨材授职，然后上言，诏旨但画闻以从之，而不可否者也。"②

隋唐的官吏任用程序已比较完备。以唐代的吏部常选程序为例：首先要统计国家机构出现的"员缺"。所谓"员缺"，是指定员内的官员因各种原因离职而使职位空出，这就需要派人填补，即补缺。缺额的多少决定着任用数量，因此要事先做出统计。虽然有关定员的规定相当严格，不过实际执行起来是否能做到很难说，从历史上看这一规定往往由最高统治者自己破坏。其次是颁布"选格"，即关于选人资格的规定。这一规定每年五月颁发到州县，凡合乎规定条件的人，持称做"选解"的证明文书，十月到尚书省听选。过期不候。

---

① 《旧唐书·职官二》。

② （唐）陆贽：《求才考课论》。

再次，是资格审查。选人的证件是否清楚，身份有无问题，要加以核对，选人要向京官取保，证明属实无误。再次，是铨试。唐吏部择人以四事：一曰身（体貌丰伟）；二曰言（言辞辩正）；三曰书（楷法遒美）；四曰判（文理优长）。先笔试书、判，然后面试身、言；四项均为合格，则以德行定先后，德不相上下再较以才，才不相上下则较以劳。所谓“劳”指以往的资历及做官成绩。最后是任命，任命先要征求个人意见以“拟”，拟定后再公布，看本人是否满意，然后上报给尚书省仆射，再报门下省，经过复核审查，最后报皇帝处，凡任命，皆给以凭证，谓之“告身”。

隋唐的官吏任用资格特点主要体现在唐代“循资格”上，“循资格”也是以年资为擢用官吏的条件，这是比较完备而又影响深远的又一创制。“循资格”创立于吏部任用权进一步的集中的时期，即州郡属吏任用权也收归中央吏部以后，这一时期相比“停年格”时期，突出的是吏部管辖范围的扩大，从而使实现“量能以授官”的原则更加困难。同时，这一时期的任官是建立在科举选士的基础之上，科举取士的日益增多，使在选官过程中粥少僧多的矛盾更为突出。做过唐代宰相的杜佑在所著《通典》中对比汉唐两代的情况说：“按秦法，唯农与战始得入官。汉南孝悌、力田、贤良、方正之科，乃时令征辟，而常岁郡国率二十万口贡止一人。约计当时推荐，天下才过百数，则考精审择，必获器能。自兹厥后，转益烦广。我开元、天宝之中，一岁贡举凡有数千，而门资、武功、艺术、胥吏，众名杂目，百户千途，入为仕者又不可胜纪，比于汉代，且增数十百倍，安得不重设吏职，多置等级，递立选限以抑之乎？”①

由于僧多粥少，“大率十人竞一官”、人皆“二年居官，十年待选”②等记载史不绝书，竟“有出身二十余年不得禄者”。③“循资格”的出现就是为了解决这个同“停年格”要解决的问题性质相同而又倍加严重的问题。“循资格”，其精神是更加严密地规定升迁等级和限定任用资格，同时尽量缩小待选人员的内部矛盾。其要点就是以停罢前任职务的时间长短来排定再次授官任职的顺序；按州县的大小远近定出等级，以增加升迁的层次来解决官职不敷分配的问题。

① 《文献通考·选举考十》。
② 《文献通考·选举考十》。
③ （宋）洪迈：《容斋随笔》卷10。

8.1.4 宋代时期官吏任用制度

宋朝是中国历史上存在时间仅短于汉朝而疆域较小的一个朝代，同时它又是经济、文化较发达的一个朝代。它在官吏任用上有自身的特点，宋太祖实行了独特的“官”、“职”、“差遣”分立的制度。“官”只是用来确定品秩（官位）高低、俸禄（收入）多少、章服（官员礼仪服饰）和序迁（晋升的阶级等）的，因此，叫做“寄禄官”，或“阶官”。“职”则是一种加官，如大学士、学士等，代表了一种对荣誉或才能的肯定，勉强可以类比为今天的职衔或衔位，并不意味着担任相应的馆阁职位，因此，叫做“贴职”。“差遣”才是官员们所担任的实际职务，代表了真正的实际权力与责任，因此，叫做“职事官”。这样一方面强化了官、职、差遣三者的分离，形成“官以寓禄秩、叙位著，职以待文学之选，而差遣以治内外之事”① 的局面，而治内外之事的“使职差遣”，至明朝演化成为“知府”、“知州”、“知县”之类的正式官职。另一方面，这种“综合”给禄制，部分解决了“名与实殊”的矛盾，使官员的本官与职务之间在经济利益上接近起来，有利于发挥“使职差遣”官员“治内外之事”的积极性。

宋代掌握官吏任用权的机构依然是吏部。两宋时期，任官资格成为任官的主要依据，成为主部选官的主要方法。《宋史》说：“先是，选格未备。乾德二年，令陶谷等议：凡拔萃、制举及进士、《九经》判中者，并入初等职官，判下者依常选。初入防御团练军事推官、军事判官者，并授将仕郎，试校书郎。周三年得资，即入留守两府节度推官、军事判官，并授承奉郎，试大理评事。又周三年得资，即入掌书记、防御团练判官，并授宣德郎，试大理评事兼监察御史。周二年得资，即入留守、两府、节度、观察判官，并授朝散大夫，试大理司直兼监察御史。周一年，入同类职事、诸府少尹。又周一年，送名中书门下，仍依官阶，分为四等。”② 这些制格活动，为宋代依用资格任官奠定了基础。宋代选官的资格规定十分完备，《宋史·职官志九》记载，“文臣京官至三师叙迁之制”、“武臣三班借职至节度使叙迁之制”、“武臣自通事舍人转横班例”、“宗室自率府副率至侍中叙迁之制”、“选人选京官之制”、“吏部流内铨诸色入流及循资磨勘选格入流”、“流外出官法”等，胪列甚为祥晰。简言之，某官升至某官是固定的，而需经几年时间也事先规定下来，对有无出

① 《文献通考·职官考一》。

② 《宋史·选举四》。

身即是否科举及第则加以区别。根据这些规定可以画出一张完整的“升官图”，在这张升官图上，一个官吏只要不犯过失，就可以像一粒棋子一样，一步一步地按照固定的格式由低向高行进。

8.1.5 元代时期官吏任用制度

元朝统治时期部分吸收了宋、金等王朝的任用制度，但是在地方官吏选拔上又有着自己的特点，主要表现在元朝采取的土司统治制度管理边境地区，在土司统治制度下，元朝任用各民族中的豪酋为各级土司土官，从宣慰使、宣抚使、安抚使、长官司到路、府、州、县的长官大多以各民族中的豪酋担任。《元史》记载，元朝在云南“至元十八年（1281年）信苴日（白蛮）与其子阿庆复入觐，帝嘉其忠勤，进大理威楚金齿等处宣慰使、都元帅……子阿庆袭爵，累授镇国上将军、大理金齿等处宣慰使、都元帅，佩金虎符”。① “泰定四年（1327年）八百媳妇蛮请官守，置蒙庆宣慰司都元帅府……以土官招南通为宣慰司都元帅”。② “至顺二年（1331年）置八百等处宣慰司都元帅府，以土官昭练为宣慰使都元帅”。③ 在四川，至元十三年（1276年），宋朝播州安抚使杨邦宪“奉版籍内附，授龙虎卫上将军、绍庆、珍州、南平等处沿边宣慰使”。后于至元十九年（1292年），“以杨汉英为绍庆、珍州、南平等处沿边宣慰使，行播州军民宣抚使、播州等处管军万户”④ 之职，泰定四年（1327年）“以思州土官田仁为思州宣慰使”。⑤

元代行使官吏任用权力的机构是中书省。元朝官吏的任用标准有以下三个不同于前朝的特点：第一，高级职位中有相当一部分被由“怯薛”（元朝的禁卫军）出职的世勋子孙所占据；第二，中、下级官员中的绝大部分，乃至少数高级官员，多由吏员出职，甚至由官复吏，再出职升任品级较高的官位；第三，元代前期一直没有开科取士，后来虽然实行科举，但对整个官僚构成的影响，也远不能与唐宋诸朝相比。此外，元朝官吏作用标准的另一个特点，是优待蒙古人、色目人。一般汉人，尤其是“南人”（指长江以南的汉人），很少能进入高级官僚的行列，大多数挤进仕途的汉人、南人，也只能淹于常调，在

---

① 《元史·信苴日传》。
② 《元史·泰定帝本纪二》。
③ 《元史·文宗本纪一》。
④ 《元史·世祖本纪》。
⑤ 《元史·泰定帝本纪二》。

中、下级官吏的职位上耗却一生。

8.1.6　明清时期的官吏任用制度

明清的官吏任用，都是文官归吏部，武官归兵部。明朝吏部四司中的文选司掌铨选，考功司掌考课，其地位十分重要。同时明朝在任官时也最重资格，进士、举人、吏员等出身的不同，不仅决定其初任官时的品级，而且对以后一生的升迁都有影响。

清朝的文官任用，也是先看出身。清朝将出身分为八种：一是进士，二是举人，三是贡生，四是荫生，五是监生，六是生员，七是官学生，八是吏员。在任官形式上，凡由皇帝直接任命的叫做“特简”，由大臣互相推举任用的叫“会推”。京外大臣推荐有才能的人担任某项官职，称为“明保”，如保荐特殊人才请求破格录用叫“密保”。

清朝还在任官制度上创造了特有的“官缺制”，主要分为满官缺、蒙古官缺、汉军官缺和汉官缺四种，根据这种固定官缺来补授各种官职。

明清官员的任用也是由吏部进行统筹调动。在任官资格上的一个特点是孙富平太宰所创的“掣签法”，立法之意在于防弊。所谓“掣签法”，就是把所要补的官缺一一写在竹签上，置于签筒内，由人们自己抽取。抽到美缺，便是美差，抽到恶缺，便是恶差，抽到空签，则不得官做。这是一种省事息争的办法。“主者既以权衡弛担，幸谢揣摩；得者亦以义命自安，稍减怨悲”,① 主持选官的人可以不必为某人授某官是否适宜费脑筋，求官者抽到不满意的签，也不会抱怨他人，而只怪自己时运不济。由于掣签法在省事息争方面有此妙用，对于缓和统治阶级内部在权利分配上的矛盾与争夺有利，因此，明清两代一直沿用。掣签法的创立与应用表明封建官僚任用制度的日暮途穷，“量能以授官”的原则被彻底抛弃，也不再考虑“为人择地”或是“为地择人”。吏部作为专门以官吏任用为其职责的国家机关，其作用也得不到充分发挥。

8.1.7　简评

从我国历代王朝的官吏任用制度可以看出，历代王朝的官吏任用制度基本是在吸取前代王朝的官吏任用制度优点的基础上，结合本王朝的需要推出新的官吏任用制度和法令，并在一定程度上对王朝统治的稳固起到了积极作用。但是历代王朝的官吏任用制度也有很多不足之处，如限制商人走上仕途、以门第

① （明）沈德符：《万历野获篇》卷 11。

作为选任官员的标准、犯名讳者不能为官等。同时封建王朝任官方式的落后性，如明清对任官资格采取掣签法忽视了人尽其才的原则，也是值得引以为鉴的。

但是我们也应该看到，古代官吏任用制度的很多措施也是值得肯定的，如官吏先试用，成绩不足者则罢归；官吏任用有严格的等级划分，每个职位的职能也有比较清晰的界定等，这些都有一定的借鉴价值。

8.2 官吏考课和奖惩制度

考课也称考绩、考核、考查，是对在职官吏政绩和功过的考核，通过考核分出优劣，加以奖惩。制订官吏考课和奖惩制度，是历代统治集团约束内部成员的基本手段。

8.2.1 官吏考课制度

战国时期，各国都初步建立了自己的考课制度。至秦汉以后各代则不断加以完善，逐渐形成有规定期限、有指定内容、有奖惩标准的自上而下的较完整的考课和奖惩制度。古代国家对除君主以外的所有官员分别制定了考课标准，考课的内容和标准是根据官吏不同的职务和不同的职事分别制定的。如县一级的主要考课内容是“户口垦田、钱谷出入、盗贼多少”，并以此作为衡量郡级县级官吏是否称职的主要标准。郡一级的主要考课内容是查其是否有“侵渔百姓、接受贿赂、杀赏聚敛无度”等现象，以此评定政绩并参照德行作为衡量官吏是否称职的标准。州一级的主要考课内容是“班宣旧条，务尽敦课”，“督察奸枉，分别黑白”，并以州所辖各郡的治绩作为衡量州级官吏是否称职的主要标准。中央政府各部门的主要考课内容是以其所掌握的事务而制定的，并且以品行和能力作为衡量官吏是否称职的主要标准。对于辅政官吏的考核主要在于政绩的好坏，如果出现“阴阳不合，四时不节，星辰适度，灾变非常”，以及地震、河决、草木不生、君臣不正、民有怨声、兵乱流亡等天灾人祸和社会动乱，辅政官员要承担责任，这也是考核辅政官员的主要内容。但是历代都根据本朝的具体情况有所变化。

1. 秦汉时期的考课制度

秦汉时期尤其是西汉时期是我国封建时代第一个繁荣时期，这一时期封建经济长足发展，社会相对稳定，官吏课考制度在这样的大环境下得到很大的发展。早在战国时期，秦国就以考课严谨、赏罚分明著称，秦始皇采用了韩非子的“明主治吏不治民”① 的政治主张，也就是说，国君只要把官吏管理好了，老百姓也就好治理了。所谓“治吏”，除了在官吏选任方面做到“选贤任能”以外，还要建立对官吏工作的考核制度。秦灭六国以后，继续沿用原来的制度，并把它推行全国。在考课期限上，秦朝实行一年一考，三年一次总评定的办法。年考从秋天开始进行，至年底各级官府将考课簿册集中到中央，于次年的正月初一群臣朝会时举行考课大典，然后按分工分别进行考课。除每年定期的地方对中央的上计制度外，还有对诸曹官吏结合具体职司进行的定期和不定期的考核，并按照考核的结果，给予奖赏或惩罚。例如，秦简《厩苑律》规定了管理饲养牲畜的官吏职责；《效律》规定了管理粮食官吏的要求；秦律规定了管理手工业生产官吏、管理采矿官吏的考核标准等。上述规定，反映了秦朝的官吏考核制度是相当完备的。通过考核，加强了不同职务的官吏岗位责任制，检验了官吏的工作能力，对不称职的庸官能够及时淘汰，从而保证了行政管理效能的提高。秦朝政府官员，凡下级在考核中评为殿（在考核中成绩较差者称为“殿”）者，不仅本人受到应有的惩罚，而且还要罚及上级，也就是负连带责任，这种规定，无疑对加强上级官员的责任感也是有积极意义的。

汉朝对官吏考课，主要考核其政绩，所谓“政绩”，即统治能力所达到的效果。在考课期限上，汉承秦制，实行一年一考，年考从秋天开始进行，至年底各级官府将考课簿册集中到中央，于次年的正月初一群臣朝会时举行考课大典，然后按分工分别进行考课。考核由尚书负责，交皇帝批准。此外尚书考核列卿，御史中丞考核刺史，丞相、三公、刺史考核郡国守相，郡国守相考核县令长、丞、尉，县令长考核乡三老。实行分级负责，层层考核。另外各级官吏由本部门负责人事工作的功曹负责考核，交由该官府主要长官核准。除此之外，中央政府部门还按照职能对各级官府实行单项考核，并由列卿负责，有时由列卿的副职分赴各地进行考核。

2. 魏晋南北朝时期的官吏考课制度

魏晋南北朝时期官吏考课制度逐渐形成定期、有内容、有奖惩、梯次分明、分工明确的较为完善的考课体系。魏晋南北朝在尚书台设考功郎为专职的中央考课官员。魏晋时，由于战乱纷纷，正常的考课无法进行，于是改由皇帝不定期地下诏考百司。东晋南朝，考课与任期相结合，以三年为“小满”，六

① 《韩非子·外储说右下》。

年为“秩满”。北魏孝文帝改革后，实行三载考绩、三考黜陟，并与官吏任用相结合，按年月暂定任用后，年资成为考课的重要依据之一。虽然魏晋南北朝时期大多处于分裂状态，皇权相对弱小，门阀制度得到空前发展，但考课制度仍然存在，而且独具特色，形成了与门阀制度相适应的考课体制。魏晋南北朝时期的考课对象主要包括中央官、州郡县长官、内外长官之属吏、散官、武官等。魏晋南北朝将中央朝官纳入考课体系，并制定了相应的考课法，改变了过去偏重地方官考课的倾向。北魏乡官被纳入考课，说明北魏皇权已经深入基层政权。考课对象不断扩大的趋势，反映了魏晋南北朝时期皇权逐渐加强的趋势。

魏晋南北朝时期的考课标准包括官员的品行、政绩和年劳，是随着时代的变化而逐渐定型的。“政绩”标准是考绩制度确立后最初的标准，其具体表现形式可以通过量化标准展现出来。品行标准和年劳标准的确立有个历史发展过程。“品行”是伴随着评估方式的变化（即借助九品中正制这一体制）和法律儒家化的背景而逐渐纳入考课标准的。“年劳”与政绩、品行之间具有一定的矛盾性，但因能反映官员的任期、履历及勤恪，能够适应官僚制的运转，也逐渐成为考课的一个标准。自魏晋始，政绩和品行同为考课的正式标准，法家注重的才能（政绩）与儒家注重的德行（品行）这两大因素逐步结合为一体，两家思想主张均通过考课制度而更好地实现，考课的性质也最终通过品行标准的纳入而定型。通过考课制度对官员的品行和行政进行调控，是中国古代官僚政治的一大特色。

魏晋南北朝时期中央和地方分置相应的考课管理机构。中央设置“考功曹”，为文武长官考课的管理机构。中央开府长官和州郡县长官置有功曹，为本府属吏考课的管理机构。中央考功曹和内外长官所置功曹分别对长官和属吏进行考课，两者配合共同完成长官和属吏的考课任务。

魏晋南北朝时期考课制度形成了较为完善的运行机制，包括几个紧密相联的环节：考课信息的收集、考课等第的确定、考课中的监察校正机制、考课后的奖惩以及考课周期与考课年限等。考课信息的收集是考课的起点，它包括多种途径和方式，其中自下而上的途径有上计制度、其他官员汇报制度、民众对地方官的评价等，自上而下的途径有巡行制度、九品中正制度等。各项制度和方式密切配合，共同完成考课官员的信息收集任务。考课管理部门将官员的考课信息汇总整理，根据考课标准，来确定考课等第。

魏晋南北朝考课等第的划分沿用汉制九等法，但有所发展，尤其是北魏的三等七品划分法，为了加强对官员升降赏罚的政治需要，凸显了考课的黜陟功能。考课等第的确定参照了多种因素，如一定的地域范围和比较对象。朝廷加强对考课过程的监察和考课后考簿的管理，监察机构（如魏晋的侍御史课第曹）参与考课的过程，对涉及官员的经济政绩的监察，建立和完善了“勾检制”。“勾检”也称“勾覆”，在北齐时已存在，它是一种逐级审计的方法。针对武官军功考课，北魏采用三个系统文书（内外考簿、吏部任命书、中兵勋案）相互对校，形成了互相监督、层层纠弹的机制。考课后的奖惩是魏晋南北朝考课制度的有机组成部分，对官员本身的仕途升降和死后的待遇均有重要影响。文官考课后的奖惩逐渐与官阶相挂钩，武官考课后的奖惩促使军阶与官阶相联系，对当时官制的发展演变影响甚巨，这是因为官品秩序为官员考课后的升迁提供了依据，而官员考课后的职务及官阶升降反过来又促进了官品秩序的完善和发展，这对于提升庶族寒素的地位、削弱士族门阀的特权以及皇权政治的恢复、加强均有重要意义。

魏晋迄隋，官员任期出现较大变动，但考课周期与任期在时限上大体相应，考课年限逐渐由“三年一考”转向“一年一考”。考课周期和考课年限，均是国家解决官僚职位与候补官员之间供需矛盾的手段，其变化反映了官员的升降速度及其变化。魏晋南北朝沿袭两汉之制，上计制度仍然存在，并继续发挥着考课地方官员的作用。魏晋南北朝通过自上而下的巡行制度，遣使四方，纠弹、考课、黜陟地方官。上计制度和巡行制度既是考课信息收集的手段，也是考课制度的重要方式。

魏晋南北朝时期民众对地方官的评价也是考核地方官员重要的考课标准。民众对于地方官的评价，内容涉及地方官的“治绩”和“品行”，与乡里清议有一定的相关性，同时也是国家了解地方官政绩和品行的一个重要途径，对地方官的考课结果产生了直接或间接的影响，这在一定程度上反映了门阀制度下考课所具有的时代特征。

总之，从考课对象的扩大化（中央官、州郡县长官、属吏、乡官、武官等）、考课标准的兼容化（品行、政绩、年劳）、考课管理机构统一化（隋代由吏部统管）、考课运行机制的系统化（紧密相连的考课环节）、考课方式的多样化（上计制度、巡行制度、九品中正制等）来看，在门阀士族居于重要地位的魏晋南北朝时期，考课制度不仅存在，而且有较大发展，形成了与门阀制度相适应的考课体制。门阀士族的政治意愿通过制度化的九品中正组织来实现，地方社会由大族豪强主导的乡里清议也在一定程度上通过民众对地方官评价的形式来实现。门阀士族对于考课的制约及影响，是魏晋南北朝时期考课制度的重要特征。魏晋南北朝时期官员的考课结果是国家、门阀士族与民众舆论三个方面共同发挥作用的，三者的互相配合共同构成了较为完整的官员考课体系。魏晋南北朝时期考课制度发展到一个新的水平，在中国古代考课制度发展史上居有重要地位，对隋唐政治制度和历史发展产生了深远影响。

3. 隋唐时期官吏考课制度

隋朝加强中央集权，剥夺地方官员自辟僚属权，将天下百官及其僚属的考课收归尚书考功曹（司）统一管理，从而实现了长官考课和属吏考课管理机构的一体化。

隋唐时期，官吏的考核制度进一步完备，并且由尚书省吏部考功司具体掌握官吏的考课。唐代通过行政法典的确认，考课专司机构的设置，为考课制度的逐步系统化、部门化创造了有利的条件。宰相等高级官员的考课，则由皇帝掌握。这对当时吏治的改善起了积极的作用。从唐初制定的考课法看，其考课的范围很广，包括所有在任各部门、各地区的文武职事官及九品以上的流外官，每年都要进行一次考核，称为"小考"。每隔四年（也有三年或五年）又举行一次"大考"。唐朝政府制定了具体的考核标准，对各级官吏实行全面考课。以流内官来说，就有"四善"、"二十七最"之说，可见其考核之细。"四善"分别是，"一曰德义有闻，二曰清慎明著，三曰公平可称，四曰恪勤匪懈"，① 是对官吏政治素养和品质等方面的要求，"二十七最"② 实际上是考核二十七种不同职务官员的依据和标准。同时，对九品以外的流外官也分四等考察其功过。评定考课等第的目的，是为了选贤任能、赏善罚恶、奖勤罚懒。凡考课列于中等以上者，在政治上可以升迁，在经济上可以加禄；列于中等以下者，就要降职罚禄。

唐代考课由下而上分为两个步骤：第一步，先由中央各官署和地方长官对所属官吏进行考核，"凡应考之官，皆具录当年功过行能，本司及本州长官对众读，议其优劣，定为九等考第"。③ 应考人如对所定等第不服，允许申诉。考定之后，将结果记入考簿。第二步，是报尚书省复考。京师各官署在十月一日将考簿直接送吏部考功司，地方各州由朝集使于十月二十五日前将考簿送尚书省。尚书省汇集考簿后，由校考、监考官与考功郎中、员外郎向朝集使和中央各官署长官了解情况，并参考监察官访察官吏政绩提供的情况，复考内外百

① 《唐六典·吏部》。
② 《新唐书·百官志一》。
③ 《唐六典·吏部》。

官等第。京官则集应考人对读注定，外官由朝集使注定。复考中如发现等第评定不当，掌考官可以驳回或改定。复考结果须奏报皇帝，其考状则由吏部存档，以作为官吏升降任免的依据。

4. 宋元时期的官吏考课制度

宋代考绩的种类，一是“磨勘”，指审核、推究。其作为考课和铨选的一项制度，则包括审核、推究、勘检簿历文状等一系列工作和程序。由朝廷指定特别官员或官署以总核百僚之功过，类似于唐朝的校考。二是“历纸”，即考状，类似于政绩档案。由百司长官在平时记录，把部属的成绩作为衡量考核的依据，类似于唐朝的司考。在京的朝官由审官院负责考核，地方政府各级官员由考课院负责考核。考课的标准，开国初期沿袭唐制的“四善”而分列为三个等级：政绩优异者为上，职务粗理者为中，临事弛慢者为下。考绩过后，也有奖惩。“中者无所赏罚，上者或转官或减磨勘，下者咸降官展磨勘”。①

元代官吏考核由吏部掌管。对官吏的考课也有自己独特的法律规定，考课机构也非常完备。主要考课办法为“五事三等考课升殿法”。户口增、田野阔、诉讼减、盗贼息、赋役平，为考课“五事”。考课结果为“三等”：凡五事全备者为上选，三事成者为中选，五事具不举者黜。为保证考课的质量又规定御史台要严格检核。如大德十一年（1307年）规定，“监察御史廉访司严加纠察，年终考其殿最者各一人，具实申闻，以凭黜陟”。② 又规定，“监察御史廉访司遵依前诏，年终每道考其殿最者各一人，具实申闻，以凭黜降”。③

由于元朝“官”、“吏”并用，因而考核也分职官、吏官两类。其考核主要采取计年法，即从中央到地方的各级官吏，根据职务规定其任职期限。内任官以30个月为满，外任官以3年为满，钱谷典守以2年为满。而理考通以30个月为则，考满升迁。内任官一考升一等，15个月进一阶，外任官一考进一阶，两考升一等或三考升两等。④

5. 明清时期的官吏考课制度

明代之考课，由吏部尚书、都察院左都御史、河南道御史及吏部考功司郎

① 《续通典·选举典》。

② 《元典章·设立宪台格例》。

③ 《元典章·设立宪台格例》。

④ 《元史·选举志三》。

中负责。明代对官吏的考核分“考满”、“考察”两种。“考满”三年一次。两年叫“初考”，六年叫“再考”，九年叫“通考”。按照所任职责考核升降。考核名目有上中下三等，即“称职”、“平常”、“不称职”。九年之内，有两考称职，一考平常算“称职”；有两考称职一考不称职，或两考平常一考称职或者称职、平常、不称职各一者都算“平常”；有两考平常，一考不称职者算“不称职”。“考察”分八法，即“贪、酷、浮躁、不及、老、病、罢软、不谨”。考京官叫“京察”，考外官叫“大计”。四品以上的京官自己鉴定，由皇帝裁决；五品以下老、病者致仕（退休），浮躁、不及者降调，罢软、不谨者闲住，贪、酷者贬官为民，此为“京察”。对于外官，州、县官按目统计成绩上报知府，府每年考察一次，上报布政司，第三年由巡抚巡按通核各官事状，造册报送，最后由中央考功部门作结论，这就是“大计”。

清代沿袭了明代的考满与考察制度，由各部（衙）门的长官评定，视该人是否称职以后，分别决定去官或留职，以表示奖惩。一年一考，三考为满，考满为算。考察者每三年考绩一次，凡天下官吏都要参加，执行国家黜陟的规章。清代的考课也分为“京察”、“大计”两项。“京察”是考核在京官员，六年进行一次，其考核内容是“四格六法”：“四格”即“才、守、政、年”，分别指能力、操守、政绩和年纪，每项分称职、勤职、供职三等。列一等者，加级记名。“六法”主要用于惩治处理官员六个方面的问题，即“不谨”、“罢软无为”、“浮躁”、“才力不足”、“年老”、“有疾”。凡不谨、罢软者一律革职，浮躁、才力不足者降职，年老有病者促其退职。“大计”则是考绩地方官员的法规，三年进行一次。其法律内容分为“二等六法”。“二等”即“卓异”与“供职”，前者是其治绩卓越于他方，可为升迁；后者是寻常成绩无什建树，不能升迁。同时参以“六法”，对于成绩劣者，按六法规定进行惩罚。清代考核官员名义上由吏部负责，但实际上考察大权分散于各级长官手中，吏部仅负责办理手续而已。

8.2.2 官吏奖惩制度

按照有功必有赏、有过必有罚的原则，历代王朝对官员的管理都有自己严格的奖惩方法和制度。历代对官吏奖惩的范围，主要有三个方面：第一，对官吏政治劳绩方面的奖惩；第二，对官吏特殊行为和贡献方面的奖惩；第三，对官吏道德操守方面的奖惩。

1. 秦汉时期的奖惩制度

秦朝以考课严谨、赏罚分明著称。除每年定期的地方对中央的上计制度外，还有对诸曹官吏结合具体职司定期、不定期的考核。按照考核结果，给予奖赏或惩罚。秦朝政府官员，凡下级在考核中评为“殿”者，不仅本人会受到应有的惩罚，而且还要罚及上级，也就是连带责任。

两汉政府比较重视根据考核情况而施行官吏的升降奖惩。在每次大考以后，注意赏罚兑现，决定官吏的升迁、降贬和其他奖惩形式。凡是政绩好或较好，考课为最者，都可以三年升迁一次。

2. 魏晋南北朝时期的奖惩制度

魏晋南北朝时期，在考课中，成绩特别优异的被称为“最”。对那些被评定为“最”的，给予重奖，其余再按优劣排列名次，对成绩优良者的奖励大体是按口头褒奖、行文褒奖、增加俸禄、赏赐黄金、提升职务、赐爵封侯的顺序由低到高进行的，有时也数奖并行。在南朝时，还“著令：小县有能，迁为大县，大县有能，迁为二千石”。① 对官吏的提升称为“迁”，一般积功久任的为“平迁”，有特殊功绩和蒙受恩宠的拔擢，称“超迁”或“擢”。考课为“最”者，一般都“超迁”一等，因无官缺不能升迁的则以增秩、赐金、封爵作为补充。对于治行特别突出的，在死后还要受到奉祀悼念，在他们的遗冢前举行祭奠之礼。这些措施是为了提高官员工作的积极性，让他们尽忠职守。同时也是君主用来笼络官僚，平衡各种政治势力，巩固并加强君主专制的重要手段。

在考核中，对那些被评定为“殿”者要追究其责任，“吏有罪”为汉代“七科谪”之首，处罚是相当严厉的。对不称职守或违反朝章法纪者，会视其情节轻重给予不同的处分。处分是按申诫、鞭杖、罚金、降秩、降职、罢官、判刑、抄家、处死、诛连家族等顺序由轻到重地进行，有时也数罚并行。对考课不称职或被监察人员指控的二千石以上官吏，先要由三公或尚书派遣掾史或郎吏进行核实，情况属实者，奏请皇帝加以黜免或交廷尉问罪；如情况不实，指控者也要受到处分。二千石以下官吏由专管考课的掾史进行了解和责问，并可以进行一些调查，如认为确有犯法嫌疑，经核实后，报主管长官来绳之以法。主管长官对辟用的吏属有直接处死权。但对朝廷任命或经朝廷核准任职的

① 《南史·循吏》。

官员，主管长官则不能擅自施刑，要上奏朝廷获准后再行处置。对下属的惩处，往往在一年一度的课吏大会时与奖励同时进行。借课吏大会以行奖惩，也是为了促进吏治。

封建统治阶级深知赏罚对统治的重要性，兼用刑罚旌赏手段是管理和约束官吏、强迫他们接受驱使和遵守朝章的有效办法。然而在当时，任何制度都是围绕着君主专制而制定的，由于立法和执法中的偏差，以及君主和各级官吏的个人爱憎，奖惩往往又成为一些人谋取私利和陷害他人的手段。

3. 隋唐时期的官吏奖惩制度

隋唐时期对于官吏的奖惩，一般也是以考课为基础的。就是国家依照所颁布的法令和行政规则，在一定的年限内，对各级官吏进行考核，并依其不同表现，区别不同等级，予以升降赏罚。凡在考课时，列于中等以上的官吏，在政治上可以升官，在经济上可以加禄；列于中等以下的官吏，会被降级罚禄，情节严重的，甚至要受到罢官的处分。史载："中品以下，四考皆中者，进一阶；一中上考，复进一阶；一上下考，进二阶……"① 由此可以看出对百官的升降赏罚和对其政绩的评定等第有密切的关系。

4. 宋元时期的官吏奖惩制度

宋元时期也是将考核与奖惩联系在一起，都是以考核成绩来确定奖惩，有的也以地方治理作为其奖惩依据。宋元时期在承继唐与后周旧制的基础上，人事奖惩在施行细则上更趋完备，在集权思想的指导下，进行了重要的改革。宋代皇帝直接掌握考核与铨选之权的制度，适应了强化中央专制集权的需要。宋代出现了专司考课的"两院三级考课体系"，即审官院和考课院，分别负责京官和地方官的考核；同时，守令负责县令、监司考知州、两院考百官主要评定政绩优劣，是否有过失。对于成绩斐然的官员给予升迁和物质奖励，审官院同时也会对不同官阶和爵位的人，根据各部门的职缺，拟出一份相应的任命或调动方案，然后送交中书省、枢密院审批，如果没有异议，即按拟定方案进行升迁贬黜。

元代官吏的奖惩方式沿袭了宋代的很多奖惩方法，如采用课考结果作为官职升降奖惩依据，同时地方官员对地方的治理也影响到奖惩结果。

---

① 《新唐书·百官志一》。

5. 明清时期的官吏奖惩制度

明代前期官吏的升迁，其基本依据是其考课的成绩。对政绩好者，一般给予升迁。因此，官吏的升迁本身就是明政府的主要奖励措施之一。奖励一般是加阶、升秩以及由于官吏“称职”而提升职务，对于考满为“平常”者有时候也会给予升迁。在惩戒方面，主要是对考课不合格者，一般会采取辞退和削职为民的惩戒措施。

清朝除了沿袭前代的考课制度，还制定了自己特殊的考满制度。顺治九年（1652 年）规定：对在内四品，外布政使以下的各官“考满”分为称职、平常和不称职三等。康熙元年（1662 年），将考满改为“五等”，即办事一等称职者、办事二等称职者、平常者、不及者、不称职者。

参加考满的官员，根据考满的等级可获得相应的奖赏和惩罚。顺治十三年（1656 年）规定，考满称职者，给予诰敕；平常者止准复职与予诰敕。康熙元年（1662 年）规定，办事一等称职者，记录一次，若此后缘事议处，准其抵销降一级；办事二等称职者，仅加赏赉；平常者，照旧供职；不及者，降一级调用；不称职者，革职。康熙三年（1664 年）规定，各官考满一等二等者赏赉。在内四品、五品官，在外巡抚及布政使四品以下官，赐表里各一匹，在内六品以下，在外五品以下官，赐表一匹。钦天监等衙门官九年内，考满三次俱一等者，将二次考满，各记录一次，给表缎，其第三次考满，升俸一级，仍给表缎。不仅如此，对于品秩较高的官员，死后根据考满的等第还有祭文、立碑、全葬和封赠的赏赐。对考满不合格的官员按“为贪、酷、罢软无为、不谨、年老、有疾、浮躁和才力不及”八法进行处分。

8.2.3 简评

考课制度是中国古代依法对官吏进行考核并予以奖惩的制度，它萌芽于尧舜时代、奠基于西周，初步形成于秦汉魏晋南北朝，发展于唐宋，明清集其大成，经过长期沿革，中国古代考绩制度形成了规范详备、运作有序的特点，对澄清吏治，提高工作效率，起到了一定积极作用。考绩制度的标准、方式、程序以及奖惩，各代都有较为明确的规定。考绩制度是封建政治法律制度的一个组成部分，在实施过程中也受封建政治体制的掣肘，同时由于各朝代政治状况的不同以及考绩制度完善程度的差异，考绩制度的作用也是不同的。中国古代的考绩制度优秀成果对我们今天建立、完善公务员制度有着重要的借鉴意义。

8.3 官吏等级和俸禄制度

中国古代的等级制度非常森严，从封建王朝时期的各种典文中就可以发现，不同的官阶等级享受着不同的政治和经济待遇，拥有不同的权力。封建王朝通过严格的官阶划分，从制度上保证上下有别、高低有序、主从有分的严格统属关系，从而责令不同等级的官吏各守其职、各行其权、各尽其责。俸禄也基本是依靠官阶等级的高低来划分多寡的。俸禄既是一种报酬标准，也是官阶等级的标志。

8.3.1 官吏等级制度

中国古代官吏的等级划分非常明确，其具体的差别和区分主要体现在政治名誉和各种礼遇之上，主要有如下几种：

1. 秩品

秩品是一种秩序和等级的区别形式，也是官吏职务和权限的基本等级。西周时期在内分为公、侯、伯、子、男、公卿、大夫、上士、中士等九级；在外分为大国君、次国君、小国君、大国卿、次国卿、小国卿、大夫、上士、中士等九级，也称为“级品”。战国时期，各国以支付谷物作为官吏的报酬，并以谷物的多少来区分秩。秦汉时期，其秩从万石至斗食分为16~18个等级。曹魏时以九品定官级，一品至九品共九级。南北朝时逐渐改为正从一品至正从九品共十八级。以后除唐代实行九品正从上下阶三十阶制度之外，正从九品十八级是基本的官秩品级。

2. 勋赐

勋赐是对有功和拥有特殊身份的官员给予的特殊政治待遇和荣誉。汉代对一些资深年老的大臣和姻亲权贵，往往加上一些特别的封号，并给予一定的政治待遇。到南北朝，渐渐分出了勋位和加赐两种等级。唐宋时则定上柱国、柱国、上护军、护军、上轻车都尉、轻车都尉、骑都尉、飞骑尉、云骑尉、武骑尉等十二个勋级。宋代则明确规定剑履上殿、诏书不名、赞拜不名、入朝不趋、佩紫金鱼袋等为加赐等级。明代有左右柱国、正治上卿、正治卿、资治尹、资治少尹、赞治尹、赞治少尹、修正庶尹、协正庶尹等文勋十级，分别授予五品以上的官员；左右柱国、柱国、上护军、护军、上轻车都尉、轻车都尉、骑都尉、飞骑尉、云骑尉、武骑尉等十二级分别授予从六品以上的武官。清代把勋级归入爵位，其加赐的黄马褂、花翎、顶带、准在紫禁城乘轿、准在紫禁城骑马等，虽然没有明确规定等级，但是都有特殊的荣宠。勋和赐与官员的秩品有一定的关系，几品官授予几等勋也有一定的规定，但也不完全受秩品限制，低品可授高勋，高品也可授低勋。赐则是既与品级相结合又与品级并不完全一致的政治待遇，被认为是一种特殊的荣宠。勋赐既作为一种政治待遇，又作为一种资历，获得者在平时各种活动中可以用一定的形式表现出来。如在上下行文书中注明勋级，在出行时的行路牌上标注勋名，就是在死后的墓碑上也可以将这些勋赐显示出来。

3. 散阶

散阶是一种旨在提高官吏的等级而与实际职务无关的官阶划分，实际上只是一种资历。汉代设一些大夫、议郎、掌侍从左右、顾问应对，只是作为朝官的加官，没有实际职务。魏晋时因军事频繁，大小官员都加将军、校尉、中郎将、都尉等军职诸多名号，实际是一种武散阶；文散阶有特进、光禄大夫等诸多名号。南北朝时渐区分出文、武散官，顺序排列多达百余种名号。唐代对这些名号加以厘正，从开府仪同三司到将仕郎为文散官 29 阶，从骠骑大将军到陪戎副尉为武散官 31 阶。宋代文散官 29 阶，武散官 31 阶。金、元文散官 42 阶，武散官 34 阶。明清文散官 42 阶，武散官 30 阶。文、武散官阶都是按九品定高下，每品有一至三阶不等。散官既与考课有关，又与品级有密切关系。按规定，凡入品之官均授予散阶，初入品或升品者初授一阶，待考满或有功劳则升授一阶，职事不变，散阶可升。这种散阶的授予要经过吏部核准，下有正式公文由官方和个人各自保存。这种公文除作为被授阶之人的凭证之外，还对获得人有简单的评价，以作为将来考核和升迁的凭证，故官吏对此非常重视。这种阶有“特授”、“考绩授”、“清授”等区别。“特授”是官在本品而受上官推荐的一种旌典，“考绩授”是官在本品的最普遍升阶方法，“清授”是授予本人已不在本品级而依然有升品可能的特例。

4. 爵位

“爵者秩也，位者威也”,①“秩”是执序，“威”是权威、地位。最早的爵位与政治权力紧密相连，以后逐渐与实际权力相脱离，仅成为一种政治

① （清）孙诒让：《周礼正义》。

地位。

秦朝时期继续使用商鞅变法后定下的自公士至彻侯二十等爵，专门用以赏功。彻侯食县，其他诸爵得食俸禄如官吏。

汉代，沿用秦二十等爵，另增设王爵。起初，王爵可由功臣获得，后汉高祖将此制废除，王爵仅皇族可得。早期的诸侯王国大者列郡数十，小的也有数郡，皆由诸侯王自治其国，汉廷仅为之置太傅而已，其余丞相、内史、中尉、御史大夫之类皆由诸侯王自置。经过七国之乱和汉武帝下推恩令、汉成帝绥和元年改制，诸王仅得食本国租税，不得预国政。尽废内史、御史大夫、郎中令、廷尉、宗正、太仆等与汉朝设置相同的官称，改丞相为相，治事如郡太守，令中尉治事如郡都尉。自此，王国与列郡无异。东汉王国制度与西汉后期一致，国与郡等，唯改太守为相、都尉为中尉，另置傅领王府事。

西汉初大封功臣，受封列侯（避汉武帝刘彻讳，改彻侯为列侯）的有 143 人。列侯封地称国。侯国大者数万户、小者五百户。侯国置国相如县令，受命于所在郡守。列侯自置家丞、庶子、门大夫、洗马、行人等官治府事。列侯居京师则主爵中尉领之，就国则郡太守时时巡察之。东汉侯制与西汉无别，唯侯国较小，大者不过四县、小者有仅食一亭者，东汉末年，曹操在列侯、关内侯下置名号侯十八级，关中侯十七级，关外侯十六级，五大夫侯十五级，以当时蜀、吴两国所辖邑名封之，受爵者无从收取租税，开后世虚封先河。

汉武帝时，为筹措战费，令卖二十等爵（关内侯以下），致使二十等爵为人所轻。于是为将士立功者另设武功爵十一等（一级造士，二级闲舆卫，三级良士，四级元戎士，五级官首，六级秉铎，七级千夫，八级乐卿，九级执戎，十级政戾庶长，十一级军卫），后亦卖之。

魏晋南北朝时期，曹操曾废二十等爵、武功爵等所谓赐爵。魏文帝黄初年间，定爵制为九等：王、公、侯、伯、子、男、县侯、乡侯、关内侯。王爵至男爵皆有国号、封地，县侯以下无封地而有租税。九等爵之外，曹操创立的名号侯、关中侯、关外侯、五大夫侯作为赐爵保留，仍无封、无食。魏制规定：皇子封王，王之庶子封乡公，嗣王（非始封王者）之庶子封乡侯，公之庶子封亭伯；王国大者郡、小者县。

西晋爵位非常繁复，设置了王、公、侯、伯、子、男、开国郡公、开国县公、开国郡侯、开国县侯、开国侯、开国伯、开国子、开国男、乡侯、亭侯、关内侯、关外侯共十八级。王爵非皇子不封；公（郡公、县公）、侯（郡侯、县侯）、伯、子、男五等爵专封宗室；功臣封爵为“开国”诸爵及乡侯、亭侯、关内侯、关外侯。自先秦以来沿用的赐爵制度正式废止。西晋诸侯王与西汉初年诸侯王相类，得专制其国。案《晋书》记载，大国二万户，兵五千（置三军，中军二千，上下军各千五百）；次国一万户，兵三千（置上下两军，各千五百）；下国五千户，兵一千五百（置一军）。五等爵之公国之制同下等王国，侯国不满五千户，亦置一军，兵千人。其余诸爵与开国爵封地称国但封君不治国事，乡侯至关外侯无封邑。诸王子除嗣王外，依次按公、侯、伯、子、男递降世袭。

南朝封爵沿袭东晋，唯封君对封国再失治权。陈朝增郡王爵、藩王爵。北魏道武帝皇始元年始封五等爵，天赐元年废伯爵、男爵，后复之。除皇子外，功臣也得封王。景明元年定制：置王、开国郡公、散公、侯、散侯、伯、散伯、子、散子、男、散男，凡十一等。封国租税取率：王食半，公三分食一，侯伯四分食一，子男五分食一。封爵品级：王超品，开国郡公正一品，开国县公、散公从一品，开国县侯正二品，散侯从二品，开国县伯正三品，散伯从三品，开国县子正四品上阶，散子从四品下阶，开国县男正五品上。北齐则置王爵与五等爵，王爵超品，其余诸爵视魏制各降一阶，诸爵皆开国置官属。北周初置开国公、开国侯、开国伯、开国子、开国男五等爵。后据《周礼》改制，置亲王、郡王、县王、国公、郡公、县公、县侯、县伯、县子、县男、乡男十一等爵。隋文帝置国王、郡王、国公、郡公、县公、侯、伯、子、男九等；隋炀帝留王、公、侯三等爵，其余均废止。

唐朝，分亲王、嗣王（承袭亲王的为嗣王）、郡王、国公、郡公、县公、郡侯、县侯、县男、县子。国公以下，均加开国字样，如某郡开国侯、某县开国子。唐朝的封爵有食邑，但往往为虚封，唯加实封者可以享有所封地的租税收入（后改为领取俸禄）。

宋朝封爵制度基本上同唐制。魏晋至宋，封爵的承袭分为世袭罔替、世袭两种，前者在承袭时按原爵承袭，后者承袭的时候要比照被承袭者的爵位降一等承袭。宋朝无世袭罔替的例子，除世袭爵位外，很多封爵只是终身爵，身死爵除。宋朝依唐制保留封君食邑，自一万户到二百户，共十四等。食邑数字只是虚衔，唯食实封才可以领取相应的补贴。实封最多千户，少者百户，每户每月折钱二十五文，随官俸发给，可知宋朝的封爵收入颇低。

元朝统治者将王爵唯皇族、蒙古贵族可封，宗室封亲王、远支宗亲与贵族封国王，其余国公等爵封赐甚滥。

明朝时期王爵为皇族专享（开国诸大将死后有追封郡王者），皇族封爵均世袭罔替：亲王嫡长子年十岁立王世子，长孙立为世孙；诸子年十岁，则封为郡王；郡王嫡长子为郡王世子；嫡长孙则授长孙；诸子则授镇国将军；孙辅国将军；曾孙奉国将军；四世孙镇国中尉；五世孙辅国中尉；六世以下皆奉国中尉。亲王岁禄万石，郡王二千石，镇国将军千石，辅国将军八百石，奉国将军六百石，镇国中尉四百石，辅国中尉三百石，奉国中尉二百石。由于这种世袭罔替的制度，导致后来出现举国一岁之入不能偿宗室岁禄的局面，远支宗亲将军、中尉甚至有故意犯罪入狱求饱者。另有公、侯、伯三等爵专授功臣，三等爵只能世袭，也有终身者。

清朝的爵位分宗室、功臣两种。宗室爵包括和硕亲王、世子（亲王嫡子）、多罗郡王、长子（郡王嫡子）、多罗贝勒、固山贝子、镇国公、辅国公、不入八分镇国公、不入八分辅国公、一至三等镇国将军、一至三等辅国将军、一至三等奉国将军、奉恩将军共十四级，辅国公之前八等称入八分公，与之后的不入八分镇国公、不入八分辅国公等爵位不同。

清朝除了清初受封的礼亲王代善、郑亲王济尔哈朗、睿亲王多尔衮、豫亲王多铎、肃亲王豪格、和硕承泽亲王硕塞、克勤郡王岳托、和顺承郡王勒克德浑、雍正时怡贤亲王、同治时恭亲王、光绪时醇亲王、庆亲王共十二个王可以世袭罔替外，其余宗亲世爵只能世袭。

8.3.2 俸禄制度

俸禄是国家给予在职官吏的固定报酬，在一定时期内，以实物和货币的形式支付，旨在满足官吏个人和家庭生活的需要。在不同的历史时期内，还采用过免赋役、给力役、赐田土等方式作为补充。俸禄除了作为对官吏担任职务的报酬以外，还表明受俸人已经进入了统治机构，成为公职人员，领受俸禄也是对其已经成为统治阶层成员的认可。俸禄不是世袭待遇，而是随着职务的变动随时升降，其数额多寡也是根据职务的高低而定的。

两汉时期，官吏的俸禄一般都发给粮食，按月领取，以斛为单位，除常俸外，中、上级惯例还可以享受膳食、衣服、医疗及节日赏赐等各种待遇。南北朝时南朝官吏级别实行九品制，俸禄亦依此而推。北齐官吏级别亦行九品制，但俸禄不以粟计，而以帛计。隋唐至明清时期确立了“品位俸禄制”，官员按品位高低制定俸禄。唐继隋制，但是依然有区别：京外官吏俸禄比京官次等；于主要俸禄之外，据官吏品级给予俸食，用于雇佣警卫及庶仆人员，统称“俸料钱”。唐中期至清末，俸禄以货币为主。俸料钱在官吏的全部俸禄中所占比重已超过一半之多。同时，因货币在税收结构中成分增加及商品经济的发展，唐之俸禄制度已由实物完全向货币化转化。开元二十四年（736年）唐玄宗正式改革俸禄制度，统一了俸禄的等级与形式。唐代以后，虽然有时仍然将实物乃至土地作为俸禄，但实行的基本是以货币为主要形式的俸禄制度。俸禄制度要求官吏在享受俸禄的同时履行一定的职责。若官吏违反朝廷有关法令，或有渎职行为，其俸禄便要相应扣除。唐代规定，凡文武官员在朝堂上不守礼仪，罚一月俸；举凡推荐人才不当，处理公文稽迟，科举考试泄题，无故超假等失职行为，皆处罚俸。至清代，罚俸制度更加严密，如官员在官署酗酒、赌博、推诿等，均要受罚俸处分。

隋唐时期俸禄支出形式大致有四种：一是禄，即给粮食；二是俸，即给钱；三是职田，即给土地；四是役使人员。隋代官俸是很高的，以粟米计算，分春秋两季发给，俸禄级别为十八等，除了粟米还有职分田，每品不分正从，职分田相等，薪俸有差。例如，规定正一品薪俸 900 石，职分田 5 顷，中县县令薪俸 70 石，职分田 2 顷。唐代与隋代官俸大致相同。在地方任职的国家官员无俸，但国家给职分田，二品 12 顷至九品 2.5 顷。①

宋代初年，官无定员，员无专职。宋代熙宁三年（1070 年）开始制定天下吏禄，京师诸司岁支禄钱 3 834 贯。至熙宁八年，岁支 371 533 贯。从官禄的支出表明，宋代地方国家官员仍由中央发禄，地方官所属胥吏的俸禄还是由地方官府自理。

元代至元世祖中统（1260—1264 年）年间才开始制定官禄。大德时（1297—1307 年），地方官没有职田者，给之以禄米。到了至元二十二年（1285 年），又详定百官俸禄，各品分上、中、下三等，最多者得俸钞六锭、五锭，最少者 35 两。明代文官分九品，品有正从，共十八级，不入品者叫“未入流”，不能称为官。

明洪武十年（1371 年），给百官赐公田，以其租充俸禄。外官赐田充禄，说明明代地方上的国家官员由中央直接发放俸禄。公田退还后实行俸禄制，正一品 1 044 石，降至从九品为 36 石，未入流者为 36 石。

清代官僚机构，中央分军机处、内阁、六部、都察院、翰林院、光禄寺等，地方上设有总督、巡抚、学政、布政使、按察使、盐运使等。这些人虽身在地方，但都是封疆大吏，属于国家高层官员，官俸自然由中央负责。百官之俸，文武官一品俸银 180 两，二品 155 两，三品 130 两，四品 105 两，五品 80 两，六品 60 两，七品 45 两，八品 40 两，九品 33.1 两，从九品 31.5 两。任职地方的文官俸与京官相同，但不给禄米；任职地方的武官低于文官。这说明清代国家官员任职地方的，由中央财政发放俸禄，地方任命的一般官吏仍然由

① 参见《新唐书·食货志五》。

地方政府发放俸禄。

8.3.3 简评

中国古代封建官吏等级制度经历了不断的发展与变化，对中国社会产生了深远的影响，在整个封建社会的形成、发展及强盛时期，它都发挥了应有的功能。其对维护地主阶级封建统治，促进封建社会向前发展，都曾起过加强中央集权的作用，对后世影响深远。但是，随着社会的进步和政治制度的发展，其消极作用也越来越明显，造成了生产力的停滞，这也是中国长期滞留于封建社会的政治原因。同时，由于等级制度具有明显的特权性和严密的等级性，造成了严重的官民对立现象。再者，长期实行等级制度，“官本位”意识产生了权力的异化。这些消极影响至今还在一定范围内存在着。另外官员的俸禄与职官制度的演变，以及国家财政制度，特别是赋税制度的变革，都有着不可分割的紧密联系。

8.4 官吏退休和抚恤制度

8.4.1 官吏退休制度

退休古代称为“致仕”、“致事”、“致政”，即“致其事于君而告老”① 的意思，表示把手中的权柄交给君主，由君主另选人替代。这种致仕制度在夏、商时就已经存在。古代官员在退休之后有一部分人可以到各书院、省学、府学或是县学任教，继续发挥作用；也可以以缙绅地位居乡，依然处于社会上层。对功劳大以及德高望重者，除在政治上给予较高的待遇外，还可以参加国家或地方上的祭祀礼仪活动。

1. 官吏退休制度概述

历代封建王朝关于退休制度有不同的规定，但也有着很多共同的基本条件。第一，年龄，这是最重要的条件。如《礼记》所言，“大夫七十而致事”，历代王朝致仕的年龄多以 70 岁左右为准。这是因为官吏管理政务，步入 70 岁后，多数人的智力、精力、体力都明显衰退，无疑妨碍了他们作用的正常发挥。正如清梁章钜所言：“古人四十强仕，七十致仕，统计人生居官之日，前

① 《礼记 · 曲礼》。

后不过三十年。盖一人之聪明才力，用至三十年之久，已无不竭之势。”①同时，为君主服务了大半辈子，也理应辞官以安享晚年。第二，身体状况。除年龄限制外，官吏致仕还有身体健康状况的限制。身体健康状况直接关系到官吏能否任职到70岁，有未老先衰者，不及70岁，已经力不从心。第三，官位、品级。官吏致仕最初有品级规定，是在一定范围内进行的。春秋以前，仅限于“大夫”。两汉时，有所扩展。《唐会要》卷六十七载：“曾任五品以上清资官，以理去职者……与致仕。”唐文宗也曾敕令，“常参官五品，外官四品者然后许致仕，余停”，② 明确不准低品秩官员致仕。唐以后，品级限制逐渐放开，致仕制度扩及朝廷百官。第四，个人才能。除上述三种情况外，统治者出于政治或其他特别需要，对历朝元老重臣和从事专门职能的官员的致仕问题常做特殊对待，以充分利用经验丰富、学有所长的官员为国效忠余力。其主要做法是，一方面，以种种理由拒绝、延缓德望素著者及有较高专门知识的职官致仕。对后者甚至有明文规定，予以禁止。如元代成宗铁穆耳大德七年（1303年）诏：“凡翰林、太史官不许致仕，著为令。”③ 明代也规定，“钦天监例不致仕”。裴度做为唐中叶著名大臣，多次请老均不许，76岁高龄死于任上。郭守敬是古代著名的天文学家、水利学家和数学家，也因“以旧臣，且熟朝廷所施为，独不许其请”。④ 另一方面，封建君主又重新召用已老病告退的官员。“致仕”的年龄、身体标准俨然只是操纵在其手中的一根弹簧。北宋大臣文彦博，庆历年间担任宰相职位，神宗元丰年间以80余岁高龄致仕，后又出仕，任太师、平章军国重事，五年后再以太师河东节度使致仕。与此相反的是，那些碌碌无为，无所建树的官员则随时可能致仕。《大明会典》记载：“老疾不能任事者以及软弱无能的官吏则随时勒令致仕。”由此可见，个人才能也是关系是否致仕的重要条件。上述四个方面相互补充，便构成了古代官吏致仕制度的有机整体。为有效推行致仕制度，历代王朝对达到年龄，年迈体衰却贪恋禄位不去职者，多明令一些惩罚措施，如停止考核，不予转官，甚至降官。

2. 秦汉魏晋南北朝时期的退休制度

秦汉时期退休制度规定：（1）官吏年70岁，耳目不聪，腿脚不便，就必

---

① （清）梁章钜：《归田琐记》卷1。

② 《唐会要》卷67。

③ 《续资治通鉴》卷194。

④ （元）陶宗仪：《南村辍耕录》。

须退休；（2）官员退休后，朝廷给原俸禄的三分之一，以示尊贤。汉代致仕，一般指高级官吏。致仕的条件，主要是年老或有病。其手续，一般先由本人提出申请，或以老请，或以病请，谦称为“乞骸骨”，然后再由朝廷批准。致仕后的归养俸禄，以及是否岁时朝见皇帝等，则要看其官位、功绩和皇帝的恩宠程度。从两汉致仕事例中，可知两汉公卿大臣病老退休，一般均受国家的优厚待遇，不过情况不尽相同罢了。致仕就是去职，去职后不应享受在职期间的秩俸，故须另有诏令规定其俸。有的可以享受全俸，有的三公享受二千石俸禄。在一般情况下，大概只能享受原职三分之一的俸禄。《汉书·平帝纪》中记载：“天下吏比二千石以上年老致仕者，三分故禄，以一与之，终其身。”①这说明只有官阶比较高，俸禄达到了二千石以上的官员才能享受这个优遇，低于二千石的将无法享受该待遇。不过，也有官吏致仕时是一次性赏赐，给予黄金、钱币、粮谷、房屋、车马等。致仕后的政治待遇，除地方官定时派人“存问”之外，有些功高望重的老臣，仍可依时朝见皇帝。汉代官吏致仕后的待遇高低，主要是由皇帝恩宠程度的高低而定。

魏晋南北朝时期，战争频繁，政局动荡，因此官吏退休制度在这一时代并没有很大的发展，在朝廷里经常造成了人浮于事和机构臃肿的现象。这在南朝最为明显，如南陈统治时期，“员外常侍，路上比肩；咨议参军，市中无数”。②

3. 唐朝时期的退休制度

到了唐朝，随着阶级基础的扩大，退休制度作为官僚制度的一部分，又有进一步的发展和完善。其特点：（1）致仕年龄较灵活。若精力旺盛，胜任职守，可以缓退。（2）致仕手续简便，只要造册上报即可。（3）对致仕官员举行欢送仪式。（4）致仕官员享受优厚待遇。在政治上，三品以上致仕者，仍恩准在朝廷行走，参与国事决策。在经济上，五品以上致仕者给半俸；功臣元勋受皇帝特恩可领全薪退休；六品以下赐口分田养老；高官致仕允留一子领薪侍养。唐王朝的退休制度较汉朝完备得多，主要体现在退休制度发展得较为完善，退休年龄也可灵活掌握。如果官员不够70岁但是“形容衰老者”，可以申请提前退休。唐太宗时的李靖，因为在64岁时有病患在身，所以“上表乞骸骨”，恳请准许退休。而有的人尽管年过七十，只要“齿力未衰”的可照样

---

① 《汉书·平帝纪》。

② 《陈书·徐陵传》。

任用。武则天时期就有一位兵部侍郎到了退休年龄，朝廷通知他可以回家养老了，没想到他还想多干几年。于是，为了向武则天展现自己身体健康，他就当着百官的面在朝堂上“踊跃驰走，以示轻便”。① 另外，唐朝还会给退休的官员举行欢送仪式，一路敲锣打鼓将他们送回乡里，颇有人情味。

4. 宋元时期的退休制度

宋代时期退休制度也规定文武官员年满70岁就可以退休，待遇也很优厚。宋代官吏致仕的方式有两种，一是官吏主动申请致仕，二是被朝廷强制致仕，也有提前致仕和留任的特例。但是后两种只限于小范围内，主动申请致仕的官吏也属于少数，宋代官吏的致仕方式主要是朝廷强制致仕，“致仕虽有著令”，但是“臣僚鲜能自陈”，这种情况在宋代较为普遍，一些有识之士指出了这种情况的危害。据《宋史·职官十》记载，知谏院包拯、吴奎亦言：“愿令御史台监察年七十已上，移文趣其请老不即自陈者，直除致仕。”宋仁宗采纳了他们的建议，于是下诏曰：“少卿监以下年七十不任厘务者，外任令监司，在京委御史台及所属以状闻，尝任馆阁、台谏官及提点刑狱者，令中书裁处。”此外，从该书所记载的何诚用、冯承用、刘保吉等官吏都已年过70却不愿主动致仕，并最终被“特令致仕”的情况看，宋代官吏的致仕行为大多是被动的和不自愿的，为了使得朝廷官员能够主动提出退休，宋代统治者一般都是让官员升官之后再办理退休，不愿升官的可以转资。宋朝退休官员，原则是给予半俸，但是有功之臣，如皇帝恩准也可以领取全俸。宋朝有一种安置致仕官吏的特殊作法，朝廷让致仕官吏到宫观中养老，宋代“设祠禄之官，以佚老优贤”。宫观本是道家之地，宋代成为官吏的养老之地，其做法是“戚里、近属及前宰执留京师者，多除宫观，以示优礼。时朝廷方经理时政，患疲老不任事者废职，欲悉罢之，乃使任宫观，以食其禄”。② 对致仕官吏的安置的意义是比较重大的，起到了“凡待庶僚者，皆于优厚之中寓闲制之意”的作用。

宋代统治者在待遇上优待官员，本意是希望以此造成官员奉法守正的风气，但是宋代的致仕制度却造成了比较突出的弊端，这表现在：第一，给予致仕官吏俸禄升转官阶等政策的实行，导致了国家财政压力过大，官吏品阶职位的非常规变化，实际从事政务工作的官吏数目大打折扣；第二，“荫补”、“恩例”等措施的施行，使得凭借特权便可以获得官职，从而导致了官吏队伍整

① （宋）李昉：《太平广记》卷258。

② 《宋史·职官十》。

体素质的下降。官吏的厚禄与官吏整体素质的下降，同时也因制度的紊乱而造成吏治腐败，最终造成人民和国家的穷弊，这些弊端又导致了宋代社会后期长期的积弱不振，直至宋王朝的灭亡。

元代前期，对于征服战争中立功的武将和建立政权中立功的能臣，退休时特恩赏赐的，为数不少。

5. 明清时期的退休制度

明朝时期官吏退休制度比之前代，退休年龄提前，其中规定：凡是官员年龄大又有疾病的要强制退休，官员中55岁以上的人要退休，没有到55岁的可以给予闲散的职位等其年满55岁时退休，65岁以上的官员退休后则不再任用。对于退休官员的俸禄，有给田和给俸。明初规定，凡内外文武官员年老致仕者，三品以上给予原俸禄，四品以下各升一等，发给诰敕。但是任官没有满三年的，或因故降级使用的官员不适用这一规定。一般官员退休后基本是告老还乡，不得留京或是所任职的地方，而退休后归养死亡者，皇帝也会赠官衔以为褒奖。关于退休后的待遇，一是政治上，明初规定，三品以上官以本品致仕，四品以下，现职任满三年而无大过者，可升一等致仕。明中叶改为升一级或二级，而后致仕，若有过而不称职者，以原级致仕。致仕官在礼仪上受尊重，在宴会、祭祀等活动中，仍享有该品的礼遇。二是退休金，明初规定，致仕官食原俸，后又规定致仕官一般不领取俸禄，但享受本品豁免赋役的权利。如明太祖洪武十二年八月“诏凡致仕官复其家，终身无所与”。① 即诏令说今后不论近侍臣僚还是地方官员，凡退休回乡的，免除其全家的赋役和兵役，直到退休官员本人死亡为止。明成祖时的国子祭酒胡俨，于仁宗时退休。仁宗赐敕褒奖他的功绩，进太子宾客，“复其子孙”。即免除他子孙的赋税、劳役和兵役，恩赐范围比以前又扩大了。若家贫不能自存者，“有司月给米二石，终其身”。②

清代退休制度基本是沿袭明制，清朝退休制度规定，年满60岁的官员即可退休，退休后官员仍名列官籍，享有免税免役特权，并有向皇帝陈诉地方政务情况的权利。清代官员致仕主要有三个原因，即年老、有疾和受处分。致仕方式亦可分为自愿和强制两种，自愿致仕称为“告休”、“乞休”、“乞骸骨”等，强制致仕则称为“勒休”。清代官员的致仕不外乎这些原因和方式。退休

---

① 《明史·太祖本纪二》。

② 《明史·列传第四十五》。

官员一般均回故乡养老，仅有少数高级官员可留住京城，应得之各种待遇由政府派人送到其家中。退休官员俸禄一般按原俸禄减半发放，但对那些有特殊功绩的官员，如打仗负伤者，则全数发给。清朝官员退休的审批权限按请求退休官员的品级的不同而有不同。二品以上由本人申请，三品以下、五品以上由吏部呈报，均由皇帝审批。六品以下官员的退休则仅吏部按察验后即可解职，如果退休请求尚未批准而即擅自离任者，则要受到惩罚。并规定未到60岁而因病致仕者，则不再给俸。“国家重臣致仕，则给全俸”。① 清朝的武官退休年龄规定比较低，副将以下，年满60岁即行罢斥，参将以54岁为限，游击以51岁为限，都司、守备以48岁为限。清代对于退休官员的待遇还是比较优厚的，在清代，历任皇帝都比较重视官员的致仕问题。对于致仕官员，朝廷在待遇方面做了种种规定，让他们老有所养，老有所安，过着无忧的晚年生活。《光绪会典》卷十四载：“满汉大臣年老乞休者，朝廷待以殊礼，或升职加衔，或仍给原俸，或命驰驿还乡。其尤宠异者，或赐袍服文绮，或赐御制，或官其子孙，或遣人存问，或令地方利弊仍许具疏陈奏，皆出自特恩。”同时清政府还采取了一种恩荫子孙的方式来奖励曾经立下大功的退休老臣。如刘之源在康熙四年乞休，以原衔加太子太保致仕，以其子副都统刘光代为都统。

古代官吏退休制度具有重大意义。首先官吏退休制度可以加速官僚队伍新陈代谢。其次官吏退休制度的施行，能够增强国家的活力，有助于提高行政效率。最后官吏退休制度的实施，可以使在职官吏与民人比例趋于合理。

8.4.2 官吏抚恤制度

官吏的抚恤在古代也称为“恤典”，是国家对因公死伤的在职官吏和死亡的退休官员给予的救济和慰问。古代国家根据不同的情况和等级，采用不同的抚恤方式。对于在职死亡的官吏，一般是追赠官衔；对于殉职的官吏，除了追赠官衔以外还要抚慰家属，有些可以使其子嗣入学或为官；对于立下大功的殉职人员，还可以建庙立祀，接受官方的祭祀；伤残的官员也可以享受全部俸禄，有时还发给一次性经济补偿。退休官员死亡，根据级别，礼仪部门也会根据其生平事迹奏请给予一定的追赠，如汉代对士兵的优抚除了表现在赏赐军功外，还表现在对他们家庭的照顾以及他们的复员安置和死亡抚恤等方面。《汉书·高帝纪》载高祖二年诏令：“关中卒从军者，复家一岁。”即对关中地区士兵的家庭，给予免除一年赋税的优待。又载：“高祖八年十一月，令士卒从

① 《大清会典事例·乾隆元年谕》。

军死者，为櫝归其县，县给衣衾棺葬具，祠以少牢，长吏视葬。”汉代官员死后，官府按规定给予抚恤。两汉时，根据官员的身份地位分别给予不同等级的赠赙、赠印绶以及赠予冢地、葬具、明器等。如官吏因公死亡，则厚加赏赐，并荫其后代。如《张家山汉简·二年律令·赐律》中就有：“二千石吏不起病者，赐衣襦、棺及官衣裳。郡尉，赐衣、棺及官裳。千石至六百石吏死官者，居县赐棺及官衣。五百石以下至丞、尉死官者，居县赐棺……赐棺椁而欲受资者，卿以上予棺钱级千、椁级六百；五大夫以下棺钱级六百、椁级三百；毋爵者棺钱三百。”又如元朝官员亡故，根据其品级和身份高低、个人功绩，可享受荫叙子孙、旌表封赠、发放抚恤金、养育家人子女等抚恤政策。元袭宋制，官员亡故，其子孙可以荫叙得官。元代“荫例”按照不同的职官系统订立不同的制度。民官荫例规定：承荫人只限一名，年龄在25岁以上，身体健全，无犯罪记录，顺序以嫡长子为先，“若嫡长子有废疾，立嫡长子之子孙，曾玄同。如无，立嫡长子同母弟，曾玄同。如无，立继室所生。如无，立次室所生。如无，立婢子。如绝嗣者，傍荫其亲兄弟，各及子孙。如无，傍荫伯叔及其子孙。诸用荫者，孙降子、曾孙降孙、婢生子及傍荫者，皆于合叙品从降一等。”按照规定，承荫人应将父祖及本人基本情况和证明以书面材料的形式如实上报，经本级官府查验属实，向上级官府保举，再经上级官府审验无误后，由承荫人持相关材料到吏部等候授官。承荫人的品级与取荫官的品级成正比，“诸职官子孙荫叙，正一品子，正五品叙。从一品子，从五品叙。正二品子，正六品叙。从二品子，从六品叙……正六品子，流官于巡检内用，杂职于省札钱谷官内用。从六品子，近上钱谷官。正七品子，酌中钱谷官。从七品子，近下钱谷官”。不过同等条件下，色目人比汉人高一等荫叙，“正蒙古人”的蒙古人由皇帝亲自裁决。民官阵亡，儿子承荫要比父亲的官职降二等，若是孙子或兄弟承荫还要再降一等。军官“阵亡者，本等承袭。病故者，降二等”。管匠官只能在匠官内迁用，其荫例为：“其身故匠官之子……量拟正从五品子于九品匠官内叙，六品七品子于院长内叙。”① 对阵亡、因公殉职的文武官员，朝廷还以旌表嘉奖、发放抚恤金、养育家人子女等方式进行抚恤。如太宗时，唐庆奉命出使金朝被害。灭金后朝廷“厚恤其家，赐金五十斤，诏官其子，仍计其家人口，给粮以养焉”。② 顺帝末年，淮东道廉访使褚不华与农民起义军力战，城破后“徇忠尽节”，得以褒赠和优恤。一般来说，官职和身份越

① 以上引文皆出自《元史·选举三》。
② 《元史·唐庆传》。

高，发放的抚恤金就越多，宗室贵族要高于一般官员。千户扎剌儿没于王事，赐银二百五十两；诸王彻兀台秃忽鲁死事，赐钞三万五千两。明代对于武职官员在战场上战死给予其家庭的抚恤有物质上的和精神上的，主要方式是对年幼应袭舍人的优遇，对故绝武职官员的遗母、妻子以及残疾、年老无嗣官员给予优养。在明太祖时期明确诏令：凡大小武官亡故，悉令嫡长子孙袭职，有故则次嫡承袭，无次嫡则庶长子孙，无庶长子孙则弟侄应袭者袭其职。如无弟侄而有妻女家属者，则以本官之俸月袭之。历代封建王朝实行这些制度，目的显然是使官吏免除后顾之忧，以笼络在职官员，使他们更加兢兢业业地为封建统治者服务。

8.4.3 简评

官吏退休和抚恤制度在我国古代起到了巩固王朝统治的作用，古代官吏退休制度伴随封建官僚任命制的出现而产生，它最初形成于汉代，之后，历代王朝相互承袭，并不断予以发展和完善，最终形成以“年龄、身体状况、品级”三大条件为主要依据的古代官吏退休制度。封建君主通过“升官晋阶、参听朝政、恩荫子孙、特殊礼遇、给予俸禄、赐物”等六个方面的措施，基本能有效安置退休官吏，使官员队伍的新陈代谢得以顺利进行，达到巩固统治的目的。但由于时代局限，退休制度也存在一些不足之处，例如，主要施用于高级官吏，受皇帝个人意志左右，未能形成严密的制度等，还有宋代官吏退休制度的不完善造成该王朝长期积弱不振。此外，古代官吏的抚恤制度依靠等级、官位来制定抚恤标准在当时虽具有激励官吏的作用，但是也有负面效果，如子孙荫叙得官等事例均不利于国家选拔合适的人才。

☞本章小结

本章主要通过对古代官吏任用制度、官吏考课和奖惩制度、官吏等级和俸禄制度以及官吏退休和抚恤制度的阐述，能够使读者对古代官吏管理制度有比较清晰的认识。这四项制度在中国古代行政管理上都曾发挥了重要的作用，是中华民族优秀传统文化的重要组成部分。历史不能被人为割断，通过研究中国古代官吏管理制度，充分发现其优秀、合理的成分，进行科学总结；结合我国现阶段干部人事制度现状，进行深入剖析，可以发现需要进一步完善之处；充分利用对古代官吏管理研究的科学成果，对今天的干部人事管理制度提出科学、合理、高效的改革思路，最终实现公共部门人力资源的最佳配置。总之，研究并借鉴中国古代官吏管理制度的成功经验，对于推进我国人事管理制度走向现代化，建设社会主义政治文明，具有一定的现实意义。

☞关键术语

待诏　郎选　听选　荐举　征召　任子　三互法　考课
磨勘　京察　大计　俸禄　致仕　恤典

☞思考题

1. 古代官吏任用制度的主要种类有哪些？
2. 简述秦汉时期官吏考核和奖惩制度的特点。
3. 简述古代官吏等级制度的种类。
4. 古代官员退休制度有哪些作用？

第 9 章

胥吏制度

皇帝、官僚、胥吏是中国古代行政系统中的三个子系统。官员和胥吏是中国古代官僚体系中最基本的构成要素。明末政论家陈子龙选辑《皇明经世文编》说："有官则必有吏，有官则必有役。"二者不可分离，同为封建王朝行政执行系统中的两大载体。学者们对中国行政制度的研究长期以来重中央、轻地方，在研究官吏制度上也是重官轻吏。本章主要介绍胥吏的起源以及自秦到明清各个朝代胥吏的来源、职责、待遇、升迁及其对基层行政的影响等内容。

9.1 先秦时期胥吏的起源

从国家最初出现，胥吏就一直伴随。它在维护统治阶级政权方面发挥了不可估量的作用，尤其是在封建统治时期。

9.1.1 胥吏的含义

胥最早是指服徭役者。《周礼·天官·冢宰》中记载："胥十有二人，徒百有二十人。"贾公彦疏："胥，有才智，为什长。徒，给使役，故一胥十徒也。"后来它泛指官府中供役使的人。《旧唐书·奚陟传》云："中书省故事，姑息胥徒，以常在宰相左右也，（奚）陟皆以公道处之。"

吏有两层含义。一是对旧时大小官吏的通称，《国语·周语上》云："百吏庶民。"韦昭注："百吏，百官也。"唐"三省六部制"中有吏部，掌管全国官吏的任免、考课、升降、调动等事务。中央集权君主专制确立以后，君主可以将下面的官和吏都泛称为吏，但不能说官和胥吏没有任何区别。官秩可以作为区分胥吏与官员的标准，秦汉以"石"来表示官秩等级，自万石到斗食约20个等级。关于官与吏的区分标准，学术界有两种观点：一种观点认为六百石以上才是官，六百石以下的"长吏"、"少吏"为胥吏；另一种观点认为，不宜以六百石作为划分官与吏的标准，因为秦汉时期县令官秩在六百石以下，却总揽一县军政，不能划归于吏，而将官秩二百石作为划分官与吏的标准较确切。这说明秦汉官僚制度中官和吏的区别还不明晰，但存在大量的胥吏应当是事实。

吏的第二层含义相对于第一层来说，所界定的范围缩小了一些，专指官府中的胥吏或差役。杜甫《石壕吏》中有“暮投石壕村，有吏夜捉人”的描述，这里的吏即指差役。

所谓胥吏，即“吏”与“胥”之合称，大体相当于《周礼·天官·叙官》中的“府”（管文书的官）、“史”（起草文书的官）与“徒”（服役之人）。唐宋以后，这二字多连用，作“吏胥”或“胥吏”。明代学者黄宗羲在《明夷待访录·胥吏》中把汉代以后的吏，全称为“吏胥”或“胥吏”。因此，胥吏实际上分为两类：一类是簿书期会之吏，即“文吏”或称“书吏”。后来人们把胥吏理解为官府衙门中办理文案的小吏，这类人包括掾吏、书吏、司吏、典吏、都吏、通吏、狱典、撰典、攒典、驿吏、提控等。本章所说的胥吏主要是指这一类。还有一类是奔走服役之吏即“胥徒”，这类人包括“供奔走驱使，勾摄公事”的皂隶、快手、弓兵、仵作、门子、库子、斗级等役职。

可见，古代胥吏职责虽有不小变化，但可以说在大体上基本相同，都是指官府中的小吏或吏卒。

9.1.2 先秦时期的胥吏

1. 西周时期胥吏的起源

胥吏的起源可以追溯至西周时期，西周保管档案的档案库馆“天府”中就有胥的身影。刘渝生在《中国藏书起源史》中说：“（图书）管理长官：宗庙藏书为天府。太史府藏书正长为太史，副长为小史。”“一般的管理官员有两种，即‘府’和‘史’。”“供使役之用的人员也有两种，即‘胥’和‘徒’。实际上，胥、徒是一类人，都是从农民中派到官府服徭役者。‘胥’为徒之长，十徒配一胥。”①

另外，《周礼·天官·冢宰》也有记载：“大宰之职……以八则治都鄙，一曰祭祀，以驭其神。二曰法则，以驭其官。三曰废置，以驭其吏……。”也就是说，西周时大宰以八种方法治理都鄙（公卿大夫的采邑），一是以祭祀来驾驭神，二是以法则来统率官，三是以废置来控制吏。可见吏是不同于官的低

① 刘渝生：《中国藏书起源史》，江西人民出版社1994年版，第97页。

级行政事务人员。因此，治官与治吏的方法不同，对于吏可以随时废置。“上士、中士、下士、府、史、胥、徒，取诸乡兴贤能，大夫以上皆世族，不在选举也。”① 这说明上、中、下士不属于世官，他们与《周礼》六官中的府、史、胥、徒一样，属于贵族政治下“吏”的范畴，属于所谓“选举”的范畴，他们不同于贵族政治下依宗法血缘关系而任职的官。上士、中士、下士、府、史、胥、徒都是后世胥吏的渊源所在。

西周时期，胥吏就广泛地存在于西周王朝王畿（指周王室直接统治、管辖的地区）及侯服（诸侯国所统治的王畿以外的广大地区）。但当时还没有出现胥吏这个词，只是把在官府中负责文书收发、库藏管理的人统称为“府史胥徒”。《周礼·天官·宰夫》称：“（宰夫）掌百官府之征令，……五曰府，掌官契以治藏。六曰史，掌官书以赞治。七曰胥，掌官叙以治叙。八曰徒，掌官令以征令。”这说明“府”负责库藏管理，“史”掌管文书收发，“胥”和“徒”主要负责一些跑腿的杂事。

西周时期，府史胥徒已经有相当数量。一般各个官职之下都配有一定数量的府史胥徒。例如《周礼》中记载“大宰”下面有“小宰”、“宰夫”等副职，而在“小宰”、“宰夫”之下还有“府六人、史十有二人、胥十有二人、徒百有二十人”。也就是说，“小宰”、“宰夫”之下有 6 个府人、12 个史、12 个胥、120 个徒。从人数上的差异我们可以看出，西周时期作为胥吏的“府史胥徒”也有等级地位之分，人数比较少的“府”、“史”比“胥”、“徒”的地位高一些，而“胥”的地位又高于“徒”，一胥管十徒。

西周的“府史胥徒”实际上是“庶人在官者”，其身份都是平民百姓。“府史”的地位高一些，从事文书收发、仓库管理等工作，对从事这些事务的人有一定的要求——受过一定教育、有文化的平民。地位相对较地的“胥徒”则主要是由服徭役的平民充当。府史胥徒由长官辟除。

2. 春秋战国时期的胥吏

春秋战国时期是奴隶制向封建制过渡时期，是各诸侯国兼并斗争十分激烈的时期。随着社会生产力的发展和政治、经济的相对独立，一些诸侯先后脱离了周王室的控制，建立起一套各自为政的独立官制，但大部分还是承袭西周的官职名称、职责等。当然，胥吏这一辅助官府正常运作的要素也被传承下来。正如《汉书·百官公卿表》说：“自周衰，官失而职乱，战国并争，各变异。”

---

① （清）俞正燮：《癸巳类稿》卷 3。

春秋战国时期的胥吏设置与西周大体相同，但官、吏之间有了区别。周代的官和吏没有被区分开，那时胥还不能与吏连用。周朝的官被称为“群吏”，他们由国君或卿大夫任命。到了春秋战国时期，为了争霸，各国国君便改变周朝的世袭制，兼而采用任命制选贤用能。从中央到地方的职官都由国君亲自任命，并向国君负责，这些人在官僚制下被称为“官”，而在各衙门中从事辅助性质工作的低级工作人员被称为“吏”，相当于西周时期的“府史胥徒”。

9.1.3 简评

先秦时期是胥吏制度的萌芽时期。这一时期“胥吏”一词还没有出现，但从事文书工作的人员自西周起就广泛存在于各衙门中，他们被称为“府史胥徒”。“府”、“史”是一般管理人员，主要负责管理档案及典藏，其地位高于“胥”、“徒”。“胥”、“徒”则辅助官员或府史工作，他们由从农民中选拔出来在官府中服徭役的人组成。由此也可以看出在先秦时期充当胥吏是农民对政府的一种义务。

西周是我国奴隶社会的鼎盛时期，是奴隶制发展的成熟时期，其国家机构设置比较完备，达到了奴隶制国家的顶峰，形成了一套职能比较齐全、分工比较细致的奴隶制中央和地方行政管理机构网络。这也是胥吏起源于这一时期的主要原因。周王为了加强中央集权，控制其统治下的广大领土，实行分封制，同时也通过政令的上传下达来保证行政管理体系的正常运转，胥吏在这一方面已经是不可或缺的人员。胥吏的社会地位在这一时期相对于贵族官员来说比较低，但还不至于被称为“贱民”。自西周始，胥吏就在我国行政系统中发挥着重要作用。

9.2 秦汉隋唐胥吏阶层的形成与发展

9.2.1 秦汉时期胥吏阶层的形成

秦汉时期胥吏制度更加完善，标志着胥吏阶层的形成。秦朝是春秋战国后统一的封建王朝，也是第一个中央集权制的封建王朝。秦朝的法律制度大多沿用了战国时期秦国的法律制度。在各级官府中除了一般官员之外，地方已经有了专门为官员服务的助佐官吏，他们是各官府中分曹治事的属吏，也可以说是官府里的办事员。在汉代，他们已经形成了一个较为固定的群体。汉代郡府中的属官，就有主记事掾史（主录记事）、录事掾史（主记）、奏事掾史（主奏议事)、少府史（总典守相私家财务出纳)、门下督贼曹（主兵卫，巡查侍从)、门下贼曹（主侍卫)、府门亭长（主守卫)、门下议曹史（主谋议)，还有门下掾、门下史、门下书佐、门下小吏（均为杂务人员)。有管民政的户曹掾史（主民户、祭祀、农桑)、田曹掾史（主垦埴畜养)、水曹掾史（郡国水利人员)、时曹掾史（主时节祭祀)、比曹掾史（主郡内财物，尾数之检核)。有管财政的仓曹掾史（主仓谷事)、金曹掾史（主货币盐铁事)、计曹掾史（主上计之事)。有管治安司法的贼曹掾史（主盗贼事)、塞曹掾史（掌边塞之职)、贼捕掾史（主捕盗贼)、决曹掾史（断罪决狱)、辞曹掾史（主辟讼事）等。在县一级的地方行政机构中，有廷掾（督乡事)、主记室（管文书)、少府（主财用)、门下游缴、门下贼曹（主兵卫)、门下议曹（参议诸事)、门下掾史（杂务人员）等。

以上资料说明胥吏在秦汉时期已经达到了一定规模，成为了基层行政事务中不可缺少的人员。洛阳有“员吏七百九十六人，十三人四百石。乡有秩、狱史五十六人，佐史乡佐七十七人，斗食、令史、啬夫、假五十人，官掾史、干小史二百五十人，书佐九十人，循行二百六十人”。① 这只是洛阳的胥吏人数，其他郡县也与之相差无几。

秦汉时期官和吏在中央有一定的区分，但在制度上官职和吏职并未明确地区分开。地方上官和吏还是统称“官吏”，区分不是很明显。汉武帝时，二百石以上的，由中央朝廷任命的是“官”，二百石以下的是“吏”。小吏不由中央任免，而是由各自的主管长官辟除。另外，中央官、吏所佩带的印绶不同：官为“通官印”，吏为“半通印”。

1. 秦汉胥吏的来源

“军功为胥吏”。也就是说立军功的人可以充当胥吏。秦朝规定，“斩一首者爵一级，欲为官者，为五十石之官，斩二首者，爵二级，欲为官者，为百石之官”。② 根据划分官与吏的官秩，引文中的“官”实际上是低级胥吏。以军功获爵为胥吏在西汉时期也大量存在。考古学家在江陵张家山发现的汉简《奏谳书》中，载有不少爵为大庶长、大夫、官大夫的人担任狱史、求盗、邮人、亭长等胥吏职位。

“文无害”者可为胥吏。“文无害”者是指通晓各种法律、政事、文牍等

① 引自孟祥才：《中国政治制度通史》第3卷，人民出版社1996年版，第236页。

② 卜宪群：《秦汉官僚制度》，社会科学文献出版社2002年版，第289页。

的人。人们认为，只有通晓法律的人担任胥吏之职，才不会对官僚制产生危害，不会有害于行政运作。但事实上，“文无害”只能表示能力，而不能表现个人品格、品德。

学生为胥吏。秦汉时中央和地方都有专门的学校培养一部分年轻人来充当胥吏。《睡虎地秦墓竹简》中《编年纪》记载：“（秦始皇）三年，卷军。八月，喜揄史。”“喜”是一个人的名字，他在秦始皇三年（公元前244年）参加了在卷的战斗，同年八月被推举为吏。喜是由当时的“学室”（即学校）培养出来的，他曾担任过安陆御史、令史等职务，这些职务均为胥吏之职而非官职。

除以上来源外，秦汉时期还有因品行、节操（如有名的人、孝敬老人的人）、一技之长（如习武之人）而充当胥吏的。

由此可见，秦汉胥吏的来源十分广泛，凡有一技之长的人都可以在官府中充当胥吏。同时，比较重视胥吏的品行、技能，有真才实学的人才可以充当胥吏，这在一定程度上保证了胥吏的质量。

2. 秦汉胥吏的考课与迁转

和考课官员一样，秦汉时期也对胥吏进行考课。对胥吏的考课主要由各部门长官直接进行，主要考核“功”与“劳”。也就是考核胥吏在任职期间取得了什么样的成绩，任职期间有没有尽职尽责。考课后的结果将作为胥吏迁转的条件。秦汉胥吏的迁转有两个方向：一是由低级官府胥吏职位升到高级官府中充当胥吏，只是级别上升，但其身份不变；二是由胥吏升迁为官。秦汉时期一部分表现廉洁、有才华的人都被选拔为官员。如《资治通鉴》中记载：“其令州、郡察吏、民有茂才、异等可为将相及使绝国者。”① 赵广汉、陆康、班彪等人都是通过这一途径当上官的。《汉书·王尊传》也记载王尊“以令举幽州刺史从事。而太守察尊廉，补辽西盐官长”。在秦汉，特别在汉代，胥吏迁官是一条进入仕途的正常途径。以西汉为例，丞相43人中，有26人为胥吏出身。因此，秦汉都强调为官之前须任吏职。

9.2.2 隋唐时期胥吏阶层的发展

隋唐时期，吏、官身份差别有所深化，但在制度上吏职、官职并未明确地区分开来。

---

① 《资治通鉴》卷21。

1. 隋唐时期胥吏的来源及任用办法

隋唐胥吏的来源比较广泛，主要来源有六个：一是前任官。据《唐六典》卷30记载，州镇仓督、州县市令可以由五品以上的勋官或曾任流内九品官的官员充当。二是勋官。在隋唐，勋官的地位很低，他们不但不能与职事官和散官相比，而且还得定期到兵部和本郡服役。勋官只具备被选为胥吏的资格，如五品以上的勋官可以被选为州镇仓督、州县市令、录事；六品以下的勋官可以被选为里正、渠长。若五品以上勋官无合适人选时六品以下的勋官才可以被选来充当原先由五品以上勋官才可以担任的职务。三是品官之子。五品以上的品官之子可以补太庙斋郎；六品以下品官之子可以被选为亲事、账内，除此之外还可以被选为县录事及州县的佐、史。四是平民。精明强干的平民可以被选为里正、坊正、村正。五是工乐户。工乐户因为具有一定的技能，他们常被选充为上一级官府的工匠或乐工。六是特殊户。最典型的特殊户是陵户，“制奉先县同赤县，以所管万三百户供陵寝”,① 这类陵户常被要求服徭役，轮番守视、修葺陵墓。

隋唐时期由于吏和胥吏具有不同的身份和地位，所以选用的标准和方法也有所不同。吏是流外官，由吏部的流外铨选选补，这就是相对于官员铨选的小铨选。小铨选由郎中一个人主持，考试的内容与流内官的铨选相似。选拔的标准有：“一曰书，二曰计，三曰实务。其工书工计者，虽时务非所长亦叙限，三事以下则无取。”② 中央部门的胥吏由各官署自行选用，有很大的自主权；地方上较为重要的职位（如州县镇的仓督、市令等）由州选取。另外还规定：“仓督取家口重大者为之，州市令不得用本市内人，县市令不得用当县人。”③

2. 隋唐时期胥吏的职掌

隋唐时期的胥吏分为“吏”和“胥”。吏是流外官，和流内官一样有品级。品级从勋品（一品）到九品，从视勋品到视九品。开元以后只留下勋品、四品、五品三个等级。流外官设置最普遍的有录事、令史、书令史、府、史、典事、亭长、掌固等职位。录事负责登记收发文书的日期，考核、检查文书簿籍有无漏失。令史与书令史职掌文书之事。在隋朝令史为流内官，唐朝被降为

① 《旧唐书·玄宗纪上》。
② 《唐六典》卷2。
③ 《唐六典》卷30。

流外官。令史由正式官员变为了胥吏，其地位也随之下降。府、史分别职掌保管书契、器物和文书的草拟事务，其地位与令史和书令史一样。典事，普遍存在于各官府中，职掌本官府所属的事务。亭长与掌固分别承担传达政策、禁令和看守仓库等任务。

除了流外官之外，隋唐还设一些杂任职，中央官署中的杂任职统称为“内职掌”，地方官署中的杂任职称为“外职掌”。内外职掌一般被称为胥吏。内职掌主要有：掌祭祀的斋郎，掌膳食之事的主膳、供膳、典食，掌监门事务的校尉、直长、门仆，掌音乐事务的乐工，掌养马、驯马的习驭，掌驾驭事务的驾士、执驭，职掌审问犯人的问事。除此之外还有很多，在此不一一列举，总之，内职掌必须分工明确地打理好宫廷内皇家贵族的生活和出行事务。隋唐的外职掌主要有：州县、镇的仓督，州县录事，他们的职责与流外官中的录事职责相同；掌防守囚系的典狱，在官署中值班供传呼役使的白直，帮助市令管理市场的市丞、市帅，在乡里等基层组织中管理行政事务的里正，掌记账事务的账史，掌按账目捉钱的知籍。

3. 隋唐时期胥吏的待遇

吏是流外官，在隋唐有一定的经济待遇。隋制京官九品、外官（即地方官）自刺史、郡守、县令以下均无俸给。也就是说，地方吏没有俸给。隋唐大多数胥吏是按府兵制编制的。根据府兵制的规定，府兵要自备粮食和其他用品，但服役时路上的“程粮”由政府提供；服役超过20天的，政府才供给公粮。依据上述规定，胥吏按照府兵制管理，自然也就没有俸给。当胥吏的好处在于可以享受免除徭役及赋税的权利，但是一旦解除杂役职务，免除徭役和赋税的权利也随之取消。

4. 隋唐时期胥吏制度的特点

第一，吏职、官职仍未最后区分开来。是“官”还是“吏”主要根据是由进士士人充任，还是由“流外”入流者即胥吏出职者充任而定，而不以是否掌握一定范围的管理决策权为区分标准。也就是说隋唐将一部分流内官品之职位定为吏职，使一些胥吏在制度上归入流内的行列。

第二，隋唐的胥吏可以分为吏与胥两部分，二者在待遇、地位、升迁等方面都有所不同。吏是流外官，有一定的经济待遇，可以通过铨选成为流内官，这也是隋唐时期进入仕途的一种途径。相对于吏来说，胥的地位要低一些，隋唐时期的胥是“色役”中的一种（唐制规定，各色人都有对政府服役的义务，称为色役），因此基本没有经济待遇（即俸给）。

第三，地方官员对胥吏的使用公私不分明。胥吏在官府中主要职责是帮助长官草拟文书，同时负责催征赋税、捕获盗贼等具体事务。《文献通考·选举考八》引苏轼语云："胥吏行文书，治刑狱、钱谷。"在唐代，府州也经常征用县里的胥吏，以办理一些特殊性质的公务。比如唐武宗会昌年间，长安地区的社会秩序因"甘露之变"而遭到严重破坏，"多有闲人，不务家业，尝怀凶恶，肆意行非，专於坊市之间，恐胁取人财物。又其中亦有曾为趋吏，依倚门栏，自恐愆尤，遂致停解。不思己过，却务怨仇。妄构虚辞，恣行恐吓"。①公务之外，县官的很多私人问题也要依赖县司中的胥吏来解决。如《太平广记》中记载："唐益州新昌县令夏侯彪之初下车，问里正曰：'鸡卵一钱几颗？'曰：'三颗。'彪之乃遣取十千钱，令买三万颗。谓里正曰：'未便要，且寄鸡母抱之，遂成三万头鸡。经数月长成，令县吏与我卖……'"② 又如该书还记载江夏一林姓主簿，他最溺爱的一个女儿"好食鸡"，其手下的胥吏于是就有了"日供双鸡"的任务。③ 正因为县官在对胥吏的使用上并不是那么公私分明，而相处久了，县官总会有些把柄抓在胥吏手里。在这种情形下，胥吏们上行下效，利用职位之便谋取私利，甚至与地方各势力相勾连，横行于乡里，不法于州县，便成为一种普遍性的现象。

9.2.3 简评

秦汉时期，胥吏不仅数量上增多，逐步与官相分离，而且管理上也趋于规范化。胥吏实行分曹治事，分工明确；胥吏选拔注重被选人的品行、才能；迁转途径也很开放，胥吏不仅可以在胥吏系统内部升迁，而且还可以迁转为官。胥吏制度的形成巩固了秦汉中央集权的封建统治。另一方面，胥吏之害在秦汉时期已见端倪。《汉书·黄霸传》就有这样的记载："（官府送故迎新之际）奸吏缘绝簿书盗财物，公私耗费甚多。"秦汉时期的胥吏就懂得利用新旧官员交替的混乱之机谋取私利。

隋唐时期，官与吏进一步分化，吏和胥也分开，且吏的地位高于胥。胥吏的职位和称呼也固定下来，录事、令史、书令史、府、史、典事、亭长、掌固等职位是各衙门中普遍存在的职位。隋唐时期胥吏的来源比较注重胥吏的背

① 《全唐文》卷80。

② 《太平广记》卷243。

③ 《太平广记》卷399。

景，官员和官员的子弟充当胥吏的可能性比较大，胥吏职位逐渐被有权势有地位的人垄断。

9.3 宋元时期胥吏阶层的膨胀

胥吏阶层操柄弄权逐步膨胀是在北宋中期。宋朝鉴于唐末藩镇割据，建立了绝对皇权和官僚国家。因此，政府管理的事情日渐繁多，衙门职役胥吏的数量不断增加。真宗时就曾裁减冗吏20多万人，没有被裁减的人数更在其上。元祐时，仅六曹寺监就有“胥吏一千七百余人”。①

9.3.1 宋朝胥吏制度

1. 宋朝胥吏的职掌

由于各行政机构或部门所主事务各异，胥吏所从事的实际工作都有或多或少的差异。按其所从事事务的性质和特征的不同，可以分为文书胥吏、司法刑狱胥吏、账籍胥吏、仓场库务胥吏等。

文书胥吏。文书胥吏的主要工作有文书的草拟制作、誊录、收文登记、分发、催办、承办、用印等。在宋朝，中央经常要颁布诏令法律，收受全国上奏文牒，审理官员奏章贺表，文书事务甚为繁重。因而从中书枢密院到诸寺监管都有从事文牒书奏制作、行移和管理的胥吏。

司法刑狱胥吏。在宋朝司法构架中，中央由刑部和大理司执掌，地方分州县两层掌管地方司法。县以下的镇寨官员只处理轻微案件，以笞刑为限。州府以上的路级监司代表朝廷监督一路司法。刑部胥吏主要设有主事、令史、书令史、私名、楷书、法司、杂司、知库习学公事等分布于各案，从事断案检照取证并参与详审案件等工作。如北宋咸平三年（1000年），专设令史与详覆官详覆断讫案件，“内有不当，即行驳疏，若无不当，入库置历拘辖，遇有诉冤，检照取证”。② 在刑事案件多发的乡里，胥吏负责拘捕犯人，维持地方治安。

账籍胥吏。宋代籍账所涉及的内容大致包括户籍、版籍、账籍、兵籍、吏籍等。对各种籍名的管理，有关部门一般设官总领，下置胥吏承担庶务，从事造册、审核、收纳、录存等工作。

① 《续资治通鉴长编》卷430。

② 《宋会要辑稿·职官十五》。

仓场库务胥吏。他们专门负责金谷军械等官物的看守保管、收纳支出等工作。地方政府设有拣子、掐子、斗子、秤子、库子等职名负责本地区的仓储事务。拣子掌看验，检查仓库货物质量及出纳，并印上姓名印子以示负责；库子负责看管仓库，保管库物及出纳吏务；秤子掌仓库出纳用秤。可见胥吏的分工已经非常明确了。

2. 宋朝胥吏的选充

宋朝的胥吏由不同阶层的人们共同组成。他们有的来自社会底层，比如平民、农民，还有的是地主、低级官僚子弟。胥吏在来源上的复杂性决定了他们入职为吏的途径的多样性。综合中央与地方的具体情况，可将胥吏最主要的入仕途径归为承袭、保引和投充三类。

承袭。承袭是指胥吏因年老或亡故，由其子孙入役承代。胥吏的承袭是对有年劳胥吏的一种抚恤和优奖措施，在激励胥吏勤于职事等方面有一定的积极作用。但这种家族世袭式的承袭制不利于人才的选拔和胥吏之间的相互监督与制约。据南宋人吕南公《灌园集》卷 20 载：袁州有一胥吏临终前请求将自己的胥吏职位继传给自己的儿子，而当时的通判不同意。身为推官的李冕据理力争说："优奖，所以待年劳，吏勤知为其家而已。今不幸死，而子不得承，然则吏无事于勤矣。彼他吏独无年劳可依乎？"通判最终同意了老吏的请求。

保引。保引是指官吏担保、引荐亲属充任吏职。北宋熙宁三年（1070年），颁布了《中书吏保引、补试、赏罚条约》。该条约规定，中书吏所保引者必须是五服以内的近亲。被保引人须年龄在 16 岁以上，不曾于别处任职，举止端庄、未触犯刑名，而且还要有两位官员委保，并经检正官呈验人才、书札，经考试合格后，方可任职。由此可见，宋朝挑选胥吏也通过考试，这在一定程度上保证了胥吏的质量，同时也是对承袭制的一种补充。北宋熙宁五年（1072 年），又修定《枢密院吏人保引法》，其内容与中书吏大体相当，并将被保者的品行、能力等与保引人的利益联结起来，保引人若保引不当将受到降名或延展磨勘年岁的惩罚。南宋时，保引亲属之法仍遵依熙宁旧制。

投充。投充即自荐，它是一种面向社会各阶层的选任方式。在宋代，无论中央百司，还是地方州县，都有大批胥吏是通过投名自荐的方式，经官府验试合格后入役为吏的。特别是熙宁变法改差役为募役后，招募投充遂成为地方胥吏最主要的入役途径。投充人入役必须具备一定的条件。首先，他们必须是年龄在 16 岁以上，行为端庄，无过犯，非游手好闲、凶恶之人。地方官府及仓场库所内的胥吏还要有税产作抵押。如应募衙前者，“仍供物产为抵”。① 其次，投充人一般也要有官吏保引。最后，投充人在具备入役条件，并经人举荐后，还要通过有关部门的考核，合格者方能入役。

3. 宋朝胥吏的出职

宋朝，在中央及地方各级官府内均有大批从事具体行政工作的胥吏，其中，中央百司与地方监司、州郡一级的胥吏可出职入流，跻身于低级官员的行列。宋代胥吏的出职方式大致有年满出职与比换出职两种。

年满出职是宋朝胥吏出职的主要途径。所谓“年满”，是指胥吏任职已经达到了规定的年限。但在出职年限规定上具有很大的弹性，不同历史时期内胥吏的出职年限各不相同；不同机构内的胥吏以及同一机构中不同名目的胥吏，其出职年限亦有迟速之别。各部门间差异较大，短者三、四年或五、六年，长者则须十余年，甚至二三十年。另外，由于中央百司分工各异，职掌不同，因而在官僚机构中所发挥的作用大小也多有差别，有“闲司”、“要地”之分。在要职、闲司的胥吏即使达到出职年限，往往也不愿意出职入流，而宁愿保留“胥吏”的身份。于是，官府就通过分流的方式，对那些不理职事和犯有过失的胥吏尽早给予出职安排，而将书计精熟的胥吏升补职名，甚至授官勒留，继续在司祇应，从而确保了在职吏员的素质。宋朝在胥吏出职年限上所采取的灵活措施，有利于将在职吏员的整体素质和业务水平维系在较高的层次，体现出“任人唯贤”的选任原则。但这种灵活措施也存在一定的弊端，主要表现在胥吏出职速度过快、入流过滥，这使官僚机构中的员阙矛盾日趋严重，故而引起士大夫的强烈不满。

比换出职是指胥吏在任职年限未满，无法按年劳出职法的有关规定出职入流的情况下，依现有资格比换相应官阶出职。比换出职制度的出台，与当时宋朝冗员过多有关。宋王朝自立国之初起，冗官冗吏的问题就一直存在，并长期困扰着统治集团，阻碍国家机制的正常运转。早在开宝六年（973 年）六月，宋太祖就亲阅在京百司吏人，“黜为农者四百人”,② 此后，裁汰冗吏的诏书更是频频颁下。然而，与太祖朝所不同的是，某些部门内的胥吏在遭淘汰后，仍可享有出职安排，而不再是放罢为农。为了精简人员，比换制度逐渐形成。北宋前期，胥吏比换出职并未形成定制，多为统治者或地方官员为了精简人员

① 《文献通考·职役考一》。
② 《宋史·太祖本纪》。

而采取的权宜之计，当属特例，且涉及的范围比较小。另外，比换出职应具备什么条件、按什么比例折资等都没有做出具体说明。直到哲宗元祐五年（1090 年）才规定：三省胥吏未因年劳而出职者，须降资改换；若未至该年劳，且资历过浅，无出职名目可折换者，只得放罢。南宋以后，胥吏比换出职的范围进一步扩大，内自六曹、寺监，外至诸州、监司的胥吏都有比换之制。而且，有关胥吏比换出职的条法也日臻完备，比换者亦有理年的规定。以中央为例，绍兴二十七年（1157 年）规定，六曹、寺监正名贴司，以及大理寺抽差到寺的正名贴司在任职满七年后，才能比换副尉，“先是，及三年比换，至是以为太优，故改之”。①

4. “重禄法”

在宋朝之前，没有明确规定胥吏可以取得给俸。宋朝胥吏腐败严重，胥吏无给俸是其腐败的一个原因。如王安石所说：“吏亦人，非不衣不食而治公事，既衣食，即必有所出。”②“重禄法”的出台与熙宁三年（1070 年）京城大多数军粮的仓吏都克扣军粮，引起军士们的强烈不满有关。因而神宗才下令创立“仓法”，或称“重禄法”，本着“增禄不厚，不可责其廉谨”的指导思想，首先给仓吏以厚禄，岁额 18900 贯。但同时又立法对赃贿者施以重罚：给禄之后，如再侵克受贿，“计赃钱不满一百徒一年，每一百钱加一等；一千流二千里，每一千加一等，罪止流三千里……徒罪皆配五百里外牢城，流罪皆配千里外，满十千即受赃为首者配沙门岛”。③ 此后，“仓法”逐步推及内外吏，至熙宁六年正月，吏禄总额已达 171500 余贯。王安石曾向神宗表白：“吏胥禄廪薄，势不得不求于民，非重法莫禁，以薄廪申重法，则法有时而屈。今取于民鲜，而吏知自重，此臣等推行之本意也。”④“重禄法”在哲宗初年被废除，直到绍圣年间才重新恢复，但因政府财政困难，即使实行“重禄法”也并没有“尽禄天下吏人”，而只有一部分胥吏能够领取俸禄，这部分胥吏被称为“重禄公人”，他们如果犯赃，要受到重罚；另一些胥吏仍无俸禄，称为“无禄公人”。这种状况在宋朝之后的朝代仍没有被改变。

---

① 《宋会要辑稿·职官二四》。
② 《续资治通鉴长编》卷 430。
③ 《续资治通鉴长编》卷 214。
④ （明）陈邦瞻：《宋史纪事本末·王安石变法》。

9.3.2 元朝胥吏制度

元朝胥吏阶层有其自身特点。首先，胥吏身份和政治、社会地位提高。其次，以统治任务之分工为标准，来分别吏职和官职。凡主要任务是具体经办文书者，如尚书省、枢密院、御史台、六部等官府令史，一律定为“吏职”，没有官品，既不是流内官，也不是流外官。最后，元代统治集团始终重吏轻儒。

1. 元朝胥吏种类与职责

元朝胥吏按职掌不同分为四类：掌案牍的胥吏、专门从事翻译的胥吏、从事传达事务的胥吏、管理其他重要事务的胥吏。

（1）案牍胥吏。从衙门品级来看，凡二品以上衙门的案牍胥吏称为“令史”，设置在中书省、行中书省、枢密院、行枢密院、御史台、行御史台等官府中。不过在中书省、御史台、枢密院和行中书省、行御史台、行枢密院任职的胥吏专称“掾史”。司吏设置在地方基层官衙（如路总管府、府、州、县和录事司等衙门）中。“吏人之职，主簿书案牍之首尾。”① 从这句话可看出，司吏是主管案牍的吏员。由于地方衙门的胥吏多直接接触民事，公事细碎，头绪繁冗，司吏名额有限，不可能像上层官府那样分工细致。因而与令史相比，司吏的职责面较为宽泛，承担的事多而杂，尤其是县级司吏，除了日常工作之外，还要不定期地轮番执掌衙门印信。书吏设在中书省和行中书省的检校所中，从事检查、核对案牍是否迟滞和错失等工作。中书省是元朝的决策机构，文件很多，为了防止出错，设立了检校所，设书吏六名。可以看出，元朝的书吏是衙门事务性监察使命的部门吏职。必阇赤是元朝掌管文书的胥吏，其职责与令史相似。必阇赤掌握蒙古语言文字，有时也兼任翻译工作。蒙古族是元朝的统治民族，所以蒙古必阇赤比任何吏职的政治地位和经济待遇都要高。除了掌握蒙古语的必阇赤之外，还有掌握波斯文字的必阇赤。

（2）翻译胥吏。元朝广袤的境域内居住着使用各种语言文字的人口。在统治集团内部，有相当一部分不懂其他民族语言文字的官员。在这种情况下要使统治机器正常运转就离不开翻译胥吏。元朝的翻译胥吏数量多，地位重要，起的作用也大。元朝的翻译胥吏有两种：一是从事书面文字翻译的“译史”，二是从事口头翻译的“通事”。

（3）传达胥吏。宣使和奏差是元朝官府中担任上传下达职责的胥吏，二

① （元）胡祗遹：《紫山集》卷23。

者的基本职责并无太大区别。不同的是，宣使一般设在中书省、御史台、枢密院等一、二品衙门中，而奏差是设在宣慰司、六部等三品衙门中。如大都留守司升为正二品后，其奏差改为宣使。

（4）其他重要胥吏。知印是掌管衙门印章、印信的胥吏，如中书省“知印四名，掌执用省印”。① 知印设在中央部以上的衙门（如行省、行台、行院等衙门）中。基层衙门如路、府、县不设知印。典吏是负责衙门文书、档案、表册等收取、发送、保管等工作的胥吏。因此，典吏从中书省到司县，大大小小的衙门都有设置。这也是设置面最广、地位最低的胥吏。

2. 元朝胥吏的来源

元朝胥吏主要有三种来源：职官、儒士和见习吏员。

职官是元朝胥吏的重要来源。职官充吏，从元初就存在。如“中统初，(袁裕）由聊城县丞，辟中书右司掾”。② 也就是说，中央衙门中的胥吏有的来自于地方职官。例如，中书省是正一品官府，中书省的省掾从正（从）七品官内选取；院、台、行省、行台、行院是从一品衙门，上都留守司是正二品衙门，其令史从正（从）八品官中选取；宣慰司、六部是从二品和正三品衙门，令史从正（从）九品官中选取。

元朝曾经停止科举取士制，实行吏入官制，因此，“儒”成为元朝胥吏的主要来源之一。这里的儒包括科场落第举人、儒学学生、蒙古字学学生、回族文字学学生、教官等。元朝曾实行过“岁贡儒人”制度，即路总管府每年向中央或监察部门推举儒人和现役胥吏，充任被贡官府的案牍吏职。“岁贡儒人”制度虽然是元朝主要的胥吏来源渠道，但也曾被中断过。元仁宗于即位后的第二年（1313 年）决定科举取士。“科举既行之后，若有随路岁贡及保举儒人等文字到官，并令还赴本乡应试。”③ 这意味着“岁贡儒人”制度的中断。仁宗去世后，英宗于 1320 年继位，对岁贡儒人制度做了调整：“岁贡儒人，先尽会试终场下弟举子内选用。如或不敷，照依旧例贡举。”④ 这就把落弟举子列为岁贡儒人的首位，有利于保证“儒”的质量，又有助于安抚落第者。

---

① 《元史·百官志一》。

② 《元史·袁裕传》。

③ 《元史·选举志三》。

④ 《典章新集·吏部·选补书吏》。

在元朝，从中央到地方各级府衙中，有一批在数量上远远超过胥吏的见习吏员，他们平时做胥吏的辅助工作，是胥吏的助手，并成为官府结构中不可缺少的部分。同时，他们又是元朝胥吏的主要来源之一。元朝的见习吏员主要有贴书、写发（人）和主案。

3. 元朝胥吏的出职

“出职”就是指胥吏离开吏职担任职官。从隋唐开始，科举取士制度成为选拔官员的最广泛的途径，但当蒙古族入主中原建立元朝后，科举取士制度曾被束之高阁，取代科举取士制度的是吏员出职制度。元朝的胥吏成为官员的主要来源，胥吏在元朝的社会地位也随之大大提升。

在元朝，胥吏出职所任官职的大小，取决于胥吏所在衙门的品级高低、任职时间的长短、吏职本身的地位。中央衙门胥吏可出职任九品以上的官职，地方胥吏既可以出职任上一级衙门的官职，也可以担任本级衙门的首领官都吏目。因此，胥吏所在衙门等级就决定了胥吏出职后所任官职的级别。任职时间对出职也有影响，比如，同是行中书省胥吏，任职九十个月且考满（即胥吏无过错任满吏职法定的时间）后可出职担任正八品职官，而如果任职只有二十个月且考满的胥吏只能任正九品官职。《元典章》卷八《循行选法体制》中就有这样的记载：“省宣使，三考从七。一考之上，验月日定夺。一考之一，二十月以上者，正九品。十五月从九品。十五月以下充巡检。”

另外，地方胥吏的出职与中央衙门中的胥吏的出职有所不同。在路、府、州、县地方官府，出职者主要是司吏，且多任流外官，并规定必须考满后才能出职。而六部以上中央各级官府的胥吏，即使不考满也可以依据执役的时间长短出任不同的官职，而考满者可以直接补六品、七品官。

9.3.3 简评

宋朝胥吏制度更加完善，职位分类明确，但各职位在各衙门中有不同的称谓。胥吏的来源也非常广泛，与先秦、秦汉、隋唐不同的是，宋朝的胥吏有的是经过考试进入胥吏系统，并且还需要人保荐。宋朝胥吏来源的另一个特点是进入胥吏系统的途径更加多元。虽然胥吏在宋朝还算得上一门热门职业，但其社会地位极低，胥吏往往被看做衙门里“跑腿”的或是在衙门里服役的人。在北宋熙宁三年之前，胥吏没有俸禄，他们的收入全靠地方官员提供或是搜刮百姓取得。直到“王安石变法”实行“重禄法”之后，胥吏才有俸禄。北宋实行的“重禄法”对宋之后的朝代有很强的借鉴意义。宋朝为了减少冗员，胥吏的出职较灵活，出职期限各个衙门不同，但总的原则是留下能干的胥吏，如果特别有才干，即使他们没有考满也可以通过比换出职的方式升为官员。

元朝胥吏制度与其他朝代胥吏制度最大的不同点在于元朝继承了金朝的胥吏制度，胥吏的社会地位很高，而且胥吏是官员的主要来源。胥吏升为官这种制度有两大好处：一是出身为胥吏的长官熟悉行政事务，处理起政务来驾轻就熟，胥吏的一些欺瞒做法难逃这些“过来人”的耳目；二是长官可以把胥吏晋升为官作为激励其努力工作的一种机制。在胥吏职掌方面与其他朝代也不同，元朝专设从事外语写作、翻译的职掌，原因在于元朝幅员辽阔而且是少数民族掌权，为了加强统治必然少不了从事外语交流的必阇赤。元朝，科举考试不再是选官的途径，因此，很多儒生便成为胥吏的一个主要来源。

宋元两个朝代的胥吏虽然在社会地位上相差较远，但总体来说，这两个朝代的胥吏数量极度膨胀，但因财政紧张，胥吏的俸禄很少，不足以满足生活所需，于是，这两个朝代的胥吏问题也非常严重。

9.4　明清时期的胥吏

明清时期是胥吏系统危害社会、危及封建统治最为严重的时期。在文官系统整体素质低下，文牍主义泛滥的客观条件下，胥吏系统再次作为封建官僚体制的辅助介入封建官僚系统，并握有治理社会的实权。清代胥吏不仅员额多，有实权而且积弊重。郭嵩焘即言：“汉唐以来，虽号为君主，然权力实不足，不能不有所分寄。故两汉与宰相、外戚共天下，东汉与太监名士共天下，元与奸臣、番僧共天下，明与宰相、太监共天下，本朝（即清朝）则与胥吏共天下耳。”①

9.4.1　明朝胥吏制度

明代胥吏队伍数目庞大。明初有定额，以后成倍增加，数字没有统一的记载。一般的县约有二三百人。如福建永安县是新设县，按其方志所载，共有“祗候、马夫、门子、库夫、禁子、仓夫、斗级、殿夫、坛夫、膳夫等名目达三百余人”，② 这里还不包括书吏和衙役。

明是灭元而立国的。元朝时“由进士入官者仅百分之一，由吏致显要者

① （清）徐珂：《清稗类抄》。

② 《万历永安县志·田赋志》。

十之九”。① 胥吏把持元政府中央和地方各级行政大权，与土豪奸僧相比为恶，致使元朝政事大坏。善于吸取历史经验教训的明代开国皇帝朱元璋以此为戒，援用宋朝的选官制度，主要用科举制选拔官员，使元朝的吏制失去了它原有的风采，与之相随的是胥吏地位的下降。朱元璋说：“朕观自古天下之治乱，在于君臣能驭不能驭耳。若君能驭臣以礼法，臣能驭吏以体上，故治由此始；若君不能驭臣，臣无以驭吏，则乱亦由此始。或云胥吏小人，何预治乱？是不大然。吏诈则蠹政，政既堕矣，民何由安？”② 所以，朱元璋不仅重典治官，而且重典治吏。

1. 明朝胥吏的种类与职责

明朝主要有十二种胥吏的名目：提控、都吏、令史、通吏、掾史、司吏、典吏、书吏、承发、胥吏、攒典、狱典。从京师到地方各衙门都设有十二种胥吏名目中的几种，但各衙门都设有典吏，其余十一种名目按衙门的性质分别设置。明朝的衙门分文职衙门和武职衙门，在这两种衙门中，胥吏的设置也是有区别的。文职衙门中南北六部和都察院的主管胥吏均为都吏，其他中央衙门为令史或司吏，地方衙门则是通吏或司吏；武职衙门中南北五军都督府及各省镇守总兵府的主管胥吏为提控或掾史。主管财政的户部和工部及地方各库、仓、局、所设有攒典，其他衙门则没有设这种胥吏职位。掌管司法的都察院、刑部、大理寺、按察司等衙门设有胥吏、狱典。

明朝的胥吏还可分为主管吏员、案牍吏员、司财吏员、司狱吏员，他们分别承担不同的职责。主管吏员包括“宗人府、都督府、顺天府的提控，六部、都察院的都吏，各省总兵衙门的掾史，各理刑衙门的胥吏，以及其他在京、在外衙门的令史或司吏”。③ 这些胥吏主要协助首领官起草文案并统领本部门内的典吏和书吏等其他吏员。案牍吏员主要指中外各衙门中的典吏、承发、书吏等。其中典吏的名额最多，设置也较为普遍，地位相对于其他胥吏的地位要高一些。案牍吏员主要负责抄写、收发、保管文案。司财吏员是在户部、工部及所属各库、仓、税课司以及地方上的各库、仓的攒典，其主要职责是协助首领官和大使、副使保管、收支钱粮及其他工料或实物。司狱吏员一般称为狱典，

① （清）姚之骃：《元明事类钞》卷6。

② 《明太祖实录》卷108。

③ 杜婉言、方志远：《中国政治制度通史》第9卷，人民出版社1996年版，第462页。

主要职责是管理狱卒和犯人。他们主要在刑部、都察院、大理寺、按察司及各府州县的司法部门工作。

2. 明朝胥吏的来源

明朝统治者对胥吏的挑选是有严格规定的。原则上选那些“清白无过、品行端正、责任心强”的人来充当。胥吏的来源主要有三种：

一是佥充。佥充即挑选中小地主或农民中识字的青年充当胥吏。宣德元年规定：“一户有二丁三丁，其中一丁充吏；若有一丁为官，或为补生员，或自监生、生员谪充吏员，原佥吏员可豁免。农民家庭，已佥一丁充吏，后又佥一丁，免其后佥者。若其家有四丁以上，不予豁免。”①

二是罪充。学校的学生因过失、官员因犯罪或会试落第的举人都要被罚充为胥吏。官员有过，被罚充吏。成化年间，有六名新科进士因不肯就任王府长史之职，受到严惩，将带头闹事者发配到边疆戍边，其他人罚为胥吏，被罚者终身不得参加科举考试。洪武二十六年（1393 年）又规定，国子监学生“省亲、毕姻回籍，限期以道里远近为差。违限者，谪选远方典吏，有罚充吏者”。②

三是求充。求充即纳银或实物以取得充当胥吏的资格。明初，胥吏由政府选用，严禁个人主动谋充。但由于为胥吏可优免且有俸禄，故有不少人暗中营充此役。早在洪武时期，就已经有人嘱托充吏。景泰年间，因边境多事，花费巨大，政府为缓减财政危机，遂行开纳事例，官吏军民人等均可纳粟、米、草、银等项建功，其军民子弟纳银物充吏亦在其中。开纳充吏最初只实行于边卫或前线，后来逐步扩展到内地。开纳例全面实行以后，原来的佥充制度遂名存实亡。

3. 明朝胥吏的转补与任职

胥吏虽然不属于官，但是可以步入仕途，其途径便是通过考核甄选的吏员制而获得升转。明代开国皇帝朱元璋创立了“三途并用”的选官制度。《明史·选举志三》载：“进士为一途，举贡为一途，吏员为一途，所谓三途并用也。”其中之一就是通过考核甄选使吏员升转为官员，即吏员制。明朝的胥吏要升转为官，步入仕途，必须经过一定的考查。对吏员的考查，先由所在衙门

① 《大明会典》卷 8。

② 《明史·选举志一》。

的堂上官对其政绩、品行等做出评语，然后将评语送吏部考功清吏司审查，再定其去留。胥吏以三年为一考，要历三考，考满九年，全部合格者方可升转。“在京入流衙门吏员充九品衙门司吏；九品衙门司吏充八品衙门司吏及七品衙门典吏；八品衙门司吏、七品衙门典吏充七品衙门书吏及六品衙门典吏。”①

9.4.2 清朝胥吏制度

1. 清朝胥吏的职掌

清朝胥吏根据服役地点，可以简单地分为京吏与外吏两类。京吏主要是中央各级衙门中的胥吏，《大清会典》卷12记：“凡京吏之别三：一曰供事，二曰儒士，三曰经承。”其中，宗人府、内阁、翰林院、詹事府以及修书馆等衙门的书吏称“供事”，礼部的书吏称“儒士”，各部院衙门的堂吏、门吏、都吏、书吏、知印、火房、狱典统称为“经承”。京吏要例行下达公文，上传由地方报送上来的各种文书，负责汇总处理和报销，还要处理皇帝奏疏文书。中央各部院胥吏所从事的工作，与各部院的具体职掌有关，他们主要是办理与各部院主管政治事务相关的文书工作。

外吏主要是地方各级衙门中的胥吏，“外吏之别四：一曰书吏，二曰承差，三曰典吏，四曰攒典。”② 总督、巡抚、学政、各仓、各税关监督之胥吏曰“书吏”；总督巡抚衙门于书吏之外复设“承差”；布政司、按察司、道、府、县、厅各衙门之胥吏曰“典吏”；省级以下各级地方衙门中佐贰官、首领官、杂职官衙门之胥吏曰“攒典”。外吏所要负责的事务则相对繁杂，他们所要处理的是直接关系民瘼生计的众多文书和案件。清代地方胥吏分工明确，分房科办事，一般地方衙门都设有吏、户、礼、兵、刑、工六房。吏房主要办理有关官员升降、报捐贡监、挂各书卯册、诰封、官吏考绩等的相关文书和案件；户房主要办理地丁、钱粮、漕粮、各种杂税、赈济、上报物价晴雨表等事务的相关文书，承办田房买卖租佃与粮税案件；礼房主要办理有关学校教育、科举考试、宗教祭祀、旌表节孝、迎官接诏、慈善事业等事务的相关文书，承办祭祀、庙宇、家产、债账、婚姻、杂货、药材等各项案件；兵房主要办理驿站、夫马、选差役、兵家脱逃、稽查匪类、应大差、办保甲、救失火等相关文书和案件；刑房主要办理打架斗殴、死伤、奸情、赌博、娼妓、盗贼、毁坟灭

① 《大明会典》卷8。
② （清）徐珂：《清稗类钞》。

骸、邪教反叛等恶性案件及相关文书；工房主要办理兴修水利、整修馆舍、道路交通、军工木料等相关文书和案件。除六房外，有些地区还根据各衙门事务繁简，设有管理一应杂物的总房，收发文件的承发房，记录口供的招房，承办盐茶事宜的盐房，掌管粮银收支保管的粮房、柜书、漕书、仓房等多种机构和部门。

2. 清朝胥吏的来源

与明朝不同，清朝胥吏既不选用科举士人，也不选用低级官员，而是从民间选拔出来的“庶民在官者”。这种“胥吏”从本质上说是一种徭役，是按户出丁充役的，他们在官府服役，也就是所谓“在官之人”，其身份地位比较特殊，既不是政府官员，但又办理政府的事务。胥吏的参充主要有两种，一是纳银充胥吏；二是招募。纳银充胥吏是清朝前期的事，到康熙二年（1663 年）“停止援纳，俱令各衙门招募，给予执照，开注姓名年岁，著役日期，并地方印结，按季汇咨部”。①

清朝对参充胥吏的人有年龄、品行、任职资格方面的规定。明代规定“年三十以下者”可全充胥吏。清代在此基础上，对胥吏的承充年龄又做了规定。乾隆帝时规定“内外大小各衙门书吏充补时，该官务须实力查验，年过二十岁以上者，择其老成驯谨之人，方许充补。其年龄太轻者，概不准充”。②清代承充书吏的年龄应在二十岁以上，较之明代书吏的选充年龄要小，但政府的目的都是为了避免因吏的老龄化而影响工作效率。在品行方面，要求参充者“载良民籍，身家清白，并无重役过犯违碍等弊”。招募的书吏必须办理“亲结”、“保结”和“印结”三项手续。所谓亲结就是自己填写体貌特征，如身材、面色黄、白、黑，有无胡须等，年龄、籍贯、身份是否官仆、是否文武生员及投充旗下、身家三代的姓氏及身份、本人是否清白、有无抗粮、过犯、顶冒等情况。所谓保结，就是让亲族、邻右或同乡书吏证实其亲结无伪，并签字画押。所谓印结，就是吏部将应召书吏的亲结和保结等文书由驿站送往该人原籍查实，以地方官的印章为凭通过上述手段来保证承充者的品行。个人能力方面，康熙二十八年规定“有愿充各部院衙门书吏者，令其俱呈考试，选择文理通明者，掣签著役，渐次补完，再行考取”，③ 要求参充者熟知律例，精通

① 《钦定大清会典事例》卷 146。

② 《大清会典·乾隆会典》。

③ （清）刚毅：《牧令须知》卷 146。

算写。

3. 清朝胥吏的薪俸

清初承明制，胥吏有工食银，从地方正额钱粮之存留部分中取得。由于清朝对胥吏定有经制额数，实行编制管理，所以胥吏还有在编、不在编之分。供事、儒士、经承、书吏、承差、典吏、攒典七种名目的胥吏是在政府册档上明文记载并有额缺的，可称为“经制吏”、“在编胥吏”；不在国家编制之列的书吏称为“非经制吏”、“编外吏”、“额外吏”。在编的经制书吏，京中各衙门及各督抚衙门每年给米四石、银三十六两；地方州县衙门每年给银六两。可惜好景不长，顺治九年（1652 年）就开始将外省书吏工食银进行裁减。康熙元年（1662 年），更将全国范围内胥吏的工食银全部裁去，即胥吏自康熙元年开始不再领取政府的正式俸禄。

9.4.3 明清的胥吏之害

胥吏之害在秦汉时期已见端倪，从宋朝开始变得严重，明清时期胥吏之害最为严重，以至于清朝被称为“与胥吏共天下”。

胥吏之害主要表现在以下几方面：

1. 刁难索贿，借诉生财

明清时期，从中央到地方胥吏都通过手中的职权向低级官员或百姓索要贿赂。在中央或省、院等高级衙门中工作的胥吏，往往利用职务之便，在人事委派方面向被委派或任命的官员索要贿赂。地方胥吏，特别是掌管牢狱的胥吏，常通过各种手段折磨犯人，当犯人受不了时，便向犯人索要钱财，如果罪犯给胥吏足够多的银两便可以免受折磨。“一旦入了狱，不管有罪没罪，必械手足，置老监，弄得他们苦不可忍，然后开导他们，教他们如何取保，出狱居住，迫使他们倾家荡产解除痛苦，而当官的就与吏胥们私分这些钱财。”① 由于胥吏文字能力强，且熟悉法律条文，又掌握了老百姓惧怕官员和怕打官司的心理，所以他们常通过文书书写来钻法律的空子，以此讹诈百姓。

① 参见吴思：《潜规则——中国历史中的真实游戏》，云南人民出版社 2000 年版，第 13 页。

2. 挟制长官以邀利

明清时期官员和胥吏之间存在一种微妙的关系。一方面，胥吏是官员的下属，官员要对其进行管理；另一方面，由于胥吏在官员身边工作，掌握着官员的一些把柄，官员又不敢得罪胥吏。胥吏常用他们掌握的长官的把柄挟制官员，使得胥吏为所欲为的行为不受限制。胥吏常用一堆繁杂的行政事务故意刁难新任长官，从而让长官知难而退，这样胥吏就可以放手敛权，地方上常出现这样的事。《明史·况钟传》记载：况钟出任苏州知府时，苏州府就以“赋役繁重，豪猾舞文为奸利，最号难治”著称。况钟上任之初，故意示弱，每有请求，总是按照属吏的意思照办，于是“吏大喜，谓太守暗，易欺”。不想三天过后，暗中对胥吏进行过详察的况钟，将某某欺上瞒下、某某明知不可而为之的行为一一当堂列出，“立捶杀数人，尽斥属僚之贪虐庸懦者”。于是“一府大震，皆奉法”。

3. 监守自盗，税收舞弊

明清时期负责看管粮房、仓库的胥吏常偷盗所看管的粮食或仓库里的财物。“明帝国的法律定有‘六赃’，列在首位的就是‘监守盗’，而且处罚严厉。”① 地方官府中的胥吏有一项最重要的职责——收税。胥吏每年都通过催取赋税徇私舞弊。地丁钱粮是清代最基本的财政收入，胥吏常在地丁钱粮征收过程中进行浮收。所谓“浮收”就是老百姓交去的赋税胥吏以种种借口拒绝征收，而后又以老百姓不交税为由多收税收之外的费用。如“（道光年间）浙江诸暨县清廷规定地丁银每两加耗三钱二分，但百姓按此交纳时胥吏却概不肯收，故意令其违限，再乘机勒索，令百姓每两折钱二千五百文，外加夫马、饭食费，有的农户只欠银二、三钱，却被胥吏罚交千余文”②。

胥吏之害在明清时期如此严重的主要原因有两点：第一，随着科举制度在明清时期不断完善和稳固，官员大多由科举考试产生，由胥吏升为官员的道路变得非常狭窄，久任胥吏职位的胥吏升迁无望，就只能一心一意地走“致富”之路，即用手中的各种资源和优势欺上瞒下、欺压百姓。第二，明清继用宋朝的胥吏制度，胥吏地位在明清时期较宋朝还要低，降到历史的最低点。胥吏在

---

① 参见臧知非、沈华：《分职定位：历代职官制度》，长春出版社 2005 年版，第 256 页。

② 参见谢世诚：《道光时期胥吏违法问题》，《学海》，1997 年第 3 期。

明清两朝都被人为地置于卑贱的地位，在整个社会的眼里，胥吏是一个极不光彩的职业。胥吏不仅地位低，而且胥吏在这两个朝代几乎没有俸给。明清两朝的统治者一方面要依靠胥吏，另一方面又不给胥吏合适的地位、升迁的机会和物质待遇。胥吏为了生存不得不利用各种机会和手段为自己牟取私利。

9.4.4 简评

明清时期胥吏制度延续宋朝的胥吏制度，但在选拔方面较其前的朝代来说不太注重胥吏的品德与能力，担任胥吏之职的人员素质不高。胥吏被视为一种贱业，也没有相应的晋升机制和报酬，这也成为明清胥吏之害的一个原因。明清时期，胥吏虽受官的管辖，但官员的处事胥吏均知悉，故彼此互有戒心。对中央来说，胥吏对官员可以起到权力制约的作用。清朝胥吏与之前各朝代的不同之处在于，清朝胥吏不属于官制系统，但它是整个行政机构中不可缺少的组成部分。胥吏的大量存在，一方面反映了繁杂的衙门事务中需要有各种专业办事人员的帮助以及时处理公务，另一方面也反映出明清官场中的文牍主义。明清时期胥吏之害抹杀了胥吏存在的积极意义，严重影响了后世对胥吏及胥吏制度的客观评价。

9.5 胥吏对基层行政的影响

胥吏作为古代行政系统中的一个重要子系统，在国家行政管理中发挥着重要作用。他们广泛分布于中央及地方各级官府，办理各项具体事务，是官对民实施专制统治的助手和参与者。所谓“府史胥徒，庶在官者也”,① 胥吏虽然不是官，且受官的管理和制约，但他们辅佐官员管理地方事务。胥吏介于官、民之间，为“官民交接之枢纽”,② 从这个层面上讲，胥吏是统治集团不可或缺的一个组成部分。他们或主行文书、或供役驱使，曾在中国基层行政中起到过积极作用，同时亦带来了诸多负面影响。

9.5.1 胥吏对基层行政的积极影响

胥吏在官府中虽然从事的都是些具体的琐碎事务，但殊不知正是这些琐碎小事构成了封建国家统治的基础。因为国家的任何政策法令最终都要细化为各

---

① 《文献通考·选举考八》。

② （清）梁章钜：《退庵随笔》卷5。

项具体管理措施，并由地方行政系统中的胥吏来加以贯彻实施。没有胥吏的参与和努力，再好的法令也不过是一纸空文。从这个意义上说，胥吏在封建官僚统治中的作用是必不可少的，也是不容否定的。胥吏对基层行政的积极作用主要表现在以下几个方面：

1. 贯彻法令，保证法令的有效性和持续性

法令的有效实施取决于多方面的因素，但再正确、再可行的法令如果没有有效的执行者，任何法令都将是一纸空文。这一原则在古代也不例外。在每一个朝代，中央所制定的各项政策、法令都要颁至各级官府，最后由官府内的胥吏来具体实施。因此，国家的政令能否得到有效的贯彻，不仅取决于政令本身的可行性，还要取决于作为具体执行者——胥吏的努力。几乎任何一项法令从成文、颁布天下直至最后的执行，都有大批胥吏的参与和努力。宋朝咸平五年（1002 年），侍御史知杂事田锡上书言："密院、中书，政出吏胥。行遣只检旧例，无旧例则不行。"①

胥吏长期在官府内从事诸如抄写、誊录之类的具体事务，年深日久，对本部门内的各项法令自然详熟。与胥吏相比，官员则对法令不是那么熟悉，从而出现了官不知法而吏知的情况。出现这一情况的原因是多方面的，既涉及国家对官与胥吏的管理模式的不同，又取决于官僚士大夫对政事的态度。各朝各代为了加强中央集权统治，对官吏实行任期制管理，且自隋朝推行科举选官的制度以来，官员大多由科举出身，对社会现实没有胥吏了解得多，所学和所用也有很大差别。古有官者多"童而习之，由壮而老，精神财力已半消磨于诗赋。八比之中，乃受职任事，乃责以治国安民，所学者在此，所用者在彼"② 的情况。官僚士大夫对行政具体事务总抱一种轻视的态度，认为儒则从事诵说章句之末，吏则从事法律刀笔之陋。

2. 维护社会安定，稳固专制统治

胥吏在维护社会安定，巩固专制统治方面发挥着积极作用，两宋统治维系 320 年之久就是最好的证据。宋初，太祖为加强对地方控制，下令将各地的赋税收入"凡缗帛之类，悉辇送京师"。③ 后又在指定地点建立许多仓库以储存

① 《续资治通鉴长编》卷 53。

② 《光绪会典·光绪五年六月五日贵州候补道罗应旒奏折》。

③ 《续资治通鉴长编》卷 5。

官物，负责管理这些仓库的主要就是胥吏。管理仓库的胥吏被统称为“仓吏”，主要有专知官负责官物的收支，库子看守仓库，拣子检验官物质量。

另外，地方胥吏中还有大批的治安吏，如弓手、耆长、壮丁、都虞侯、所由等。他们遍布于州、县、乡、村，专门负责捕捉盗贼、讥察烟火，维护社会治安。

清代统治能够维系268年，并且出现了康乾百年盛世的局面，除了皇帝的勤政、官员的廉明，还有胥吏的积极作用。陈子龙说：“朝廷之有百官，百官之有吏书，一也……耕问诸农，织问诸婢，必然之理。一身之精力有限，众人之耳目无穷，各执事分办于下，一人察核于上，彼焉瘦哉？”① 韩振则说得更直接：“自天子至庶人，未有不求助于人者也，……天下之事谁为政，曰二显、二隐……何谓隐？曰内长曹郎之事以待六部出治者，胥吏也外长守令司道督抚之事，以代十七省出治者，幕友也。是皆上佐天子以治民事，而其迹不见者也。”② 国家的各项法令制度主要是通过胥吏奉行于民间，民众也主要是通过胥吏的工作来感受皇恩浩大。胥吏的行为直接影响到百姓对统治集团的态度——或认同或不满，而百姓的这种态度将直接关系到社会的安定与否，直接关系到专制统治的稳固性与动荡性。

3. 沟通上下联系，保证国家政策顺利执行

在百姓看来，推行国家政令的应该是地方官，是科举入仕者，但实际上科举入仕的官员人数远远赶不上地方上实际的需要量。以清朝前五朝（顺治、康熙、雍正、乾隆、嘉庆）与后四朝（道光、咸丰、同治、光绪）的科举情况来说，后四朝88年中考中进士的有9944人，占清朝进士录取总数26391人的37.6%。前五朝177年考中进士的有16447人，占总数的62.4%。清朝有一千余个县，将这些官员分配到各个县，官员的人数显然满足不了政务需求。因此，大量的政令就不得不依靠胥吏来执行。

4. 保证官员依法行事，对官员贪赃枉法予以限制

清代是“或一事设一例，或一省一地方专一例，甚至因此例而生彼例，不惟与他部（指刑部以外之五部）则例参差，即一例分载各门者，亦不无歧

① （明）陈子龙：《皇明经世文编》卷22。
② （明）陈子龙：《皇明经世文编》卷25。

异”。① 对于最高统治者来说，一个重要的问题是如何保证地方官员确实奉行这些法令。为了保证法令得到有效实施，清朝制定了上级官府对下级官府官员实行行政监督的制度以及对官员的考课制度。除此以外，胥吏也是监督官员的一个途径。关于胥吏的这一机制，明显地体现在官府的“判案”过程中。清律规定“凡同僚犯公罪者，并以吏典为首，首领官减吏典一等，佐贰官减首领官一等，长官减佐贰官一等”。清人以为“承行在于吏典，并以吏典为首。由吏典而首领，而佐贰，而长官递减一等，非以职之崇卑为罪之轻重。盖任重者责大，官微者事劳，而署案办事，则卑者尤须慎密也”。② 意思是说，对例行公事除要求吏典认真整理有关资料、提供法例外，还要求其在承行文书时，仔细检查，如发现“署案判事”内容有违法例，还需建议官员斟酌修改，以此来督促吏典“慎密”，否则出了错，将遭到“为首”的惩罚。这充分表明，各级胥吏一方面固然同其他具体办事人员一样，需要在官员指挥下经办例行官府文书，但另一方面，则还要向官员提供有关法例，对官员在此基础上做出的“判事”，核查是否违反法例，从而在颁布大量法例对官员“禁防”的君主专制制度下发挥督促官员奉行这些法例的特殊作用。官员“依法办事”无疑有利于政治的清明和社会的安定。

9.5.2 胥吏对基层行政的消极影响

黄宗羲在《明夷待访录》中指出：“吏胥之害天下，不可枚举，而大要有四。其一，今之胥吏，以徒隶为之，所谓皇皇求利者，而当可以为利之处，则亦何所不至，创为文网以济其私。凡今之所设施之科条，皆出于吏，是以天下有吏之法，无朝廷之法。其二，天下之吏，既为无赖子所据，而佐贰又为吏之出身，士人目为异途，羞与为伍。其三，各衙门之佐贰，不自其长辟召，一一铨之吏部，即其名姓且不能遍知，况其人贤不肖乎！故铨部化为签部，贻笑千古。其四，京师权要之吏，顶首皆数千金。父传之子，兄传之弟，其一人丽于法后而继一人焉，则若其子弟也。”③ 客观地说，胥吏阶层在实际封建官僚体系运作中有一定的消极影响，这些内容不仅体现在正史之中，在清代的小说笔记中也随处可见。作品大多含有纪实的成分，可以说是对胥吏生活尤其是州县胥吏的形象写照，能够补充正史的不足，也能够让我们对胥吏有一个更加深刻

---

① 《清史稿·刑法志一》。

② 《大清律例·名例律》。

③ （明）黄宗羲：《黄宗羲全集》第一册。

的了解。具体表现在以下几个方面：

1. 剥削百姓，危害社会稳定

胥吏佐官治民，直接与百姓打交道，他们一旦枉法徇私，受害最重的当属那些平民。南宋初年做过地方官的吴儆说过："黠吏之为奸，常起于上无所畏，而下无所忌。"① 其实，对于官僚士大夫，胥吏无论如何欺骗、侵侮，仍心存畏惧，处处小心谨慎；而对于平民百姓，他们则可以毫无顾忌，极尽敲榨、盘剥之能事。吴思在他写的《潜规则：中国历史中的真实游戏》中有这样的描述："当时（明朝），每年征税的时候，书役百余人威风凛凛，顾盼左右，正税之外还索要房费、火耗、票钱、升尾等诸多名目。"②

征税的胥吏负责征收赋税及各项杂税。他们往往成群结队下乡督催，骚扰民户。他们这样骚扰民户的一个重要目的是让民户向他们行贿，给他们好处。如果民户按他们的要求纳赂的话就不会被其手中掌握的权力所折磨，否则就要遭到责难。此外，各地还有大批胥吏在交通要道设卡，名为搜查漏税，实为索贿。胥吏过分剥削百姓的后果是引起民愤，更甚者会引发农民起义，使整个社会陷入动荡不安之中。

2. 贪污腐败，加重统治的黑暗与腐败

胥吏是一个非常独特的群体，他们虽然在官府中当差，却并不是官僚队伍的一员。他们处处受到官员的监督与制约，而且没有俸禄或是只有极薄的俸禄，再加上有的胥吏职位还是用钱买来的，于是胥吏利用手中的权力收受贿赂便成了理所当然的事。胥吏还与地方上专门代纳赋税的揽户相勾结，甚至"自为揽户"，或以"子婿、亲戚为之"。这不仅使民户在纳税时，又多遭受一层盘剥，而且使国家财产蒙受巨大损失。如揽户纳粮，胥吏或暗用小斛，或用泥、板置于斛底，欺瞒官员，偷逃税粮。遇朝廷减免赋税，受惠的大多是胥吏与揽户，百姓愁叹之声如故。

胥吏在清代社会是不入流的官，即所谓"庶民在官者"，但却是封建统治的终端实施者。如果把封建统治比做一只巨大的章鱼，州县胥吏就是章鱼的一个个吸盘。国家的政策需要他们传达给民众，国家的律令更需要他们来维护，可这一切却为州县胥吏专权大开方便之门。

---

① （宋）吴儆：《竹洲集·黠吏》。

② 吴思：《潜规则：中国历史中的真实游戏》，云南人民出版社2000年版，第24页。

3. 代官理政，越权行事

随着胥吏阶层的不断壮大，到了历史后期，胥吏的权威渐渐超过了官员。官员受到胥吏的挟制与左右，百姓受其影响更甚。换言之，胥吏已经变成当地最有权势的人物。宋朝我国就出现了“弱官强吏”，“官不足以治吏”的现象，而清朝也有“与吏治天下”之说，这些都揭示了胥吏虽然地位卑贱却以其力量干预着基层行政活动。

宋朝“官不足以治吏”的现象十分严重。鉴于唐末君弱臣强之弊，宋太祖采纳赵普“稍夺其权，制其钱谷，收其精兵”① 的建议，逐步收回地方的财、政、军权，加强对地方控制，形成“内重外轻”的政治格局。这种控制方式极大地加强了中央对地方的直接控制。中央对地方直接发号施令，使公文往来变得日益频繁，而公文的抄写、批戡、收发、传送等都是胥吏的职责。另外，宋朝实行官、职、差遣分离的人事管理制度，官员调动频繁，胥吏则长期任职，导致官僚惰性滋长，业务水平低下，管理政务的功能由官向吏转移。胥吏也利用他们掌握的一线资料来“欺侮”官员。

纵观两宋，真正能不被胥吏欺侮者非常少。即便是素有“青天”美誉的包拯亦不能幸免。北宋沈括在其《梦溪笔谈》中曾记载了这么一则故事：包孝肃尹京，号为明察。有编民犯法，当杖脊。吏受赇，与之约曰：“今见尹，必付我责状。汝第呼号自辩，我与汝分此罪。汝决杖，我亦决杖。”既而包引囚问毕，果付吏责状。囚如吏言，分辩不已。吏大声诃之曰：“但受脊杖出去，何用多言！”包谓其市权，捽吏于庭，杖之十七。特宽囚罪，止从杖坐，以抑吏势。不知乃为所卖，卒如素约。沈括对此感叹道：“小人为奸，固难防也。”②

明代对官员实行严格的本省回避制和调转不常制，而吏员则长期在当地衙门供职，甚至世代相袭。官员回避本籍，又调转不常，既不了解地方情况，又不熟悉具体律例，而吏员则对当地风土人情及国家律令条例、衙门诸种事务了如指掌。又由于他们人数众多，同命相怜，彼此相互勾结，逐渐形成庞大的关系网，难于奈何。胥吏久不升转，出吏为官，就势必造成这样的局面，各级政府机构的大权往往不是掌握在主事官员的手上，而是被吏员所把持。官驾驭不了吏，而官受吏摆布的现象却普遍存在着。

---

① 《续资治通鉴长编》卷 2。

② （宋）沈括：《梦溪笔谈》卷 22。

9.5.3 简评

纵观我国行政制度史，随着专制主义中央集权的不断强化以及官员管理制度中存在的某些纰漏，客观上削弱了各级官员处理政务的自主性。而任职于官府内的胥吏的作用却不断提升，所谓“吏强官弱”、“公人世界”，正说明了胥吏在国家管理中的作用。另一方面，由于受自身素质不高和社会地位低下等因素的影响，胥吏违法乱纪的现象也十分普遍。但是，官僚士大夫站在统治阶级的立场，对胥吏的不法行为大加指责，片面夸大胥吏的消极影响，而忽视他们在国家政治中的积极作用。这是不公允的。我们应该客观公正地评价胥吏对基层行政的影响，正视胥吏存在的历史必要性。

☞本章小结

我国古代行政制度之所以能有效运行，与胥吏制度有很大关系。先秦时期，就开创了由府史胥吏负责文书收发、库藏管理和一些其他杂务的历史。先秦时期虽没有胥吏这个称呼，但在官府中已经存在从事文书处理等具体事务的府史胥徒。秦汉时期出现了“文吏体制”、“掾吏制度”，胥吏阶层也随之形成。在秦汉时期官和吏有一定的区分。秦汉胥吏的来源十分广泛，对胥吏的选择也注重其才能，选贤任职，凡有一技之长的人都可以在官府中当胥吏。隋唐时期，吏、官身份差别深化，胥吏阶层进一步发展。隋唐的胥吏可以分为吏与胥两个部分，二者在待遇、地位、升迁等方面都有所不同。另外隋唐时期地方官员对胥吏的使用公私不分明。宋元时期胥吏阶层极大地膨胀，胥吏的职掌、选拔、出职等制度比较完善。明清继承宋朝完善的胥吏制度，但这两个朝代的胥吏素质相对较低，另外胥吏的俸禄由于没有得到财政保证，“胥吏之害”非常明显。

胥吏的社会地位在各个朝代有所不同。我国古代吏、胥在两汉时期地位较高，从唐宋开始，地位开始下落，金元时期地位有所回升，官、吏区分明显；到明清时，管理的界限形成并稳定下来，胥吏成为一个特殊团体，他们的地位跌至历史最低点。虽然胥吏在各个朝代的地位不同，但胥吏阶层在维持政府正常运转方面有其积极作用。任何事物都有其两面性，胥吏制度也不例外，胥吏搜刮百姓，钳制官员，严重影响了其在民众心中的形象，对行政制度的发展也起到了一定的阻碍作用。

☞关键术语

胥吏　　重禄法　　文无害　　必阇赤　　佥充　　罪充　　求充
书吏　　承差　　典吏　　攒典

☞思 考 题

1. 什么叫胥吏？胥吏是如何起源的？
2. 简述隋唐时期胥吏制度的特点。
3. 简评宋朝的“重禄法”。
4. 如何理解“清朝与胥吏共天下”？
5. 论述胥吏制度对基层行政的影响。

第 10 章
公文制度

公文，即公务文书，是国家首脑和机关以及其他社会组织处理公务、通报情况的文件。古代公文则是统治阶级管理国家用以发布命令、呈报机要、联系事务和通告法律的一种工具。中国自商周起垂至清末，产生过诸多的公务文书。弄清这些公文的名称、类别、用途和使用时限，特别是探寻古代公文制度，对于我们熟悉史料典籍、研究历史问题以及改革和完善现行机关公文制度，都具有借鉴作用。

10.1　先秦公文的起源和类型

10.1.1　先秦公文的起源

公文不但是用文字处理国家事务的工具，而且是国家使用文字处理公务的产物。在我国，国家的形成是从夏朝开始的。但是，如果研究中国古代的公文制度，则只能从商周时期开始，因为夏朝的公文，除《尚书》中一、两篇假托的材料之外，尚无可靠的文字。

商周时期的公文尚处于萌芽和成长阶段。其特点是与神权和王权紧密结合在一起的。在内容和形式上都处于原始的阶段。

商周时期的公文，主要包括甲骨文书、钟鼎文书和《尚书》。甲骨文书是商周时期刻在龟甲兽骨上的一种应用文字，也叫“契文”、“卜辞”。甲骨文书，是 1899 年在河南省安阳县小屯村发现的。绝大部分是殷商后期（大约从武丁到纣，约在公元前 1300 年至公元前 1100 年左右）的王室活动记录和奴隶主的文告。从朝代上看，在商周甲骨中，以殷商甲骨为大宗。商朝公务文书，是商王在国家进行重大活动——祭祀、征伐、赏赐、惩戒时，命令巫祝用龟甲兽骨占卜的记录。从形式上看，甲骨文书是极为原始和简单的，但从实质上讲，它已成为国家机器运转的有力工具了。

一件完整的甲骨文材料，通常就是一份独立的卷宗，它是围绕某一个或几个与问题有关的事案，经过系统整理，具有保存价值和相互关联的办毕文书材料的集合体。有向神灵或祖先“请示”的具体内容，有执行指示的结果，有时间与中介者的明确记载。这从殷墟甲骨的形式结构中可以看出来。一般的甲骨卜辞，包括前辞、命辞、占辞、验辞几个部分。殷人在占卜之前，先记下日期与占卜人的名字（前辞）、接着记下要卜问的事项（命辞），卜占之后要观察龟兆判断（占辞），最后还要记下如何实行与是否应验的情况（验辞）。例如，“戊子卜，宾贞，去今夕用三百羌于丁，用，十二月”。这是十二月戊子日占卜，由贞人宾向上帝或祖先“请示”，内容是：当晚杀三百名羌族奴隶祭祀祖丁，可以吗？验辞“用”字证实，“请示”之后就按原计划执行了。

钟鼎文书是商周时期铸在青铜器上的铭文，以记录历史事件和表彰祖先功德的内容居多，时代比甲骨文书略晚。商代的铭文较少，周代的铭文较多。商周时期的公文载体，即书写材料，除甲骨、青铜之外，还有竹木，只是因年代久远，这些易烂的竹木文书，未能完全保留下来。西周时期重要的公文刻铸在青铜器上，以昭信守，以垂久远。例如西周钟鼎文的《何尊铭文》记录了武王、成王营建新都成周的史实，《利簋铭文》中载述了武王伐纣灭商的日期。这些实际上都是用来宣示天下的公文。公文格式也较商代讲究，公文字数亦有增加，如著名的《毛公鼎》就有490余字。西周公文主要是周天子的王命文书，用于发布命令、告示或盟誓。除此之外，诸侯、卿大夫也有各种文书，如盟约、上书、户籍等。

《尚书》原称《书》，到汉代改称《尚书》，即上古文书的意思。《尚书》在西汉初已散佚。后由济南伏生传授，存28篇，因为用当时的通行文字隶书抄写，故又称《今文尚书》。《尚书》是我国现存最早的一部以公文为主的历史文献总集，由于为孔子删订，被儒家尊为经典，又称为《书经》。关于《尚书》的内容和体例，唐代刘知几曰：“盖《书》之所主，本于号令，所以宣王道之正义，发话言于臣下。故其所载，皆典、谟、训、诰、誓、命之文。”①

商周时期，已有专门从事公文写作的人员。在殷商时期，从事甲骨文书写作的人叫做“贞人”。贞人是代国王进行卜问的史官，是当时具有很高社会地位的专职神职人员。在西周时期，从事国家文书写作的人叫做“史”。“史，掌官书以赞治。”② 所谓“赞治”，就是起草文书。贞人直接隶属于国王，史

① （唐）刘知几：《史通·内篇》卷1。

② 《周礼·天官冢宰第一》。

则直接隶属于宰夫（副宰相）。

关于商周时期的文书制度，大致有以下几点：

第一，文书签名制度的产生。签名创始自商代。甲骨文中的前辞部分，除记录占卜日期之外，还要写上贞人的名字。由史官签名制最后发展成为行政长官签名制。签名制不仅意味着一种权限，而且意味着贞人对文书的制作负有一定的责任。

第二，文书正副本制度的建立。文书正副本制度始自周代。据《周礼·春官·内史》记载，西周时期，凡重要文书大多有副本多份，分存各处。王命文书颁发之后，正本交受命者，副本交由内史保存。

第三，文书工作网的进一步完善。据史书记载，西周时期，文书工作网比较完善，从中央王室到各诸侯国，都设有史官来掌管文书的起草和记录工作。最主要的史官是太史和内史，而他们的行政最高长官则是大宰。王的政令经由大宰并通过史官发布于四海之内。由此可见，西周文书工作网的完善和其王权的不断强化是紧密相关的。

春秋战国时期的公文沿袭了西周的形式，周天子的诰、誓、命，虽仍然使用，但因王室衰微，往往指挥不灵。战国时代，封建官僚制逐渐形成。官僚制以中央集权和君主专制为基本特征，以郡县制取代分封制，以权力及身而止的官僚替代世卿世禄的贵族。为适应行政管理的需要，大量复杂的公文及其制度随之而产生。另一方面，随着诸侯国的兴起，各诸侯国的盟书、外交文书、改革家的法令、使臣对诸侯王的上书以及策士的辞令等也相继产生。这些新型的公文，集中地反映在《左传》、《国语》、《战国策》、《史记》以及一些诸子文集之中。

春秋战国时期的公文，依然是公文的成长期。与商周时期的公文相比较，最大的进步就是公文语言的口语化，不像《尚书》那样难读了，篇章结构进一步完整化。

10.1.2　先秦公文的类型

先秦公文大体有典、谟、训、诰、誓、命、令、告、册等类型。

典是记述古代帝王法则的文书，如《尚书》中的《尧典》、《舜典》。

谟是臣下为君主就国家大事进行策划谋议的文件。如《尚书》中的《大禹谟》、《皋陶谟》。

训是国君教导臣下的文辞。始见于《尚书·盘庚》："予告汝训汝。"孔安国《尚书序》解释说："教导之文曰训。"有时以下戒上也可用"训"，如伊尹对太甲所云，也称《伊训》。

诰是古代帝王对臣子的命令：诰命；诰封。也指帝王任命或封赠的文书：诰敕（官吏受封的文书）。

誓，古代帝王告诫将士的言辞，如《汤誓》、《泰誓》、《秦誓》。

命是命官之辞，大曰命，小曰令。王言同称命，有的用以命官，如《尚书》中的《说命》；有的用以封爵，如《尚书》中的《微子之命》、《蔡仲之命》；有的用以饬职，如《尚书·毕命》；有的用以赏赐，如《尚书·文侯之命》。秦并天下，改命为制。

令是指帝王的命令、法令。《书·说命上》："臣下罔攸禀令。"《周礼·夏官·大司马》："犯令陵政则杜之。"《战国策·齐策》："令初下，群臣进谏，门庭若市。"

告，后作"诰"，即帝王的谕告、宣告。《书·甘誓》中有"予誓告汝"。《书·汤诰》也有"诞告万方"。

册是古代帝王祭祀天地神仙的文书或封爵的诏书。《书·洛诰》："王命作册。"《书·多士》："有册有典。"

春秋战国时期的公文按照其作用来划分，可以分为外交文书、法令文书和上书等。外交文书是各国之间往来的公文，如《左传》中记载的《子产坏晋馆垣》（襄公三十一年）篇章皆是。这类公文的特点一般是有理有据，婉转陈辞。

法令文书是春秋时期，奴隶主贵族的旧法制日益崩坏，封建关系不断发展，各国变法者在改革田制和赋税的基础上，为适应新的封建制和整顿城乡秩序的需要，把刑法铸之于鼎，公之于众，使民众有所遵循。其代表文书有商鞅在秦国颁布的《变法令》，其风格是严峻冷烈。正如汉代刘歆在其《新序》一书中指出："商君极身无二虑，尽公不顾私，使民内急耕织之业以富国，外重战伐之赏以劝戎士，法令必行，内不阿贵宠，外不偏疏远，是以令行而禁止，法出而奸息。"①

上书，或称"书"，是古代君臣或同僚之间，为公务而互致书简，属公文范围。下致上的，即为"上书"，是大臣给君王的公文，它是秦以前奏疏的统称。上书大量应用于战国时期，南朝刘勰所著《文心雕龙·章表》上讲："降及七国，未变古式，言事于主，皆称上书。"这里的"言事于主"，既包括上行文书，也包括一般游说文书。南北朝颜之推所撰《颜氏家训·省事篇》讲：

---

① （清）严可均辑：《全汉文》卷40。

“上书陈事，起自战国，逮于两汉，风流弥广，原其体度，攻人主之长短，谏诤之徒也；讦群臣之得失，讼诉之类也；陈国家之利害，对策之任也；带私情之与夺，游说之俦也。”战国时期的上书，主要集中于《战国策》，也散见于《史记》列传之中。其著名篇章有：《苏秦以连横说案》、《张仪说秦王》、《触龙说赵太后》、《乐毅报燕王书》、《鲁仲连遗燕将书》和《李斯谏逐客书》等。上书的写作风格，依刘勰的说法，则是“诡丽辐辏”。① 所谓“诡丽辐辏”，就是诡异绚丽的文辞聚集在一篇文章之中。这是战国时期上书的一大特色。

10.1.3 简评

国家的出现、社会的发展需要文字的沟通，这是公文出现的必要条件。研究中国古代公文，先秦时期是非常重要的一个历史阶段。在商代出现了最早的文字——甲骨文，它是我国迄今发现的最早的文书档案，其中就有属于公文的文献；在西周时期国家政权机构变得复杂起来，已设有专门管理文书的机构与起草文书的官吏，标志着我国古代公文开始走向成熟。从先秦时期公文作为社会交流与管理的手段，由萌芽直至定型，深受时代的影响，内容日趋丰富，变化特别频繁，其中有不少值得我们研究的问题。

10.2 秦汉至明清时期公文的发展演变

10.2.1 秦汉时期的公文制度

1. 秦汉公文的系统化与规范化

秦汉时期，一套适应集权专制国家统治的施政手段逐渐完善，公文在国家行政管理上发挥了巨大作用；帝国庞杂的行政事务又促进了公文制度的发展。二者相辅相成，使公文制度日臻成熟，这不仅对秦汉国家行政管理产生了深刻影响，而且也奠定了整个古代中国公文制度的基础。生活于东汉前期的王充说：“汉所以能制九州者，文书之力也。（汉）以文书御天下。”② 这是对秦汉公文文书所发挥作用的高度概括。

① （南朝）刘勰：《文心雕龙·书记》。

② （东汉）王充：《论衡·别通》。

系统化、规范化的公文制度形成于秦汉时期。秦汉公文无论在类型、运转程序还是制度规定上都为中国古代公文的发展奠定了基础。秦汉各级官僚也都形成了以公文行事的行政运作规则。《汉书·贾谊传》说：“大臣特以簿书不报，期会之间，以为大故。”颜师古注说：“言公卿大臣特以簿书期会为急，不知正风俗，厉行义也。”《后汉书·刘陶传》说汉末黄巾起义时，“州郡忌讳，不欲闻之，但更相告语，莫肯公文”，这是指他们不愿以公文的形式通报情况，只是口头相告，怕留下文字证据，被人抓住把柄而丢官，此事恰恰证明正常的政务往来是以公文形式，并非口头相告。实际上这一制度在秦代已有法律规定，云梦秦简《内史杂》说：“有事请殹（也），必以书，毋口请。”

2. 秦汉公文种类与运行制度

秦汉公文大体有四种类型，即皇帝御用公文、官僚奏疏、官府行移公文、官府考绩管理公文。

（1）御用公文。御用公文即皇帝专用公文。《后汉书·光武帝纪》注引《汉制度》说：“帝之下书有四：一曰策书，二曰制书，三曰诏书，四曰诫敕。”制、诏、策、敕为皇帝使用的主要公文形式。制书由先秦的命书（实为周代制度）演变而来，诏书由先秦的令演变而来，二者都是秦始皇改订的。策书源于周代的册命之书，秦汉时期主要用于策免、策问、官吏任命等。敕书则含有训诫、告诫之意。除上述外，玺书、征书也都是皇帝的专用文书。御用公文是帝国行政管理最重要的公文文书，起着理论指导和规范具体行政运作行为的作用。这些文书一般是针对各级官府所发，如果结尾有“布告天下”，还要传达到普通百姓，如果署有“具为令”、“著于令”等语，就意味着应被相应地编入有关法律文书中。

（2）官僚奏疏。官僚奏疏是上行文书。据蔡邕的《独断》介绍，大体有章、奏、表、驳议几种。《史记·三王世家》、《汉书·霍光传》、《说文》卷15及居延汉简等都提供了这几种公文的实例。

（3）官府行移公文。秦汉大量的官府行移公文是地方与中央、地方与地方政务联系、行政管理的必要手段。从内容和形式上大体可分为檄书、牒书、府书、记、爰书、变事书、奔命书、报书、举书、劾状、奏谳书、应书、谴书等，是各级官府常用的行政运作公文。

（4）官府考绩管理公文。各级官府为自身管理需要或定期向上汇报，制作有大量的考绩管理公文。如吏卒名籍、病卒名籍、日迹簿、功劳簿、受俸名籍、钱谷出入簿、文书收发记录、财物登录簿等。新发现的尹湾汉简证明，边郡和内郡都实行着大体相同的公文制度。这种考绩管理公文每年由乡、县汇集于郡国，再由郡国向中央呈送，这就是“上计”制度。

秦汉公文运行遵循着如下程序：第一，文书逐级下达和上呈，无论御用公文还是各级官府文书，都是一级一级地向下转发，汉简中有“承书从事下当用者”就是这个意思。机构改变了，文书渠道也要产生相应的变化，如州刺史自西汉后期至东汉也成了公文转发的一级机构，过去由丞相下郡国的制度发生了变化。上行公文也是逐级上报，一般不越级，当然如遇突发事件，也可用变事书、奔命书等形式直呈中央。第二，公文主发与签署。各级官府行移公文由该官府长官主发。如果长官不在署，则以“近次”兼行长官职权主发文书，汉简中常见。兼行者用自己的“小官印”或“私印”来主发文书，表明兼行者对所发文书负有责任。公文结尾照例有经手人签名，他们一般为属吏，如掾、令史、书佐等。第三，行书记录与回文。秦汉公文有不同的传送方式。近距离传送往往派走得快的人，称为“轻足”、“传行”或“行者”；远距离传送则由邮驿担任。《汉官仪》说：“奉玺书使者乘驰传，其驿骑也，三骑行，昼夜千里为程。”秦汉邮驿分段管理，公文行程有严格的时间规定，各段负责传送的人均有完整的收发文记录，称为“邮书刺”和“过书刺”，以便在发生问题时查证。如果不能按时送达或滞留文书，皆以法论处。

3. 秦汉公文文书的特点与影响

与其他历史时期相比，秦汉公文运转与权力行使也显示出时代特点。第一，中央公文运转环节相对简便。中央公文主要由皇帝与三公直接处理，不必经九卿绕行，而九卿在其职权范围内也可以独立处理公文。特别是皇帝与三公九卿之间的关系还不似后世那样壁垒森严，这对加快公文运转速度十分有益。尚书势力发展起来后，中央公文处理也不复杂，尚书协助皇帝处理公文，在某种程度上加快了处理速度。第二，地方行政机构有较多的公文处理权。大量的公文运转在郡一级就完成了。一郡事务大多通过一年的上计文簿呈报中央即可。第三，公文处理有较强的科学性。中央有“廷议”、“朝会”等形式来讨论如何处理公文；地方有“期会”、“兼行”等方式来议论公文和发布公文，一定程度上避免了个人的独断专制。第四，公文格式相对简单。上行文书中给皇帝的奏章除“昧死言”外，客套虚语不多。其他上行文书或平行文书也仅书“敢言之”即可。而下行文书往往径言“告某某”，直截了当。

但是，秦汉公文也表现出古代官僚制的通病。如“文书盈于几阁，典者不能遍睹”,① 说明当时公文文书繁多庞杂，干扰了正常的行政管理。一些官僚机构用文书来欺上瞒下，《汉书·楚元王传》说一些官吏“缘饰文字，巧言丑诋”；《宣帝纪》说：“上计簿，具文而已，务为欺漫，以避其课。”荒怠职事，不处理公文的情况也屡有发生。《朱买臣传》说“诣阙上书，书久不报”；汉代徐干《中论·遣交》篇中评东汉末的政治情况是“文书委于官曹，系囚积于囹圄，而不遑省也”，均说明公文壅滞，效率低下的状况。②

10.2.2 三国两晋南北朝时期的公文制度

1. 三国两晋南北朝时期的公文名称

三国两晋南北朝时期的公文名称基本上还是沿用秦汉时期的规定，但因政权和时代的变迁，也产生了一些新的文种。三国以后，平行机关来往公文称为“移”，或称“移文”、“移书”。《三国志·王肃传》记云：“薛夏为秋书丞，以公事移兰台，兰台自以为台也，而秘书罢耳，谓不得用移文，夏报曰：‘兰台为外台，秘书为内阁，台阁一也，何不可移之有’。”“移”这一名称，最早见于两汉，依刘勰的说法，其作用是“移风易俗”，并且分为文移和武移，檄就是武移，是对逆党用的，文移则是对“顺命”的人们用的。③ 这样看来，“移”在这个时期有两层含义，一是平行机关的行文，二是移风易俗，训教“顺命”的人所发的公文也叫“移”。

这个时期的下行文，除制、诏、策、戒之外，又增加了“令”。令的使用权限大致为：一是皇太子，二是丞相府的最高长官，如曹操就以丞相的名义发过不少令，三是地方诸侯王下达的公文，亦可称令。此外还有“符”，符是晋以后出现的告知性的下行文，主要用于不相隶属的下级机关。

上行文，除继续沿用章、表、奏、议之外，又增加了“启”这一文种。刘勰说：“孝景讳启，故两汉无称。至魏国笺记，始云‘启闻’。奏事之末，或云‘谨启’。自晋来盛启，用兼表奏。陈政言事，既奏之异条；让爵谢恩，亦表之别干。”④ 依照刘勰的说法，启作为一个文种，到晋代才开始盛行，不过它只是表奏的分支罢了。

① 《汉书·刑法志三》。

② 卜宪群：《秦汉的文书与国家行政管理》，《文史知识》，1998 年第 8 期。

③ （梁）刘勰：《文心雕龙·檄移》。

④ （梁）刘勰：《文心雕龙·奏启》。

这个时期，由于士族门阀制度的发展，谱牒文书格外受统治阶级的重视。梁武帝时，国家设有谱局，各豪门贵族都有自己的家谱或族谱，“人尚谱系之学，家藏谱系之书”。① 谱牒文书的盛行，反映了当时豪门士族势力的强大。

2. 三国两晋南北朝时期公文的特点

三国时期的公文，在我国公文史上有着极其重要的地位。西汉时期的公文，朴实典雅，以本色见长；至东汉，追求骈体，重文而轻质，与实用之宗旨相违。到三国时期，政治动乱，诸侯争鼎，文风随人自立，公文写作遂成三派，即本色派、文采派和自由派。

所谓本色派，就是以情理为本，不求浮华，语言朴实，没有无谓的文采夸饰。这既是西汉以来公文写作的优良传统，又是公文写作所应具备的风格。本色派以诸葛亮、陆逊、陆凯为代表，其代表作分别为：《出师表》、《上疏请缓征公孙渊》和《上疏谏吴主皓》。

文采派是在东汉骈体的基础上形成的一种“华实相胜”② 的公文写作流派，其特点是“体赡而律调，辞清而志显，应物掣巧，随变生趣，执辔有余，故能缓急应节”。③ 要做到“华实相胜”也并不容易，对“实”稍有忽略，就会导致华而不实。文采派以曹植、陈琳为代表，其代表作分别为：《求通亲亲表》和《为袁绍檄强州》。

所谓自由派，就是在写作上不守陈规，不拘一格，也就是鲁迅先生所说的“清峻”和“通脱”④ 的风格。通脱是指思想上不守陈规，内容上富有革新精神，想写什么就写什么；清峻就是在表现形式上“简约严明”，⑤ 不拘一格，想怎么写就怎么写。当然，想写什么就写什么，想怎么写就怎么写，也还是有限度的。这个限度就是以实用、社会效应为尺度。自由派以曹操为代表，其代表作为：《置屯田令》、《与孙权书》、《举贤勿拘品行令》、《假徐晃节令》、《在阳平将还师令》和《选留府长史令》等。

南北朝时期的公文，从政治内容上看，有进步倾向的为数不少，如谢灵运的《上书劝伐河北》、齐武帝的《婚礼从俭诏》、贺琛的《陈时政深害封事》、

① 《四库全书总目》。

② （梁）刘勰：《文心雕龙·章表》。

③ （梁）刘勰：《文心雕龙·章表》。

④ 《鲁迅全集》第3卷，人民文学出版社1956年版，第379页。

⑤ 《鲁迅全集》第3卷，人民文学出版社1956年版，第379页。

傅缔的《狱中上书》、李世安的《均田疏》、周武帝的《放免奴婢诏》等。这些奏疏和诏令，或陈时弊之利害，或发统一之心声，或劝君主之归正，或关心人民之生息，从中多少可以看到一些君臣们从政图治的心迹。从写作文风上看，有三大特点：一是骈体的格律初现端倪，冗长之风进一步发展；二是北周官方的反骈对策——苏绰大诰体的出现；三是出污泥而不染，简约文风犹存。①

10.2.3 隋唐时期的公文制度

1. 隋唐时期的公文概况

公文历秦汉魏晋，至隋唐而成熟。隋唐时期是公务文书的整顿发展期。整顿主要是指文风的整顿，发展主要是指公文写作与公文制度的发展。

在文风方面，由隋代发起的反骈俪、正文体的文风改革，到唐代由陈子昂、韩愈所继承。东汉以来的骈体，虽未完全铲除，但却经历了一次大整顿。

在整顿文风的基础上，公文写作逐步形成了一种骈散结合、明快易读的文体风格。东汉以后至魏晋南北朝的公文，或骈或散，或二者结合，但往往晦涩冗长，如读天书。而隋唐时期的公文，尽管隋和唐初竞尚文词，但总地来说，一般都较为明快、好读，这是一个很大的进步。

在文书工作制度、文书机构和职官设置方面，不仅较为完备，而且更加制度化、法律化。有些文书制度，以法律的形式载入了律书（如《唐律》）。

2. 反骈俪、正文体的文风改革

起于东汉、盛于六朝的骈体文，经过宇文泰、苏绰的扫荡，并未消亡。至隋，几乎完全继承了梁、陈之遗风，忽视内容，注重形式，专门讲求华美的文调和骈俪的形式。形成了一种“属文之家，体尚轻薄，递相师效，流宕忘反”② 的社会风气。在公文写作中也养成了一种追求奇异、寻逐虚微的写作风气。

隋文帝于开皇四年（584 年），“普诏天下，公私文翰，并宜实录”,③ 违者治罪。就在这年九月，泗州刺史司马幼所上的表章过于华艳，结果被朝廷治

① 闵庚尧：《中国古代公文简史》，档案出版社 1988 年版，第 98 页。

② 《隋书・李谔传》。

③ 《隋书・李谔传》。

罪。自此以后，王公大臣都认识到上书时所应持的正确文风，“莫不钻仰坟集，弃绝华绮，择先王之令典，行大道于兹世”,① 收到了初步效果。

尽管如此，作为一种在社会久已流行的写作风气，绝非一朝一夕可以根除的。隋灭唐兴，齐梁遗风，绳继未改。唐武德元年（618年）五月，唐高祖李渊发布了旨在改革文风、提高效率的《诫表疏不实记》，诏令的中心内容是反浮华、重实录，这与隋文帝等的主张是一致的。

唐太宗李世民对政事与词藻的关系看得比较清楚。著作佐郎邓隆表请编次他的文集，他说：“朕若制事出令，有益于人者，史则书之，足为不朽。若事不师古，从歧害物，虽有词藻，始贻后代笑，非所须也……凡人主惟在德行，何必要事文章耶?”② 对于上书论事，李世民反对用浮华的文体，主张用朴实直言的文体。唐初的一些政治家、史学家，如魏征、李百药、令狐德棻等，都有改革文风的言论，在他们所修撰的《隋书》、《北齐书》和《周书》中，凡涉及六朝文风时，都有所批评。

3. 唐代文书的避讳、称谓和平缺制度

避讳之规定，起于秦，历代都承袭下来。到了唐朝，更以法律的形式做了规定。《唐律疏义·职制》第115条规定：“诸上书若奏事，误犯宗庙讳者，杖八十；口误及余文书误犯者，笞五十。”依此，在文书中要讳“民”字，民字须用“人”字代之。因为写“民”字，就是犯了唐太宗李世民的名讳。

称谓的规定，如天子自称“朕”，臣民称之为“陛下”，亦起于秦。到了唐代，又有发展。《唐六典·礼部条》规定，对天子称为“圣上”、“皇上”、“陛下”、“万岁”等。依唐制，在行文中，遇有“皇上”、“陛下”等词，要提行顶格，即所谓“平头”；接下来所叙之文字，要低两格，即所谓“缺行”，合谓“平缺”。此制为秦汉时“抬头”制的进一步发展，一直延续至明清。不依此办理，则被视为“对上不恭”。

10.2.4 宋元时期的公文制度

宋元时期依然是公文的发展时期。宋代是古文运动继续深入发展的时代。宋代的古文运动，从宋初柳开提出要写韩柳式的散文开始，到欧阳修的大力倡导，随之曾巩、“三苏”、王安石的竭诚追随与实践，使宋代散文出现了空前

① 《隋书·李谔传》。

② 《贞观政要》卷7。

繁荣的可喜局面。散文的改革成就，直接影响了公文的写作文风，使之向更健康的方向发展。因此，宋代公文的朴实文风是和当时古文运动的伟大成就紧密地联系在一起的。

宋代公文长于说理，但这种说理，不同于当时新儒家理学的空论。宋代公文的说理，基本上是在叙事的基础上，以事实作为出发点的论事说理。

元代公文在数量和质量上都不及宋代公文。由于种种原因，元统治者起初重武轻文，重蒙回等少数民族官吏，而轻汉族官吏，很多机要均由蒙回等官吏掌管，其文书的写作，往往随意而行，不重章法用语，或雅俗杂出，或漫衍恣肆。忽必烈执政后，虽学汉法，汉族官吏亦多所起用，奏章文书遂有典式，然而在中书省及地方的蒙族官员所撰写的公文中，蒙语、俚俗（主要是蒙古口语）时常出现，缺乏规范。然而，事情总有其两面性，俚语俗话纳入公文，形成了对传统的以文言为主要表达形式的公文书面语的冲击。这种冲击，使得元代的一些公文，在语言上较前代的唐宋公文通俗明白了许多。从文言的书面语向通俗的口语化迈进，这在公文语言上无疑是一大进步，这也是元代公文在语言上的一个特点。

10.2.5 明清时期的公文制度

明朝是中国封建文化由辉煌走向衰落的转折期，也是对封建文化开始全面、理性地总结的时期。反映在公文方面，明代公文的文种全面稳定、格式严谨统一、处置细致严肃。从公文撰写、传递、收办、封置等工作环节看，明王朝对公文做了制度化的规定。

相对于明代而言，清代公文制度十分完备，它非但沿袭明代律例“吏律公式”的形式，从“制书有违”、“弃毁制书印信”、“上书奏事犯讳”、“出使不复命”、“官文书稽程”、“照刷文卷”、“磨勘卷宗”等方面对公文处理做了法律上的规定，而且对于违制者的惩处也比明代更加严厉。

1. 撰写制度

受宋元文风的影响，明初文牍主义盛行，案牍繁冗，官吏起草的公文动辄数千言、数万言。洪武九年（1376 年）十二月，刑部主事茹太素上了一个长达 1.7 万多字的陈时务书，因文字繁冗而被处罚。为了彻底革除繁文之弊，朱元璋制定了“建言格式”，颁布全国，收到了一定的效果。但到嘉靖年间，由于朝政日趋衰败，繁文之弊又有所抬头。隆庆时，张居正、高拱等人上言力陈繁文虚言之弊，主张扫荡浮泛之气，朝廷繁文风气一时有所收敛，但仍不彻底。明崇祯皇帝即位后惩办了太监魏忠贤，取消了司礼监的批红权，由其亲自阅办奏章。为节省时间、精力，提高公文处理效率，他命令上呈奏章的官员，依照内阁制定的统一格式，将公文中的内容用一百以内的字数概括出来，贴附于文尾，使其迅速了解奏章内容，以便在处理公文时做到有轻重缓急。贴黄制度是宋代引黄制度的进一步发展和完备，与唐宋贴黄制度实有不同。

清代前中期，臣僚上奏的公文种类和名称与明代相同，称"题本"、"奏本"。清代吸取前代公文运行中繁文行文的教训，继承了明太祖朱元璋的明令繁文和明思宗崇祯帝的贴黄制度等经验，进一步规定"陈言事理并要直言简易，每事各开前件合该如何兴革、处理，不许虚饰繁文"，"若纵横之徒假以上书巧言令色、希求进用者，杖一百"。① 为了配合内容上要言不繁之要求，在形式上，清政府规定，题本字数不得超过300字，贴黄不得超过100字。然而，清政府又是务实的，在这种规定的执行过程中没有"一刀切"，那些"紧要章疏"，如涉及兴利除弊、奖善惩恶等，因其"正须详明，有裨政治"，②而被允许不受字数的限制。

2. 驿传制度

驿传始于西周，至元代时十分发达。明袭元制，有水驿、陆驿和水陆兼驿。皇帝颁发的诏发文书，都由驿传负责递送到各省及边远地区；各省衙门的上奏文书以及各省之间的往来文书，也都要通过驿传递送。明代驿传制度已趋于完善。驿站在京师称作合同馆，在外地称做驿、递运所、急递铺。各驿站都配有足够数量的车、马、舟、船夫等。急递铺，每十里一铺，每铺有铺长一名，铺兵十名。急递铺接送公文，须辨认定前铺，铺兵方许交领，并用"回历本"登记，一旦发现有诈冒，就解押赴京；凡在外衙门有应送公文，令铺兵当官交领，须经由所在官司辨验方许入递。急递铺递送之公文，要求昼夜兼行不得少于300里，不许传递无印信的文书，不得损坏封套，更不准私自拆封。

清代的邮驿制度，是在总结历代驿递经验与教训的基础上建立起来的，较前代更为完善。清代在兵部设车驾清吏司，掌全国的邮驿，加强驿站的管理。驿站隶属州县，也专设驿丞。由府道稽查，复以按察使兼理驿使事务，总理一切。马驿传递公文，皆加兵部火票，令沿途各驿站接递。其外地达京师及外地

---

① 《大清律例增修统纂集成》卷17。

② 《钦定大清会典事例》卷13。

彼此互达，则各站贴排单（亦称滚单），全按里程行走，并在排单里登注时刻。公文如马上飞递者，规定日行300里，紧急公文则标明400里、500里、600里不等，各驿站按限期速施递。

3. 收办制度

票拟与批红。票拟又称条旨，即内阁大学士阅读章奏后，先用一纸拟写对所奏问题的初步处理意见，贴于原奏章上，供皇帝批阅时参考，类似现代秘书工作中的“拟办”。批红，是内臣（只指司礼监中的秉笔太监）执朱笔代皇帝批阅奏章，有类现代秘书工作中的“代办”。

签收登记。明代对于官署间下行文和平行文的收文有明确的签收登记规定。明制，对下行文尤其是皇帝制书之内的承办是极为严肃的，要求及时、准确地执行文书旨意。将未能严格承办的情况分成违、失、错、缓四种。违，是拒不施行；失，是失于详看，未正确理解；错，是将旨意事理错误施行；缓，是未能及时、迅速地实施制书旨意。与之相反，上行请示文的官署，也不要在上级官署对请示文尚未做出批复的情况下迫不及待地按请示文中自己拟办的意见加以实施。“若已奏已申，不待回报而辄施行者，杖八十或笞四十。”①

清代因袭明代的票拟制度，但更加规范。清王朝制定了专门的票签式样，根据题本的不同内容制定各种不同的程式。一般性问题按定式拟写票签；较为复杂的问题，按规定可提出多种处理意见，拟写双签、三签、四签，并附“说帖”，供皇帝选用。皇帝可以将认为拟写不妥的票签退回，要求改签。票签最早是由内阁票签处草拟，大学士审订。后来，先后为南书房和军机处所接管。

清代中央对内外衙门、官员的进本收办时限颇为严格，在奉旨当日即下批本处，又次日下内阁。如有紧要事件须奉旨速下者，即于进本之日下内阁。而凡部院各衙门承办皇帝“上谕事件”，规定以奉旨之日为始，限五日内办完移送稽查钦奉上谕事件。内外衙门公事，小事五日程，中事十日程，大事二十日程，并要限内完结。

10.2.6 简评

古代公文，秦统一中国以前可称为发轫期，秦汉魏晋是发展期，隋唐宋是成熟期，元明清是公文的稳定期。中国古代公文一直在走着革新、创新之路。

---

①《明会典》卷3。

中国古代公文博大精深、繁富完备，是中国文化宝库中不可或缺的部分。总之，我国是一个历史悠久的文明古国，公文的写作、种类、文体、行移、收办等在中国古代文明史上留下了闪光的一页，积累了许多宝贵的历史资料和科学经验，对于今天的公文管理工作也有不少可供借鉴之处。

10.3 古代公文的用印与用纸制度

10.3.1 古代公文的用印制度

印章是公文具有社会公认的现实执行效用的凭证，公文盖印是发文处理程序中的重要环节。我国印章和公文用印制度，渊源流长，已有 3 000 多年的历史。

印章最初称为“玺”，大约始于西周。《周礼》就有“货贿用玺节”的记载，说明当时“玺”为商品交换中封识财物的凭证。后来公文也成为封识的对象。到了春秋时期，玺便由封识财物的凭证演变成为封识公文和行使权力的凭证，这时已有“玺书”之说，《左传·襄公二十九年》记载：“公还，及方城，季武子取卞，使公冶问，玺书追而与之。”玺书即用印文书。春秋战国时期各国国君、大夫及一般官员的用印文书，均称玺书，国君的使用的玺称为“御玺”。

秦朝统一中国后，对文书用印进行了调整和统一，它规定皇帝的印章称为“玺”，皇帝有六玺，即皇帝行玺、皇帝之玺、皇帝信玺、天子行玺、天子信玺、天子之玺，不同的公文加盖不同的印玺。百官之印统称为“印”，根据官职大小分别授予不同质地的印，并系以不同颜色的绶带。凡是官府发出的公文均必须加盖印章，以证明公文的真实性和有效性。秦朝对印章的管理很严，凡是未加盖印玺或未加盖印章的公文均被视为“伪书”，凡丢失、私制或盗用官印者要依法严惩。

汉代“玺”、“印”制度非常详细，诸如名称、质料、钮制、绶色代表着哪一身份等级，都有严格的制度条文。公文用印也已成定制，重要的公文还要缄口封泥。东晋以前，公文书写材料以简、牍为主。竹简以绳编连，收卷拴束；木牍则以检相覆，引绳系札（写字的木片称为“牍”，为封固其内容，在牍上加盖一木片，是为“检”）。无论简与牍，在书写完毕之后，均要在系绳结头之处粘填特制的泥土，并在泥上加盖印章，谓之曰“封泥”。只有破印割绳，才能开启文书，故可以防止私拆公文泄露秘密。“封泥”之法，不用印色，而是将印章直接押盖于泥土之上，为使印文清晰，当时的印章多为反字阴文，且方径都较小，印章可由官员随身携带，无须专人保管。

印章的意义已不止于简单的公文使用，据罗福颐《古信玺概论》考证："职官迁、死必解印绶，文献记载以西汉前后为多，谈到罢官常连言'解印绶'，甚至以'收玺'、'夺玺'作为罢官的代词。"汉代公文除用印之外，还要求经手官吏及办理人员按官称等级序列在公文末尾签署官职及姓名，以示对公文负责。

东晋末年，桓玄诏令："今诸用简者，皆以黄纸为之。"① 纸张完全取代简牍，成为国家公文的正式书写材料。此后，印章钤盖于纸上，为使印章醒目，封泥便为朱色水印所代替，印章亦改为反字阳文，印文字数增多，且方径日益增大。这是用印制度的一大变革。它具有印迹清晰、不容易消褪、经久耐用等特点，既提高了公文制作的速度，又使公文卷面美观。在刘宋以前，官印为官员专有，离任去职时无须交还，故官员官职每有变动时，即需铸造新印，十分不便，至南朝宋时，孔琳之建议，"愚请众官即用一印，无烦改作"，"若新置新官，又官多印少，又或零失，然后乃铸"。② 于是就产生了官印移交制度。官员前、后交卸替代，悉以接印为权利移易的标志，只有印章"年深久远，印文元蔽"者方可换铸新印，并且对换铸新印的手续也做了严格的规定。

随着唐朝公文制度的进一步完备，其对用印制度也有了更加严格的规定。在唐代，公文经主管长官判署、签押并经秘书人员誊写、校对后，凡应用印者，鉴印官考其差谬，然后印之。印的位置在官署或官衔落款处。唐代规定"一文一印"，一件公文如有两页以上的公文纸，则要在首尾纸缝间盖"骑缝印"。钤印的时候，必须"朱"在"墨"上，不能"墨"在"朱"上。也就是说，印要盖在官署落款的文字上面，严禁先钤印后书写文字。在前代，天子之印称为"玺"，唐武则天"恶玺字，改为宝"，朝廷"置符宝郎四人，从六品上，掌天子八宝"。在唐代，公文制作完毕后，主管长官应签字画押，然后交监印官审核盖印，"凡施行公文应印者，监印之官，考其事目无或差谬，然后印之，必书于历"。③ 此外还规定："诸盗官文书印者，徒二年。涂印，杖一百。"④

---

① （清）张英等撰：《渊鉴类函》。

② 《南史·孔琳之传》。

③ 《唐六典》。

④ 《唐律》。

及至宋朝，公文用印制度又有了新的变化。据《宋史·舆服志》载，自南宋以来“唯长官曰印，僚属曰记，又下无记者，止令本道给以木朱记”，对京城、外处职司及诸军将校等并给朱记。另外，在印章的大小尺寸上，官阶越大，印章也随之越大。对印章的启用，宋代规定：首先，明令禁止用官印加盖私文书。其次，用印必须严格登记，并以文书中文字、印章的墨、朱先后而辨真伪，还规定“诸官文书皆印年月日及印封”，这种加盖骑缝章的做法，对预防公务文书被私拆大有好处。宋代还规定公文有脱误需改动者，须在改动处加盖印章，此后，各朝皆沿袭这一制度。此外，对多页首尾连粘，还规定了加盖骑缝章的要求，并说“诸狱囚案款不连粘或不印缝者，各徒一年，有情弊者以盗论”。宋时，鉴于印章方径进一步增大，为避免印面空疏，人们将篆字笔画加以回环重叠，形成“九叠篆”。此法因笔法屈曲缠绕，印文不易辨识，极难模仿，便于防伪。自此，官印多用九叠篆，成为定制，一直沿袭到明清。清代，多以满汉文九叠篆并书于印章，称“满汉合璧印”。

元代用于文书的印章有两种，一种是官印，一种是在文书上签押的刻名印(即现代的手印、签名章)。因此，元代对印章的制作、保管和使用均做了明确的规定。元代专设有符宝局、铸印局、监印官、知印官等机构和人员，专门负责有关印章的制作、保管和使用。

明代不论皇帝颁布的文书，还是各个衙门行移出外的文书，在印信使用上规定都非常严格。皇帝的印章称为“宝玺”。明代旧有宝玺十七枚，其用途也各异。嘉靖十八年，明世宗根据需要，增制了七枚“宝玺”。各种“宝玺”皆由内尚宝监女官掌之。遇用宝，则尚宝司以揭帖赴尚宝监，尚宝监请旨，经皇帝批准后，赴内尚宝监领取。所有“宝玺”，每年择吉日用香水清洗一次。年终向皇帝报告一次各种“宝玺”的使用次数。明代内外各衙门的印信，由该衙门首领官收掌。若首领官不令佐贰官封记，佐贰官不在、不令首领官封记，及首领官、佐贰官不行封记者，并杖一百。对于漏使、错用印信，《明律》也有具体规定，“凡各衙门行移出外文书，漏使印信者，当该吏典对同首领官并承法，各杖六十。全不用印者，各杖八十。干碍调拨军事、供边方军需钱粮者，杖一百，因而失误军机者，斩”。“倒用印信者，照漏用律，杖六十”。盗用印信及在空白纸上用印者，依照刑律“诈伪”条论斩；借用印信，依照礼律“上书陈言”条论斩。

清代皇帝玉玺共计 25 枚，即“大清受命之宝”、“皇帝奉天之宝”、“大清嗣天子之宝”、“皇帝之宝”、“天子之宝”、“皇帝尊亲之宝”、“皇帝亲亲之宝”、“皇帝行宝”、“皇帝信宝”等。皇帝的下行文，视不同的内容，用不同的宝玺。凡请用宝玺，要先将宝之数奏明。届时，由学士率侍读学士、侍读典籍等到尚宝司登记领取，用后及时奉还。对于这些皇帝之宝，每年也要择吉日用香水清洗一次，谓“洗宝”，至年终向皇帝报告各种御宝的使用次数。对于各级官府来说，不但用印要登记，而且印泥颜色也有规定的区别。宗人府、六部、大理寺、光禄寺等衙门，盛京五部、奉天府、各省总督、巡抚等衙门，除皇帝本章用印颜色为朱色外，衙门来往行文，用印颜色为紫色。衍圣公用印情况，如同上述衙门。其他文武各衙门，皆用朱色印泥。

10.3.2 古代公文的用纸制度

中国古代封建社会，为了体现皇权至上与官员品级的高低，在衣、食、住、行、婚、丧、葬等诸多方面分别制定了不同规格待遇，与此相对应，在官府使用的公文用纸上也有不同的规定，用纸的颜色、图案、大小来作为区别等级的标识。

纸自西汉发明以后，到魏晋逐渐成为公文的书写材料。纸最初不具有等级功能。最早在公文用纸中体现等级的大约是在东晋。如崔鸿《前燕录》载：前燕慕容俊三年（晋穆帝永和四年，384 年），慕容俊即燕王位，尚未称帝而称臣于晋朝，有僚属给他上奏疏用黄纸，他便下令说：“吾名号未异于前，何宜便而，自今但可白纸称疏。”① 这条记载说明晋代朝臣给皇帝上奏章是用黄纸，而给王公上书则用白纸，表明当时黄纸与白纸同时作为上奏公文用纸已经开始显示出身份等级的不同。

自东晋到唐的几百年间，黄纸除了用于官府公文，有时还用于一些需要长久保存的书写物如书籍、佛经等方面，这不是因为黄纸的地位在下降，而是由于黄纸是用黄柏汁浸染过，黄柏含有小柏碱，能防虫蛀，因而备受人们推崇。但是，在封建社会，随着黄色逐渐被尊为象征皇权的尊色，黄纸的使用范围自宋起开始逐步缩小。宋时明文规定皇帝发布的诏令文书用黄纸。如宋朝颁布的法律——《庆元条法事类》中规定：颁布制敕、赦书、德音等公文必须用黄纸。文武官员的上行文书则用其他色纸，据《宋史·职官志》载：枢密院对有关军政事宜用白纸写好呈文送请皇帝批示，文武百官上奏皇帝的奏状也只能用白纸。而民间百姓则不敢用黄纸，如宋人宋祁（998—1061 年）在其所著《宋景文笔记》云：“今台家诏敕用黄（纸），故私家避不敢用。”他的话表明宋时黄纸已成为皇帝诏敕的专用纸，私家避不敢用。

① （宋）苏易简：《文房四谱》卷 4。

元代，官府封赠官员的文书中出现以色纸区别等级的现象。元时，封赠文书有宣命和敕牒两种，它们都用纸，但依据官员品级的不同而用不同色纸，“一品至五品为宣（命），色以白（纸），六品至九品为敕（牒），色以赤（纸）”,① 以色纸体现官员的等级。

清代，封建专制制度进一步强化，黄色成为皇帝专用色。早在皇太极刚称帝时，他就明确规定：“亲王以下至臣民不得用黄色及五爪龙凤黄色缎。”② 公文用纸也如此，1644 年清世祖刚登基时即下令：诏书只能使用硬黄纸。当时，颁布皇帝诏书的仪式极其隆重，首先于天安门前宣读，然后仪仗导从送交礼部照式刊刻副本，以黄纸印刷，颁布全国，诏书正本交回内阁归档保存。清制，黄纸还用于书写皇帝宗室子女的玉牒。清代，皇族以显祖宣皇帝本支为宗室，伯叔兄弟之支为觉罗，两支所生子女须如实将其出生年月日、嫡庶次第、姓名、母某氏等具册报送宗人府，宗人府据此将宗室子女载入黄纸制成的黄册，觉罗子女载入红纸制成的红册，以黄册、红册来区别宗室、觉罗，以示等级与血缘的远近。

中国古代公文用纸体现封建等级的另一个标志是公文纸的大小。这种规定始于宋代，皇帝是封建政权最高统治者，皇帝所颁发的诏令文书的用纸规格最大。如宋朝法律《庆元条法事类》明文规定：皇帝诏敕纸高一尺三寸，长二尺，“余官、私纸高长不得至此”。③ 宋时，任命官员的告身（即委任状）的纸的大小也体现了等级之别。当时，官告院颁发给文武百官的告身是用绫装裱的绫纸，所用绫纸的大小则视官员品级的高低分为大绫纸、中绫纸和小绫纸三种规格。一、二品官员告身用纸大小相同，自正三品以下的官员以绫纸的大小适用于不同等级。

明时，文武官员的级别仍分为九品，没有品级的称“未入流”。官府衙门的品级与正印官的品级是一致的，如六部尚书为正二品，与此相对应的吏、户、礼、兵、刑、工六部衙门即为正二品衙门。洪武十年（1378 年），明政府颁布《天下诸司文移纸式》，按衙门品级的等级制定了不同的用纸规格，品级越高的衙门，公文纸越大，反之则越小。

明政府将衙门公文用纸大小作为一项制度，各级衙门颁发公文必须照此规

① （明）叶子奇：《草木子》卷 3。
② 《大清会典事例》卷 328。
③ 《庆元条法事类》卷 16。

定执行，“不如式者罪之”。① 明政府对各级衙门公文用纸规定如此之细，客观上也使明代的公文用纸规格统一、整齐，为档案管理打下了良好的基础。

清时，册封文书也处处体现等级。据《清会典》载：册封亲王、亲王福晋及亲王世子、亲王世子福晋的册用金质册，郡王及郡王福晋的册用银质饰金册，郡王长子、贝勒贝子及郡主、外藩王福晋等均给纸册，而纸册依据册封人的身份又有两种不同的规格：一是册封贝勒贝子及贝勒贝子夫人、郡主、县主、郡君，册长一丈五尺六寸；二是册封蒙古王贝勒，册长一丈，比前一种纸册略小。②

纸作为公文的书写材料，在中国古代政治、经济、文化等诸多方面扮演着极其重要的角色，为后人留下大量的文化宝藏。但同时公文用纸等级制也被历朝统治者作为维护其专制统治的一种工具。

10.3.3　简评

我国古代公文的用印和用纸制度是封建君主集权的产物，掺杂着大量封建等级制度的糟粕，但同时我们也应该看到它积极的一面。首先，我国古代公文的用印和用纸制度在客观上适应了当时公文使用的需要，有利于国家行政文书工作的有效开展；其次，从历史的进程来看，随着社会的发展，我国古代公文的用印和用纸制度也在不断进步、不断完善。并且，它的许多合理的部分，反映出中国古代公文的规范化，直到今天仍然在沿用。

☞本章小结

在我国漫长的封建社会中，产生了数量极其庞大的公文作品。以往的研究，都是择其部分，从文学的角度加以阐述。其实，公文颇能反映重大的历史进程和社会矛盾，与社会生活息息相关。历史上的公文名篇，或议国家大事，或论朝政得失，或针砭时弊，或放胆陈情，从不同方面体现出可贵的思想价值。作为古代封建官吏的安身立命之作，很多公文虽有程式，但讲究写作技巧，在简短的篇章中，或刚柔并济，或声东击西，或投石问路，或布局精巧，或引古证今，或巧用比喻，值得探索。公文的写作和格式也鲜明地反映出不同历史时期行政管理的状况与水平。现阶段我国古代公文的研究，处在秘书学、

① （唐）李肇：《翰林志》。

② 丁春梅：《中国古代公文用纸等级的主要标识》，《档案学通讯》，2004年第2期。

文艺学、文学史、历史学、行政管理学等多学科的交叉状态。

古代公文的用印制度和用纸制度的推行保证了公文的严肃性和有效性，起到了防止伪造公文的作用，为国家实施有效的行政管理创造了条件。纵观历史，历代的公务文书皆有一套自己的用印制度，它们之间既有相同之处，又各具特色，呈现出鲜明的时代特征。

☞关键术语

典、谟、训、诰、誓　策书、制书、诏书、诫敕　章、表、奏、议　题本、奏本　上行文书　下行文书　票拟　批红　封泥　骑缝印　九叠篆

☞思 考 题

1. 试述先秦公文的起源及先秦公文的类型。

2. 简述秦汉之后各朝代公文的发展演变过程及其各个时期的公文特点。

3. 概括出古代各个不同时期公文对用纸的不同要求，以及古代公文规范化的表现方式。

4. 中国古代公文制度体现出了中国古代行政管理体系中的哪些特点？

第 11 章 教科文卫管理制度

随着政治、经济的发展，中国古代教育、科技、文化、卫生管理制度，经历了一个产生、形成、发展的过程，对这个历史过程进行研究，可以揭示中国古代教科文卫管理制度的发展规律，促进有中国特色的社会主义教科文卫事业的发展。

11.1 学校和教育管理制度

中国素以“文明古国”、“礼仪之邦”著称，这与我国历来重视学校和教育管理制度是分不开的。我国古代教育制度源远流长，形成了许多突出的特点和优良传统。坚持以统一的语言文字进行教育和教学，主张各思想学派百家争鸣，相互吸收，逐步融合。在教育管理制度方面，学校教育、社会教育和家庭教育并重，官学和私学互相补充，人才培养和人才选拔、任用结合，普通学校和专门学校并存，童蒙教育和成人教育兼顾。在教育内容上，德、智、体、美综合发展，道德、知识、能力全面要求。在教育教学的原则和方法上，强调因材施教、循序渐进、教学相长、言传身教。同时，由于封建社会的局限性，学校和教育管理中又有陈旧腐朽的东西，需要我们认真辨别，在批判中学习。

11.1.1 先秦的学校和教育管理制度

夏朝前后，教育逐步发展成为一项专门的社会活动。《礼记·王制》云：“有虞氏养国老于上庠，养庶老于下庠。夏后氏养国老于东序，养庶老于西序。”孔颖达疏引熊安生云：“国老，谓卿大夫致仕者；庶老，谓士也。”国老亦指掌教化的官。由此可见，在夏朝前后便出现了用于专门从事教育的场所“庠”和“序”，“庠”是作为藏米、养老和实施教育的机关，“序”是教人习射的场所，两者虽然并不是正式意义上的学校，但可以说是古代学校的萌芽。

商朝生产力的日益发达，文化日渐进步，对教育产生了很大的影响。商代的教育机构已不再局限于藏米的“庠”和习射的“序”，还出现了正式教育专用的“学”和学习礼乐的机关“瞽宗”。据《礼记·明堂位》所载：“殷人设右学为大学，左学为小学，而作乐于瞽宗。”商朝“学”的出现，表明当时的教育已经开始注重文化知识的学习，而且教学活动也在固定的学舍中进行。商朝重祭祀，崇礼乐，“瞽宗”是商特有的教育机构，它是乐人的宗庙，用做祭祀，同时又是青年学习礼乐的机关。商朝的学校和教育制度，较之夏，有了较大的进步。

西周的学校和教育更是集前代之大成，汇合了各种学校构成了一套较为完备的学校教育体系，其组织也日趋完善。西周学校大致可以分为“国学”与“乡学”两种。“国学”系专为统治阶级奴隶主贵族子弟而设，“乡学”则专为统治阶级下层的子弟而设。其中“国学”又可分为大学和小学两级。据《礼记·王制》记载：“天子命之教，然后为学，小学在公宫南之左，大学在郊……天子曰辟雍，诸侯曰頖宫。”周代的“乡学”主要依据地方行政区域组织而定，可视为地方学校，与国学相对。乡学仅设一级，但因地方区域大小的不同又有不同的名称，如塾、庠、序、校等。据《礼记·学记》所载：“古之教者，家有塾，党有庠，术有序，国有学。”《周礼》又云：“乡有庠，州有序，党有校，闾有塾。”家、党、术、乡、州、党都是周代的地方行政区域。依上所述，“塾”、“庠”、“序”、“校”等似乎已经普遍设立于周代的各级地方组织中了。

春秋战国时期是我国古代社会大变革的时期，学校和教育制度也发生了重大的变革，其主要标志就是官学的衰落和私学的兴起。由于这一时期各国封建领主热衷于军事斗争，对教育事业无暇顾及，国家设立的官学逐步衰落，各项教育制度几乎被战争破坏无遗。虽然当时官学衰落，但是包括封建贵族子弟和庶民子弟在内的广大民众，仍然迫切需要教育，私学由此应运而生。春秋战国的私学，是在私人讲学的基础上产生的。初期的私人讲学，没有固定的组织，没有明确的教育目标，也没有固定的教学常规。如据《吕氏春秋·离谓》所载，当时郑国有个人叫郑析，常常“以非为是，以是为非”，精通诉讼。他的讲学是专门教人打官司，即“学讼”，参加者只需交纳一定的学费即可，跟他学习打官司的人，“不可胜数”。我国古代伟大的思想家、教育家孔子、墨子也在讲学之风的影响下，借鉴了贵族养士的经验，办起了当时规模最大的儒家私学和墨家私学。他们聚徒讲学，办学养士，学生多至数千人，少者数十人。孔子的私学较之其他的私人讲学更为正规，具有明确的政治目标，有较为固定的组织和较完整的教材。孔子和墨子创办私学，还带有浓厚的政治集团的色彩，他们借办私学扩大自己的势力和影响，通过学生去影响社会，推行他们的治国理念。据《史记·孔子世家》所载：“孔子以诗书礼乐教，弟子盖三千焉，身通六艺者七十有二人。”特别是其弟子均学有所成，“大者为师傅卿相，小者友教士大夫，或隐而不见”。①

谈及私学，又不能不谈到当时的养士制度。尽管养士与教育制度本身无关，但它与私学的发展却有着紧密的联系。当时所谓的“士”，是在乡遂组织的庠、序学校中选拔出来的，庶民的优秀子弟可通过选拨晋升为士，从而获得参与政治的机会，并成为统治者的谋臣策士。后来，这种士在社会上愈来愈多，就成为了一个阶层。到管仲齐桓公时，把“士、农、工、商四民”，作为“国之石民”,② 且以士居首位。春秋时期，养士之风兴起，到了战国时代，更为盛行。公室如鲁穆公、魏文侯、齐威王、梁惠王、燕昭王等，都一度成为养士的拥护者。私门如孟尝君、平原君、信陵君及燕太子丹、秦相吕不韦等也各自养士，甚至有食客三千人。养士之风的盛行，大大推动了私学的发展。

11.1.2 秦汉的学校和教育管理制度

经过先秦时期的发展，学校制度和教育管理制度已粗具雏形并日臻完善。特别是春秋战国时期“百家争鸣”的出现使文化已成为独立于政治权力之外并制约政治权力的一种政治力量。秦朝统治者用法家思想来构建国家教育体系，以法制高压政策封堵文化的发展，导致了文化的大倒退。西汉统治者总结和吸取秦朝教育失败的教训之后，放弃了道家思想转而“罢黜百家，独尊儒术”，使封建教育走向规范化和定型化。

秦王朝建立后，为了巩固新生的封建政权，统治者在文化教育领域采取了书同文，行同伦，立博士、设三老，颁挟书令、禁私学，“以法为教，以吏为师”等措施，实行高压的封建专制政策。“书同文”是针对春秋战国时期因长期政治、经济分裂而出现的“语言异声，文字异形”的现象而推行的统一文字的措施，这为文化的传播和教育的推广创造了有利的条件。“行同伦”则是针对春秋战国时期各地道德观念差别较大而推行的规范社会习俗的重要措施，这项改革进一步融合了各族各地风俗、规范了道德行为标准。“博士”是秦朝设置的一种官职，据《汉书·百官公卿表》所载：“博士，秦官，掌通古今，秩比六百石，员则多数十人。”他们的职掌是：或议政事，或备咨询，或掌故

① 《史记·儒林列传》。

② 《管子·小匡》。尹知章注：“四者国之本，犹柱之石也，故曰石也。”

籍。吏师制实行后，也有以博士充当吏师的。秦朝还在各乡设置“三老”，负责对一般人民进行法治教育、耕战教育和尊卑贵贱的思想教化。“以法为教，以吏为师”是指秦王朝继承了法家的传统，实行“以法为教”来取代“礼、乐、诗、书”和“书简之文”，教育内容仅限于学习法令条文，而传授法令条文由官吏来进行。这种以法律教育取代文化发展，否定学校教育的措施，使秦朝的教育回到了前代“学在官府”的状态。这是中国古代教育发展的倒退。

汉代是在秦朝迅速灭亡的基础上建立起来的。汉朝初期，采取以刑名、黄老掺杂施行的“杂霸政策”。文帝、景帝统治时期，刑名法术和黄老之学更是被统治者所重视。汉武帝时期，又施行了“内法外儒”的文教政策：一方面建立和完善各种法度，另一方面采用董仲舒的建议“罢黜百家，独尊儒术”，利用儒家学说来统制学者思想，麻痹人民意识。在此基础上，汉代的学校和教育也得到了空前的发展，学制系统粗具规模，学校教育逐步走向正规化。汉代的学校可分为官学和私学两大类型。

汉代官学又可分为中央官学和地方官学两类。中央官学指中央政府直接主办的，设在京都的官办学校，主要有大学性质的太学和特殊性质的“鸿都门学”与“四姓小侯学”。地方官学指由地方政府主办的，设在郡国的官办学校，主要有大学程度的“郡国学”和小学程度的“校”、“庠”、“序”等学校。其中，太学是汉代中央官学的主体，是学习儒家经典的高等学府。太学的教授，由博士担任，其职责主要是教授弟子专习五经中的一经。学术传习，颇重家法，教授方法多采用讲说和论难。汉代太学修学没有一定的期限，以通经考试为标准。学校十分注重定期考试，用考试的方法来督促和检查学生的学习。考试形式是“射策”，内容为儒家经典，将疑难问题书之于策，根据难易分甲乙两科或甲乙丙三科，相当于后代的抽签考试。考试对学习不认真、才能低下、不能通一经者，勒令退学。“鸿都门学”和“四姓小侯学”则是汉代中央官学中带有特殊性质的学校。因汉灵帝酷爱书、画、辞赋，曾招致善尺牍及工书鸟篆数十人，待制鸿都门下，后逐步形成了一所学校，专门研究尺牍、辞赋及字画一类的艺术，其性质相当于现在的艺术学院。四姓小侯学则是汉明帝为外戚樊氏、郭氏、阴氏、马氏的子弟设立的学校，讲授五经，由于当时外戚四姓不是列侯，故称“小侯”，其学校也被称为四姓小侯学。在鸿都门学和四姓小侯学中学业优异的，可以封侯赐爵，或是得到赏赐，或是被任命为官吏。汉代的地方官学，郡国曰“学”，县邑设“校”，乡曰“庠”，聚曰“序”。在学和校置经师一人，在序和庠置孝经师一人，并在地方普遍设置学官。地方学校的主要任务在于奖进礼乐，推广教化，宣传孝悌等封建道德。

汉代的私学主要是私家设立的“书馆”，大部分是小学性质的，也有少部分相当于专习一经的太学程度。私学教育大致可分为三个阶段：第一阶段为识字与学书，相当于小学程度；第二阶段为学习《论语》和《尚书》，相当于中学程度；第三阶段为学习经学，相当于大学程度。私学的教育形式分“及门受教”和“著录弟子”两种。所谓“及门受教”，是指学书登门受业，直接或间接听取教师讲授。所谓“著录弟子”，是指学生在高师门下录其名，而不去登门受业。这多是学生企图利用教师的名望获取个人名利的手段，是一种为官禄竞相走私的不正之风。

汉代没有专门的教育行政机关，太学由太常监管。太常一职始于秦朝，原名奉常，汉代改名为太常。汉代实行三公九卿制后，太常位于九卿之首，职责为掌管宗庙礼仪祭祀及教化之事。由于太学以传授儒家礼乐之学为宗，故太学又由太常寺管理，太常便成为监管全国教育的长官。太常的职责较多，他对太学的职责主要是考选博士祭酒，选拔太学生。汉代的地方学校则由各地方行政长官监管，地方学校对中央官学并没有从属的关系。所以，从严格意义上说，汉代的学校管理并没有形成一个真正的系统，但它为后代学校制度的进一步发展，奠定了初步的基础。由此可见，汉代是我国传统教育制度建立的时期。它初步形成的学制系统成为传统教育制度的基本模式。太学也成为历代官学的基本样板，它对传统教育的发展起到了规范化和定型化的作用。

11.1.3 魏晋南北朝时期的学校和教育制度

三国两晋南北朝前后经历了共约370年（220—589年）。在此期间，时代更替，变乱无常，社会动荡不安，可说是中国历史上混乱最长久、人民最痛苦的时期。教育事业更是日趋衰落，以崇奉儒学为宗旨的官学教育地位下降。然而，在教育体制方面，魏晋南北朝时期较之汉代却有一定的发展。由于门阀政治的影响，西晋时期于太学之外另创国子学，北魏时期又立四门学，这样儒学教育的单一格局被多元格局所取代。同时，随着“独尊儒术”文教政策的解体，先后涌现出了史学、文学、律学、书学、医学、算学、玄学、道学等专科教育学校，形成了多渠道办学和多学科并举的教育格局。

三国时代的学校和教育制度，沿袭汉制，魏蜀吴皆设有太学，其中以魏制最为显著。魏国建国后便开始恢复太学，据《三国志·文帝记》所载：“黄初五年，夏四月，立太学，制五经课试之法，置《春秋》《谷梁》博士。”其中五经课试是选士的一种方法。这种课试法把学校教育与文官考试任用结合起来，以提高教育管理的控制能力，在古代学校管理发展进程中意义很大。

曹魏政权在沿用汉代选士、选举制度与学校制度并存的旧制的基础上，变更创立了一种新的制度——九品中正制，即在州郡各设中正官，考察所属地区人才的高下，分成九等录用。具体方法是："郡邑设小中正，州设大中正，由小中正品第人才以上大中正，大中正核实，以上司徒，司徒再核，然后付尚书选用。"① 大小中正将地方上的人物定为九等，等级之间可进行升降。曹魏除实行九品中正选士以外，还沿用了汉代令郡国察举孝廉的做法，同时又增添了试经的内容。对于由地方察举的孝廉，已不重德行而逐渐趋于考试之途，实为后世施行科举制度的先声。

晋代对学校的重视，远胜于三国时期，在整顿太学的基础上，创办了国子学。"国子学"为当时的一种贵胄学校，是根据《周礼》"国之贵族子弟国子受教于师"而得名。国子学是统治阶级贵族子弟的肄业之所，太学则被看做地主阶级所谓的"平民"子弟就学之地，国子学与太学的分设，也是当时实行"九品中正"选士制度以后，特别重视子弟门阀的结果，使汉代单轨制的太学演变成为太学与国子学并行的双轨制。晋代的选士制度，沿袭曹魏的九品中正法，也承袭了一些前代旧制，对于选举贤良方正，并未间断。晋代对于察举的孝廉、秀才，一律加以考试。考试分两种，孝廉试经，秀才试策。试经限于六艺，试策则限于政治。这种选士考试制度，自西晋武帝太康年间起，至东晋元帝太兴年间止，一直采用此制。

东晋灭亡以后，天下分裂为南北朝，形成对峙局面。南朝有宋、齐、梁、陈，先后共 168 年。北朝则有北魏（后分裂为东魏、西魏）、北齐、北周，历经 142 年。在此期间，学校和教育制度呈现出多元化发展的趋势，主要特点是南朝学馆的出现和专科教育的兴起，北朝中央学校多种形式并举和国子寺的创立。学馆是南北朝时期出现的一种新型的教育机构。尤其是在南朝，学馆的兴起成为教育兴旺的主要标志。学馆是以学者的学术专长为标榜，以朝廷资助为依托的教育机构。从性质上看，也带有一些私学的特点和色彩，唯一不同的是，学馆是由朝廷主办，主持之学者由朝廷聘任，并有一定的编制，师生还享有一定的待遇。它的招生也没有门第之类的限制而面向寒门庶族。当时出名的"四学馆"和"五馆"各就专业招收门徒，靠朝廷资助和扶持得以发展，从事研究，这是在学制史上专科教育兴起的先例。北朝的教育将儒学置于首位，崇儒读经是北朝汉化教育的主要内容。北魏的统治者十分重视学校制度的建设，在初定中原之时，就设立太学，置五经博士，令天下州郡选派才学之士进京求

① （清）赵翼：《廿二史劄记》卷 8。

学。至孝文帝时期，中央已先后设立了国子学、太学、四门小学和皇宗学，形成了多种形式并举的教育格局。北齐孝昭帝皇建元年（560年）改国子学为国子寺，把国子寺变成了一个独立的行政机构，行使教育行政管理职权，下辖国子学、太学与四门学。这是中国古代教育发展中教育管理真正走向独立的第一步，为隋唐国子监的创立开了先河。

11.1.4 隋唐宋元时期的学校和教育制度

隋唐宋元时期，考试制度和学校教育密切结合，逐渐形成了一整套完备的学校考试制度，使教育的质量和用人的素质方面有一定的保证。

隋朝虽然短暂，但是在教育体制建设上很有成就。隋文帝设立了最早的专门的教育行政机构——国子寺（隋炀帝时改为国子监，沿用至清）。隋朝的学校除专门研究经典之国子学、太学、四门学以外，另设书、算两学，此外大理寺还办有律学。学校的考试也逐步正规，主要分为“乙日试”和“卒业试”。“乙日试”即每十天考试一次，通行于中央和地方各级官学。“卒业试”在官学和私学中都有实施，形式也比较灵活。这些制度后来都被唐朝所因袭。尤其是隋代对于取士之法，特设“进士”一科，从此结束了过去乡举里选的制度，成为科举制度的起源。

唐朝继承了隋代的教育成果，并经过百多年的发展，学校和教育制度已相当完备。整体来说，唐朝的学校也分为中央官学和地方官学两类。唐朝的中央官学是指中央政府直接设立的学校，又可分为直系和旁系两类。中央直系的学校由国子监掌管，下辖国子学、太学、四门学、广文馆、律学、书学、算学。共称“七学”（或“七馆”）。“七学”之中，前四者属于大学性质，后三者属于专门学校性质，均直属于“国子监”而统辖于“尚书省”的“礼部”。“国子监”设祭酒为最高教育长官，下设司业二人，协助祭酒掌邦国儒学训导之政令。设丞一人，管理“六学”学生的学业成绩。设主簿一人，记录学生的在校表现。“七学”之中的“广文馆”，是在唐玄宗天宝九年（750年）临时成立的，不久便被废止，所以“七学”又称为“六学”。中央旁系的学校最重要的是“二馆”：门下省主办的弘文馆和东宫主办的崇文馆。二馆由各政府部门主办，规定皇亲国戚的子弟方可入学，是培养最高层统治人才的场所。其他朝廷部门还分别办有直属于“太医属”的“医学”，直辖于“秘书省”的“小学”等。“弘文馆”和“崇文馆”属于大学性质的贵胄学校；“医学”属于专科学校性质；“小学”属于小学程度的贵胄学校。唐朝的地方官学指的是地方政府创立的学校，也可分为直系和旁系两类。地方直系的学校，府有府学，州有州学，县有县学，县内又有市学和镇学。所有的府、州、县、市各学校，统由长史直接掌管，其职权相当于今日的教育厅长，直属于“国子监”。凡地方政府设立的学校，其性质介乎中小学之间，毕业生可升入中央“四门学”，充当“俊士”，也可直接参加科举考试。而地方旁系的学校，主要有两类：一为各府、州设置的“医学”，二为各府、州设置的“崇玄学”，均直属于中央。

唐朝的官学注重考试，有举行于旬假以前的“旬试”、举行于岁终的“岁试”、举行于毕业时的“毕业试”。“旬试”检验学生在旬日内所习的功课，分为读与讲两种形式；“岁试”检验一年中所习之业。“口问大义十条，通八条为上，六为中，五为下。连续三年不及格者，罢归原籍。”① “毕业试”则由博士命题，国子祭酒监考。及格者送尚书礼部参加省试。欲继续求学的，“四门”学生可以补入“太学”，太学生可以补入“国子学”。

宋朝的学校和教育制度，大部分采用唐制，也可以分为中央官学和地方官学两类，其设置与唐朝大同小异，唯有学校设科的增加，即宋朝除沿袭唐朝所设儒家经典、律学、书学、算学、医学外，增设武学和画学两科。宋朝对地方教育行政管理颇为重视，自宋朝神宗熙宁四年（1071 年）起，陆续设置诸路学官；后又设置诸路提举学事司。宋代对于教育行政的重视和地方主管教育行政长官的设置，使地方学校较为发达。另外，宋朝还开始为学校拨付固定的教育经费，对国学赐给缗钱，并置学田以充经费，对各地方州县设立的学校，也赐予学田以充经费。除此之外，宋朝的科举制度在沿袭唐制的基础上有所发展和完善。

元朝作为中国古代第一个由少数民族建立的全国性统治政权，尽管其存在不足一百年，但是它结束了自唐末以来近四百年长期割据混战的局面。为了巩固蒙古族对汉族及其他各民族的专制统治，元朝统治者采用了“尊孔崇儒、遵用汉法、重教兴学”的文教制度，并建立了相应的学校制度。元代的学校也分为两类，一是中央学校，二是地方学校。元代的中央学校共分三种：一为国子学，二为蒙古国子学，三为回回国子学。元朝首先设置了蒙古国子监，下辖蒙古国子学，以传授蒙古文字为主。后创办了国子监，下辖国子学，以传授儒家经典为主。后又设置了回回国子监，下辖回回国子学，以培养波斯文字翻译人才为主旨。这三所国子监分别隶属于三个不同的文翰机构，其管辖的职权也相应地对于分管的国子学，形成了监、学合一的管理体制，从而淡化了国子

① 《新唐书·选举志上》。

监作为国家教育管理机构的职能，而突出了学校管理的职能。监学一体是传统教育体制由多元化向单一化发展的必然产物，也表明国子监的教育行政职能逐渐向学校职能转变。元朝的地方学校，除儒学之外，还设有蒙古字学、医学和阴阳学。地方建制的路、府、州、县也各设有路学、府学、州学和县学，这些都属于普通性质的学校。另外，还有诸路医学、诸路蒙古字学、诸路阴阳学，属于专门性质的学校。其中值得提到的是，元朝各地方有“社学”之制。元朝规定，凡各县所属村庄，五十家为一社，每社设社长一人。满百家的增一人，不及五十家的，与近村合一社，社长专教劝农桑为务。每社立社学一所，择通晓经书者为师，农隙使子弟入学，如学文有成者，申复官司照验。①

元朝为了有效地统驭百姓，特别是统治中原汉族民众，便笼络大批有才华的汉族儒家学者来为自己服务，并接受了汉人儒士的意见，颁行了“尊孔崇儒、遵用汉法、重教兴学”的文教制度。元武帝至大元年（1308 年）九月，加封孔子为“大成至圣文宣王”，把孔子之道视为“垂宪万世”的法则，立朝仪，建孔庙，兴学校。元仁宗也崇尚儒学，据《元史·仁宗本纪三》所载：“修身治国，儒道为切……儒者可尚，以能维持三纲五常之道也。”元仁宗还恢复科举，规定科举考试从“四书”、“五经”中出题，以朱熹集注为标准，并最终确定了程朱理学在我国封建社会后期的统治地位。

11.1.5 明清时期的学校和教育制度

明清时期，封建统治阶级的中央集权统治已趋于成熟，并逐步走向君主专制统治。在君主专制的高压统治下，教育制度、选士制度、教育思潮都呈现出专制的特色，对人才的培养和社会的发展都带来了较为突出的消极影响，传统教育制度的发展至此也逐步走向僵化与衰落。明清的学校和教育制度，与前代最大的不同点是与科举制度并行，而且学校教学目标与内容都与科举有直接关系，学校无形中成为科举的预备场所。明清的学校可谓纯粹的科举预备教育，此为学制上一重大的变迁。

明朝的学校由中央设立，也可由地方设立。中央设立的除国子监、太学以外，还有宗学、武学、医学、阴阳学等。地方设立的学校，在省、州、县、卫方面，设有府学、州学、县学、卫学，统名为儒学。在各都各司亦均设有儒学，如都司儒学、行都司儒学、都转运司儒学、宣慰司儒学、按抚司儒学及诸土司儒学。各府、州、县儒学之下，又设立社学。此外，如武学、医学、阴阳

---

① 《元史·食货志》。

学，也有地方设立的。国子监、太学属大学性质；武学、医学、阴阳学属专科学校性质；儒学属中等学校性质；而社学属于小学性质。明朝的教育行政机关及负责人员的设立，与前代大致相同。在中央设国子监，主管长官称祭酒，下设司业等职员，专司国子监的教令。在地方，明初设置儒学提举司；英宗时设“提学官”，南北直隶各设御史一员，余置按察使及副使或佥事一员，专管全省学校行政；凡督抚、巡按及布按二司，都不许参与学事，这说明明朝的地方教育行政可以说是完全独立的。此外，各府、州、县依次设有教授、学正、教谕等，既管辖所属学生，同时也担任教课。

明朝的科举较之前代更为重视，也更为成熟。过去的科举制度与学校制度并行，而明代则把学校变成科举的附庸，考试的科目减为进士一科。明朝的科举考试，实行“三年大比”制度，即每隔三年举行整个一套自下而上的考试程序。在考试的方法上有很大的变化，唐取士以赋，宋取士以策论，明则取士以经义，但最突出的是经义采用固定格式的排偶文体，称为“八股”，通常又称“制义”，它要求文章必须有四段对偶排比的文字。这种八股文格式极其严格，文中空虚无物，是统治者牢笼士子，束缚思想的毒辣手段，流弊不可胜言。

清朝沿用明朝旧制，学校与科举并行，且更加侧重科举制度，学校教育受到冷落。同时加强封建专制统治，对社会思想文化进行钳制，对知识分子进行打压。清朝的学校制度，大体上仍沿用明代旧制，亦分中央设立与地方设立两大类，中央设立的有一般性质的国子监及特殊性质的宗学、旗学、觉罗学、算学馆及俄罗斯学馆等；在地方设立的有府学、州学、县学、卫学，统名曰儒学。这种学制虽然沿用了相当长的时间，但由于当时统治者特别重视科举的结果，学校有名无实，形同虚设，一般士人真正读书受教的地方，都在私人设立的学塾里，所以清朝的学塾相当发达。学塾的性质也已分为三类：一为有钱的人聘请教师在家教读子弟，称为教馆或坐馆；二为教师私人在家设馆教授生徒，称为家塾或私塾；三为地方上出钱聘请教师，在公众地方设塾以教贫寒的子弟，成为义学或义塾。这些学塾的教育也没能摆脱科举的影响，学塾的教学也成为科举的预备。科举的流毒深入到了社会的每个教学之地。

随着清末科举制度的废除，中国的学校教育发生了很大的变化。1840 年鸦片战争爆发后，中国进入近代社会，具有近代色彩的学堂制教育体制开始形成。清末学堂大体分为洋务派学堂、维新派学堂和资产阶级新式学堂三类。洋务派学堂中，有外国语性质的同文馆和广方言馆，主要培养协助外交的翻译人才和懂外语的技术人员；有军事性质的军事学堂和军事技术学堂，军事学堂主要有水师（水陆师）学堂和武备学堂两大类，以培养水陆两军将领和技术人才；军事技术学堂主要培养军事技术人才。维新派学堂以培养造就资产阶级维新人才为目的，如康有为创办的万木草堂，教学以孔学、佛学、宋明学为体，以史学、西学为用，重讲“今文学”和西学，因此，西方不少科学著作被翻译引进中国。资产阶级新式学堂以光绪二十九年（1903 年，癸卯年）确立“癸卯学制”为起点，该学制参考了欧美尤其是日本学制，分小学堂（初等和高等）、中学堂、高等学堂（相当于大学预科）、大学堂、实业学堂（初等、中等和高等）、师范学堂六类，其课程设置和考试方法以及学校管理等，实为今天学校教育之滥觞。

11.1.6 简评

先秦时代，学校教育制度初步确立，贵族与庶民的教育已形成双轨，“士”出于学校，之后贵族没落，官学失修，私学开始兴起，形成了百家争鸣、学术文化大放异彩的局面。秦汉时期，“以吏为师”和博士制的创立，强化了中央集权。到了汉朝，学校设立分为中央与地方两大类，选举取士制度与学校制度并行，学校教育逐步成为“养士”的工具。魏晋南北朝时期，天下分裂，战争不断，学校教育日趋衰落，“选士”制度被门阀为主的“九品中正制”所替代。到了隋唐宋元时期，学校教育虽相当发达，书、算、律、医等科与儒家经典并列而成为学校专科，但自科举取士制演变成为科举制，与学校制度并存后，学校教育逐渐成为科举制的附庸。到了宋朝，由于官学的衰落，书院制度兴起。元朝的学校、科举、书院仍仿旧制，但也创立了新制——“社学”、“蒙古学”与“回文学”。到了封建制度衰落的明清时期，科举制度开始以八股取士，学校更加形同虚设，流于形式，最终导致了清末科举制度的废除。受洋务运动和维新变法运动的影响，新式学校和新式学制开始建立，从而引发了学校和管理制度的大变革。

由此可见，我国古代学校的设立和教育制度的发展，是与各朝代政治统治分不开的。历代的统治者都试图把它变成维护其统治的工具，以钳制广大知识分子和人民的思想，维护其长久统治，实现封建专制的目的。在封建社会初期，统治阶级才开始创办教育机构，但是这些机构大部分是为统治阶级的贵族子弟和封建地主的子弟创办的，广大劳动人民的子弟则很少有受教育的机会。到了封建社会中期，实行选举取士制度和科举制度，使之与学校制度并行，它们就成为了选拔官僚的工具，成为了笼络广大知识分子以巩固封建统治的一个重要措施。后来书院制度又逐渐兴起，虽与科举制度并重，但科举仍占主要地位。到了封建社会末期，科举又专以八股取士，使天下学子终身束缚于词章对偶之中，扼杀了他们的思想创造力，也使得学校和教育成为科举的附庸，阻碍了文化教育和学术的进步。直到近代以后，教育才以富国强兵为目的，注重科技知识的学习，逐步走向科学化和现代化。

11.2 科学机构和管理制度

中国古代创造出了辉煌的文明，在科学技术上也取得了举世瞩目的成就，有闻名于世的四大发明，有长期领先的铜铁制造工艺。然而，从科学管理机构和制度方面来说，中国古代除了把用来预卜未来的天文和气象列为正统科学以外，其他方面几乎是一片空白。这也是近代中国科技落后的原因之一。

11.2.1 天文历法机构及管理制度

中国古代天文历法管理是科技管理的重要组成部分之一。天文学内容主要包括天文和历法两部分。传说在帝尧时羲氏、和氏为天文之官，《尚书·尧典》中说："乃命羲、和，钦若昊天，历象日月星辰，敬授人时。"说的是帝尧曾命令羲仲、羲叔、和仲、和叔两对兄弟为执掌天文的官吏，到东、南、西、北四个地方去观测日月星辰天象，以编制历法，发给老百姓使用，因而风调雨顺，国泰民安。人们对天象与时间变化的掌握程度，直接影响到农作物的产量，也必然关系着庶民的生存与国家的稳定。那时社会经济的发展，需要天文历法进一步发展，天文历法的管理也就随之产生了。

史载夏代掌管天文的官员也叫"羲和"，《尚书·胤征》篇中说："仲康肇位四海，胤侯命掌六师，羲和废厥职，酒荒于厥邑……乃季秋月朔，辰弗集于房……羲和尸厥官，罔闻知，昏迷于天象，以干先王之诛。""厥"即"其"，季秋是秋天的第三个月——夏历的九月，"辰"指日月之会，房是房宿诸星，"辰弗集于房"即日月在房宿合朔时出现了问题，那时大概还没有"日食"一词，所以只好这样描述性地说明。羲和尸位素餐，发生了日食这样重大的天象还不知道，结果被夏王仲康所杀，丢了性命。

而到了商代，其贞、卜、史、巫等官与天文历法都有一定关系，他们的职责与天象关系密切。现在史学界对"史"的职权还存在着一些争议，大体有两种观点：一是根据古文献传说的记载，认为"史"是记录天子言行、草拟文诏、掌管图籍典制，负责天文历法和文字数字，与书册有关的官员；二是根据甲骨文的记载，认为"史"是武官，主要职责是负责国家边防守卫。其实，

“史”是一种官职，人数众多，所管的事务也不统一。

秦代管理机构中设有奉常，天文由中央政府的部门长官奉常掌管。奉常的属官太史令掌管历法。秦政府在我国历史上第一次颁行通用全国的历法“颛顼历”。汉承秦制，天文科技管理机构和官属变动不大。汉代在太常卿下设太史令，掌天文历法，并配有70余人专门观天治历，所以成就很大。

汉初仍沿用“颛顼历”，用至汉武帝时才被废止。武帝时发现历面和实际的节气、朔望等的状态渐不一致，遂下诏公孙卿、壶遂和司马迁等“议造汉历”，并征集民间天文学家20余人参加。他们经过30多年的争论和努力，到汉武帝元封七年（公元前104年）终于制订出一部新历——《太初历》，这是我国历法史上的一次重大改革，它基本上具备了后世历法所需的各项主要内容。

魏晋南北朝时代，历朝大多设太史令掌管天文历法，但历朝列国所用历法各不相同，最有影响也最先进的历法是南北朝时祖冲之制定的《大明历》。

到了唐代，秘书省中新增了独立的官属太史局和司天台，其主要负责官员称太史令，下设一套从事观察天象、制造仪器、修订历法、计时报时等各项工作的较为齐全的研究班子。历法的修订和天象的解释关系到政权的稳定和皇朝的安危，因此它直接受中央政权的控制，往往地位较高且人数较多。唐朝时的天文管理制度发展到较为完备的程度，其中最有特色之处是在天文历法的管理机构中设有“官学”性质的天文历法专科学校，学校分设天文气色、历法、漏刻三科，并配有天文博士等。

宋代把天文测象之职归司天监，颁历之责归太史局（隶秘书省）。太史局设有算学，收教算学生；另有天文院，收教天文学方面的学生。宋神宗元丰年间（1078—1085年）改官制，废去司天监，其权责归太史局。辽代有司天监，金代有司天台，权责大体如唐宋。

由于天文立法工作的技术性很强，在观测和推算上也有一定的科学性。元代时元世祖把宋、金两朝司天监的工作人员集合到大都，加上他自己所选拔的官员，形成了一支强大的天文科技队伍，进行天文观测和历法编纂工作。然而，中国古代对于自然界的变化，往往是采用宗教迷信观念加以解释，认为天地灾变与世俗事务有关，所以天文历象工作往往会影响当时的政治。负责天文观测的官员，对自然现象经常做出超自然的解释，甚至引起上层的政治斗争。如明洪武十三年（1380年），有雷电击中皇宫谨身殿，正是朱元璋借口废丞相，诛除丞相胡惟庸一伙“党人”之时，此事与雷击事件相结合，自然成为全国震惊的事。朱元璋将此事表述为“朕思愚昧，乃得罪于人神”，但也归罪于“宰辅失寄”，“肆奸擅权”。①

中国封建社会发展到后期，封建制度已日趋腐朽。从明初到明万历年间的二百多年中，天文学的发展几乎陷入停顿。除了对异常天象的观测仍在继续外，作为中国古代天文学主要方面的历法却没有进展。民间天文学的活动由于受到极大压制也沉寂下来。明王朝不但像以往各王朝统治者一样，禁止民间私习天文，而且更进一步严禁民间私习历法。朱元璋出身农家，深知农事与历法的关系，虽做了皇帝，但自幼形成的天变不可测心理难以改变，致使明代前中期中国的天文历法、数学水平倒退，科技水平下降。朱元璋所审订之律文规定：“凡天文垂象，钦天监失于占候奏闻者，杖六十。”② 他将研究天文、编订历法的权利只给予钦天监。《明律》规定：“凡私家收藏玄象器物、天文图谶应禁之事……杖一百；若私习天文者，罪亦如之。并于犯人名下，追银一十两，给付告人，免赏。”又规定：“凡伪造诸衙门印信及历日符验、夜巡铜牌、茶盐引者，斩。”③

我国古代天文历法的管理也有积极之处，古代天文历法机构除观测天文、编制历书之外，还有培训教育专门人才的职责。由于天文历法的专业技术性较强，更兼被历代视为通玄之学，天文历法人才难得，古代在法律上对他们有特殊的保护。如《唐律》对这些“若习已成，能专其事，及习天文”的专门人才，在法律上犯罪有减等的规定。诸如此类的法律在许多朝代都有，保证了天文历法人才和科技的发展。

11.2.2 手工业技术机构和管理制度

早在战国时，秦国就创设了少府监，时称少府，是皇帝的私府，主要职责之一是管理皇室的手工业生产及其技术。秦统一中国后，把冶铁、煮盐、铸钱业都收归国营，官营手工业范围得到进一步扩大。秦朝中央机构中管理手工业的部门主要有少府和将作少府。少府为九卿之一，掌管山海池泽收入和皇室手工业制造，为皇帝的私府。在少府之下，有尚书、符节、太医、太官、汤官、导官、乐府、若卢、考工室、左弋、居室、甘泉居室、左右司空、东织、西织、东园匠等众多属官，少府事务繁杂，是管理皇室财政收支的重要部门。

将作少府“掌治宫室”，负责营建宗庙、陵墓、宫殿及为大臣修建府第

① 《皇明诏令·雷震谨身殿肆赦诏》。

② 《明律·礼律·所藏禁书及私习天文》。

③ 《明律·刑律·伪造印信历日等》。

等，是管理宫室、官营手工业生产及技术的重要机构。将作少府有两丞，属官有左、右中侯（负责视察监督工匠施工）等。秦代的官营手工业技术管理非常严格。到了汉代，手工业技术管理制度较秦代有了新的发展。汉王朝为加强对手工业的管理，在秦朝手工业管理机构的基础上，进一步加以调整，使之趋于完善。汉代政府组织中有多种手工业机构，已形成一套完整的手工业技术行政管理体系。汉代的少府属下有考工室，主作兵器弓弩刀铠之属；左右司空，主制作陶瓦之器；东西织，主织作文绣郊庙之服；东园匠，主作陵内器物；尚方，掌上手工作御刀剑诸好器物；各设有令、丞，为六百石官署。汉武帝时置水衡都尉，其下的钟官、技巧、辨铜等三令丞主管铸钱，辑濯令丞主造船。它们都是属于供应皇家需要的系统。国家系统的大司农铁官和将作大匠等也主要为皇家服务。

隋唐时期技术和生产从主要为皇家服务到对国家与皇家各有所重，且互相兼顾。唐代的技术和生产行政管理部门是工部，掌土木、水利工程及农、林、牧（军马除外）、渔等政令，为皇室服务的技术和生产管理部门则有掌百工技巧之事的少府监、掌土木工程营建的将作监，掌修治弓弩的军器监，掌川泽、津梁、渠堰、坡池的都水监等。宋代因循唐制，但也增加了一些生产部门，如工部下辖的四司有了更加细致的分工，称为“案”，其工部司分成工作、营造、材料、兵匠、检法、知杂六案及御前军器案。南宋时，将作、少府、军器三监直接隶属工部，以便集中管理。宋代把手工业技术管理列入重要内容，这在其中央机构设置中有所体现。宋初，置盐铁司掌山泽之货，关市、河渠、军器之事，下有推官、孔目官、巡官、都勾押官、勾复官等，分别掌管兵案、胄案、商税案、都盐案、茶案、铁案、设案等事；度支司掌财赋之数，其下设官同盐铁司，分掌钱帛案、粮料案、常平案等八案；户部司掌户口赋税之籍、榷酒工作衣储之事，所设官员分掌修造、榷酤、衣粮等五案。由此看来，宋朝时主要的手工业生产及其技术归中央的“三司”兼管。

元代建立的官办手工业技术及生产组织系统庞大。根据生产和消费的归属，其生产及技术的管理主要分为两大类：一是由元政府直接控制的系统，二是由皇亲贵戚经营的系统。元朝忽必烈即位后，元朝政府直接控制经营手工业，其组织机构主要有工部、将作院、大都留守司、武备寺以及地方政府系统等几个组成部分。元代时将前代少府监所属的作坊分别划归将作监、工部或内务府管辖。虽然这一时期的工部可谓“掌天下营造百工之政令”,① 但工部司

① 《元史·百官志一》。

多次分拆改并，而代之以总管府和一些直辖的提举司、局、库制造所。除此之外，元代其他中央各部门也管辖有一定的工匠和制造场、所，虽然显得凌乱，但也说明元代的手工业有较大的发展。

明初仿元制，官府手工业的管理机构大致有工部、内府各监局、户部、都司卫所、地方官府五种。工部、内府的多数工场、作坊集中在京城。明代废除宰相后，工部得以统辖包括少府、将作、军器在内的全国所有官营手工业，下设营缮、虞衡、都水、屯田四个司。营缮司掌管经营兴作之事，凡是宫殿、陵寝、城郭、坛场、祠庙、仓库、廨宇、营房、王府邸第的兴建与维修，均由其统筹人力和材料，监督完工。虞衡司掌管山泽采捕、陶冶之事。都水司掌管川泽、坡池、桥道、舟车、织造、券契、量衡之事，负责水利的兴修、水资源的利用、道路和桥梁的修建、各类车船的建造及规定度量衡器的制式。工部所管辖的机构还有文思院、皮作局、鞍辔局、宝源局、颜料局、军器局、节慎库、织染所、杂造局等直属机构。明代官府手工业和元代相近，庞大的管理机构指挥着劳役性的匠户进行生产。工部实际监管着多类手工业技术。

明代的内府是重要的手工业技术及生产管理部门。内府是直接为皇室服务的手工业生产衙门，由宦官组成具体管理队伍，所属有十二监、四司、八局。其中与手工业技术制作密切有关的衙门主要有内官监、御用监以及兵仗局、银作局、针工局、内织染局等。此外，明代的地方手工业技术及生产管理实行布政使司、府、县的三级制。地方上设有杂造局、军器局、宝泉局、织染局等，分别进行着各类手工业技术及生产的管理。

到了清代，中央机构的手工业技术及生产管理制度逐步得到了完善。清朝定都北京之后，国家机构及官制经历了一个调整和发展的过程，基本承袭了明朝的制度。工部成为名副其实的管理全国手工业和工程事务的机构。顺治元年，工部裁撤贝勒总理部务，改设满、汉尚书（无定员），满、汉左右侍郎（各一人）；顺治五年（1648年）定满、汉尚书各一人。到了康熙年间，各种官府手工业生产相继恢复，清政府完成了建立手工业生产及其技术管理体系的任务。

清代官府手工业的生产范围十分广泛，各个行业都由一套政府机构加以控制。清政府手工业技术及生产管理的机构主要集中在内务府、工部、户部等系统，它们大致分为皇室日常消费服务的御用手工业、建筑业、铸币业、军器火药及船舶制造业等几种类型，为皇室服务的手工业技术及生产管理隶属于内务府，其他则隶属于工部等。

11.2.3 简评

我国古代的科学机构和管理制度，是在生产力不断发展的基础上逐步形成的。古代劳动人民用勤劳智慧创造了一项项举世瞩目的伟大发明，为我国和世界文明的发展做出了重要的贡献。但也应该清楚地看到，我国古代封建统治者创立科学机构更多地是为了满足统治的需要，并没有把社会发展和提高人民生活水平放在首要地位，其发展也往往依赖于封建统治者的个人偏好和重视程度。一些朝代的统治者为了维护其封建专制统治，还对科学机构实行严格的管制措施，这在很大程度上限制了科学技术的发展。清朝统治者由于时代限制和封建统治的需要，实行闭关锁国的封闭政策，更是隔断了中外科技文化的交流，阻碍了生产力的发展和社会的进步，拉大了中国与西方的差距，造成近代中国被动挨打的局面。

11.3 医疗卫生机构和管理制度

11.3.1 医疗卫生机构和管理制度

我国古代的医学起源很早，据传说，先秦时期负责医药的是巫医，巫虽然多以降神占卜来医治病人，但也能够利用传统的医疗知识和采用一些医药进行治疗。相传“神农氏尝百草”，说明以中草药治疗病人有着悠久的历史。另外，从时间上来看，中国可能是最早有医官的国家。据考证，商代出现的管理疾病的小臣，既医治疾病也从事医疗管理工作。这是迄今为止我国文献中出现的最早的医官记录。不过商朝还没有形成医疗机构和医官制度。

我国最早的政府医疗卫生机构设置状况，见《周礼》：“医师，掌医之政令，聚毒药以共医事。凡邦之有疾病者、疕疡者造焉。”“食医掌和王之六食六饮六膳，百羞百酱八珍之齐。”“疾医，掌养万民之疾病……以五味、五谷、五药养其病，以五气、五声、五色视其死生。”“疡医，掌肿疡、溃疡、金疡、折疡之祝药刮杀之齐。”“医师”就是当时全国医事总管，相当于现在的“卫生部长”。“疾医”负责内科类疾病治疗，“疡医”负责外科类疾病治疗。他们并非为君王服务，可称为全国总医师。只有“食医”是帝王专职的营养医师。每一位总医师之下，分别配备有上士、中士、下士、府、史、徒等，人数不等，但职责分明，并且岁终有考核制度。周代不仅出现了医官，而且设立了称为“医师”的医政机构。据此可知，医官即古代从事医学工作的官员，包括主管治疗的医生和从事医务行政的官员。这是后来政府医事机构建制的基础。

统一后的秦国设太医令，掌管全国医药，《周礼》中的“医师”从此改了名称。史载：“秦有太医令丞，亦主医药，属少府。”① 太医不但负责中央官员的疾病诊治，而且掌管地方郡县的医疗事宜。当时各地都设有医长，对太常、太医丞负责。药府中的药长主持药物之事，设有药藏府储存药物。秦朝还增设了专门为皇帝服务的侍医，即御医。上士、中士等设为医士。这些名称后来长期被用做官方称谓。

汉代的医药管理制度比秦代有了新的发展。西汉时期有两个系统的医官医属：一是掌医药政令、医学教育的太医署（局），二是负责日常“供御”医药的尚（御）药局。两个系统下置太医令、太医丞，两个系统的机构不相统属。他们都称做太医，一个属于太常，一个属于少府，其长官皆称太医令，副职称丞，相当于后世太医院使，其下还设有侍医员吏及医侍诏、尚方等职位。当时各诸侯国也设太医、侍医，如淳于意的弟子中就有济北王的太医、齐王的侍医。西汉时还在屯驻边防的部队中设立军医院，并建立了“病书”、“折伤薄”等一系列医疗制度。至东汉时，医药学的官制更加明确。东汉只在少府下设太医机构，两个系统归一。东汉的医官制度较西汉完善，将少府辖下的太医丞分成医、药两职，分称方丞、药丞。另有尚药监、中宫太官、医工长、医工等职。据《后汉书·百官志》所载：“设太医令一人，掌医事管理；下辖药丞，主药事；方丞主配方，计员医二百九十三人，员吏十九人。其他医官有侍医、尚药监、药长、医士长、医工长等。凡百府各部均置官医，考选补用均由太医令主之。”东汉的地方医事也不再由中央直接管理，而由地方负责。汉代的医生，可分为官医与民间医生。官医从中央到地方形成了一支有组织的医疗系统，其重点服务对象是官僚统治阶层。民间流行的师带徒传授医学的教育形式有一定发展，但官办的医学教育尚未形成，官医主要从民间医药人士中选用，有的可能为临时延聘。

魏晋南北朝的医疗卫生机构又有一些并分增减，并在医官中增添了太医博士、仙人博士（典煮炼百药）。其中北魏始设尚药监，南朝宋始设太医属、尚药局、药藏局、尚食局，这类机构有相对独立的职能，与原来的太常寺、少府的混同统管有了很大的区别，尽管这些机构仍属此二机构管辖。特别是太医属，已成为专门的医学教育机构，开了学校式医学教育的先河。此处需要说明的是，在此之前，古代医学教育的基本传统是师徒传授，并有秘密团体的性

---

① （唐）杜佑：《通典·太常卿·太医署》。

质。若非秘密团体，亦讲“一日为师、终身为父”，互相胶结，关系非同一般。皇家和政府的医师，均从民间擢拔，故无官方医学教育可言。至北魏，官制中有太医博士（七品下）、太医助教（九品中），由此开始了专职医学教育。博士、助教，即是教职。至南朝宋开始设立太医属，即国立医学学校，专为培养宫廷医药人才而设，直属于门下省。

三国时期，魏承汉代医官制度，有太医令、丞、尚药监、药长寺人监、灵芝园监等官职。《太平御览》引《玉匮针经序》中有吴置太医令的记载，蜀汉医制无考。

晋代承袭汉魏官制，设有太医令等职。据记载，晋代太医令铜印墨绶，统属于宗正，又有尚药监、药长寺人监。东晋时，省宗正合并于太常，原隶属于宗正的太医官属，后改隶于门下省。门下众事为侍中所掌，这是后代以太医令隶于侍中的起源。

南朝时的医官，刘宋有“太医令一人，丞一人，隶侍中”。齐有“太医令一人，丞一人，属起部亦属领军”。《资治通鉴》记载，齐有御师，梁有太医令一人，丞二人，属门下省。又有太子官属的药藏局设置药藏丞。诸王国官属，有典医丞。郡县属吏亦有医职。《北史·姚僧垣传》载有太医正之设。《册府元龟》记载，梁以后，尚药职事由太医兼任，陈如梁制。北朝医官，北魏有太医令等职，属太常。门下省设有尚药局，有侍御师。《魏书·官氏志》记有太医博士（七品下）和太医助教（九品中）之设。北齐有太医署，设太医令、丞等职，属太常。太子门下坊设有药藏局，置监、丞各二人，侍医四人。皇子王国各置典医丞二人。侍中省设有中尚药典御二人，丞二人；门下省置尚药局，设典御二人、丞二人、侍御师四人、尚药监四人，尚书省、门下省和中书省内均设有医师。北周有太医下大夫、小医下大夫、小医上士、疡医上士、疡医中士、疡医下士、医正上士、医正中士、医正下士、食医下士、主药下士，均属于天官。兽医上士、兽医中士、兽医下士，均属于夏官，其官品高者为正四品，低者为正一品。由此可知，此时期中央医官机构较前更为细密，特别是北周，不仅已细分为太医、兽医等七类，各类又再分阶，形成了自上而下的等级系统。这对于医绩的考核管理，促进业务水平的提高，都是有利的。至于地方医政，除梁有“郡县属吏亦有医职”之记载外，其他不知其详。

隋朝设立太医署，并将太医署改隶太常寺，机构有所扩大。“太常寺掌陵庙群祀、礼乐仪制、天文术数、衣冠之属。”① 太医署从宫廷医药服务范围内

① 《隋书·百官志》。

解脱出来，规模人数大增，下设主药2人、医师200人、药园师2人、医博士2人、助教2人、按摩博士2人、祝禁博士2人，约共215人。而医学生为120人、按摩生100人，共220人。由此推测，太医署已具全国中央级医院和医学校合办的性质，相当于现在的医科大学，共分医、药、按摩、祝禁四大科系专业授受。医学生当时称"医生"，即"医之学生"。

唐承隋制，太医署又有扩大，并在其基础上于中央和地方都设立了医科学校，专业设置比较精细，每个学科都有专门的教官讲学，这是医学管理和分工方面的一次大飞跃。唐朝的太医署还增加针灸学系，且分科更细。如医科中分体疗（内科）、少小（小儿科）、疮肿（外科）、耳目口齿（五官科）、角法（火罐、外治法）等五个专业。学制最长七年，最短三年。此外又仿而置地方医学："贞观三年（692年）九月癸丑，诸州置医学。"① 各府州设医学博士、助教各一人，医学生30名或10名不等。唐代对医官的考核制度也比较严格，注重教学质量及治病的水平，注重理论联系实际，从而培养了大批的医学人才。下面的记载能反映出唐朝太医署的设置情况："太医署有令二人，从七品下。丞二人，从八品下。府二人，史四人，主药八人，药童二十四人。医监四人，从八品下。医正八人，从九品下。药园师二人，药园生八人，掌固四人。太医令掌医疗之法。丞为之贰。其属有四，曰：医师、针师、按摩师、禁咒师。皆有博士以教之。其考试登用，如国子之法。凡医师、医工、医正疗人疾病，以其全多少而书之以为考课。药园师，以时种莳收采。诸药医博士一人，正八品上。助教一人，从九品下。医师二十人，医工一百人，医生四十人，典药二人。博士掌以医术教授诸生。"② 从上述记载可以看出，唐朝的医官设置更加健全和系统化。唐朝医官的品级不高，太医品阶仅为"从第七品下阶"，③ 但较北魏时期有所提高，说明医官的地位进一步提升。

宋朝设有比较完善的医药卫生行政机构和管理系统，主要是太医局和翰林医官院及其他保健或慈善机构，并把医药行政和医学教育分立起来。医学教育、医药事务由太医局掌管，设有提点、院使、副使、判官。翰林医官院掌管医之政令和医疗事务，包括对军旅、官衙、学校派出医官，管理医药等事宜。宋朝在地方还设惠民局、和剂局、安济房、福田院、慈幼局、养济院、漏泽院等。宋初医官院无定员，设置比较杂滥。到了崇宁元年（1102年），设有和安

---

① 《旧唐书·太宗纪》。

② 《旧唐书·官职三》。

③ 《旧唐书·官职一》。

大夫至翰林医学等21种官号，实际上是散官的性质。此时对医官的任用也有了明确规定，除中央外，各州郡也设有医官。宋朝医政还重视选拔人才，严格考核标准。曾以法律形式规定了医生的职业道德以及医疗事故的责任制。凡利用医药诈取财物者，以匪盗论处。庸医误伤致人死命者，以法绳之。这对后世乃至今天影响都非常大。

与此同时，宋代医学教育也几经变革，但均未成功。唐宋都设有国子监，相当于中央大学，收七品以上京官子弟入学；另有太学收八品以下及平民子弟入学。宋初太医署尚隶太常寺，至淳化三年（992年）改名太医局，仅主医学教育，协理一些诊治事务。范仲淹曾奏请：凡医师未经太医局师学，“不得入翰林院”,① 这反映了医学教育正规化的趋势。后王安石变法（1068—1085年），于熙宁九年（1076年）年将太医局从太常寺中独立出来，仿三舍教学法，医学亦加以改革。科目由九科——大方脉（内科）、小方脉、风科、产科、眼科、针灸科、口齿科兼咽喉科、金镞兼书禁科、疮肿兼折伤科等，合并为三科——方脉科、针科和疡科。春秋招考，以300名学生为额，平时加以考试评级，给予奖励。然而，这一改革没能成功，王安石被罢相后便被废除。后宋徽宗崇宁二年（1103年）诏另建太医局作为医学教育独立单位，不再隶属太常寺，改隶属国子监，提升了医学地位，同时也加强了理论方面的教学内容如五运六气之类。

金朝开始设立太医院，统管医政与医疗，同时设有御药院、尚药院（负责皇帝的保健饮食）与之并列同级，一起归属于宣徽院，第一次将主医事的机构归于一个部门之下。金朝的医疗机构设置在宋朝的基础上更加系统化。医散官多达25阶，最低从九品，最高从四品，与唐朝相比，地位有了很大的提升。

元朝保留了惠民药局，并在更多的地方设立，把它继续作为为平民服务的机构。元朝还继承了金朝“太医院”的机构和名称，并对其制度做了根本性的改革，使太医院完全成为国家最高医事管理部门。此前只为皇家贵族服务的御医系统只是它下属的一个分支，惠民药局也由太医院统一管理。太医院总领天下医政，分部门设医官，形成自上而下网状辐射体制，产生了超越前代的十分严密复杂的医官制度。元朝医官制度较前几个朝代规定得更加严格。选拔太医的年龄提前至30岁，选拔条件相对放宽，但是选拔内容增多，入选难度进一步加大，元朝对医官的要求无论在数量上还是质量上都进一步提高。考核奖

① （宋）范仲淹：《范文正公集》卷2。

惩和前几个王朝类似，对于不合格的医官处理很严厉，对于合格的医官待遇非常的优厚。医官的迁转在元朝是个新的问题，医官因为地位特殊，官阶较短，所以升迁比较快，有些儒士还以医官为捷径转为文官。元成宗时期太医院秩正达二品，为历代最高点，太医院最高长官由提点改为院使。其内部机构和医官的职权基本不变。

明代医学归属礼部，其组织机构和职官设置，大体沿袭宋元旧制。朱元璋仿元制设置全国性的医药行政管理机构——医学提举司，置提举（从五品）、同提举（从六品）、副提举（从七品）、医学教授（正九品）、学正、官医、提领（皆从九品）等职。后改医学提举为太医监，设少监（正四品）、监丞（正六品）等职。洪武元年（1368年），设太医院，设院使（正三品）、同知（正四品）、院判（正五品）、典簿（正七品）等职。洪武三年（1370年）置惠民药局，设大使、副使等职，同时又在地方上开设惠民药局、养济院和安乐堂。府置提领，州县设官医，府设医学正科1人，州设典科1人，县设训科1人，负责辖区的医药卫生，"凡军民之贫病者给之医药"。

清朝亦设太医院为主要的医疗卫生机构。据《清史稿·职官志》载，太医院的人事编制是由管理院事王大臣（一度为内府大臣）统领院务，置院使1人，左右院判各1人，其属下有御医13人，吏目26人，医士20人，医生30人。其品级，自院使至吏目，初制正五品至九品；宣统元年（1909年）各升一品，即正四品至八品。医士则给从九品冠带。其职责，院使、院判"掌考九科之法，帅属供医事"，① 御医、吏目、医士则各专一科。太医院下设西苑寿药房，以供内廷之需。另在内务府设御药房，初以总管首领太监管理，康熙三十年（1691年）始隶内务府，置主事、内管领、副内管领、库掌等职。

11.3.2 简评

我国古代的医疗卫生机构和管理制度是为封建统治者服务的，各时期的变化根据各朝代政府对医学重视的程度而异。总地来说，管理和医疗不分，机构层次不清，机构的设立以宫廷赋予为主，普通百姓的医药仅为兼管，或基本不管，由各级地方长官稍加过问。医疗卫生的机构和管理，与其他职官建制相比，既薄弱又混乱。医生的地位，宋代始与其他文武官员同论，医官比较受到重视，称翰林医官、保和大夫、保和郎、成全郎等，后来把医生称为"大夫"、"郎中"，可能与此有关。金元时品级最高，最高者为秩正二品。明清时

① 《清史稿·职官志二》。

官制相同，但至多只能到正五品。其他各级，更无可论。医生的称谓，有太医、侍医、御医、医官、医工、医效、医痊等，多只是随职分而异，并无定称。除了受到皇帝和朝廷大官宠信者外，一般地位都不高。我国古代的医官制度也是在发展中逐步完善的，医官系统逐渐健全，分工更加详尽合理，医官的地位也在提升，相关人事管理制度设定更加严密。反映了古代人民对医学人员的要求在逐渐提高，需求量在逐渐增大，医疗机构和医官的作用越来越重要。

☞本章小结

教科文卫制度是行政管理制度的重要内容。中国古代教科文卫制度在漫长的历史岁月中随着生产力的缓慢发展，也逐步发展并相对定型。虽然古代的教科文卫制度，为中国古代科学、教育、文化、卫生事业的繁荣发展起到了极大的促进作用，为我们留下了宝贵的文化遗产，但也应该认识到，学校作为培养人才的基地，到清朝科举考试被废除之前，历代统治者试图把它变成维护其统治的工具，教学内容以儒家的经典为主体，而忽视科技应用的教育，“选士”和“科举”制度的实施，更多是为了笼络广大的知识分子，钳制人民的思想，以巩固封建统治。由于生产力的不断发展，劳动人民和知识分子有了很多的发明创造，如造笔、造纸、石刻、印刷等，对文化教育做出了巨大的贡献。在天文、历法、算学、农艺、手工等方面的发明创造，对生产方面也有不少的帮助。这些发明创造不但影响了我国，而且影响了世界各国，这些都值得我们骄傲和自豪。由于科技、文化和医学一直受封建统治者支配并为之服务，而对广大劳动人民的惠及十分有限。其发展又往往依赖统治者的个人偏好和重视程度，时而繁荣，时而衰落。同时，由于古代在科技、医学方面盛行师徒相传的教育制度，使得其发展十分缓慢。总而言之，中国古代教科文卫制度，是统治阶级统治的工具。直到近代以后，教科文卫制度才以富国强兵为目的，逐渐走向建设社会、提高民族素质的坦途。

☞关键术语

瞽宗　辟雍　养士制度　私学　鸿都门学　国子监　祭酒

羲和　颛顼历　太初历　医官制度　太医署

☞思 考 题

1. 简述秦朝的教育管理制度。
2. 简要评价我国古代的学校和教育制度。
3. 我国古代的天文历法机构有何变迁？
4. 试评析我国科学机构和管理制度。
5. 试归纳我国古代医官制度的变迁。
6. 试述我国古代的教科文卫制度。

参考书目

[1] 白钢．中国政治制度史．中国人民大学出版社，2005.
[2] 蔡放波．中国行政制度史．中国科学文化出版社，2003.
[3] 陈邦贤．中国医学史．商务印书馆，1957.
[4] 陈嘉炎，左言东．古代官制纵横谈．新华出版社，1989.
[5] 陈立民．中国历代职官辑要．甘肃人民出版社，1990.
[6] 邓德龙．中国历朝官制．武汉大学出版社，1990.
[7] 郭齐家．中国古代考试制度．商务印书馆，1997.
[8] 顾奎相等．治国古代改革史论．辽宁大学出版社，1992.
[9] 黄崇岳．中国历朝行政管理．中国人民大学出版社，1998.
[10] 黄惠贤．中国俸禄制度史．武汉大学出版社，1996.
[11] 黄留珠．中国古代选官制度述略．陕西人民出版社，1989.
[12] 莒人．幕僚学．北京档案出版社，1998.
[13] 纪宝成．中国古代治国要论．中国人民大学出版社，2004.
[14] 靳生禾．中国古代的变法．北京科学技术出版社，1995.
[15] 吕思勉．中国制度史．上海教育出版社，1985.
[16] 卢广森．中国古代行政管理概论．河南人民出版社，1993.
[17] 李玉洁．中国早期国家性质：中国古代王权和专制主义研究．河南大学出版社，1999.
[18] 李治安．行省制度研究．南开大学出版社，2000.
[19] 李治安，杜家骥．中国古代官僚政治——古代行政管理及官僚病剖析．书目文献出版社，1993.
[20] 李才栋．中国教育管理制度史．江西教育出版社，1996.
[21] 李超钢．中国古代官吏制度浅论．劳动人事出版社，1989.
[22] 罗宏曾．从政史鉴．天津社会科学院出版社，1999.
[23] 刘泽华等．专制权力与中国社会．天津古籍出版社，2005.

[24] 楼劲，刘光华．中国古代文官制度．甘肃人民出版社，1992.
[25] 孟昭华，王涵．中国历代国家机构和行政区划．中国社会科学出版社，2003.
[26] 梅汝莉．中国教育管理史（古代—1949 年）．海潮出版社，1995.
[27] 闵庚尧．中国古代公文简史．档案出版社，1988.
[28] 潘志华．中国古代科技管理研究．山东大学出版社，2004.
[29] 秦闻一．中国行政制度史纲．中州古籍出版社，1991.
[30] 邱永明．中国封建监察制度运作研究．上海社会科学院出版社，1998.
[31] 任立达，王宏韬．中国古代县衙制度史．青岛出版社，2004.
[32] 沈星棣．中国古代官吏退休制度史．江西教育出版社，1992.
[33] 唐进，郑川水．中国国家机构史．辽宁人民出版社，1993.
[34] 王炳照，徐勇．中国科举制度研究．河北人民出版社，2002.
[35] 王建政，陈秀梅．治国史鉴——施政行为与执政规律研究．红旗出版社，2004.
[36] 王天有．中国古代官制．商务印书馆，1997.
[37] 王亚南．中国官僚政治研究．中国社会科学出版社，1981.
[38] 汪建德．中国古代文化管理简史．文化艺术出版社，1991.
[39] 韦庆远．中国政治制度史．中国人民大学出版社，1999.
[40] 韦庆远，柏桦．中国官制史．中国出版集团东方出版中心，2001.
[41] 吴宗国．中国古代官僚政治制度研究．北京大学出版社，2004.
[42] 徐连达、朱子彦．中国皇帝制度．广东教育出版社，1996.
[43] 徐连达．帝国宫廷的深处——解读中国古代皇帝制度．上海大学出版社，2008.
[44] 谢庆奎，杜家骥．中国政府体制分析．书目文献出版社，1993.
[45] 许正文．中国历代政区划分与管理沿革．陕西师范大学出版社，1990.
[46] 许树安．古代选举及科举制度概述．天津人民出版社，1985.
[47] 许树安．古代的选士任官制度与社会．天津人民出版社，1985.
[48] 袁刚．中国古代政府机构设置沿革．黑龙江人民出版社，2003.
[49] 杨鸿年．中国政制史．安徽教育出版社，1989.
[50] 阎平．中国古代官吏制度沿革．中国城市出版社，1992.
[51] 虞崇胜．中国行政史．高等教育出版社，1999.
[52] 张晋藩．中国官制通史．中国人民大学出版社，1992.
[53] 张创新．中国政治制度史．清华大学出版社，2005.

［54］张创新．中国古代政府论纲．吉林大学出版社，2004.
［55］张希清．中国科举考试制度．新华出版社，1993.
［56］臧知非，沈华．分职定位——历代职官制度．长春出版社，2005.
［57］臧云浦．历代官制、兵制、科举制表释．江苏古籍出版社，1988.
［58］周良霄．皇帝与皇权．上海古籍出版社，1999.
［59］祝晏君．中国古代人事制度．甘肃人民出版社，1992.
［60］左言东．中国古代官制．浙江古籍出版社，1985.

后　记

在高校公共管理类专业教育领域里，除了向学生教授一般公共管理理论之外，还面临一个重要的问题，就是如何培养了解中国历史和中国国情的公共管理人才，如何把丰富的历史知识和历史上行政管理经验教训中的“得”与“失”让学生有一个基本的了解，并且转化为学生的基本素质。为此，我们编写了《中国行政制度史》这一本教材。

本教材的叙述方式采取了按照专门问题分类论述。这种按专门问题分类论述可以宏观地看到数千年来相关制度的传承嬗变；在每一专门问题中，又注意按照朝代顺序的先后来叙述这一制度的主要内容，便于清楚地看到这一制度在这个朝代的规模和特点。这样的论述方法，也可以避免一些不必要的重复，并且可以从动态发展的角度来论述中国的行政制度。

行政制度作为上层建筑最为重要的组成部分，它的内容极为丰富，同时涉及大量的古代典章制度。一本 20 余万字的教材要囊括 2000 多年来中国行政制度历史发展的各个方面，其难度之大可想而知。因此我们只能够就其主体部分进行有重点的简要论述，尽管是“简要”，但是我们仍然做到论述的系统性、完整性和全面性，力求使读者在通读全书后对中国古代行政制度的全貌有一个全景式的了解。作为有兴趣进行深入研究的读者，我们在书后所列的“参考书目”也可以为其提供一个阅读的线索。

本教材由蔡放波担任主编，负责提出并拟订编写大纲，组织协调全书的编写工作，以及最后的统稿、校订、改写、定稿。具体参加教材各章编写的是：第 1 章：蔡放波，第 2 章：罗重谱，第 3 章：吴佳琪，第 4 章：吴小莹，第 5 章：罗俊，第 6 章：耿彬，第 7 章：叶艳，第 8 章：余熠，第 9 章：付红梅，第 10 章：章懿，第 11 章：孙耀州。罗重谱和孙耀州参加了部分文稿的校订工作。

在本教材的编写过程中，参阅了大量有关著作和文献，无法在此一一列举，谨向各位作者一并致以真诚的谢意。同时，本教材的出版是在武汉大学出版社的大力支持下才得以实现的，在此也对武汉大学出版社，特别是舒刚主任表示诚挚的感谢。

蔡放波

2009年4月于武汉

高等学校公共管理类系列教材

已出版:

- 社会保障概论
- 公共经济学原理
- 公共管理研究方法
- 卫生法学
- 社会保障学
- 地方政府学
- 行政文化学概论
- 中国行政制度史
- 公共部门公共关系学
- 政治学
- 行政监察学
- 公共管理学
- 公共政策学原理
- 行政法概论
- 管理学
- 领导学导论
- 公共部门人力资源开发与管理
- 行政学原理
- 公共组织理论
- 行政案例分析

欢迎广大教师和读者就系列教材的内容、结构、设计以及使用情况等，提出您宝贵的意见、建议和要求，我们将继续提供优质的售后服务。

武汉大学出版社（全国优秀出版社）